Denker des Abendlandes

Bertrand Russell

Denker des Abendlandes

Eine Geschichte der Philosophie

Gondrom

Lizenzausgabe für Gondrom Verlag GmbH, Bindlach 1996

Übersetzung ins Deutsche: Károly Földes-Papp
Druck: Graphischer Großbetrieb Pößneck
ISBN 3-8112-1460-8

INHALT

VORWORT

Dieses Buch will versuchen, eine bündige und trotzdem umfassende Übersicht der abendländischen Philosophie zu geben, und zwar in einer solchen Weise, daß auch der Laie einen einfachen und direkten Zugang zum Verständnis der verschiedenen Systeme abendländischen Denkens erhält. Dies geschieht vornehmlich durch die Verknüpfung mit historischen Verhältnissen, die natürlich wichtige biographische Daten des jeweiligen Philosophen, sofern sie uns bekannt und überliefert sind, beinhalten. Denn jeder Mensch, und damit auch jeder Denker, ist immer Kind seiner Zeit. Selbst wenn seine Gedanken den gegenwärtigen geistigen und politischen Strömungen oft weit vorauseilen, sind sie doch oft das Produkt der eigenen vorherrschenden Lebensumstände. Friedrich Nietzsche ist dafür ein gutes Beispiel. Seine immer wieder zitierte frauenfeindliche Haltung beruht vor allem auf seiner Unfähigkeit, unbefangen mit dem schönen Geschlecht umzugehen, obwohl oder gerade weil er seit frühester Kindheit ausschließlich von dominanten Frauen umgeben war. Zieht man den Kreis etwas weiter und berücksichtigt noch gesellschaftlich-politische Entwicklungen, so kommt man sehr schnell zu der Erkenntnis, daß auch Karl Marx seine Gedanken von der »Entwertung der Menschenwelt« nie so radikal hätte formulieren können, wenn nicht der Frühkapitalismus die Massen derart ausgebeutet und in die Verelendung getrieben hätte. Somit wird deutlich, daß geschichtliche Ereignisse und philosophisches Gedankengut einander bedingen und beeinflussen. Daraus folgt, daß die Auseinandersetzung mit den Denkern des Abendlandes keine trockene, langwierige Angelegenheit ist, sondern ein Vertrautwerden mit all den Turbulenzen unserer europäischen Geschichte.

Aber noch eine zweite wichtige Komponente kommt hier zum Tragen, nämlich die Entwicklung der exakten Wissenschaften. Sie ist eine weitere Quelle des philosophischen Denkens. Beide Strömungen haben ihren Ursprung im alten

Griechenland, so daß man mit Fug und Recht behaupten kann: »Es gibt keine Kultur, außer der griechischen, in welcher die Philosophie mit wissenschaftlicher Tradition Hand in Hand geht.« Genau diese Tradition ist es aber, die der ganzen abendländischen Kultur den Stempel aufgedrückt hat. Descartes beispielsweise, der Begründer der modernen Philosophie, war zugleich Philosoph und Mathematiker. So gesehen, mag es durchaus gerechtfertigt sein, die Anfänge philosophischen Denkens etwas ausführlicher zu behandeln, da selbst die modernen Philosophen, wie Heidegger, Sarte oder Jaspers ihre Wurzeln bei den großen Denkern der Vergangenheit haben.

Sicherlich kann man an dieser Stelle einwenden, daß es andere Wege gibt, sich den großen Philosophen zu nähern. So können Bücher größeren Umfanges die einzelnen Philosophen viel ausführlicher behandeln, als es hier der Fall ist, doch mit diesen will dieses Werk nicht wetteifern. Vielmehr möchte es einen themenübergreifenden Überblick der Geschichte der Philosophie geben. Nur in dieser Zusammenschau läßt sich auch der Stellenwert erkennen, den die Philosophie, gerade aus heutiger Sicht, innehat. Denn im Gegensatz zur exakten Wissenschaft hat die Philosophie die Aufgabe, die Ergebnisse der empirischen Forschung kritisch zu betrachten, zu hinterfragen und auf ethische Probleme hinzuweisen. Sie trägt dazu bei, daß geschichtliche Erfahrungen und wissenschaftliche Erkenntnisse zum Guten des Menschen verwendet werden.

EINFÜHRUNG

Was machen die Philosophen, wenn sie arbeiten? Eine seltsame Frage! Zuerst versuchen wir, durch das Hervorheben dessen, was sie nicht tun, eine Antwort zu finden. Es gibt viele Dinge in der Welt um uns herum, die sich gut verstehen lassen. Nehmen wir z.B. die Arbeit einer Dampfmaschine. Das gehört in den Bereich der Mechanik und der Thermodynamik. Ferner wissen wir eine ganze Menge über den Aufbau und die Funktion des menschlichen Körpers. Das wird von der Anatomie und der Physiologie erforscht. Oder die Bewegungen der Himmelskörper, die den Gegenstand der Astronomie darstellen. Diese genau bestimmten Erkenntnisse gehören den exakten Wissenschaften an.

Aber all diese uns umgebenden Erkenntnisgebiete grenzen doch an das Unbekannte. Und wenn jemand in diese Grenzbereiche oder dahinter eindringt, gelangt er von der exakten Wissenschaft in die Sphäre des Spekulativen. Diese spekulative Tätigkeit ist eine Art Forschung, und gerade das – unter anderem – nennen wir Philosophie. Wie wir später sehen werden, begannen die verschiedenen exakten Wissenschaften mit der in diesem Sinne verstandenen philosophischen Forschung. Wenn aber eine Wissenschaft fest gegründet ist, verfährt sie mehr oder weniger unabhängig, außer bei Grenzproblemen und Fragen der Methode, d.h. der exakte Forschungsprozeß findet eine neue Tätigkeit.

Gleichzeitig müssen wir aber die Philosophie auch von anderen spekulativen Überlegungen unterscheiden. Die Philosophie an sich bedeutet nämlich weder die Lösung unserer Schwierigkeiten noch die Rettung unserer Seelen, sondern – wie die Griechen sie auffassen – eine Art abenteuerlicher Unternehmung. So ist sie im Prinzip keine Angelegenheit von Dogmen, Riten oder geheiligten Wesenheiten gleich welcher Art, wenn auch manche Philosophen hartnäckig dogmatisch denken. Es gibt nämlich zwei Betrachtungsmöglichkeiten bezüglich des Unbekannten. Die eine ist, Menschen zuzustimmen, die behaupten, sie seien auf Grund von bestimmten Büchern, Mysterien oder anderen Quellen der Inspiration im Besitz des Wissens. Die andere ist, selbst nachzuforschen. Diesen Weg geht die exakte Wissenschaft und auch die Philosophie.

Schließlich läßt sich eine Besonderheit der Philosophie feststellen. Wenn jemand nämlich fragt, was die Mathematik ist, so können wir ihm eine ganz bestimmte Definition, z.B. ›die Wissenschaft von den Zahlen‹, geben. Solche Definitionen lassen sich auf allen Gebieten aufstellen, auf welchen exakte Erkenntnisse vorliegen. Die Philosophie aber kann nicht so bestimmt werden. Alle ihre Definitionsversuche sind strittig und vertreten schon im voraus einen besonderen philosophischen Standpunkt. Der einzige Weg herauszufinden, was Philosophie ist, ist zu philosophieren. Aufzuzeigen, wie einzelne das seither taten, ist das Hauptziel dieses Buches.

Es gibt viele Probleme, mit denen sich denkende Leute befassen und Fragen stellen, auf welche keine exakte Wissenschaft antworten kann. Auch sind die, die versuchen, selbständig zu denken, nicht gewillt, den fertigen Antworten von ›Wahrheitsverkündigern‹ zu vertrauen. Es ist die Aufgabe der Philosophie, diesen Problemen nachzuforschen und sie nach Möglichkeit zu lösen.

So können wir z.B. fragen, was der Sinn des Lebens sei, falls es überhaupt einen gibt. Oder: Hat die Welt einen Zweck; führt der Gang der Geschichte irgendwohin; oder sind dies lauter sinnlose Fragen?

Ferner, ob die Natur von Gesetzen regiert werde, oder ob wir das bloß denken, weil wir die Dinge nun einmal gern in einer gewissen Ordnung betrachten? Und die allgemeine Frage: ob die Welt in zwei verschiedene Teile, Geist und Materie, getrennt sei, und wenn ja, wie hängen sie zusammen?

Was können wir überhaupt über den Menschen sagen? Ist er nur ein krabbelndes Staubkörnchen auf einem kleinen, unwichtigen Planeten? Oder ist er, wie Chemiker vielleicht meinen, nur ein Haufen von chemischen Elementen, zusammengesetzt auf mancherlei geschickte Weise? Oder ist der

Mensch letzten Endes – wie er Hamlet erschien – von edler Vernunft und unendlichen Fähigkeiten? Oder ist er alles zusammen?

In Verbindung damit erheben sich ethische Fragen über Gut und Böse. Gibt es eine Lebensweise, die gut, und eine andere, die schlecht ist, oder aber ist es gleichgültig, wie wir leben? Wenn es eine gute gibt, worin besteht sie, und wie können wir erlernen, danach zu leben? Gibt es das, was wir Weisheit nennen, oder ist, was so scheint, nur leere Narrheit?

All das sind quälende Fragen, die sich durch kein Experiment im Laboratorium beantworten lassen. Und die geistig Unabhängigen sind nicht gewillt, Schlußsätze von Austeilern letzter Weisheiten ohne weiteres hinzunehmen. Solchen Menschen zeigt die Geschichte der Philosophie, was für Antworten überhaupt auf die großen Fragen gegeben werden können. Durch das Studium dieses schweren Gegenstandes lernen wir, wie andere zu anderen Zeiten darüber gedacht haben. Dadurch gelangen wir auch zu einem besseren Verständnis dieser Menschen, deren Art zu philosophieren ein wichtiges Zeugnis ihrer Lebensführung ablegt. Schließlich kann dies uns vielleicht zeigen, wie wir bestehen können, wenn wir auch nur weniges wissen.

VOR SOKRATES

Die Philosophie wie auch die exakte Wissenschaft beginnt dann, wenn jemand eine allgemeine Frage stellt. Das erste Volk, das eine solche Wißbegier zeigte, war das griechische. Die Philosophie und die exakte Wissenschaft, wie wir sie heute auffassen, sind griechische Entdeckungen. Die Entstehung der griechischen Kultur, welche zu diesem Aufblühen der geistigen Aktivität führte, ist eines der wunderbarsten Ereignisse in der Geschichte. Weder vorher noch nachher geschah etwas Ähnliches. Innerhalb der kurzen Zeit von zwei Jahrhunderten verströmten die Griechen eine erstaunliche Fülle von hervorragenden Werken in Kunst, Literatur, Wissenschaft und Philosophie, welche die allgemeinen Grundlagen der abendländischen Kultur bilden.

Die Philosophie und die exakte Wissenschaft begann mit Thales von Milet im 6. Jahrhundert vor Chr. Was veranlaßte diese plötzliche Entfaltung des griechischen Genius? So gut als möglich müssen wir diese Frage zu beanworten versuchen. Mit Hilfe der Archäologie, welche seit der Jahrhundertwende einen großen Fortschritt gemacht hat, können wir einen ausreichenden Bericht darüber zusammenstellen, wie sich die griechische Welt entwickelte.

Unter den Kulturen der Welt kam die griechische ziemlich spät auf. Die ägyptische und die Mesopotamiens sind um mehrere Jahrtausende älter. Diese ackerbauenden Gesellschaften entstanden längs den großen Flüssen und wurden von theokratischen Königen, einer militärischen Aristokratie und von einer mächtigen, über ein verzwicktes polytheistisches Religionssystem herrschenden Priesterkaste regiert. Die Masse der Bevölkerung bestand aus Leibeigenen, welche das Land bebauten.

Auch Ägypten wie Babylonien entwickelten manche Erkenntnisse, die die Griechen später übernahmen. Aber weder das eine Land noch das andere schuf exakte Wissenschaft und Philosophie. Ob das dem Mangel an schöpferischen Kräften oder gewissen gesellschaftlichen Verhältnissen zuzuschreiben ist, bedeutet hier keine fruchtbringende Frage, doch zweifellos haben beide ihren Anteil daran. Wesentlich ist nur, daß die Religion die Verwirklichung des geistigen Abenteuers in keinem der beiden Länder förderte.

In Ägypten befaßte sich die Religion viel mit dem Weiterleben nach dem Tode. Die Pyramiden sind monumentale Grabmäler. Astronomische Erkenntnisse waren für erfolgreiche Voraussage der Überschwemmungen des Nils notwendig; und außerdem entwickelten die Priester als Verwalter eine Art von Bilderschrift. Für andere Gebiete blieben wenig Mittel übrig.

In Mesopotamien verdrängten die großen semitischen Reiche die früheren Sumerer, von denen sie die Keilschrift übernahmen. Bezüglich der Religion lag ihr Hauptinteresse mehr im Wohlergehen auf dieser Welt. Die Berechnung der Sternenbewegungen und die damit verbundenen Praktiken der Magie und der Weissagung waren zu diesem Zweck bestimmt.

Etwas später finden wir die Entwicklung von Handelsgemeinschaften. Vorweg auf *Kreta*, dessen Kultur erst seit kurzem ins Bewußtsein getreten ist. Die Kreter kamen wahrscheinlich von den Küstenländern Kleinasiens und gewannen die Oberhand über die ganzen Inseln des Ägäischen Meeres. Eine neue Einwanderungswelle führte gegen Mitte des 3. Jahrtausends v. Chr. bald zu einer außerordentlichen Entwicklung der kretischen Kultur. Große Paläste wurden zu Knossos und Phästos erbaut, kretische Schiffe befuhren das ganze Mittelländische Meer.

Von 1700 v. Chr. an veranlaßten wiederholte Erdbeben und vulkanische Ausbrüche kretische Auswanderungen nach dem benachbarten Griechenland sowie nach Kleinasien. Kretische Kunstfertigkeit formte die Kultur der Völker des Festlandes um. In Griechenland ist dafür das bekannteste Beispiel *Mykenä*, die Heimat Agamemnons. Das ist die mykenische Periode, über die Homer berichtet. Etwa um 1400 v. Chr. erlitt Kreta ein furchtbares Erdbeben, das der kretischen Vorherrschaft ein plötzliches Ende bereitete.

Das griechische Festland nahm bis jetzt zwei nacheinanderfolgende Wellen von Eindringlingen auf. Die ersten waren die Ionier, welche um 2000 v. Chr. aus dem Norden kamen. Sie scheinen sich langsam mit der inländischen Bevölkerung verschmolzen zu haben. Dreihundert Jahre später folgte ihnen die Invasion der Achäer, die nun die herrschende Klasse bildeten. Die Herren von Mykenä und die homerischen Griechen gehörten dieser herrschenden Kaste an.

Die Kreter-Achäer hatten ausgedehnte Handelsbeziehungen um das ganze Mittelländische Meer herum. Die kretische Katastrophe von 1400 unterbrach diese nicht. Unter den ›Völkern des Meeres‹, die Ägypten um 1200 v. Chr. bedrohten, finden wir die Kreter, von den Ägyptern ›Peliset‹ genannt. Diese waren die ursprünglichen Philister, von denen Palästina, wo sie sich niederließen, seinen Namen erhielt.

Um 1100 v. Chr. vollendete eine weitere Invasion, was das Zerstörungswerk der Natur nicht hatte vollbringen können. Unter dem Druck der dorischen Invasion geriet ganz Griechenland und die Ägäis in das Joch der starken und barbarischen Eroberungshorden. Die Achäer, erschöpft durch den Trojanischen Krieg zu Anfang des 12. Jahrhunderts v. Chr., konnten den heftigen Angriffen nicht widerstehen. Die Seemacht fiel den Phöniziern zu, und über Griechenland brach eine dunkle Periode herein. In dieser Zeit nahmen die Griechen das semitische Alphabet von den phönizischen Kaufleuten an und ergänzten es durch Hinzufügung der Vokale.

Griechenland hat ein ungleiches Klima. Das Land ist durch unfruchtbare Gebirgsketten geteilt, was den Zugang von Tal zu Tal erschwert. So entstanden getrennte Gemeinschaften in den fruchtbaren Ebenen, und wenn ein Gebiet die überschüssige Bevölkerung nicht mehr ernähren konnte, brachen einige immer wieder zur See auf, um Kolonien zu gründen. Von der Mitte des 8. bis zur Mitte des 6. Jahrhunderts v. Chr. wurden die Küsten Siziliens, Süditaliens und des Schwarzen Meers mit griechischen Städten übersät. Mit dem Aufkommen der Kolonien entwickelte sich der Handel, und die Griechen nahmen erneute Verbindungen mit dem Osten auf.

Politisch durchlief das nachdorische Griechenland einen ständigen Wechsel, der mit dem Königtum begann. Die Macht kam dann allmählich in die Hände der Aristokratie, später folgte eine Periode nicht erblicher Monarchen oder Tyrannen. Schließlich fiel die politische Macht an die Bürger, was der buchstäbliche Sinn von ›Demokratie‹ ist. Von nun an wechselten Tyrannis und Demokratie. Reine Demokratie besteht nur dann, solange sich alle Bürger auf dem Marktplatz versammeln können. In unserer Zeit lebt sie nur noch in manchen kleineren Kantonen der Schweiz weiter.

Das früheste und größte literarische Werk der griechischen Welt ist das Homers. Über ihn wissen wir nichts Bestimmtes. Mancher meint sogar, es habe eine Anzahl von Dichtern gegeben, die später unter diesem Namen zusammengefaßt wurden. Allerdings scheinen die beiden großen Werke, die *Ilias* und die *Odyssee*, etwa um 800 v. Chr. beendet worden zu sein. Der Trojanische Krieg, um den es sich in diesen Epen handelt, fand kurz nach 1200 v. Chr. statt. So besitzen wir eine nachdorische Überlieferung eines vordorischen Ereignisses. Daher stammt mancher Widerspruch. In ihrer jetzigen Form gehen beide Werke auf eine Fassung unter dem athenischen Tyrannen Peisistratos im 6. Jahrhundert v. Chr. zurück. Viele Brutalitäten der früheren Periode wurden im Homer gemildert, Spuren davon blieben noch zurück. Die Epen spiegeln in der Tat die Einstellung der damals herrschenden Klasse. Die Leichen z.B. wurden nur eingeäschert und nicht – wie in der mykenischen Zeit – begraben. Der Olymp besteht aus einer lärmenden Schar hartgesottener Herren.

Religion ist kaum vorhanden, während gepflegte Sitten und Bräuche, wie z.B. Gastfreundschaft gegen Fremde, stark ausgeprägt sind. Primitiveres wie Menschenopfer in der Form des Tötens von Gefangenen z.B. kommen gelegentlich, aber doch nur sehr selten vor. Im ganzen ist der Ton zurückhaltend und feierlich.

In gewisser Weise zeigt dies die Spannung der griechischen Seele. Einerseits findet sich das Gemäßigte und Verständige, andrerseits das Unbändige und Urtümliche. Das erstere veranlaßte die Entstehung von Philosophie, Kunst und Wissenschaft. Letzteres trat in ziemlich primitiver Religion mit Fruchtbarkeitsriten hervor. Es erscheint in Homer unter starker Kontrolle, in späteren Zeiten aber, insbesondere bei der neu auflebenden Verbindung mit dem Osten, schiebt es sich wieder in den Vordergrund. Dies ist mit der Anbetung des Dionysos oder Bacchus, ursprünglich einer Gottheit aus Thrakien, verknüpft. Ein mildernder Einfluß auf die vormalige Wildheit wurde von der sagenhaften Gestalt des Orpheus ausgeübt, der nach der Legende von berauschten Bacchantinnen in Stücke gerissen wurde. Die orphische Lehre strebt nach Askese und Ekstase. Durch letztere wird ein Zustand des ›Enthusiasmus‹ oder eine Vereinigung mit dem Gott und dadurch der Gewinn einer sonst nicht erreichbaren mystischen Erkenntnis erhofft. In dieser verfeinerten Form beeinflußte die orphische Religion die griechische Philosophie, zunächst Pythagoras, sehr tief, der sie in seinen eigenen Mystizismus übernahm. Von da drangen die orphischen Momente in Platons Lehre ein und in die meisten anderen griechischen Philosophien, soweit sie nicht rein wissenschaftlich waren.

Aber auch primitivere Bestandteile lebten in der orphischen Tradition weiter. Sie sind in der Tat die Quelle der griechischen Tragödie, in der die Sympathie immer denjenigen gilt, die von heftigen Gefühlen und Leidenschaften getrieben werden. Aristoteles spricht mit Recht von der Tragödie als einer Katharsis, einer Reinigung der Gefühle. Letzten Endes stellt dieser zweifache Aspekt des griechischen Charakters das dar, welches ihn ein für allemal befähigte, die Welt umzugestalten. Nietzsche nannte diese zwei Momente das Apollinische und das Dionysische. Keines der beiden allein hätte die außerordentliche Entfaltung der griechischen Kultur hervorrufen können. Im Osten herrschte das Mystische, vor dessen alleinigem Zauber die Griechen durch das Aufblühen der wissenschaftlichen Schulen Ioniens bewahrt wurden. Aber Maßhalten wie Mystizismus sind beide nicht imstande, eine geistige Revolution zu verursachen. Dazu ist leidenschaftliche Forschung nach Wahrheit und Schönheit erforderlich. Der orphische Einfluß scheint gerade dafür Sorge getragen zu haben. Philosophie war für Sokrates geradezu die Art zu leben. Es ist erwähnenswert, daß das griechische Wort ›Theorie‹ zuerst so etwas wie ›Schaulust‹ bedeutet. Herodot gebraucht es in dem Sinne. Wißbegier, die zu einer leidenschaftli- chen und trotzdem unvoreingenommenen Untersuchung neigt, gibt den Griechen ihren einmaligen Platz in der Geschichte.

Die Kultur des Abendlandes, welche aus griechischen Quellen hervorsprengt, beruht auf einer philosophischen und wissenschaftlichen Tradition, die in *Milet* vor zweieinhalb Jahrtausenden begann. Darin unterscheidet sie sich von den anderen großen Kulturen der Welt. Der führende Begriff der griechischen Philosophie ist der *Logos*. Dies bedeutet u.a. soviel wie ›Wort‹ und ›Maß‹. So sind philosophische Diskussion und wissenschaftliche Forschung eng miteinander verbunden. Die ethische Lehre, die aus dieser Verknüpfung entsteht, sieht das Gute in der Erkenntnis, die das Ergebnis unvoreingenommener Forschung ist.

Das Aufwerfen allgemeiner Fragen ist, wie wir schon sagten, der Anfang der Philosophie und der Wissenschaft. Wie kommt man dann aber auf solche Fragen? Im weitesten Sinne bezwecken Fragen das Suchen nach einer Ordnung dessen, was dem Unkundigen nur als ein Gewirre zufälliger Vorgänge erscheint. Es ist bemerkenswert, wo der Begriff ›Ordnung‹ zuerst vorkommt. Nach Aristoteles ist der Mensch ein ›politisches Lebewesen‹. Er lebt nicht allein, sondern in einer Gemeinschaft. Sogar auf der primitivsten Stufe bringt das manche Art von Organisation mit sich, und aus dieser Quelle wurde die Vorstellung der Ordnung gewonnen. Ordnung bedeutet zuerst und vor allem soziale Ordnung. Mancher regelmäßige Wechsel in der Natur, wie die Folge von Tag und Nacht und der Reigen der Jahreszeiten, wurde zweifellos vor langem erkannt. Doch immer steht dieser Wechsel zunächst im Licht menschlicher Deutung: Himmelskörper sind Götter, die Naturkräfte Geister, alle aber vom Menschen nach seinem eigenen Bilde geschaffen.

Das Problem des Überlebens des Menschen bedeutet in erster Linie, sich die Naturkräfte untertan zu machen. Bevor man die Wissenschaft entdeckte, wurde dies der Magie anvertraut, ein Versuch, durch gewisse streng bestimmte Riten die Wirklichkeit zu beeinflussen.

Aus gemeinsamer Tätigkeit, an der Gruppen teilnehmen, entwickelt sich das Umgangsmittel, das wir ›Sprache‹ nennen. Der Hauptzweck ist, alle zu gemeinsamer Unternehmung zu befähigen. Der Grundbegriff hierbei heißt ›Abkommen‹, was auch als Anfang aller Logik betrachtet werden kann. Sie entsteht aus der Tatsache, daß man durch Umgang miteinander schließlich zu einer Übereinkunft gelangt, auch dann, wenn man einig ist, daß man uneins ist. Gerieten unsere Vorfahren in eine solche Sackgasse, griffen sie zweifellos zu strengen Maßnahmen. Denn wenn man erst einmal den Gegner ›erledigt‹ hat, kann er einem nicht mehr widersprechen. Eine andere Möglichkeit zur Erledigung strittiger Angelegenheiten bietet die Diskussion. Sie ist der Weg der Wissenschaft und der Philosophie. Der Leser möge beurteilen, wie weit wir darin seit den Urzeiten gekommen sind.

Die griechische Philosophie zeigt in allen Phasen den Einfluß verschiedener *Dualismen* auf. Für alle ist der Unterschied zwischen Wahrheit und Irrtum grundlegend. Eng damit verbunden ist der Dualismus von Gut und Böse und der von Harmonie und Kampf. Auch findet sich schon in der griechischen Philosophie der Dualismus von Erscheinung und Realität, der noch heute sehr aktuell ist. Ferner die Fragen über Geist und Materie sowie über Freiheit und Notwendigkeit. Und dann gibt es kosmologische Probleme, ob in den Dingen Einheit oder Vielfalt herrscht, ob sie einfach oder zusammengesetzt sind, und schließlich den Dualismus von Chaos und Ordnung oder den von Grenzenlosigkeit und Grenze.

Die Art und Weise, wie diese Probleme von den ersten Philosophen angepackt wurden, ist lehrreich. Die eine Schule stellt sich auf die Seite des Dualismus, die andere übt daran Kritik und nimmt die gegensätzliche Ansicht ein. Schließlich kommt eine dritte, die manche Kompromisse macht und beide ursprünglichen Standpunkte aufhebt. Durch die Beobachtung dieses dreifachen Kampfes zwischen den rivalisierenden Lehren der vorsokratischen Philosophen entwickelte Hegel den Begriff der Dialektik.

Viele von diesen Dualismen hängen miteinander auf verschiedene Weise zusammen. Wir können sie aber methodisch trennen, um die verschiedenen Typen der Fragen, mit denen sich die Philosophie beschäftigt, aufzuzeigen. Wahrheit und Irrtum werden in der Logik behandelt. Gut und Böse, Harmonie und Kampf sind Themen der Ethik. Erscheinung und Realität sowie die Frage des Geistes und der Materie können als die traditionellen Probleme der Erkenntnistheorie betrachtet werden. Die übrigen Dualismen gehören in den Bereich der Ontologie oder der Theorie des Seins. Diese Abgrenzungen sind freilich nicht streng festgelegt, und ein paar wesentliche Züge der griechischen Philosophie finden sich gerade da, wo solche Abgrenzungen zusammengebrochen sind.

Die erste Schule wissenschaftlicher Philosophen entstand in *Milet*. Diese Stadt an der ionischen Küste war ein wichtiger Umschlagspunkt. Südöstlich lagen Cypern, Phönizien und Ägypten, nördlich das Agäische und das Schwarze Meer, westlich – jenseits des Agäischen Meers – das griechische Festland und die Insel Kreta. Nach Osten hin geriet Milet in engere Berührung mit Lydien und dadurch mit den mesopotamischen Reichen. Von Lydien lernten die Milesier die Prägung goldener Münzen. Milets Hafen war voll von Schiffen vieler Völker und seine Warenlager überfüllt mit Gütern aus aller Welt. Mit Geld als universalem Mittel zur Anhäufung von Werten und zur einfachen Ausübung des Warenhandels ist es verständlich, daß die milesischen Philosophen die Frage stellten, woraus alle Dinge gemacht sind.

»Alle Dinge sind aus Wasser entstanden«, hat Thales von Milet nach der Überlieferung gesagt. Und das ist der Beginn der Philosophie und der Wissenschaft. Die griechische Tradition zählt Thales zu einem der Sieben Weisen, und aus Herodot wissen wir, daß er eine Sonnenfinsternis voraussagte. Die

Astronomen haben errechnet, daß im Jahre 585 v. Chr. tatsächlich eine stattfand, so daß man da seine Blütezeit annehmen darf. Es ist unwahrscheinlich, daß Thales schon eine Theorie der Sonnenfinsternis gehabt hätte, nur waren ihm bestimmt die babylonischen Berichte über diese Erscheinungen bekannt, und so wußte er, wann man Ausschau halten konnte. Daß jene Sonnenfinsternis gerade in Milet zu sehen war, bedeutet zwar einen guten Anhaltspunkt für seine Lebenszeit, aber noch keinen Beweis für seine astronomische Ursprünglichkeit. Ebenso ist es sehr zweifelhaft, ob er in der Geometrie die Sätze von der Ähnlichkeit der Dreiecke aufgestellt hat. Gewiß aber hat er die ägyptischen Regeln für die Berechnung der Höhe einer Pyramide auf die Entfernung von Schiffen auf See und anderer unzugänglicher Punkte angewandt. Sonach hatte er schon eine Vorstellung von der Allgemeingültigkeit geometrischer Regeln. Gerade diese Erkenntnis nun aber ist ursprünglich und echt griechisch.

Es wird von Thales auch gesagt, er habe behauptet, der Magnet besitze eine Seele, weil er Eisen bewegen kann. Eine weitere Feststellung aber, alle Dinge seien voll von Göttern, muß als fraglich betrachtet werden. Sie kann ihm nur auf Grund der ersten Aussage zugeschrieben werden, macht diese aber zugleich überflüssig. Denn zu sagen, der Magnet habe eine Seele, ist nur dann sinnvoll, wenn die anderen Dinge keine besitzen.

Die wichtigste Ansicht Thales' ist die Behauptung, die Welt sei aus Wasser entstanden. Dies ist weder so sehr übertrieben, als es auf den ersten Blick erscheint, noch ist es ein bloßes Produkt der von aller Beobachtung freien Einbildung. Wasserstoff, der die meisten Atome zum Aufbau des Wassers liefert, wird heute für das chemische Element gehalten, aus dem alle übrigen künstlich hergestellt werden können. Die Ansicht, alle Materie sei eins, ist eine ganz achtbare wissenschaftliche Hypothese. Und was die Beobachtung betrifft, so macht die Nähe der See glaubhaft, daß einer wahrnehmen mußte, wie die Sonne das Wasser verdünstet, und wie sich daraus Nebel bildet, der sich wieder in Form von Regen auflöst. Die Erde ist also eine Art konzentrierten Wassers. Die Einzelheiten mögen phantastisch genug sein, aber es ist immer noch eine gute Leistung, entdeckt zu haben, daß eine Substanz dieselbe bleibt bei verschiedenen Zustandsformen.

Der nächste milesische Philosoph ist Anaximander, der etwa um 610 v. Chr. geboren wurde. Wie auch Thales war er ein Erfinder und als solcher auch ein praktischer Mensch. Er ist der erste Landkartenzeichner und war Vorsteher einer der milesischen Kolonien an der Küste des Schwarzen Meeres. Anaximander kritisierte die kosmologische Lehre seines Vorgängers. Warum gerade Wasser? Die Ursubstanz, woraus alle Dinge entstanden, kann nicht aus einer ihrer einzelnen Formen bestehen. Sie muß von allen diesen verschieden und grundlegender sein. Denn die mannigfaltigen Formen der Materie befinden sich in ununterbrochenem Kampf miteinander: Hitze gegen Kälte und Nässe gegen Trockenheit. Sie beeinträchtigen sich gegenseitig und verüben ›Ungerechtigkeit‹, was nach griechischer Auffassung Mangel an Gleichgewicht bedeutet. Wenn irgendeiner von diesen Stoffen die Ursubstanz wäre, hätte sie die übrigen schon vor langer Zeit überwinden müssen. Der ursprüngliche Grund ist der, welchen Aristoteles den materiellen Stoff nennt.

Anaximander bezeichnet ihn als das Unbegrenzte, was eine unendliche Fülle materieller Ausdehnung in allen Richtungen bedeutet. Aus ihm entstand die Welt, und dorthin wird sie zurückkehren. Anaximander betrachtete die Erde als einen frei schwebenden Zylinder mit den Menschen auf einer der Endflächen. Vor allem aber nahm er an, daß unsere Welt von unzähligen anderen Welten umgeben sei. Die Welt bedeutete ihm etwas Ähnliches wie unser heutiges Milchstraßensystem. Die innere Funktion jeder Welt wird durch eine wirbelnde Bewegung bestimmt, welche die Erde zum Zentrum zieht. Die Himmelskörper stellen Feuerräder dar, die außer an einer Stelle durch Luft verborgen sind. Wir müssen dabei wissen, daß die Luft für die antiken Griechen etwas bedeutete, was imstande war, die Dinge unsichtbar zu machen.

Bezüglich der Abstammung des Menschen hatte Anaximander eine äußerst ›moderne‹ Ansicht. Aus der Beobachtung der langwierigen Periode, die die Menschenkinder für Pflege und Schutz nötig haben, zog er den Schluß, daß der Mensch, falls er immer so gewesen wäre, wie heute, nicht hätte weiterleben können. Infolgedessen mußte er einst anders gewesen sein, d.h. er muß sich aus einem Tier, das viel früher für sich sorgen kann, entwickelt haben. Diese Art Beweis wird als *reductio ad absurdum* bezeichnet. Aus einer gegebenen Annahme leitet man etwas ab, was offensichtlich falsch ist, in diesem Fall die Behauptung des Nichtmehr-weiterleben-Könnens. Deswegen muß die *Annahme* abgelehnt werden. Wenn aber dieser Beweis richtig ist (nämlich, wenn aus der Annahme, daß der Mensch immer war wie er heute ist, folgt – und ich glaube, so ist es tatsächlich –, daß er nicht hätte überleben können), dann schafft dieses Argument ohne weiteres den Gedanken des Evolutionsprozesses. Doch begnügte sich Anaximander nicht mit dieser Beweisführung, da er einfach mit der Behauptung weiterging, der Mensch stamme vom Fisch ab, und unterstützte sie durch Beobachtungen an fossilen Überresten sowie durch die, wie Haifische ihre Jungen füttern. Ohne Zweifel erlegte uns Anaximander infolge dieser Argumentierung das Verbot des Fischessens auf. Ob unsere Brüder aus der Meerestiefe das gleiche Feingefühl für uns hegen, darüber wird nichts berichtet.

Der dritte berühmte milesische Denker ist Anaximenes. Außer der Tatsache, daß er der jüngste von den dreien war, wissen wir nichts Bestimmtes über sein Leben. Seine Lehren bedeuten in manchem einen Schritt zurück vor seine Vorgänger; doch wenn sie auch weniger kühn waren, so waren sie doch im ganzen bleibender. Wie Anaximander glaubte auch er, daß es einen Urstoff gebe, aber er hielt dafür die Luft. Die verschiedenen Formen des uns umgebenden Stoffes entstehen aus der Luft durch die Prozesse von Verdichtung und Verdünnung. Da dies aber bedeutet, daß alle Unterschiede quantitativ sind, kann die Annahme eines besonderen Stoffes als Grund für richtig gehalten werden. Sogar die Seele ist aus Luft, und wie der Mensch durch Luft belebt wird, so auch die ganze Welt. Diese Ansicht wurde später von den Pythagoreen übernommen. In seiner Kosmologie war Anaximenes auf falscher Fährte. Glücklicherweise folgten die Pythagoreer hierin dem Anaximander; im übrigen Anaximenes nur, wo es berechtigt war. Er war der letzte Vertreter der milesischen Schule und Erbe ihrer gesamten Tradition. Seine Lehre der Verdichtung und Verdünnung vollendete zudem die milesische Weltauffassung aufs beste.

Die milesischen Philosophen waren aus ganz anderem Holz als die heutigen Spezialisten. Sie nahmen teil auch an den Alltagsangelegenheiten der Stadt und konnten mit allen Notfällen fertig werden. Es wird angenommen, daß die Lehren Anaximanders in einer Abhandlung über die Geographie im weitesten Sinn des Wortes erörtert wurden. Die Titel der verlorengegangenen frühen Werke lauten: ›*Berichte über die physische Natur der Dinge*‹. Daher war der Umfang der behandelten Gebiete recht ausgedehnt, die Behandlung aber wahrscheinlich nicht sonderlich tief. Gegen diese Art ›Alleswissen‹ ging zweifellos Heraklits späterer Vorwurf.

In der Philosophie sind nicht so sehr die gegebenen Antworten wie die gestellten Fragen wichtig. Dem verdankt die milesische Schule ihren Ruhm. Es ist nicht überraschend, daß Ionien, welches einen Homer hervorgebracht hatte, auch die Wiege der Wissenschaft und der Philosophie sein sollte. Wie wir sahen, hatte die Religion bei Homer einen olympischen Charakter, und so wurde sie weiter fortgesetzt. Wo der Mystizismus eine Gesellschaft nicht erdrückt, gewinnen die wissenschaftlichen Überlegungen regere Ansätze. Und wenn auch viele spätere Schulen der griechischen Philosophie am Mystizismus Anteil hatten, darf nie vergessen werden, daß trotzdem alle diese Schulen den Milesiern zu Dank verpflichtet sind. Die milesische Schule war in keiner Weise an irgendeine religiöse Bewegung gebunden. Es ist sogar einer der auffallenden Züge der Vorsokratiker, daß sie alle in Widerspruch mit den allgemein geltenden religiösen Traditionen standen. Das trifft auch für solche Schulen wie die der Pythagoreer zu, die nicht von Grund auf in Opposition zur Religion standen. Die Ausübung der Religion war für die Griechen im großen und ganzen mit den bestehenden Bräuchen der verschiedenen Stadtstaaten verknüpft. Und als die Philosophen ihre eigenen Wege einschlugen, war es nicht überraschend, daß sie in Konflikt mit den offiziellen Religionen ihrer Städte gerieten. Dieses Schicksal ereilte die Denker unabhängigen Geistes zu allen Zeiten und Orten.

Einen Steinwurf von der ionischen Küste entfernt liegt die Insel *Samos*. Trotz der Nähe waren aber die Traditionen der Inseln in mancher wichtigen Beziehung viel konservativer als die der Festlandsstädte. Auf den Inseln scheint ein weit größerer Zusammenhang mit der ägäischen Kultur der Vergangenheit fortgelebt zu haben, und es ist gut für das Folgende, wenn wir uns diesen Unterschied merken. Während das Ionien des Homer und die frühe milesische Schule die Religion im großen und ganzen nicht ernst nahmen, war die Inselwelt von Anfang an für den orphischen Einfluß empfänglich. Dieser Glaube blieb noch aus der kretisch-archäischen Zeit erhalten.

Der orphische Kult war ausgesprochen eine nationale Angelegenheit ohne strenges religiöses Dogma. Das Orphische hingegen besaß heilige Schriften und hielt seine Anhänger mit den Banden des gemeinsamen Glaubens zusammen. Die Philosophie gestaltete sich unter solchen Umständen als eine Weisheitslehre, als eine Weltanschauung, wie Sokrates es später übernahm.

Der Bahnbrecher dieses neuen Geistes war Pythagoras, gebürtig aus Samos. Von seinen Lebensdaten wie auch von den Einzelheiten seines Lebens ist uns wenig bekannt. Es wird berichtet, er habe um 532 v. Chr. während der Tyrannis des Polykrates seine Höhe erreicht. Samos rivalisierte mit Milet und anderen Festlandsstädten, welche unter die Herrschaft der angreifenden Perser gefallen waren, nachdem sie 544 v. Chr. Sardis eingenommen hatten. Samische Schiffe verkehrten kreuz und quer auf dem Mittelländischen Meer. Polykrates war eine Zeitlang ein enger Verbündeter des Amasis, Königs von Ägypten. Das gab zweifelsohne den Anlaß für die Erzählung, Pythagoras sei nach Ägypten gereist, woher auch sein mathematisches Wissen stamme. Auf jeden Fall verließ er Samos, weil er die drückende Herrschaft des Polykrates nicht weiter ertragen konnte. Er ließ sich in Kroton, einer griechischen Stadt in Süditalien, nieder, wo er seinen Bund gründete. Zwanzig Jahre lebte er in Kroton (bis 510 v. Chr.). Wegen eines Anschlags gegen seine Schule zog er weiter nach Metapont, wo er bis zu seinem Tode blieb.

Für die Milesier war, wie wir sahen, die Philosophie eine stark praktische Angelegenheit und der Philosoph ein handelnder Mensch. Durch die Pythagoreer trat eine gegensätzliche Auffassung in den Vordergrund, indem die Philosophie sich bei ihnen von der Welt trennte und beschaulich wurde. Dies geschah unter dem orphischen Einfluß, der sich in der pythagoreischen Lebensweise verkörperte. Die Menschen können in der Gesellschaft nach ihrer Lebensweise in drei Arten unterschieden werden, ähnlich wie es auch bei den Olympischen Spielen drei Gruppen gab. Auf der niedrigsten Stufe standen die Leute, die nur wegen des Geschäfts dorthin kamen. Dann diejenigen, welche sich an den Kämpfen beteiligten. Und schließlich gab es die Zuschauer, die ›Theoretiker‹ im buchstäblichen Sinne des Wortes. Diese letzteren entsprechen den Philosophen. Die philosophische Lebensweise ist die einzige, welche Hoffnung auf Überwindung der Zufälle des Daseins verspricht, indem sie einen aus dem ›Rad der Geburt‹ befreit. Die Pythagoreer glaubten ja an die Seelenwanderung.

Diese Tradition verknüpfte sich mit einer Reihe ursprünglicher Tabus und Enthaltsamkeitsregeln. Der dreifachen Lebensweise begegnen wir in Platons Republik wieder, wie auch vielem sonst an Pythagoreertum und aus den anderen vorsokratischen Schulen. Platon, das darf wohl gesagt werden, ermöglicht die Synthese des Kampfes zwischen den Lehren der früheren Philosophen.

Andererseits verursachte die pythagoreische Schule den Anstieg der wissenschaftlichen und besonders der mathematischen Tradition. Die Mathematiker sind die richtigen Erben des Pythagoreertums. Trotz des mystischen Einschlags, der aus der Wiederbelebung des Orphischen stammte, wurde der wissenschaftliche Charakter dieser Schule nicht entstellt. Wissenschaft an sich ist nicht religiös, wenn auch die Befolgung wissenschaftlicher Lebensweise manchen religiösen Anstoß bewirkt. Eine mächtige Rolle spielt im läuternden Aspekt dieser Lebensweise die Musik, für die das pythagoreische Interesse sich höchstwahrscheinlich an ihrem reinigenden Einfluß entflammte. Wie auch immer: Pythagoras entdeckte die lautquantitativen Beziehungen, die wir Intervalle nennen. Eine angeschlagene Saite läßt die Oktave ertönen, wenn sie halbiert wird. Ähnlicherweise ertönt die Quart, wenn man die Länge auf dreiviertel, und die Quint, wenn man auf zweidrittel verkürzt. Quart und Quint zusammen ergeben die Oktave, d.h. $4/3 \times 3/2 = 2$. So entsprechen diese Intervalle dem folgenden Verhältnis der harmonischen Reihe: $2 : 4/3 : 1$. Es wurde darauf hingewiesen, daß die drei Intervalle der klingenden Saite mit den drei Lebensweisen zu vergleichen wären. Dies muß zwar Spekulation bleiben, tatsächlich spielt aber die tönende Saite von nun an eine große Rolle in der griechischen Philosophie. Der Gedanke der Harmonie im Sinne des Gleichgewichts, Ausgleich und Zusammenbringen von Gegensätzlichem wie ›hoch‹ und ›tief‹ in der Musik durch richtiges Abstimmen, die Konzeption des Mittelwerts oder des Mittelwegs in der Ethik sowie die Lehre von den vier Temperamenten – sie alle gehen letzten Endes auf jene Entdeckung des Pythagoras zurück. Vieles davon werden wir bei Platon wiederfinden.

Es ist sehr wahrscheinlich, daß diese musikalischen Entdekkungen auch zu der Vorstellung führten, daß alle Dinge aus Zahlen bestünden. Infolgedessen brauchen wir, um die uns umgebende Welt zu verstehen, nur die Zahlen in den Dingen zu finden. Ist einmal die quantitative Struktur ergriffen worden, so haben wir über die Welt Kontrolle. Dies ist in der Tat eine äußerst wichtige Auffassung. Während ihre Bedeutung nach der hellenistischen Zeit vorübergehend verkannt wurde, trat sie später infolge der Erneuerung des Interesses für die Antike noch einmal hervor. Heute ist sie ein vorherrschender Zug in den Erkenntnissen der exakten Wissenschaft. Bei Pythagoras finden wir auch zum ersten Mal das Interesse für Mathematik, und zwar nicht in erster Linie von praktischen Bedürfnissen bestimmt. Die Ägypter hatten zwar schon manche mathematischen Erkenntnisse, aber nicht mehr als zum Bau ihrer Pyramiden oder zur Messung der Felder erforderlich war. Die Griechen begannen mit dem Studium solcher Dinge ›um der Forschung willen‹, wie Herodot sich ausdrückte, und Pythagoras war der erste unter ihnen.

Er entwickelte eine Art der Darstellung von Zahlen durch Aneinanderreihen von Punkten oder Kieselsteinchen. Dies ist in der Tat eine Rechenmethode, die in den verschiedenen Formen noch lange Zeit weiterlebte. Das dem lateinischen entlehnte Wort ›Kalkulation‹ bedeutet eigentlich ›Rechnung mit Kiesel-(Kalk-)steinen‹.

Damit hängt das Studium gewisser arithmetischer Reihen zusammen. Wenn wir zum Beispiel Kieselsteinreihen so ordnen, daß jede um einen mehr als die andere besitzt, und mit eins beginnen, so bekommen wir eine ›dreieckige‹ Zahl. Eine ganz besondere Bedeutung wurde der ›Tetraktys‹ beigemessen, die aus vier Reihen besteht und zeigt, daß $1 + 2 + 3 + 4 = 10$ ist. Ähnlich ergibt die Summe der aufeinanderfolgenden ungeraden Zahlen eine ›quadratische‹ und die der geraden eine ›rechteckige‹ Zahl.

In der Geometrie entdeckte Pythagoras das berühmte Verhältnis, nach dem das Quadrat über der Hypotenuse gleich der Summe der Quadrate über den beiden Katheten ist, obwohl wir seinen Beweis dafür nicht kennen. Die Entdeckung dieses Verhältnisses führte allerdings zu einem ungeheuren Aufruhr in seiner Schule. Als eine der Folgen davon ergab sich nämlich, daß das Quadrat über der Diagonalen eines Quadrats zweimal so groß wie das über der Seite ist. Aber keine Quadratzahl kann in zwei gleiche Quadratzahlen geteilt werden. Das Problem läßt sich mittels der – wie wir sie heute nennen – rationalen Zahlen nicht lösen. Die Diagonale kann mit der Seite nicht ›gemessen‹ werden. Für die Lösung dieses Problems braucht man die Theorie der irrationalen Zahlen, wie sie von späteren Pythagoreern entwickelt wurde. Der Ausdruck ›irrational‹ in diesem Zusammenhang geht offensichtlich auf dieses frühe mathematische ›Skandalon‹ zurück. Es geht das Gerücht um, daß ein Mitglied der Brüderschaft wegen Verrats des Geheimnisses in der See ertränkt wurde.

Was die Theorie über die Welt betrifft, stützt sich Pythagoras direkt auf die Milesier und verknüpft sie mit seinen eigenen Lehren von den Zahlen. Die Zahlen in der schon erwähnten Anordnung werden als ›Grenzsteine‹ bezeichnet, zweifellos deswegen, weil sie nach dieser Auffassung auf das Vermessen der Felder oder – im buchstäblichen Sinne – auf die Geometrie zurückgehen. Nach Pythagoras verleiht die grenzenlose Luft den Einzeldingen Klarheit, und Einzeldinge erst geben dem Grenzenlosen Maß. Außerdem wird das Grenzenlose mit dem Dunkeln und die Grenze mit dem Feuer gleichgestellt. Dies ist offensichtlich ein Gedanke, der dem Himmel und den Sternen entnommen ist. Wie die Milesier, so dachte auch Pythagoras, daß es viele Welten gebe, obgleich es auf Grund seiner Zahlenlehre unwahrscheinlich ist, daß er gemeint hätte, sie seien unzählig. In Weiterbildung der Ansicht Anaximanders hielt Pythagoras die Erde für kugelförmig und gab die Theorie der Milesier über die Wirbelbewegung auf. Es war allerdings einem späteren Landsmann von Pythagoras (Aristarch von Samos, 3. Jahrhundert v. Chr.) vorbehalten, die heliozentrische Ansicht weiter zu entwickeln.

Die pythagoreische Beschäftigung mit Mathematik veranlaßte später – wie wir sehen werden – die sogenannte Ideenlehre und das Universalienproblem. Wenn ein Mathematiker eine These über die Dreiecke beweist, so spricht er nicht von solchen Figuren, die irgendwo wirklich gezogen sind, sondern nur von solchen, welche er mit seinem geistigen Auge sieht. So entstand die Unterscheidung zwischen dem geistig Erfaßbaren und dem sinnlich Erfühlbaren. Eine solche Feststellung gilt ohne Vorbehalt und für alle Zeiten. Nur noch einen Schritt weiter und wir befinden uns schon bei der Auffassung, daß allein das ›Intelligible‹ wirklich, vollkommen und ewig, während das Wahrnehmbare, die ›sensible Welt‹, nur Schein, verderbt und vergänglich sei. Dies sind unmittelbare Folgen des Pythagoreertums, und sie haben die Philosophie wie auch die Theologie von je seitdem beeinflußt.

Wir müssen auch darauf aufmerksam machen, daß der Hauptgott der Pythagoreer, trotz der orphischen Elemente ihres Glaubens, Apollo war. Diese apollinische Richtung unterscheidet die rationalistische Theologie Europas von dem Mystizismus des Ostens.

So wurde unter dem Einfluß der früheren Pythagoreer die alte olympische Religion beiseite geschoben und an ihrer Stelle eine neue religiöse Richtung entwickelt. Einen noch heftigeren Angriff auf die traditionellen Götter übte Xenophanes aus. Er wurde wahrscheinlich im Jahre 565 v. Chr. in Ionien geboren, von wo er vor den Persern 540 nach Sizilien floh. Sein Hauptziel scheint gewesen zu sein, das olympische Pantheon mit seinen nach dem Menschen gebildeten Göttern zu vernichten. Ähnlicherweise bekämpfte er auch den erneuerten orphischen Mystizismus und machte sich über Pythagoras lustig. Der nächste Philosoph in der Reihenfolge war wieder ein Ionier, nämlich Heraklit von Ephesus, um 500 v. Chr. Über sein Leben wissen wir außer der Tatsache, daß er einer aristokratischen Familie angehörte, so gut wie nichts. Ein paar Fragmente seines Werks wurden uns allerdings überliefert. Aus diesen können wir ersehen, warum er für ›den Dunklen‹ gehalten wurde. Seine Sprüche haben einen prophetischen Klang, sind bündig und elegant und voll von lebendigen Metaphern. Indem er von dem ewigen Kreislauf des Lebens und des Todes spricht, sagt er z.B.: »Zeit ist ein brettspielendes Kind, Königsmacht die eines Kindes.« Seinen verachtenden Hohn über die Kritiklosen drückt er in beißenden Sätzen aus: »Die Narren, wenn sie zuhören, gleichen den Tauben, über die gesagt wird, sie seien abwesend, wenn sie anwesend sind«, oder: »Augen und Ohren sind schlechte Zeugen für die, deren Seelen ihre Sprache nicht verstehen.«

Daß wertvolle Leistungen viel Arbeit und Anstrengung erfordern, faßt er folgendermaßen ab: »Die nach Gold suchen, graben viel Erde um und finden nur wenig.« Diejenigen, die dies für zu schwer halten, werden so abgefertigt: »Esel mögen lieber Stroh als Gold.« So erahnte er auch schon einen Gedanken, den später Sokrates hervorhob, daß wir nicht zu stolz auf unser Wissen sein sollen: »Der Mensch wird von Gott ein kleines Kind geheißen, so wie das Kind vom Mann.«

Wenn wir Heraklits Philosophie ein wenig näher ins Auge fassen, verstehen wir vielleicht seine Sprüche besser. Obzwar Heraklit nicht das wissenschaftliche Interesse seiner ionischen Vorgänger bekundete, fußte nichtsdestoweniger sein Philosophieren auf den Lehren der Ionier wie auf denen des Pythagoras. Anaximander sagte, daß die wetteifernden Gegensätze in das Grenzenlose zurückkehren als Buße für ihre gegenseitigen Anwürfe. Von Pythagoras stammt die Vorstellung der Harmonie. Heraklit entwickelt aus diesen Bestandteilen eine neue Theorie, die seine hervorragende Entdeckung und seinen großen Beitrag zur Philosophie darstellt, die reale Welt besteht aus dem Gleichgewicht gegensätzlicher Strebungen. Hinter dem Kampf der Gegensätze steckt nach Ziel und Maßen ein verborgener Einklang, eine Harmonie, die die Welt selbst ist. Diese universale Erkenntnis ist nicht immer offensichtlich, denn ›die Natur verbirgt sich gern‹. Er meinte höchstwahrscheinlich, daß ›Einklang‹ in gewissem Sinn etwas sein muß, was einem nicht sofort ins Auge springt. »Verborgener Einklang ist besser als der, der offen tönt.« Das Dasein der Harmonie wird in der Tat gewöhnlich übersehen. »Die Menschen wissen nicht, wie das Verschiedene mit sich selber übereinstimmen kann. Es ist ein Zusammenklingen gegensätzlicher Spannungen, wie das des Bogens und der Lyra.«

So ist Kampf Beweggrund, durch den die Welt aufrechterhalten wird. »Homer hatte unrecht, als er sagte: ›Ich wollte, daß der Kampf unter den Göttern und unter den Menschen aufhörte! ‹Er wußte nicht, daß er damit um die Zerstörung des Weltalls bat, denn würde sein Gebet erhört, so würden alle Dinge vergehen.« Heraklits Feststellung, »Kampf ist der Vater aller Dinge«, darf freilich nur in diesem logischen Sinn und nicht als militärische Maxime aufgefaßt werden. Seine Ansicht erfordert einen neuen Urstoff, welcher imstande ist, die Bedeutung des Schaffens zu betonen. Den Milesiern im Prinzip folgend, wählte er das Feuer. »Alle Dinge sind Austausch für Feuer, und das Feuer für alle Dinge, wie Waren für Gold und Gold für Waren.«

Dieses kaufmännische Gleichnis zeigt uns das Wesen seiner Theorie. Die Flamme einer Öllampe sieht wie ein Bleibendes aus. Doch wird während der ganzen Zeit das Öl aufgesaugt, der Brennstoff in Flamme verwandelt, und Ruß setzt sich vom Brennen nieder. So stellt alles in der Welt einen Prozeß des Austauschs dieser Art dar, nichts bleibt dasselbe für immer. »Du kannst nicht zweimal in denselben Fluß steigen, denn frische Wasser fließen immer auf dich zu.« Infolge dieses Vergleichs schrieben spätere Autoren Heraklit den berühmten Satz: zu: ›Alles fließt.‹ Und Sokrates bezeichnete die Anhänger Heraklits mit dem Spottnamen ›die Fließenden‹. Es ist wichtig, dies mit einem anderen Fragment Heraklits zu vergleichen. Es besagt: »Wir steigen und wir steigen nicht in denselben Fluß; wir sind und sind nicht darin.« Auf den ersten Blick scheint das mit der ersten Behauptung nicht vereinbar zu sein. Aber der letzte Satz gehört einer anderen Seite seiner Philosophie an. Der Schlüssel findet sich in der zweiten Hälfte des Spruchs. »Wir sind und wir sind nicht« ist eine geheimnisvoll verborgene Art der Feststellung, daß die Einheit unserer Existenz in ständigem Wechsel, oder – wie später Platon es ausdrückte – daß unser Sein ein unaufhörliches Werden ist. Ähnlich verhält es sich mit dem Beispiel des Flusses. Wenn ich heute in die Themse steige und morgen wieder, so steige ich in denselben Fluß, doch ist das Wasser, in das ich steige, nicht dasselbe. Der Punkt ist, glaub' ich, klar genug, so daß ich dem Leser nicht zu empfehlen brauche, die Probe aufs Exempel zu versuchen. Eine andere These besagt ähnliches: »Der Weg hinauf und der Weg hinab ist ein und derselbe.« Wir haben das schon in Verbindung mit der Flamme beobachtet: das Öl steigt, der Ruß fällt, beide sind Teile des Verbrennungsprozesses. Es kann gut möglich sein, daß diese Behauptung zuerst einmal buchstäblich aufgefaßt werden muß. Ein schräger Weg führt auch hinauf und auch hinab, je nach der Richtung, in der wir gehen. Heraklits Lehre von den Gegensätzen lehrt uns, daß Dinge, die als Widerspruch erscheinen, in Wirklichkeit wesentliche Teile einer Situation sind. Ein solcher Fall ist die bestürzende Feststellung: ›Gutes und Böses sind eins.‹ Dies bedeutet offensichtlich nicht, daß Gutes und Böses ein und dasselbe Ding sind. Im Gegenteil; wie man sich einen hinaufführenden Weg ohne einen hinabführenden nicht vorstellen kann, ebenso wäre der Gedanke des Guten ohne den des Bösen sinnlos. Würde der Weg hinauf z.B. durch die Wegschaffung der Erdmassen zerstört, so wäre dadurch auch der Weg hinab beseitigt; und ähnlich steht es mit Gut und Böse.

Übrigens ist das Theorem, daß alles fließt, nicht ganz neu. Anaximander hatte nämlich eine ähnliche Ansicht. Die Erklärung aber, warum die Dinge trotzdem dieselben bleiben, stellte einen Fortschritt gegenüber den Milesiern dar. Die führende Idee des Maßes kam von Pythagoras. Durch die Bewahrung eines entsprechenden Maßes werden die Dinge auch bei ständigem Wechsel erhalten, wie sie sind. Dies gilt für den Menschen wie auch für die Welt.

In der Natur werden die Dinge nach Gesetz und Maß verwandelt, und ähnlich gibt es auch in der menschlichen Seele einen Wechsel zwischen trocken und feucht. Eine ›feuchte‹ Seele neigt zum Untergang und zur Gefahr der Zersetzung, und wenn dies geschieht, ungezügelt durch das Feuer, so möchte das keine schlechte Beobachtung in bezug auf einen Trinker sein. Andererseits sagt er: »Die trockene Seele ist die weiseste und beste«, obzwar wir uns auch bezüglich solcher ausgezeichneter Menschen nicht irren dürfen, da das Übermaß des Feuers die Seele ebenso tötet wie die zügellose Feuchtigkeit. Die Vernichtung durch das Feuer schien doch als ein ruhmreicheres Ende betrachtet zu werden, denn »größerer Tod gewinnt größeren Anteil«. Der Grund dafür ist vermutlich die Lehre, daß das Feuer die ewige Substanz bedeutet. »Diese Welt, die die gleiche für alle ist, wurde von keinem der

Götter oder der Menschen gemacht; denn sie war immer, ist und wird immer ein ewiglebendiges Feuer sein, in Maßen sich entzündend und in Maßen erlöschend.«

Was die Naturprozesse betrifft, entsprechen sie alle ihren Maßen. Das Ungerechte ist nicht – wie Anaximander meinte – im Kampf der Gegensätze zu suchen, sondern in der Mißachtung der Maße. »Die Sonne wird ihre Maße nicht überschreiten, und wenn sie es doch täte, würden die Erinnyen, die Dienerinnen der Gerechtigkeit, schon zupacken.« Aber die Maße sind nicht stur und starr, sofern sie ihre Grenzen nicht überschreiten. Sie können in einem gewissen Spielraum schwanken, und das ist die Erklärung für periodische Erscheinungen wie Tag und Nacht oder Wachsein und Schlaf für den Menschen und ähnliche Wechsel. Es ist verlockend, die Vorstellung der schwankenden Maße mit der pythagoreischen Lehre von den irrationalen Zahlen durch fortgesetzte Teilung zu verbinden, wobei Annäherungen einander folgen, fortschreiten und schließlich einen ziemlich genauen Wert darstellen. Wir wissen nicht, ob die frühen Pythagoreer schon diese Methode entwickelt haben oder nicht. Zu Platons Zeiten war sie gewiß gut bekannt, aber wir können sie mit Sicherheit auch Heraklit nicht zuschreiben.

Ebenso wie Xenophanes verachtete auch Heraklit die Religion seiner Zeit, die olympische ebenso wie die orphische Form. Nicht durch Riten und Opfer können die Menschen gut werden. Er erkannte deutlich den oberflächlichen und primitiven Charakter der rituellen Ausübung. »Umsonst reinigen sie sich, wenn sie sich mit Blut beschmutzen; gerade so, als ob einer, der in den Schlamm getreten ist, seine Füße mit Schlamm abwaschen möchte. Ein jeder, der ihn so handeln sähe, würde ihn für wahnsinnig halten.« Nichts Gutes kann aus dieser Richtung kommen.

Aber es gibt doch einen Weg, auf welchem die Weisheit erreicht werden kann, und zwar durch das Begreifen des grundlegenden Prinzips der Dinge. Die Formel ist die Harmonie der Gegensätze, die die Menschen nicht erkennen, obgleich sie sich überall offenbart. »Die Formel, die ist wie ich sage, wird von den Menschen nicht begriffen, bevor sie sie hören oder einmal gehört haben. Denn, wenn auch alle Dinge gemäß dieser Formel geschehen, scheinen die Menschen keine Erfahrung mit ihr zu haben, wenn sie auch Worte und Tatsachen erfahren, die ich erkläre, indem ich jedes Ding nach seiner Art unterscheide und zeige, wie es ist.« Wenn wir diese Formel nicht erfassen, so nützt uns kein Lernen. »Lernen vieler Dinge lehrt nicht Verständnis.« Diese Ansicht werden wir bei Hegel wiederfinden, ihre Quelle ist Heraklit.

Weisheit bedeutet also das Begreifen der grundlegenden Formel, die allen Dingen gemein ist. Ihr müssen wir folgen, wie eine Stadt, wie die *Polis* ihren Gesetzen folgt. Wir müssen es sogar noch peinlicher tun, da die allgemeine Formel universal ist, die Gesetzgebung der verschiedenen Städte aber nicht. So besteht Heraklit auf dem absoluten Charakter des Allgemeinen gegen die Vorstellung des Relativismus, welche in jener Zeit auf Grund des Vergleiches zwischen den vielfältigen Bräuchen der verschiedenen Völker entstand. Die Lehre Heraklits steht also im Gegensatz zu der pragmatischen Ansicht der Sophisten, die später von Protagoras in der Behauptung ausgedrückt wurde: »Der Mensch ist das Maß aller Dinge.«

Wenn sich auch diese allgemeine Formel (der *›Logos‹*) überall findet, sind doch die meisten blind dafür und benehmen sich, als ob ein jeder sein eigenes Gesetz hätte. So ist diese allgemeine Formel alles andere, nur keine öffentliche Meinung. Wegen dieser Blindheit verachtete Heraklit die Masse. Er war im buchstäblichen Sinne des Wortes ein Aristokrat, der für die Macht der Besten ist. »Die Epheser täten gut daran, sich aufzuhängen – jeder Erwachsene unter ihnen – und die Stadt bartlosen Jünglingen zu überlassen; weil sie Hermodoros, den besten Menschen unter ihnen, mit der Bemerkung verjagten: ›Wir wollen keinen haben, der der beste unter uns ist; und wenn es doch einen solchen gibt, laßt ihn es anderswo und unter anderen sein!‹«

Von sich selbst hatte Heraklit zweifelsohne die beste Meinung, was ihm vielleicht verziehen werden kann. Ungeachtet dieser persönlichen Grille taucht er als ein mächtiger Denker auf, der die führenden Ideen seiner Vorgänger zusammenfaßte und einen bestimmenden Einfluß auf Platon ausübte.

Heraklits Lehre vom ständigen Fluß der Dinge macht auf die Tatsache aufmerksam, daß sich alles in Bewegung befindet. Der nächste Abschnitt der griechischen Philosophie führt uns zum anderen Extrem, nämlich zur Leugnung aller Bewegung überhaupt.

Ein gemeinsamer Zug aller bisherigen Theorien war der Versuch, die Welt mittels eines einzigen Prinzips zu erklären. Die einzelnen Lösungen unterscheiden sich von Schule zu Schule, aber jede schlägt ihren eigenen Urstoff vor, aus welchem alle Dinge gemacht sind. So überprüfte niemand diesen allgemeinen Gesichtspunkt kritisch. Der Philosoph, der diese Aufgabe unternahm, war Parmenides.

Über sein Leben, wie über das von so vielen, wissen wir wenig Wichtiges. Er stammte aus Elea in Süditalien und gründete eine Schule, welche nach dieser Stadt die eleatische genannt wurde. Seine Blütezeit fiel in die erste Hälfte des 5. Jahrhunderts, und – wenn wir Platon trauen können – so besuchte er mit seinem Schüler Zeno Athen, wo sie beide mit Sokrates etwa um 450 v. Chr. zusammentrafen. Von allen griechischen Philosophen waren Parmenides und Empedokles die einzigen, die ihre Lehren in dichterischer Form zum Ausdruck brachten. Der Titel des Gedichtes von Parmenides, wie der vieler anderer Schriften der älteren Philosophen, lautete: *›Über die Natur.‹* Es ist in zwei Kapitel aufgeteilt: *›Der Weg der Wahrheit‹, das sich mit seiner Logik, die uns hier hauptsächlich interessiert, beschäftigt, und ›Der Weg der Meinung‹*, das eine im wesentlichen pythagoreische Kosmologie enthält, von der er ausdrücklich sagt, dies Ganze müsse als illusorisch betrachtet werden. Er war selbst Anhänger der pythagoreischen Lehre, die er erst während der Formulierung seiner allgemeinen Kritik aufgab. Dieser Teil seines Gedichts zeigt eine Reihe von Irrtümern, von denen er sich befreit hat.

Parmenides' Kritik begann mit einer den Lehren all seiner Vorgänger gemeinsamen Schwäche. Diese fand er in der Unvereinbarkeit der Ansicht, daß alle Dinge aus einem Urstoff gemacht wären mit der Behauptung eines leeren Raums. Von der Materie können wir bezeichnend sagen: »Sie ist«, und vom leeren Raum: »Er ist nicht.« Nun haben all die vorangehenden Philosophen den Fehler gemacht, daß sie davon, was nicht ist, so sprachen, als ob es doch wäre. Heraklit soll sogar gesagt haben, daß es ist und zugleich nicht ist. Gegen all dieses behauptete Parmenides einfach: »Es ist.« Das Wesentliche betrachtete er darin, daß was nicht ist, nicht einmal gedacht werden kann, da man das Nichts nicht zu denken vermag. Was also nicht zu denken ist, kann auch nicht sein. Daher: was zu sein vermag, kann auch gedacht werden! Dies ist der allgemeine Gang der Beweisführung des Parmenides.

Einige Folgerungen treten sogleich hervor. ›Es ist‹ bedeutet, daß die Welt überall von Materie erfüllt ist. Ein leerer Raum existiert einfach nicht, weder innerhalb noch etwa außerhalb der Welt. Überdies muß es genauso viel Materie an dieser Stelle als sonst geben, oder wir müßten von einer Stelle geringerer Dichte sprechen, was wiederum unmöglich ist. Jenes ›Es‹ muß in jeder Beziehung gleich und kann nicht unendlich sein, da das Unvollkommenheit bedeutete. Es ist unerschaffen und ist ewig; weder kann es aus dem Nichts entstanden sein oder ins Nichts zurückkehren, noch vermöchte es aus etwas zu stammen, da es außer ihm nichts gibt. So gelangen wir zum Bild einer Welt, die eine feste, endliche, einheitlich materielle Kugel ohne Zeit, ohne Bewegung und Wechsel darstellt. Die bedeutet in der Tat einen mächtigen Schlag gegen den nüchternen Menschenverstand, aber das ist der logische Schluß eines zu Ende geführten materiellen Monismus. Wenn das unsere Sinnesorgane verletzt, um so schlimmer für sie! Wir müßten also jede Sinneserfahrung als Illusion abschreiben, und das ist es genau, was Parmenides dachte. Durch Zu-Ende-Denken der monistischen Lehre zwang er manche späteren Philosophen immer wieder zu neuem Anbeginn. Parmenides' Kugel stellt dar, was Heraklit meinte, als er sagte, käme der Kampf irgendwann zu Ende, dann auch die Welt. Man muß einsehen, daß Parmenides' Kritik an Heraklits Lehre nicht ins

Ziel trifft. Die Bemerkung nämlich, daß die Dinge aus Feuer gemacht seien, ist nicht wesentlich für seine ganze Auffassung. Die Funktion des Feuers ist metaphorisch zu verstehen, indem die Flamme die wichtige Erkenntnis farbig veranschaulicht, daß es nichts Ruhendes gibt, daß sich alle Dinge in ständigem Werden befinden. Wie Heraklits Behauptung »Es ist und es ist nicht« aufzufassen ist, das haben wir schon früher gesehen. In der Tat enthält seine Lehre eine inbegriffene Kritik der linguistischen Metaphysik des Parmenides.

Die parmenidessche Lehre in ihrer linguistischen Form läuft einfach auf folgendes hinaus: wenn man denkt oder spricht, so denkt oder spricht man immer über etwas. Daraus folgt, daß Dinge, über die man denken und sprechen kann, unabhängige, äußere Dinge sein müssen. Man kann das Denken und Sprechen auf vielen verschiedenen Gebieten vollziehen, und so müssen die Gegenstände des Gedankens oder der Sprache immer existieren. Und wenn es unmöglich ist, daß sie einmal nicht existierten, so gäbe es keinen Wechsel. Was Parmenides dabei übersah, ist, daß er somit nie etwas leugnen könnte, da es ihn zwingen würde, über etwas auszusagen, was nicht ist. Wenn dem aber wirklich so wäre, dann könnte er nie etwas behaupten, infolgedessen wäre alles Gespräch, alles Reden, alles Denken unmöglich.

Etwas Wichtiges weist diese Lehre trotzdem nach, das nämlich, daß wenn ein Wort vernünftig gebraucht wird, es einen Sinn haben muß; und ferner: was es bedeutet, das muß es irgendwie auch geben. Das Paradoxon ist weggeschafft, wenn wir an Heraklit denken. Wird die Sache ausreichend geklärt, so stellt es sich heraus, daß eigentlich niemand meint, es sei nicht, sondern nur, es sei nicht in einer bestimmten Art so. Wenn man z.B. sagt: »Das Gras ist nicht rot«, so meint man nicht, daß kein Gras sei, sondern daß es nicht so ist, wie manche anderen Dinge. Man könnte es auch wirklich nicht aussagen, wenn es nicht Dinge gäbe, die tatsächlich rot sind, wie z.B. Autobusse. Das Wesentliche bei Heraklit findet sich darin, daß, was heute rot ist, morgen grün sein kann, wenn z.B. der rote Autobus einen grünen Anstrich bekommt.

Dies führt zu der allgemeinen Frage nach den Bedingungen, unter welchen die Wörter sinnvoll sind, was aber bei weitem zu umfangreich ist, um hier in diesem Buch behandelt werden zu können. Allerdings bedeutet Parmenides' Leugnung des Wechsels den Ursprung aller späteren Theorien des Materialismus. Das ›Es‹, dem er Dasein beimißt, wird später Substanz genannt, der unveränderliche und unzerstörbare Stoff, aus dem, nach der Behauptung der Materialisten, alle Dinge gemacht sind.

Parmenides und Heraklit bilden die zwei extremen Gegensätze unter den Denkern der vorsokratischen Zeit. Es ist bemerkenswert, daß neben Platon nur noch die Atomisten eine Synthese der beiden gegensätzlichen Auffassungen gefunden haben. Von Parmenides liehen sie ihre unveränderlichen elementaren Teilchen, während von Heraklit die Vorstellung der ständigen Bewegung kam. Dies sind die klassischen Muster, welche die hegelsche Dialektik anregten.

Die parmenidessche Kritik veranlaßte eine neue Stellungnahme zu dem Problem, woraus eigentlich die Welt gemacht sei. Das tat Empedokles von Akragas (Agrigent). Auch über sein Leben wissen wir kaum etwas. Die Zeit seines Wirkens fiel in die erste Hälfte des 5. Jahrhunderts. Politisch stand er auf der Seite der vielen kleinen Leute. Eine Überlieferung berichtet von ihm als einem demokratischen Führer. Gleichzeitig besaß er einen mystischen Zug, welcher höchstwahrscheinlich aus dem orphischen Einfluß der Pythagoreer stammte. Wie Parmenides scheint auch er unter der Zauberkraft der pythagoreischen Lehre gestanden zu haben, von der auch er später sich trennte. Ein paar Wundererzählungen sind über ihn erhalten geblieben. Nach einer konnte er das Wetter beeinflussen. Es gelang ihm, zweifellos auf Grund seiner medizinischen Erfahrung, eine Malaria-Epidemie in Selinus aufzuhalten, ein Ereignis, das später durch eine Gedenkmünze dankbar anerkannt wurde. Man sagt von ihm, er habe sich für göttlich gehalten, und als er starb, entschwebte er angeblich in die Höhe. Andere wieder sagten, er sei in den Krater des Ätna gesprungen – was völlig unglaubwürdig erscheint. Für keinen richtigen Politiker hat es irgendwie Wert, in einen Vulkan zu springen.

Um einen Kompromiß zwischen der eleatischen Lehre und der gewöhnlichen Evidenz der Sinneserfahrungen zu machen, übernahm Empedokles all die vorgeschlagenen Urstoffe und fügte einen vierten zu. Er bezeichnete sie als die ›Wurzeln‹ der Dinge, und erst später nannte Aristoteles sie Elemente. Das ist die berühmte Theorie von den vier Elementen: Wasser, Luft, Feuer und Erde, die in der Chemie fast zweitausend Jahre lang vorherrschte. Spuren davon leben auch heute noch in der Umgangssprache fort, wenn wir von der Wut der Elemente sprechen. Diese Lehre stellt die Vergegenständlichung jener zwei Gegensatzpaare: feucht und trocken, heiß und kalt, dar.

Wir müssen bemerken, daß es zur Überwindung der parmenidesschen Kritik nicht ausreicht, die Zahl der für fundamental gehaltenen Substanzen einfach zu vermehren. Hinzukommen muß nur etwas, was verursacht, daß sich der Urstoff auf verschiedene Weise vermischt. Das verwirklicht Empedokles durch seine zwei Antriebe: Liebe und Haß (Anziehung – Abstoßung). Ihre einzige Funktion besteht im Verein und im Auseinanderreißen, und da die Vorstellung der nicht substanziellen Ursachen damals noch nicht entwickelt war, müssen auch diese beiden als Elemente und als solche materiell und substanziell betrachtet und mit den vier anderen auf insgesamt sechs gezählt werden. Als die vier Elemente noch getrennt waren, nahm der Haß den Raum zwischen ihnen ein, während wenn vereint, sie durch Liebe verbunden werden können. Hier kann bemerkt werden, daß die Ansicht, nach der eine Ursache materiell sein muß, gewissermaßen berechtigt ist. Wenn auch in einer verfeinerten Form, ist es auch die Meinung moderner Wissenschaft, daß jede Ursache irgendwo eine materielle Quelle haben muß, sei es auch nicht dort, wo sie tätig wird. Schon Anaximenes betrachtete die Luft als eine Materie. Allerdings kennen wir seine Gründe nicht. Bei Empedokles war es anders, da er die Tatsache entdeckte, daß die Luft materiell ist. Zu dieser Einsicht gelangte er durch Experimente mit Wasseruhren. Es ist daher wert zu bemerken, daß er, wo seine Vorgänger von der Luft sprechen, diese Substanz als ›Äther‹ bezeichnet. Letztere Bezeichnung erhielt neue wissenschaftliche Bedeutung in der zweiten Hälfte des 19. Jahrhunderts, als die elektromagnetische Theorie ein Medium für die Fortpflanzung der Wellen verlangte.

Bei seinen Neuerungen behielt Empedokles einen großen Teil der eleatischen Lehre bei. Daher sind seine Elemente ewig und unveränderlich und können nicht weiter erklärt werden. Auch das blieb, wenn auch oft nicht ausdrücklich klargestellt, ein wichtiges Prinzip der wissenschaftlichen Auseinandersetzung. Nur ein alltägliches Beispiel dafür: Will man die Tatsachen der Chemie in der Ausdrucksweise der Atome erklären, so müssen diese Atome selbst unerörtert bleiben. Um sie klarzulegen, müßte man sie ja als aus noch kleineren Teilchen zusammengesetzt auffassen, die ihrerseits wieder unerklärt bleiben.

Wie zuvor also – was ist, ist; und nichts kann sein aus dem Nichtsein, noch eingehen in das Nichts. All dies ist aber ganz und gar echter eleatischer Materialismus. Und hier können wir sehen, warum die empedoklessche Revision der materialistischen Lehre auf die Kritik des Parmenides nicht zutraf. Sobald man nämlich den Wechsel annimmt, muß man auch den leeren Raum annehmen. Ist einmal der Wechsel möglich, so ist es im Prinzip genauso möglich, daß die Masse der Materie in einem angegebenen Raum vermindert wird, bis nichts mehr davon übrigbleibt. Es führt zu nichts, bloß die Zahl der Stoffe zu erhöhen. Parmenides hatte also recht mit der Leugnung der Möglichkeit eines Wechsels, nachdem er die Möglichkeit des leeren Raumes geleugnet hatte; und Empedokles konnte diese Schwierigkeit in der Tat nicht überwinden. Wir werden später sehen, wie die Atomisten das Problem gelöst haben.

Empedokles wußte schon, daß das Licht eine gewisse Zeit für seine Reise braucht und daß der Mondschein nur reflektiertes Licht ist, aber wir können nicht sagen, woher er seine Erkenntnisse nahm.

Schließlich müssen wir noch bemerken, daß sich Empedokles auch für die Medizin und die Physiologie interessierte.

Von dem Arzt Alkmäon aus Kroton, einem Anhänger der Pythagoreer, übernahm er die Lehre, daß die Gesundheit ein besonderes Gleichgewicht zwischen den gegensätzlichen Komponenten bedeute, und daß Krankheit entsteht, sobald eine die Oberhand gewinnt. Ebenso nahm er die Lehre über die Poren oder die Zugänge, durch welche der ganze Körper atmet, an. Diese Poren befähigen uns zu Sinnesempfindungen. Besonders seine Theorie über das Sehen herrschte lange vor. Nach ihr gibt es ein Zusammentreffen von Ausströmungen aus dem gesehenen Gegenstand mit einem Feuerstrahl, der aus den Augen kommt.

Empedokles' religiöse Ansichten bildeten sich aus der orphischen Tradition und sind von seiner Philosophie völlig getrennt; so brauchen wir nicht länger bei ihnen zu verweilen. Doch ist es interessant, daß er in seinen religiösen Schriften Meinungen vertreten zu haben scheint, die sich mit seiner Lehre über die Welt nicht vereinbaren lassen. Diese Art Diskrepanz kommt oft vor, besonders bei Menschen, die nicht zu einer kritischen Prüfung ihrer Glaubensthesen neigen.

Wir stehen jetzt im 5. Jahrhundert v. Chr. Ein beträchtlicher Teil der sogenannten vorsokratischen Philosophie ist aber eigentlich zeitgenössisch mit Sokrates, und oft ist es nicht möglich, Überschneidungen zu vermeiden. Etwas später werden wir uns eingehender mit Athen beschäftigen. Jetzt müssen wir aber einen kurzen allgemeinen Blick auf die gesellschaftlichen und politischen Verhältnisse Griechenlands im 5. Jahrhundert werfen.

Obgleich die Perserkriege bei den Griechen ein tieferes Verständnis für die sprachliche, kulturelle und nationale Einheit geformt hatten, blieb jeder Stadtstaat auch weiterhin im Mittelpunkt des Interesses. Homer bedeutete zwar wirklich ein gemeinsames Erbe, doch unterschied sich Sparta von Athen so sehr wie ein Gefängnis von einem Spielplatz, und beide waren sie verschieden von Korinth oder Theben.

Spartas Entwicklung nahm eine eigene Wendung. Durch die große Bevölkerungszahl wurden die Spartaner zur Unterwerfung des benachbarten Stammes der Messenier zu Leibeigenen gezwungen. Die Folge war, daß der spartanische Staat in ein Militärlager verwandelt wurde.

Die Regierung bestand aus einer Volksversammlung, die einen Ältestenrat wählte und fünf Ephoren (oder Aufseher) ernannte. Es gab auch zwei Könige aus adeligen Familien, aber die tatsächliche Macht lag in den Händen der Ephoren. Das ganze Ziel der Erziehung war, disziplinierte Soldaten zu züchten. Die Spartaner waren kein sentimentales, angekränkeltes Volk. Strenge Disziplin wurde gehalten und das persönliche Gefühl unterdrückt. Schwache Neugeborene wurden ausgesetzt, um die Stärke der Rasse nicht zu vermindern. Die Kinder wurden ihren Eltern schon in einem frühen Alter genommen und in Internaten, die Kasernen glichen, erzogen. Die Mädchen behandelte man im ganzen auf dieselbe Weise wie die Knaben; auch war die gesellschaftliche Lage der Frauen der der Männer ziemlich gleich. Platons idealer Staat wurde zum großen Teil durch das Beispiel Spartas inspiriert.

Die Stadt *Korinth* am Isthmus hatte eine führende Handelsposition inne. Das kaufmännische Interesse ging daher allem anderen voran. Korinths Ruf galt daher weniger den Staatsmännern und Denkern, sondern viel eher seinen zahlreichen Vergnügungsstätten.

In Sizilien waren die griechischen Kolonisten nahe Nachbarn der mächtigen phönizischen Stadt *Karthago*. Im Bund mit Xerxes' Angriff auf Griechenland versuchten die Karthager 480 v. Chr. die Insel zu überrennen. Die ungeheuren Reserven von *Syrakus* und die Herrschaft des Tyrannen von Gela vereitelten diese Versuche ebenso dauerhaft, wie die Griechen des Festlands die Gefahr der Eroberung durch den Großen König abgewehrt hatten.

Die stufenweise Verdrängung von Korinth durch Athen im Laufe des 5. Jahrhunderts trug zur Entfachung des Peloponnesischen Krieges bei, doch nur der unheilvolle syrakusische Feldzug führte schließlich die Demütigung Athens herbei.

In den böotischen Ebenen, nordwestlich von Athen, steht die alte Stadt *Theben*, die mit den Legenden von Ödipus verknüpft ist. Während des 5. Jahrhunderts wurde auch Theben von einer aristokratischen Oligarchie regiert. Ihre Rolle während der Perserkriege war nicht sehr lobenswert. Ein thebanischer Verband war mit Leonidas untergegangen, aber nachdem Xerxes das Land gestürmt hatte, kämpften die Thebaner Seite an Seite mit den Persern bei Platää. Wegen dieses Treubruchs bestrafte Athen Theben mit der Wegnahme seiner führenden Position in Boötien. Von nun an wurden die Thebaner von den Athenern leise verachtet. Im Peloponnesischen Krieg harrte Theben gegen Athen aus, obzwar sein Hinterland besiegt war. Doch als die Spartaner siegten, schwenkte Theben um und unterstützte Athen.

Die meisten Stadtstaaten kontrollierten das Gebiet ihrer unmittelbaren Nachbarschaft. Wer auf dem Land lebte, konnte seine Felder bestellen, die Macht der Regierung jedoch ballte sich in der Stadt zusammen. Die Beteiligung der Bürger an den öffentlichen Angelegenheiten war, soweit es in den demokratischen Staaten Möglichkeiten dafür gab, allgemein. Ein Mann, der kein Interesse an der Politik bezeigte, wurde scheel angesehen und ›Idiot‹ geheißen, was griechisch soviel bedeutet wie ›seinen Privatinteressen ergeben‹.

Der Boden Griechenlands ist für eine gehobene Landwirtschaft ungeeignet. Als die Bevölkerungszahl zunahm, war es erforderlich, Getreide von anderswoher einzuführen. Die Hauptquelle des Bedarfs bildeten die Küstenländer des Schwarzen Meeres, in denen im Laufe der Jahrhunderte eine Anzahl griechischer Niederlassungen erwachsen waren. Griechenland seinerseits führte Olivenöl und Tonwaren aus.

Der stark individualistische Zug der Griechen zeigt sich in ihrer Haltung dem Gesetz gegenüber. Hierin waren sie selbständig und völlig unterschieden von ihren Zeitgenossen in Asien. Dort wurde dic Obrigkeit eines Herrschers durch von Gott gegebene Gesetze aufrechterhalten, während die Griechen erkannten, daß Gesetze durch und für die Menschen gemacht sind. Wenn ein Gesetz nicht mehr der Zeit entspricht, kann es durch allgemeines Übereinkommen verändert werden. Solang es allgemeine Zustimmung findet, muß ihm Folge geleistet werden. Das klassischste Beispiel dafür ist Sokrates' Weigerung vor dem Todesurteil zu fliehen, welches vom Athener Gerichtshof ausgesprochen war.

Verschiedene Städte – verschiedene Gesetze. Aber noch gab es keine Autorität, die Streitfragen zwischen ihnen in friedlicher Weise hätte erledigen können.

So war Griechenland immer durch innere Eifersucht und spaltenden Individualismus viel zu sehr geteilt, um eine nationale Festigkeit aufweisen zu können. Daher die Eroberung durch Alexander und später durch Rom. Trotzdem gab es gemeinsame Einrichtungen, gemeinsame Ideale, die ein Fortbestehen Griechenlands als kulturelle Einheit ermöglichten. Die nationale Epik wurde schon erwähnt. Es gab aber noch andere Bindungen. Alle Griechen verehrten das Heiligtum in *Delphi*, auf den Hügeln nördlich der Korinther Bucht, und alle achteten bis zu einem gewissen Grade das Delphische Orakel.

Delphi bildete das Zentrum der Anbetung des Gottes Apoll, der die Kräfte des Lichts und der Vernunft bedeutet. Nach einer alten Legende hatte er die Riesenschlange Python, das mythische Symbol der Dunkelheit, getötet; und für diese Heldentat baute man das Heiligtum von Delphi. Hier schützte Apoll die Errungenschaften des griechischen Geistes. Damit erhielt der apollinische Kult einen ethischen Grundzug, der sich mit Reinigungsriten verband. Das andere Hauptheiligtum Apolls lag auf der Insel Delos. Es war ein einigendes Band für die ionischen Städte und bot eine Zeitlang auch dem Schatz des Delischen Bundes eine Heimstatt.

Eine andere große panhellenische Einrichtung stellten die Olympischen Spiele am westlichen Peloponnes dar. Diese wiederholten sich alle vier Jahre und waren wichtiger als irgendeine andere Angelegenheit, wichtiger gar als ein Krieg. Keine größere Ehre als ein olympischer Sieg! Der Sieger wurde mit einem Lorbeerkranz gekrönt, und seine Stadt errichtete ihm in ihrem Stadtheiligtum in Olympia zur Erinnerung an das Ereignis eine Statue. Die ersten Wettkämpfe wurden im Jahre 776 v. Chr. gehalten. Seitdem rechneten die Griechen die Zeit nach Olympiaden.

Die Olympischen Spiele stellten ein lebendiges Zeichen des Wertes dar, den die Griechen dem Körper beimaßen. Wieder die bezeichnende Betonung der Harmonie! Der Mensch besitzt Körper wie auch Seele, nur muß beides gestählt werden. Es ist gut, daran zu erinnern, daß die Denker Griechenlands nicht Elfenbeinturm-Intellektuelle der Art waren, wie sie unsere moderne Welt aus den scholastischen Traditionen des Mittelalters geerbt hat.

Schließlich noch ein Wort über die Sklaverei. Es wurde oft gesagt, daß die Griechen am Experimentieren scheiterten, weil sie dachten, es bedeute, sich die Hände beschmutzen. Solche Beschäftigung sei nur den Sklaven vorzubehalten. Nichts kann irreführender sein als eine solche verallgemeinernde Schlußfolge. Gerade das Gegenteil ist offensichtlich. Ihre wissenschaftliche Leistung ebenso wie das Erbe ihrer Bildhauerkunst und Architektur beweisen es. Doch darf das Gewicht des Sklavenhaltens auf keinen Fall überschätzt werden, wenn auch die stark snobistisch gefärbte Auffassung da war, die Herren dürften ihre Hände nicht gebrauchen. Tatsache ist, daß die Arbeiter in den Silberminen von Laurion ein unmenschliches Los trugen. Aber im allgemeinen wurden die Sklaven in den Städten nicht mit kalter Grausamkeit behandelt. Ein Sklave stellte an und für sich einen Wert dar, insbesondere, wenn er ein geschickter Handwerker war. Viele Sklaven wurden sogar frei. Die Sklaverei in größerem Ausmaß gehört erst einer späteren Zeit als dem 5. Jahrhundert an.

Das vielleicht erstaunlichste an diesem 5. Jahrhundert ist der plötzliche Ausbruch geistiger Initiative und der Entdeckungen. Dies trifft genauso für die Künste wie auch für die Philosophie zu. Während die Bildhauerkunst des vorhergegangenen Jahrhunderts noch den schroffen Formalismus der ägyptischen Vorbilder aufwies, wurde sie jetzt rasch lebendig. Und in der Literatur wechseln die alten formalistischen Riten in die immer biegsamere Form des attischen Dramas über. Alles entwickelte sich so, und nichts schien unerreichbar für den Menschen zu sein. Dieses ungeheure Gefühl des Selbstvertrauens wird am besten in dem berühmten Chor von Sophokles' Antigone ausgedrückt: »Es gibt viele mächtige Wesen, keines ist mächtiger denn der Mensch.« Dieses Gefühl ging in den späteren Zeiten verloren, doch wurde es während der Renaissance in der modernen Zeit wieder lebendig. In den Schriften des italienischen Humanisten Alberti können sehr ähnliche Ansichten über den Menschen gefunden werden. Ein Zeitalter von solcher Vitalität ist sich über sich selbst selten im klaren. Und das Selbstvertrauen führt leicht zur Hybris. Es war Sokrates, der in der zweiten Hälfte des Jahrhunderts die Menschen auf das Gute aufmerksam zu machen begann.

Dies also ist der Rahmen, in dem die griechische Kultur ihre unvergleichbare Höhe erreicht hat. Errichtet auf dem grundlegenden Prinzip der Harmonie, wurde sie dennoch von innerem Zwist verzerrt, was aber ihre Größe letzten Endes nur noch gesteigert hat. Denn obzwar diese Kultur nie einen lebensfähigen panhellenischen Staat zustande brachte, bezwang sie doch alle die, die Hellas eroberten, und bis heute blieb sie der Nährboden der abendländischen Kultur.

Der erste Philosoph, der nach Athen kam und dort fast 30 Jahre lang, vom Ende der Perserkriege bis zur Mitte des Jahrhunderts, lebte, war Anaxagoras. Der Geburt nach war er Ionier aus Klazomenae und auch nach seinen Neigungen ein Erbe der ionischen Schule von Milet. Seine Heimatstadt wurde von den Persern zur Zeit der ionischen Revolte besetzt, und höchstwahrscheinlich kam er mit der persischen Armee nach Athen. Es wird berichtet, daß er in Athen Lehrer und ein Freund von Perikles wurde. Manche vermuten sogar, daß Euripides eine Zeitlang zu seinen Schülern zählte.

Anaxagoras beschäftigte sich mit wissenschaftlichen, vor allem kosmologischen Fragen. Über letztere wissen wir etwas Bestimmtes, das ihn als einen geschickten Beobachter unter Beweis stellt. 468 – 467 v. Chr. fiel ein umfangreiches Meteorstück in den Fluß Aigospotamos, und dies war wohl eine der Ursachen, die Anaxagoras zur Entwicklung der An- sicht brachten, daß die Sterne aus glühenden Steinen bestünden.

Trotz seiner einflußreichen Freunde in Athen erregte Anaxagoras den bösen Willen des kleinlichen Athener Konservatismus. Unabhängiges und mißliebiges Denken ist auch in besten Zeiten ein mißlich Ding. Und wenn es sich gar gegen die frommen Vorurteile derer richtet, die sich einbilden, am besten Bescheid zu wissen, dann kann es wirklich gefährlich für den ›Nichtkonformisten‹ sein. Die Angelegenheit war dadurch noch verzwickter, weil Anaxagoras in der Jugend mit den Persern geliebäugelt hatte. Es möchte einem in der Tat däuchen, daß sich die Verhältnisse in dieser Hinsicht seit 2500 Jahren nicht wesentlich geändert haben. Jedenfalls wurde Anaxagoras der Gottlosigkeit und der Gotteslästerung geziehen. Was die Strafe gewesen wäre, wie er entflohen ist, wissen wir nicht genau. Wahrscheinlich hat ihn sein Freund Perikles aus dem Gefängnis befreit und flüchten lassen. Er ging dann nach Lampsakos in Ionien, wo er weiterhin lehrte bis zu seinem Tode. Die Bürger dieser Stadt waren weniger eng und schätzten seine Tätigkeit besser: Anaxagoras ist bestimmt der einzige Philosoph in der Geschichte, an dessen Tod man sich alljährlich durch einen Schulfeiertag erinnerte! Seine Lehre faßte er in einem Buch zusammen, von dem uns einige Fragmente überliefert sind. Sokrates, der später ebenfalls der Gottlosigkeit bezichtigt wurde, sagte zu den Richtern, daß die ungewöhnlichen Ansichten, um deretwillen er angeklagt sei, eigentlich die des Anaxagoras seien, dessen Buch ein jeder um eine Drachme kaufen könne.

Die Lehre des Anaxagores, wie auch die des Empedokles vor ihm, war ein neuer Versuch, die Kritik des Parmenides zu bewältigen. Wo nach Empedokles jeder Teil der Gegensätze (wie heiß und kalt, trocken und feucht) einen Urstoff darstellte, denkt Anaxagoras, es gäbe von diesen Gegensätzen überall etwas, im kleinsten Ding, wenn auch in verschiedenem Verhältnis und in winzigen Teilchen. Zum Beweis berief er sich auf die unendliche Teilbarkeit der Materie. Bloße Teilung der Dinge in immer kleinere Stückchen – pflegte er zu sagen – führe uns zu nichts Verschiedenem. Parmenides hatte ja schon festgestellt, daß was ist, nicht nicht sein oder nicht das werden kann, was nicht ist. Die Annahme, daß die Materie unendlich geteilt werden kann, ist auffällig und kommt hier zum erstenmal vor. Daß Anaxagoras hier irrte, ist unwichtig. Was seiner Lehre Vorrang schuf, ist die Vorstellung der unendlichen Teilbarkeit, die sich auf den Raum anwenden läßt. Es scheint dies der Anfang gewesen zu sein, woraus später, bei den Atomisten, sich der Gedanke des leeren Raums entwickelte. Wie immer – die Kritik des Anaxagoras an Empedokles ist, sofern wir auf seine Voraussetzungen eingehen, stichhaltig. Die Unterschiede zwischen den Dingen beruhen auf dem Übergewicht des einen oder des andern Teils der Gegensätze. So pflegt Anaxagoras zu sagen, daß der Schnee bis zu einem gewissen Grade schwarz sei, obzwar das Weiße vorherrsche. In mancher Weise bedeutet das eine Annäherung an Heraklit. Die Gegensätze hängen zusammen, und alles kann sich in alles verwandeln. Anaxagoras sagte: »Die Dinge der Welt sind nicht geteilt, auch nicht durch eine Axt voneinander getrennt« und: »in allem ist ein Teil von allem zu finden, den Geist ausgenommen, und manche Dinge enthalten auch Geist«.

Der Geist (griech. *nous)* oder die Vernunft, wie er hier erwähnt wird, stellt ein aktives Prinzip dar, welches die Stelle von Liebe und Haß bei Empedokles einnimmt. Dieser Geist wird als eine Substanz, wenn auch als eine sehr seltene und feine, betrachtet. Der *Nous* unterscheidet sich von allen anderen Substanzen auch dadurch, daß er rein und unvermischt ist. Ferner werden alle lebenden Dinge durch Besitz an Geist von den unbelebten unterschieden.

Zur Entstehung der Welt vertrat Anaxagoras eine Ansicht, die uns in mancher Hinsicht an neuere Spekulationen über dieses Thema erinnert. Der Geist bewirkt irgendwo eine Kreisbewegung, und sobald sie zu Kraft gelangt, entsteht eine Trennung der verschiedenen Dinge, je nachdem sie mehr oder weniger gewichtig sind. Schwere Steinstücke, die durch die Erddrehung hinausgeschleudert werden, kommen weiter als andere Dinge. Da sie sich nun so schnell bewegen, fangen sie an zu glühen, und so erklärt sich das Wesen der Sterne. Wie die Ionier dachte auch er, daß es viele Welten gebe.

Was die Wahrnehmung betrifft, so entwickelte er das geniale biologische Prinzip, daß die Sinnesempfindungen vom Kontrast abhängen. So ist das Sehen ein Einbruch des Lichts in das gegensätzliche Dunkle. Sehr intensive Sinnesempfindungen verursachen Unannehmlichkeit und Pein. Das sind Ansichten, die noch heute in der Physiologie gelten.

In mancherlei Weise vertrat also Anaxagoras eine verfeinertere Lehre als seine Vorgänger. Und es gibt schließlich Hinweise, daß er versuchte, für die Idee des leeren Raumes zu kämpfen. Doch wo es scheint, als wolle er den Geist zu einem nichtsubstantiellen Faktor machen, war er nicht immer erfolgreich. Die grundlegende Kritik an Parmenides wurde nicht beseitigt. Indes bezeichnet der Gedanke der unendlichen Teilbarkeit trotzdem einen Fortschritt in bezug auf die Zusammensetzung der Welt. Bleibt noch der Schritt zur Erkenntnis, daß Trennbarkeit sich auf den Raum bezieht, und der Weg für den Atomismus ist frei.

Es wäre falsch zu glauben, daß Anaxagoras Atheist war. Allerdings stellte seine Auffassung von Gott eine philosophische Idee dar, die nicht im Einklang mit der Staatsreligion von Athen stand. Wegen dieser unorthodoxen Meinung wurde gegen ihn Anklage auf Gottlosigkeit erhoben. Er stellte nämlich Gott dem *Nous*, dem aktiven Prinzip, gleich, als der Quelle aller Bewegung. Eine solche Ansicht mußte unwillkürlich die mißgünstige Aufmerksamkeit der Regierung auf sich ziehen, da so etwas natürlich Zweifel an dem Wert der bestehenden rituellen Einrichtungen bei den Leuten weckt und die Sicherheit des Staates berührt.

Philosophen werden im allgemeinen mit nachsichtiger Gleichgültigkeit von der übrigen Menschheit betrachtet. Aber es ist doch auffällig, wie sehr sie die trüben Gewässer der offiziellen Politik in Wallung bringen, wenn sie einmal ihre kritische Meinung an den Tag legen. Nichts ärgert eben die Herrschenden mehr als ein Wink, daß sie am Ende vielleicht doch nicht so gescheit sind, wie sie sich selbst seither eingebildet haben. Zweifellos verbrannten die Krotoner aus solchen Gründen die pythagoreische Schule. Aber die Verbrennung von Schulen oder sogar Menschen hat sich immer als besonders hoffnungslos für die Ausrottung der nichtorthodoxen Auffassung bewiesen.

Von dem eleatischen Philosophen Zeno erfuhr die pythagoreische Zahlenlehre bald einen verheerenden Angriff. Es ist daher wichtig zu begreifen, was eigentlich diese Theorie bedeutet.

Die Zahlen wurden als Einheiten vorgestellt, die sich durch Punkte, die räumliche Dimensionen haben, darstellen lassen. Ein Punkt ist nach dieser Ansicht eine solche Einheit, die eine bestimmte Position hat, d.h. er besitzt Dimensionen gleich welcher Art. Diese Lehre eignet sich vollkommen zur Befassung mit den rationalen Zahlen. Es ist immer möglich, für die Einheit eine rationale Zahl in der Weise zu wählen, daß irgendeine Zahl der rationalen Zahlen ein ganzes Vielfaches der Einheit ausmacht. Aber die Rechnung kommt in Schwierigkeiten, wenn wir auf irrationale Zahlen stoßen. Sie können in dieser Weise nicht gemessen werden. (Es ist übrigens bemerkenswert, daß sich der Begriff ›irrational‹ auf griechisch mehr mit ›maßlos‹ als mit ›vernunftlos‹ übersetzen läßt, auf jeden Fall bei Pythagoras.) Zur Überwindung der Schwierigkeit erfanden die Pythagoreer eine Methode, indem sie diese unfaßbaren Zahlen durch eine Reihe von Annäherungswerten fanden, nämlich – wie wir schon früher erwähnten – durch aufeinanderfolgende Brüche. Der Vorgang ist durchaus unendlich. Die irrationale Zahl strebt unendlich weiter nach der Grenze dieses Vorgangs. Wesentlich ist jedoch dabei, daß ein rationaler Näherungswert so nahe der Grenze erreicht werden kann, als wir es nur wünschen. Diese Eigenart ist in der Tat dieselbe, wie sie im modernen Begriff des Grenzwerts dargestellt wird.

Das andere große Vermächtnis der pythagoreischen Mathematik ist die Ideenlehre, die von Sokrates übernommen und weiterentwickelt wurde. Auch das haben die Eleaten eingehend kritisiert, sofern Platon eine zuverlässige Quelle ist. Wir haben schon auf den mathematischen Ursprung dieser Lehre hingewiesen. Nehmen wir zum Beispiel die These des Pythagoras. Es wäre fruchtlos, ein äußerst genaues rechtwinkliges Dreieck und die Quadrate auf seinen Seiten zu ziehen und dann die Messung seiner Felder vornehmen zu wollen. Wie genau auch immer die Zeichnung wäre, doch ist sie und kann auch nie absolut genau sein. Nicht Zeichnungen liefern den Beweis der These; denn ein solches absolut genaues Dreieck kann nur vorgestellt, aber nicht gezeichnet werden. Jede tatsächliche Zeichnung kann nur ein mehr oder weniger getreues Abbild des geistigen Vorbilds sein. Dies ist der Leitgedanke der Ideenlehre, die die späteren Pythagoreer entwickelten.

Wir haben gesehen, wie Pythagoras das Prinzip der Harmonie durch seine Entdeckung an den schwingenden Saiten entwickelte. Von demselben Prinzip leiten sich auch die medizinischen Lehren ab, die die Gesundheit als eine Art Gleichgewicht zwischen Gegensätzen betrachten. Die späteren Pythagoreer setzten dies fort und wandten die Vorstellung der Harmonie auch auf die Seele an. Nach dieser Ansicht ist die Seele eine Abstimmung auf den Körper, und zwar so, daß sie eine Funktion der wohlgeordneten leiblichen Bedingungen wird. Wenn der Organismus des Körpers zerfällt, dann trennen sich Leib und Seele. Wir können uns die Seele als die Saite eines Instrumentes und den Körper als den Rahmen, auf den sie gespannt ist, vorstellen. Denn wenn der Rahmen zerstört ist, so wird die Saite locker und verliert ihre Abstimmung. Diese Ansicht steht im Widerspruch mit den früheren pythagoreischen Vorstellungen. Pythagoras scheint an die Seelenwanderung geglaubt zu haben, während nach der neueren Auffassung die Seele ebenso gewiß wie der Körper stirbt.

In der Astronomie entwickelten die späteren Pythagoreer eine sehr kühne Hypothese. Nach dieser ist der Mittelpunkt der Welt nicht die Erde, sondern ein zentrales Feuer. Die Erde ist ein um dieses Feuer herumkreisender Planet, aber es ist für uns unsichtbar, weil unsere Seite der Erde vom Zentrum immer abgekehrt ist. Selbst die Sonne wurde als ein Planet betrachtet, der sein Licht durch Reflektion vom zentralen Feuer erhält. Das war ein großer Schritt vorwärts zu der heliozentrischen Hypothese, die später von Aristarch fortgesetzt wurde. Aber so wie die Pythagoreer die Theorie entwikkelt hatten, blieben so viel Schwierigkeiten, daß Aristoteles die Ansicht von der flachen Erde wiederherstellte. Infolge seiner größeren Autorität in anderen Dingen setzte sich dann auch, als die Quellen vergessen waren, statt der richtigen diese irrtümliche Ansicht durch.

Was die Bedeutung der Lehren über die Zusammensetzung der Dinge betrifft, erkannten die Pythagoreer eine Eigenart, die von vielen der früheren Denker übersehen oder mißverstanden wurde: die Vorstellung des leeren Raumes. Ohne diesen kann die Bewegung nicht recht verstanden werden. Auch hier war die spätere aristotelische Lehre ein Rückfall zur Ansicht, daß die Natur den leeren Raum verabscheut. Bei den Atomisten müssen wir die richtige Entwicklungslinie der physikalischen Theorie suchen.

Mittlerweile strebte die pythagoreische Schule danach, sich dem durch Empedokles gemachten Fortschritt anzupassen. Ihre mathematische Weltauffassung erlaubte ihnen freilich nicht, die empedoklesschen Elemente als endgültig anzunehmen. Statt dessen schlossen sie einen Kompromiß, der die Grundlage einer mathematischen Lehre von der Zusammensetzung der Dinge schuf. Die Elemente wurden jetzt als zusammengesetzt aus Teilchen fester Körper von regelmäßiger Form betrachtet. Diese Lehre wurde später in Platons ›*Timaios*‹ entwickelt. Das Wort ›Element‹ selbst scheint von den späteren Pythagoreern geprägt worden zu sein.

Keiner der bisherigen materialistischen Versuche, der Kritik des Parmenides entgegenzutreten, kann als völlig befriedigend betrachtet werden. Was immer aber die Schwächen der eleatischen Lehre selbst sind, bleibt die Tatsache bestehen, daß keine bloße Vermehrung der Grundstoffe eine Lösung bringen kann. Dieser Blickpunkt wurde mächtig durch eine ganze Reihe von Beweisen der Nachfolger des Parmenides gefördert. Der erste von ihnen war Zeno von Elea, Landsmann und Schüler des Parmenides. Er wurde 490 v. Chr. geboren. Außer, daß er sich für politische Angelegenheiten interessierte, kennen wir nur das eine Wichtige, daß er und Parmenides mit Sokrates in Athen zusammentrafen. Dies wird von Platon berichtet, und es besteht kein Grund, daran zu zweifeln.

Die eleatische Lehre führt – wie schon früher gezeigt – zu sehr überraschenden Schlußfolgerungen. Daher wurden viele Versuche gemacht, die materialistische Doktrin aufzufrischen. Was Zeno zeigen wollte, ist, daß – wenn sich der Eleatismus vor dem nüchternen Menschenverstand nicht behaupten könne – auch die Gegenlehren nicht aus der Sackgasse heraus-, sondern in noch seltsamere Schwierigkeiten hineingeraten. Statt einer Verteidigung des Parmenides griff er daher die Gegner einfach in ihrem eigenen Standpunkt an. Von der Annahme des Gegners ausgehend, pflegte er durch deduktive Argumente nachzuweisen, daß sie unmögliche Folgen nach sich zieht. So konnte die ursprüngliche Annahme nicht mehr aufrechterhalten werden und war in der Tat vernichtet.

Diese Beweisart ist ähnlich wie das Argument durch die *reductio ad absurdum*, die schon bei der Behandlung der Evolutionslehre Anaximanders erwähnt wurde. Nur gibt es hier einen wichtigen Unterschied. In der gewöhnlichen *reductio ad absurdum* wird dahin argumentiert, daß eine der Prämissen falsch sein muß, weil der Schluß in der Tat falsch ist.

Zeno hingegen versuchte zu beweisen, daß aus einer gewissen Annahme zwei gegensätzliche Schlüsse gezogen werden können. Das bedeutet, daß die Reihe der Schlüsse zwar nicht geradezu unwahr, aber schlechthin unmöglich ist. So wies er nach, daß die Annahme, aus der die Schlüsse folgen, an sich unmöglich ist. Diese Art der Beweisführung verfährt ohne jeden Vergleich der Schlüsse mit den Tatsachen.

In diesem Sinne ist sie rein dialektisch, da sie sich nur auf den Bereich von Frage und Antwort beschränkt. Die dialektische Methode wurde systematisch zum erstenmal von Zeno angewandt. Sie hat eine sehr wichtige Funktion in der Philosophie. Sokrates und Platon übernahmen sie von den Eleaten und entwickelten sie in ihrer eigenen Weise. Seitdem ragt sie drohend immer wieder in der Philosophie auf.

Die Beweise Zenos stellen im Grunde einen Angriff auf die pythagoreische Auffassung der Einheit dar. Was immer auch existiert, so pflegte Zeno zu argumentieren, muß eine gewisse Größe haben. Hat es keine Größe, so kann es das gar nicht geben. Gibt man das zu, so kann es auch von jedem beliebigen Teil gesagt werden, d.h. er muß eine, wenn auch noch so geringe, Größe haben. Man kommt aber zum selben Schluß, ob man das einmal sagt oder immer wieder. Dies ist eine bündige Art, die unendliche Teilbarkeit einzuführen, d.h. es gibt kein Teilchen, von dem behauptet werden könnte, es sei das kleinste. Wenn es daher viele Dinge gibt, dann müssen sie gleichzeitig klein und groß sein. Sie müssen in der Tat so klein sein, daß sie keine Größe mehr haben, denn die unendliche Teilbarkeit hat zur Folge, daß die Zahl der Teilchen unendlich ist, was aber Einzelheiten ohne Größe verlangt und deswegen kann auch eine jede Summe von diesen keine Größe haben. Aber gleichzeitig muß die Einheit eine gewisse Größe besitzen, und daher sind die Dinge unendlich groß.

Dieses Argument ist insofern wichtig, als es zeigt, daß die pythagoreische Zahlenlehre in der Geometrie scheitert. Wenn wir eine Linie betrachten, so müßten wir, nach Pythagoras, imstande sein zu sagen, wieviel Einheiten es darin gibt. Wenn wir also die unendliche Teilbarkeit annehmen, so ist es klar, daß die Lehre von den Einheiten sofort zusammenbricht. Nur muß man begreifen, daß dies nicht einen Irrtum des Pythagoras einschließt. Was es beweist, ist, daß die Lehre der Einheiten und die unendliche Teilbarkeit nicht zusammen aufrechterhalten werden können, mit anderen Worten, daß sie unvereinbar sind. Die eine oder die andere muß aufgegeben werden. Die Mathematik verlangt die unendliche Teilbarkeit, deswegen muß die pythagoreische Einheit aufgegeben werden. Ferner lohnt es sich, einen Blick auf die *reductio ad absurdum* selbst zu werfen. Eine einzelne Behauptung, die Sinn haben soll, darf nicht unmittelbare Folgen haben, die unvereinbar sind. Eigentlich können Widersprüche nur entstehen, wenn noch weitere Behauptungen hinzutreten, wenn also in zwei verschiedenen Argumenten die zusätzliche Behauptung des ersten unvereinbar ist mit der zusätzlichen Behauptung des zweiten Beweises. So haben wir im vorliegenden Fall zwei Argumente; erstens: es gibt viele Dinge, und die Einheiten haben keine Größe, deswegen haben auch die Dinge keine Größe; zweitens: es gibt viele Dinge, und die Einheiten haben Größe, deswegen sind die Dinge unendlich in der Größe. Die zwei unvereinbaren zusätzlichen Prämissen sind erstens, daß die Einheiten keine Größe haben, und zweitens, daß sie doch eine gewisse Größe haben. Wie man's auch betrachtet, der Schluß ist offensichtlich absurd. Und daraus folgt, daß etwas mit den Prämissen in jeder Beweisführung nicht stimmt. Das heißt aber, die pythagoreische Lehre von der Einheit ist falsch.

Um die parmenidessche These gegen den leeren Raum zu stützen, brachte Zeno ein neues Argument bei. Wenn es Raum gibt, muß er in irgend etwas enthalten sein, und das kann wieder nur ein Raum sein, und so unendlich weiter. Nicht willens, diese Rückfolgerung anzunehmen, folgert Zeno, daß es gar keinen Raum gebe. Worauf das hinausläuft, ist die Zurückweisung der Ansicht, daß der Raum ein leerer Behälter sei. So dürfen wir nach Zenos Auffassung zwischen einem Körper und dem ihn enthaltenden Raum nicht unterscheiden. Es ist leicht einzusehen, daß diese Behälter-Theorie gegen die Kugel des Parmenides gerichtet werden konnte. Die Behauptung nämlich, daß die Welt eine endliche Kugel ist, bedeutet in diesem Falle, daß sie sich in einem leeren Raum befindet. Hier versuchte Zeno die Lehre seines Meisters zu wahren, aber es ist fraglich, ob es einen Sinn hat, von einer endlichen Kugel zu sprechen, wenn außerhalb ihr ein Nichts ist.

Ein Argument der Art, welches immer wiederholt werden kann, wird ein unendlicher Rückschluß genannt. Er führt nicht immer zu einem Widerspruch. Heutzutage würde niemand etwas einwenden, daß jeder Raum Teil eines größeren ist. Für Zeno entstand der Widerspruch dadurch, weil er annahm, daß ›was ist‹, endlich ist. So stand er dem gegenüber, was ein fehlerhafter unendlicher Rückschluß heißt.

Regressive Beweise dieses fehlerhaften Typs sind tatsächlich eine Art der *reductio ad absurdum*. Sie zeigen, daß die

Basis des Arguments unvereinbar ist mit mancher anderen These, die als wahr unterstellt wird. Die berühmtesten Beweise Zenos sind die vier Paradoxa über die Bewegung und vor allem die Geschichte mit Achilles und der Schildkröte. Hier ist noch eine Verteidigung der Lehre des Parmenides, und wieder eine indirekte. Die Beweislast, nämlich etwas Besseres zu erdenken, wird auf die Pythagoreer gewälzt, da ja ihre eigene Lehre auch die Bewegung nicht erklärt. Nach Zenos Beweisführung kann Achilles, wenn er mit einer Schildkröte ein Wettrennen läuft, sie nie einholen. Vorausgesetzt, daß die Schildkröte mit einem gewissen Abstand startet, wird sie, während Achilles zu ihrem Startpunkt rennt, sich bereits etwas nach vorne bewegt haben. Und während Achilles zu diesem neuen Punkt gelangt, wird die Schildkröte wieder einen geringen Vorsprung gewonnen haben. Jedesmal, wenn Achilles die vorherige Position erreicht, wird sich die schäbige Kreatur fortbewegt haben. Achilles kann der Schildkröte wohl näher und näher kommen, aber sie nie einholen.

Wir müssen bedenken, daß der Trugschluß sich gegen die Pythagoreer richtet. Ihre These wird angenommen und eine aus Einheiten oder Punkten bestehende Linie vorausgesetzt. Daher der Schluß, daß, so langsam sich die Schildkröte auch bewegt, sie eine unendliche Bahn durchmachen muß, bis das Wettrennen zu Ende ist. Hier also eine andere Art Beweis, daß die Dinge unendliche Größe besitzen.

Obzwar es nicht schwer ist nachzuweisen, was an der Schlußfolge falsch ist, muß klar gesehen werden, daß das gegen die pythagoreische Lehre von der Einheit gerichtete Argument einwandfrei ist. Erst wenn wir jene These von der Einheit aufgeben, können wir die Theorie der unendlichen Reihen entwickeln, die uns dann zeigt, wo sich der Schluß irrt. Wenn zum Beispiel die Glieder einer Reihe ständig und gleichmäßig abnehmen, wie es auf der Laufbahn tatsächlich geschieht, dann können wir ausrechnen, wo Achilles die Schildkröte einholt. Die Summe solcher Reihen ist durch eine Zahl bestimmt, die von der Summe der Glieder (und seien es noch so viele) nie übertroffen wird, die Summe einer genügend großen Zahl der

Glieder aber kommt so nahe der Summe der Reihe, wie wir nur wollen. Daß es nur eine einzige solche Zahl für eine angegebene Reihe gibt, muß hier, wenn auch ohne Beweis, festgestellt werden. Die Art Reihe bei unserem Wettlauf wird ›geometrisch‹ genannt. Wer heutzutage mit der Elementarmathematik vertraut ist, kann damit leicht fertig werden. Aber denken wir daran, daß gerade Zenos kritische Arbeit die Entwicklung einer hinreichenden Theorie dieser Summenberechnungen ermöglichte.

Ein anderes Paradoxon, das manchmal als ›Rennbahn‹ bezeichnet wird, zeigt die zweite Hälfte des dialektischen Angriffes. Nach diesem ›Beweis‹ kann man die Rennbahn nie vom einen Ende bis zum andern durchqueren, weil dies bedeuten würde, daß wir eine unendliche Zahl Linienpunkte in einer endlichen Zeit zurücklegen müßten. Genauer gesagt: um einen bestimmten Punkt zu erreichen, muß man erst die Hälfte des Weges durchlaufen, und so weiter unendliche Male. Infolgedessen könnte man niemals mit dem Start beginnen. Dies, zusammen mit Achilles und der Schildkröte, welches zeigt, daß man nach einem geschehenen Start nie mehr aufhören könnte, bestimmt die Hypothese, daß eine Linie aus unendlich vielen Einheiten bestehe.

Zwei weitere Paradoxa werden von Zeno erfunden, um zu zeigen, daß die Annahme, es gäbe nur eine endliche Zahl Einheiten in einer Linie, auch nicht weiter hilft. Erstens nehmen wir drei gleiche parallele Linienabschnitte, die aus der gleichen endlichen Zahl Einheiten bestehen. Lassen wir die eine Linie ruhen und die zwei anderen sich in entgegengesetzter Richtung mit gleicher Geschwindigkeit so bewegen, daß die drei Abschnitte nebeneinander liegen, sobald die sich bewegenden den ruhenden erreichen. Die relative Geschwindigkeit der zwei beweglichen Linien beträgt zweimal soviel wie die relative Geschwindigkeit jeder einzelnen. Die Beweisführung hängt nun von der weiteren Annahme ab, daß es ebensowohl Einheiten der Zeit wie auch des Raumes gibt. Die Geschwindigkeit wird dann durch die Zahl der Punkte gemessen, die an einem gegebenen Punkt in einer gegebenen Zahl der Momente vorbeiziehen. Während die eine der beweglichen Linien an der halben Länge der stehenden vorbeizieht, passiert sie die ganze Länge der anderen. Daher macht die letztere Zeit zweimal soviel aus wie die erstere. Um aber die Nebeneinander-Stellung einzunehmen, brauchen die beiden beweglichen Linien gleichviel Zeit. So könnte es scheinen, als ob sich die beweglichen Linien zweimal so schnell bewegten wie in Wirklichkeit. Die Beweisführung ist ein bißchen kompliziert, weil wir uns normalerweise nicht so viel zeitliche Augenblicke wie räumliche Punkte vorstellen, aber es ist doch eine vollkommen richtige Kritik über die Lehre von den Einheiten.

Zweitens gibt es das sogenannte Paradoxon des Pfeiles. Der angeblich fliegende Pfeil nimmt in jedem Augenblick einen Raum seiner Größe ein und ist daher im Stillstand. Demnach ist er immer im Stillstand. Das zeigt, daß die Bewegung nicht einmal anfangen kann, während das vorherige Paradoxon nachwies, daß die Bewegung immer schneller als in der Wirklichkeit ist. Nachdem so die pythagoreische Lehre der unsteten Quantität vernichtet war, legte Zeno das Fundament für die Theorie der Kontinuität. Und gerade das hatte die Verteidigung der parmenidesschen Lehre von der stetigen Kugel nötig.

Der andere bekannte eleatische Philosoph war Melissos von Samos, ein Zeitgenosse Zenos. Über sein Leben wissen wir nur, daß er während der samischen Revolte einer der Heerführer war und im Jahre 441 v. Chr. eine athenische Flotte besiegte. Melissos verbesserte die Theorie des Parmenides in einer wichtigen Beziehung. Wir haben schon gesehen, daß Zeno die Leugnung des leeren Raumes neu verfechten mußte. Tut man dies, kann man nicht davon sprechen, was als eine endliche Kugel gelten soll, denn dies beinhaltet, daß es etwas außerhalb von ihr gebe, nämlich den leeren Raum. Wird aber der leere Raum abgelehnt, so sind wir gezwungen, das materielle Weltall als in allen Richtungen unendlich zu betrachten, was genau die Schlußfolge des Melissos ist.

In der Verteidigung des eleatischen Einen ging Melissos so weit, daß schon die Atomtheorie aufdämmert. Wenn es mehrere Dinge gibt, so argumentiert er, dann muß jedes von diesen in sich selbst dem Einen des Parmenides gleichen. Denn nichts kann zustande kommen und wieder untergehn. Daher wird die einzig haltbare Theorie, daß es viele Dinge gibt, durch das Aufbrechen der Kugel des Parmenides in kleine Kugeln erlangt. Das ist gerade das, wohin die Atomisten führten.

Wie können wir über die sich wandelnde Welt um uns herum überhaupt Rechenschaft ablegen? Es gehört offensichtlich zum wahren Wesen der Erklärung, daß ihre Grundlage nicht geändert werden darf. Die ersten, die die Frage aufwarfen, waren die frühen Milesier; und wir haben gesehen, wie spätere Schulen die Problematik stufenweise umformten und verfeinerten. Schließlich war es ein anderer milesischer Denker, der die letzte Antwort auf die Frage gab. Leukipp, von dem wir nichts Wesentliches wissen, war der Vater des Atomismus. Die Atomtheorie ist ein unmittelbares Ergebnis eleatischen Denkens. Melissos stieß nur ganz zufällig auf sie.

Diese Theorie stellt einen Kompromiß zwischen dem einen und dem vielen dar. Leukipp führte die Vorstellung unzähliger Teilchen ein, von denen jedes mit der Kugel des Parmenides die Eigenschaften der Starre, der Festigkeit und der Unteilbarkeit gemein hat. Das waren die ›Atome‹, die Teilchen, die nicht weiter geteilt werden können. Sie bewegen sich ständig im leeren Raum. Angenommen wurde, alle Atome seien in der Zusammensetzung gleich und nur in der Gestalt unterschiedlich. Diese Teilchen wurden deswegen unteilbar oder *›atomos‹* genannt, weil sie physikalisch nicht mehr zerschnitten werden könnten. Der sich immer wandelnde Anblick der Welt entsteht aus den ständigen Verlagerungen der Atome.

In der Sprache des Parmenides hätten die Atomisten sagen müssen, daß, was nicht ist, ebenso wirklich ist, wie das, was ist. Mit anderen Worten: es gibt etwas wie den Raum. Was das aber sei, wäre schwer zu sagen. In dieser Beziehung glaube ich, daß wir nicht viel weiter gekommen sind als die alten Griechen. Leerer Raum ist etwas, was geometrisch einigen Sinn hat. Das ist eigentlich alles, was man mit Sicherheit behaupten kann. Die Schwierigkeiten der früheren Materialisten entstanden dadurch, daß sie darauf beharrten, es sei alles materiell. Der einzige, der eine klare Vorstellung darüber besaß, was das Vakuum etwa sein könnte, war Parmenides, und er gerade leugnete es ab. Allerdings müssen wir hier bemerken, daß die Behauptung, was ist, ist nicht, auf griechisch keinen Widerspruch bedeutet. Die Lösung liegt in der Tatsache, daß es zwei griechische Wörter für ›nicht‹ gibt. Das eine ist kategorisch wie in dieser Feststellung: ›Ich mag den X nicht‹. Das andere ist hypothetisch und wird in Befehlen, Wünschen und ähnlichem verstanden. Dieses hypothetische ›nicht‹ wurde in den Ausdrücken der Eleaten wie ›was nicht ist‹ oder ›nichtseiend‹ gebraucht. Wenn das kategorische ›nicht‹ in dem Satz ›was ist, ist nicht‹ angewandt würde, wäre das natürlich ein reines Kauderwelsch. Im Deutschen – wie auch im Englischen – fehlt diese Unterscheidung. Es wurde oft gefragt, ob die Atomtheorie der Griechen auf Beobachtungen beruhte oder bloß ein glücklicher Schuß ins Dunkle, ohne anderen Triebgrund als philosophische Überlegungen, war. Die Antwort auf diese Frage ist nicht im geringsten so einfach, wie man es sich denken könnte. Die eleatische Lehre war eine logische Kritik der früheren materialistischen Doktrin. Andererseits war Leukipp Milesier und gut bekannt mit den Theorien seiner Landsleute und Vorgänger. Seine eigene Kosmologie legt Zeugnis dafür ab, daß er zu den früheren Ansichten Anaximanders zurückkehrte, statt den Pythagoreern zu folgen.

Der Gedanke, daß die Atome ewiger Bewegung unterlägen, wurde wahrscheinlich durch die Beobachtung des Flirrens der Stäubchen im Sonnenschein angeregt. Es stimmt gewiß nicht, daß der griechische Atomismus bloß eine glückliche Vermutung gewesen sei. Als Dalton die Atomtheorie in der modernen Zeit wieder zum Leben rief, beachtete er die griechischen Ansichten und fand, daß sie eine Bestätigung seiner Entdekkung der konstanten Verhältnisse, in denen sich chemische Elemente verbinden, lieferten. Es gibt jedoch auch eine tiefere Ursache dafür, warum die Atomtheorie keine zufällige Entdeckung war. Das liegt in der logischen Struktur jeder Erklärung. Was bedeutet denn eigentlich: Rechenschaft über etwas geben? Doch dies: zu zeigen, wie das, was geschieht, eine Folge der wechselnden Bezüge der Dinge zueinander ist. Wenn wir also den Wechsel eines materiellen Gegenstandes verstehen wollen, müssen wir ihn in Beziehung zu den sich verändernden Anordnungen der hypothetischen Bestandteile bringen, welche selbst unerklärt bleiben. Das Erklärbare an der Kraft der Atome bleibt, so lange die Atome selbst nicht untersucht werden. Sobald aber das geschieht, wird das Atom Gegenstand einer empirischen Forschung, und die erläuterbaren Wesenheiten werden unteratomare Partikel, die jetzt selbst nicht mehr weiter zu deuten sind.

Die Atomtheorie wurde von Demokrit aus Abdera weiterentwickelt, dessen Wirkungszeit um 420 v. Chr. war. Insbesondere schritt er weiter zur Unterscheidung zwischen Dingen, wie sie wirklich sind und wie sie uns erscheinen. Nach seiner Auffassung besteht die uns umgebende Welt bloß aus in Bewegung befindlichen Atomen; während wir sie in einer großen Mannigfaltigkeit von Formen und Erscheinungen erleben. Dies gab Anlaß zu der Unterscheidung zwischen den – wie es viel später hieß – ersten und zweiten Eigenschaften. Einerseits gibt es Form, Größe und Stoff, andererseits Farben, Töne, Geschmack und ähnliches. Letztere werden durch erstere, die zu den Atomen selbst gehören, erklärt.

Die Atomtheorie werden wir noch öfters im Laufe unserer Untersuchungen finden. Wo ihre Grenzen liegen, wird an den entsprechenden Stellen behandelt. Hier soll bloß vermerkt werden, daß der Atomismus kein Ergebnis phantastischer Spekulationen ist, sondern eine sich in 150jährigem Werden entwickelnde ernsthafte Antwort auf die milesische Frage.

Über seine Bedeutung für die Naturwissenschaft hinaus rief der Atomismus auch eine neue Seelenlehre ins Leben. Wie alles andere besteht auch die Seele aus Atomen. Diese Bestandteile der Seele sind ferner als die übrigen Atome und im ganzen Körper verteilt. Nach solcher Ansicht bedeutet der Tod Auflösung und kann es keine persönliche Unsterblichkeit geben. Diese Konsequenz zogen später Epikur und seine Anhänger. Glückseligkeit, das Ziel des Lebens besteht aus einem ausgeglichenen Zustand der Seele, aus Ruhe und Unberührtheit des Gemüts.

So wie die philosophischen Schulen im Laufe des 5. Jahrhunderts sich entwickelten, erwuchs eine Art Menschen, die in gewissem Sinne nur am Rande der Philosophie standen. Das waren die Männer, die im allgemeinen als *›Sophisten‹* bezeichnet wurden. Von diesen Leuten sagte Sokrates voll Verachtung, je schwächere Beweise sie hätten, desto stärker ließen sie sie erscheinen. Es ist wichtig zu verstehen, wie diese Bewegung zustande kam und worin ihre Funktion in der griechischen Gesellschaft bestand.

Die wechselnde Szene des philosophischen Streites machte es schwer zu durchschauen, auf welcher Seite die Wahrheit sein mochte. Für diejenigen, die nur um des Tuns willen Dinge tun wollen, ist eine unentschiedene Frage ein Greuel. Im allgemeinen befanden sich die Sophisten in einer solchen Lage. Die gegensätzlichen Lehren der Philosophen boten keine Hoffnung, daß sicheres Wissen überhaupt möglich sei. Außerdem zeigten die sich ausbreitenden Erfahrungen in der Verbindung mit anderen Völkern, daß es unüberbrückbare Klüfte zwischen den Bräuchen der verschiedenen Nationen gab. Herodot erzählt uns eine Anekdote darüber. Am Hofe des Großen Königs im persischen Reich waren Abgesandte aus verschiedenen Ländern anwesend. Ein jeder erfuhr mit Entsetzen von den verschiedenen Bestattungsbräuchen der anderen. Die einen pflegten die Toten einzuäschern, die anderen fraßen sie auf. Herodot zitiert Pindar zum Schluß: Der Brauch ist König von allem.

Da die Sophisten fühlten, daß man nicht in den Besitz des Wissens kommen konnte, verkündeten sie, daß dies unwichtig sei. Was Wert hätte, sei nur das Nützliche. Natürlich steckt manche Wahrheit darin. Im Verhalten in praktischen Angelegenheiten kann allein der Erfolg sieghafte Bedeutung haben. Hier ist wieder die Ansicht des Sokrates das genaue Gegenteil.

Während die Sophisten sich für die bloße Praxis interessierten, hielt Sokrates dies für ungenügend und sagte von undurchdachtem Leben, es sei nicht wert gelebt zu werden.

Zu einer Zeit, wo es in Griechenland wenig Möglichkeit zu umfassender Erziehung gab, erfüllten die Sophisten gerade diese Aufgabe. Sie waren Wanderlehrer, die gegen Entgelt Unterricht ereilten. Vor allem gefiel Sokrates bei ihnen nicht, daß sie Bezahlung annahmen. Hier hat man das Gefühl, daß Sokrates diesbezüglich ein wenig zu hart war: auch Schwätzer müssen ja leben. Man übersehe auch nicht, daß die akademische Tradition die Gehälter bis heute als eine Art Sammelbüchse betrachtet, welche die Professoren materielle Sorge vergessen lassen soll.

In ihrem Unterricht betonten die Sophisten verschiedene Lehrgebiete. Die achtenswerteste ihrer Tätigkeiten war einfach die Sorge für eine literarische Erziehung. Andere zielten mehr auf unmittelbar praktische Verwertung. Mit der Ausbreitung demokratischer Verfassungen während des 5. Jahrhunderts wurde das Talent zum Reden äußerst wichtig. Dieses Bedürfnis befriedigten Lehrer der Rhetorik. Ähnlicherweise fanden sich Lehrer für Politik, die ihren Schülern beizubringen pflegten, wie die Angelegenheiten in der Volksversammlung zu handhaben seien. Schließlich gab es auch noch Lehrer für Diskussion oder Eristik – Männer, die es verstanden, Schlechtes als etwas Gutes erscheinen zu lassen. Diese Kunst wurde offensichtlich im Gerichtshof gebraucht, wo die Angeklagten sich selbst verteidigen mußten; diesen Leuten brachten dann die Lehrer bei, wie Argumente zu verdrehen und Widersprüche zu erzeugen seien.

Es ist wichtig, die Eristik von der Dialektik zu unterscheiden. Diejenigen, die erstere ausübten, taten es, um im Streit zu gewinnen, während die Dialektiker nach der Entdeckung der Wahrheit strebten. Wir unterscheiden ja auch zwischen Wortstreit und Diskussion.

Während die Sophisten auf dem Gebiet der Erziehung eine wertvolle Aufgabe erfüllten, stand ihre philosophische Betrachtungsweise der Forschung feindlich gegenüber. Sie war eine Art des alles bezweifelnden Skeptizismus, eine negative Haltung zum Problem der Erkenntnis. Die Summe dieser Auffassung drückte der berühmte Spruch des Protagoras aus: »Der Mensch ist das Maß aller Dinge, der Dinge, die sind, daß sie sind, und der Dinge, die nicht sind, daß sie nicht sind.« So betrachtet jedermann seine eigene Meinung als wahr für sich selbst, und Meinungsverschiedenheiten in bezug auf die Wahrheit können nicht entschieden werden. Kein Wunder, daß der Sophist Thrasymachos die Gerechtigkeit als den Vorteil des Stärkeren definiert.

Während also Protagoras auf die Frage nach der Wahrheit verzichtet, scheint er doch zuzugeben, daß die eine Meinung besser als die andere sein kann, nämlich in dem dem Handeln dienenden (pragmatischen) Sinne, obzwar diese Auffassung der allgemeinen logischen Kritik gegen den Pragmatismus offenbleibt. Denn, wenn wir fragen, welche von zwei Meinungen die bessere sei, werden wir sogleich zu der Vorstellung der absoluten Wahrheit zurückgetrieben. Auf jeden Fall war Protagoras der Urheber des Pragmatismus.

Das Wort Sophist selbst bedeutet soviel wie ›Mensch der Weisheit‹. Da auch Sokrates Lehrer war, ist es nicht überraschend, daß die Kritiklosen ihn zu seinen Lebzeiten einen Sophisten nannten. Daß diese Klassifizierung falsch ist, haben wir schon nachgewiesen. Allerdings wurde die Unterscheidung bis zu Platons Zeit nicht richtig durchgeführt. Philosophen und Sophisten erwecken in der Masse gewissermaßen gleichen Widerhall. Für die Philosophie im allgemeinen bekunden ja seit altersher diejenigen, die nicht philosophisch eingestellt sind, immer nur eine recht seltsame und schwankende Haltung. Einerseits betrachteten sie die Philosophen mit milder und wohlwollender Herablassung als harmlose Narren, als komische Käuze, die in den Wolken schweben und törichte Fragen stellen – Menschen, die in keiner Berührung mit den wirklichen Nöten der Menschen stehen und uneingedenk der Dinge sind, die vernünftige Staatsbürger anzupacken haben. Andererseits können philosophische Lehren einen äußerst entwurzelnden Einfluß auf bestehende Bräuche und Sitten ausüben. Dann werden die Philosophen voll Verdächtigung als Nichtkonformisten angesehen, die Tradition und Konvention umstürzen und den von allen übrigen für gut gehaltenen Gewohnheiten und Ansichten nicht unbedingt zustimmen. Wer seine geliebten Glaubenssätze in Frage gestellt sieht, fühlt sich unbehaglich und unsicher. Er antwortet mit Haß und Feindseligkeit. So wurde Sokrates aufwühlerischer Lehrtätigkeit bezichtigt, genauso wie die Sophisten im allgemeinen und ganz besonders die Lehrer der Eristik, des Redestreits.

ATHEN

Die drei größten Gestalten der griechischen Philosophie sind alle mit Athen verbunden. Sokrates und Platon wurden in Athen geboren, und Aristoteles studierte und lehrte später dort. Es ist also empfehlenswert, die Stadt, in der sie lebten, ins Auge zu fassen, bevor wir ihre Tätigkeit betrachten. Die barbarischen Horden des Darius wurden 490 v. Chr. auf der Ebene von Marathon von den Athenern ganz allein geschlagen. Zehn Jahre später besiegten die vereinten Anstrengungen der Griechen die Land- und Seestreitkräfte des Xerxes. Bei den Thermopylen fügte die spartanische Nachhut den Persern ungeheuren Schaden zu. Später versetzten die griechischen Schiffe unter athenischer Führung der feindlichen Flotte bei Salamis einen tödlichen Schlag. Im nächsten Jahr erlitten die Perser bei Platää die endgültige Niederlage.

Aber Athen war verwüstet; die Bewohner waren weggezogen, und die Perser hatten die Stadt und ihre Tempel verbrannt. Jetzt begann jedoch ein großer Wiederaufbau. Athen war der Wucht der Kämpfe besonders ausgesetzt gewesen, es war ja der Führer der Griechen während des Kriegs. Und nun, da die Gefahr vorbei war, wurde es auch in Friedenszeiten führend. Die Festlandsgriechen fühlten sich nun gerettet, und der nächste Schritt galt der Befreiung der Inseln im Ägäischen Meer. Hierbei war das Heer der Spartaner von geringem Nutzen. So fiel es der athenischen Seemacht zu, den Großen König in Schach zu halten. Und so auch bekamen die Athener die Herrschaft über die Ägäis. Was als Delischer Bund mit Schwerpunkt auf der Insel Delos begann, endete im Reich der Athener. Der Schatz des Bundes kam von Delos nach Athen.

Athen hatte für die gemeinsame Sache leiden müssen; so hielten die Athener es nur für gerecht, daß ihre Tempel aus gemeinsamen Beiträgen wiederaufgebaut würden; und so entstand die neue Akropolis, die ›Stadt auf dem Gipfel‹ mit dem Parthenon und anderen Gebäuden, deren Ruinen bis heute noch erhalten blieben. Athen wurde die herrlichste Stadt in

Griechenland, Treffpunkt von Künstlern und Denkern, sowie auch Mittelpunkt der Schiffahrt und des Handels. Phidias, der Bildhauer, schuf Statuen für die neuen Tempel, insbesondere das Kolossalbildnis der Göttin Athene, welches, die Akropolis beherrschend, die Vorhalle und die Treppen überragte. Herodot, der Geschichtsschreiber, kam aus Halikarnassos in Ionien nach Athen und schrieb die Geschichte der Perserkriege. Die griechische Tragödie entwickelte sich mit Aeschylos, der bei Salamis gekämpft hatte. ›*Die Perser*‹, eine Tragödie, in der die Niederlage von Xerxes dargestellt wurde, behandelte hier einen Stoff, der nicht von Homer stammte. Die Tragiker Sophokles und Euripides erlebten auch den Niedergang von Athen, ebenso der Komödienschreiber Aristophanes, dessen beißende Satiren niemand schonten. Thukydides, der Geschichtsschreiber des großen Krieges zwischen Sparta und Athen, war der erste wissenschaftliche Historiker. Politisch wie auch kulturell erreichte Athen in den Zeitläuften zwischen Perserkriegen und dem Peloponnesischen Krieg seinen großen Höhepunkt. Der Mann, dessen Namen dieses Zeitalter trägt, ist Perikles.

Perikles stammte aus einer aristokratischen Familie. Seine Mutter war eine Nichte von Kleisthenes, dem Reformer, der mit einer demokratischeren Ausgestaltung der Athener Verfassung begann. Anaxagoras war einer der Lehrer des Perikles gewesen, von dem der junge Edelmann eine mechanische Theorie des Weltalls erlernte. Perikles machte sich frei von dem gängigen Aberglauben seiner Zeit, war im Wesen zurückhaltend und gemäßigt und im allgemeinen das Volk leicht verachtend. Trotzdem erreichte die Demokratie von Athen unter ihm ihre höchste Blüte. Der Rat auf dem Areopag, eine Art Oberhaus, hatte schon viel von seiner Macht verloren. Mit Ausnahme der Mordfälle wurden alle seine Funktionen von dem Rat der Fünfhundert, der Großversammlung und den Gerichtshöfen übernommen. Alle Mitglieder dieser Gremien waren bezahlte Staatsbeamte und wurden mit einfacher Mehrheit durch das Los gewählt. Dieses neue System des Dienstes an der Gemeinschaft veränderte die altüberlieferten Sitten beträchtlich.

Perikles hatte das Zeug zum Führer. Nach der Verbannung des Thukydides im Jahre 443 v. Chr. wurde Perikles als einer der Vorsteher von Jahr zu Jahr wiedergewählt. Da er beim Volke beliebt, ein begabter Redner und ein fähiger Staatsmann war, der seine Amtsgenossen weit überstrahlte, regierte er fast wie ein Selbstherrscher. Thukydides schrieb später über das perikleische Athen, daß es der Form nach wohl eine Demokratie, in Wirklichkeit aber die Herrschaft des ersten Bürgers darstellte. Nur während der Jahre unmittelbar vor dem Peloponnesischen Krieg fing die demokratische Partei an, nach mehr Macht zu streben. Gerade damals machten sich die bösen Folgen der Beschränkung der Bürgerschaft auf nur die Athener, die seit 441 v. Chr. von Athener Eltern stammten, sowie auch der Druck der Steuerlasten für verschwenderische Bauprogramme fühlbar. Der von der Eifersucht der Spartaner gegen den athenischen Imperialismus entfachte Krieg dauerte von 431 bis 404 v. Chr. und endete mit der völligen Niederlage Athens. Perikles selbst starb noch in der ersten Phase des Krieges im Jahre 429 an der Pest, die die Stadt ein Jahr vorher heimgesucht hatte. Aber als Kulturzentrum überlebte Athen seinen politischen Niedergang. Bis heute blieb es das Symbol alles Großen und Schönen im menschlichen Streben.

Und nun wenden wir uns Sokrates, dem Athener, zu. Über sein Leben wissen wir wieder nicht viel. Er wurde um 470 v. Chr. geboren, war ein Bürger Athens, hatte wenig Geld und strengte sich auch nicht an, mehr zu verdienen. Sein liebster Zeitvertreib war die Diskussion mit Freunden und anderen, sowie jungen Athenern das Philosophieren beizubringen. Nur nahm er, im Gegensatz zu den Sophisten, kein Geld dafür an. Im Lustspiel ›*Die Wolken*‹ machte sich Aristophanes lustig über ihn, so muß er in der ganzen Stadt eine bekannte Erscheinung gewesen sein. Im Jahre 339 v. Chr. wurde er wegen athenfeindlicher Tätigkeit verurteilt und durch Gift hingerichtet.

Im übrigen sind wir auf die Schriften zweier seiner Schüler, Xenophons, des Feldherrn, und Platons, des Philosophen, angewiesen. Von diesen beiden ist Platon der bedeutendere. In einigen seiner Dialoge wird uns gezeigt, wie Sokrates lebte und das Gespräch führte. Wir erfahren aus dem ›*Symposion*‹, daß Sokrates Anfälle von Geistesabwesenheit erlebte. Er pflegte manchmal in Gedanken versunken plötzlich stehenzubleiben, zuweilen stundenlang. Trotzdem war er aber physisch kräftig. Aus den Tagen seines Heeresdienstes ist bekannt, daß er Hitze und Kälte besser vertragen sowie ohne Essen oder Getränk länger aushalten konnte als irgendwer sonst. Wir wissen auch, daß er sich in der Schlacht tapfer benahm. Mit großer Gefahr für sich selbst rettete er einmal das Leben seines Freundes Alkibiades, der verletzt zu Boden sank. Im Krieg wie im Frieden war Sokrates ohne Furcht, und das blieb er auch in der Stunde seines Todes. Er war häßlich und sorglos in der Kleidung. Seine Tunika war abgewetzt und schäbig genug, und immer pflegte er barfuß zu gehen. Alles tat er mit Maß, und seinen Körper hatte er erstaunlich in der Zucht. Obzwar er nur selten Wein zu sich nahm, konnte er aber, wenn sich die Gelegenheit bot, alle seine Freunde unter den Tisch trinken, ohne daß er selbst betrunken gewesen wäre.

In Sokrates finden wir einen Vorläufer der stoischen wie der zynischen Schule in der späteren griechischen Philosophie. Mit den Zynikern hat er den Mangel an Sinn für weltliche Güter, mit den Stoikern seine Leidenschaft für die Tugend als das größte Gut gemeinsam. Außer in seiner Jugend befaßte sich Sokrates nicht viel mit wissenschaftlichen Problemen. Sein Hauptinteresse galt dem Guten. In Platons früheren Dialogen, in denen Sokrates am klarsten erscheint, sucht er nach der Bestimmung sittlicher Begriffe – Mäßigung, Freundschaft, Tapferkeit.

Obzwar er immer sagte, er wisse nichts, dachte er trotzdem nicht, daß die Erkenntnis unerreichbar ist. Worauf es ankommt, ist, daß wir nach Erkenntnis streben sollen. Er war der Meinung, daß man nur aus Mangel an Erkenntnis sündigt.

Wenn man nur Bescheid wüßte, würde man nicht sündigen. Grundursache alles Übels ist Unkenntnis. Um das Gute zu erreichen, müssen wir Erkenntnis besitzen, infolgedessen ist das Gute selbst Erkenntnis oder Wissen. Die Verbindung zwischen Gut und Wissen stellt einen Charakterzug der ganzen griechischen Denkart dar. Die christliche Ethik ist das gerade Gegenteil. Hier gilt als das Wichtigste ein reines Herz, das man viel leichter gerade unter den Unwissenden antrifft.

Sokrates versuchte stets, diese ethischen Probleme durch die Diskussion zu klären. Diese Methode, die Wahrheit durch Frage und Antwort herauszubekommen, heißt Dialektik; und Sokrates war ihr Meister, obzwar nicht der erste, der davon Gebrauch machte. In Platons Dialog *›Parmenides‹* wird erzählt, daß Sokrates als junger Mann mit Zeno und Parmenides zusammentraf, die ihn in dieser Art der dialektischen Überzeugung des Gegners drillten, wie er sie später an andere weitergab. Platons Dialoge zeigen Sokrates als einen, der über lebhaften Sinn für Humor und beißenden Witz verfügt. Er war berühmt, aber auch gefürchtet wegen seiner Ironie. Die buchstäbliche Bedeutung des griechischen Wortes ›Ironie‹ ist so etwas wie (spöttische) ›Unterbewertung‹. Wenn daher Sokrates sagte, er wisse nur, daß er nichts wisse, war er ironisch, obzwar unter der Oberfläche des Spaßes immer ein ernsthafter Zug steckte. Er kannte zweifellos gut die Leistungen aller Denker, Schriftsteller und Künstler Griechenlands. Aber was wir wissen, ist wenig oder fast nichts im Vergleich zu dem unendlichen Ausmaß des Unbekannten. Wenn wir dies einsehen, können wir wirklich sagen, daß wir nichts wissen.

Die beste Darstellung von Sokrates' Wirken ist die *›Apologie‹*, in der seine Gerichtsverhandlung geschildert wird. Seine Verteidigungsrede oder das, woran Platon sich später erinnerte, ist kein wörtlicher Bericht, sondern etwa so, wie Sokrates gesagt haben konnte. Solche ›Berichterstattung‹ war nicht ungewöhnlich; Thukydides, der Historiker, machte kein Hehl daraus. Die Apologie ist also auch ein Stück historische Darstellung.

Sokrates wurde wegen feindlicher Haltung gegen die Staatsreligion und Verderbung der Jugend durch seine Lehren angeklagt. Die Anklage war nur ein Vorwand. Was die Regierung gegen ihn bewog, war seine Verbindung mit der aristokratischen Partei, der die meisten seiner Freunde und Schüler angehörten. Da aber eine Amnestie in Kraft war, konnte das Gericht eine derartige Beschuldigung nicht verfolgen. Die offiziellen Ankläger waren Anytos, ein demokratischer Politiker, Meletos, ein Tragödiendichter, und Lykon, ein Lehrer der Rhetorik.

Von Anfang an ließ Sokrates seiner Ironie freien Lauf. Seine Kläger, sagte er, machten sich der ›schönen Redekunst‹ schuldig und verfaßten reichgeschmückte Reden. Er selbst aber, der schon 70 Jahre erreicht hätte, sei noch niemals vor einem Gerichtshof erschienen, und so bäte er die Richter, seine vielleicht unbotmäßige Art des Sprechens zu ertragen. Dann erwähnte Sokrates eine ganze Klasse älterer und gefährlicherer, weil schlauerer Kläger. Diese seien herumgegangen und hätten überall erzählt, Sokrates sei ›ein weiser Mensch, der über den Himmel droben spekuliert und den Dingen unter der Erde nachspürt und die schlechteste Sache als gut erscheinen läßt‹. Als Antwort darauf erwiderte Sokrates, er sei kein Wissenschaftler, noch habe er um Geld gelehrt wie die Sophisten, noch wisse er, was diese wissen.

Warum wurde er dann doch weise genannt? Die Ursache sei das Delphische Orakel, das einmal gesagt hätte, es gäbe keinen Weiseren als Sokrates. Er hätte versuchen wollen, nachzuweisen, daß sich das Orakel irre. So hielt er Ausschau nach Menschen, die man für weise hätte halten können. Er fragte Politiker, Dichter, Handwerker; mußte aber feststellen, daß keiner richtig Rechenschaft darüber ablegen konnte, was er mache, daß also niemand weise war. Indem er ihnen Unwissenheit nachwies, machte er sich viele zu Feinden. Schließlich hatte er verstanden, was das Orakel meinte: Gott allein ist weise, die Weisheit des Menschen ist armselig, und nur derjenige sei der weiseste unter den Menschen, der, wie Sokrates, weiß, daß seine Weisheit nichts taugt. So habe er die meiste seiner Zeit verbracht durch Bloßstellung aller Weisheitsansprüche.

Durch Fragen zwingt er seinen Ankläger Meletos zuzugeben, daß ein jeder im Staat die Jugend bessere, ausgenommen Sokrates. Aber es ist wertvoller, unter guten Menschen zu leben als unter schlechten. Daher könne er die Athener nicht vorsätzlich verdorben haben; habe er es aber unabsichtlich doch getan, so hätte Meletos ihn lieber aufklären und nicht anklagen sollen. Die Anklage behaupte, Sokrates habe neue Götter verkündet, Meletos aber bemäkle ihn als Atheisten, was einen offensichtlichen Widerspruch darstelle.

Und dann erzählte Sokrates dem Gerichtshof, seine Pflicht sei die Erfüllung des göttlichen Gebotes gewesen, sich selbst wie auch andere Leute zu prüfen, wenn auch mit Gefahr des Verstoßes gegen den Staat. Dann fuhr er mit der Erzählung fort, indem er sich als den Sporn des Staates bezeichnete, und berief sich auf eine innere Stimme, die ihn immer leite. Diese Stimme aber hielt ihn von der Beschäftigung mit der Politik zurück, in welcher niemand unantastbar bleiben könne. Die Anklage habe keinen seiner anwesenden ehemaligen Schüler als Zeugen gerufen. Er aber wolle nicht durch das übliche Heranbringen seiner weinenden Kinder Gnade erreichen, sondern seine Richter überzeugen und nicht um ihre Gunst flehen.

Als der Urteilsspruch schuldig lautete, hielt Sokrates eine beißende und sarkastische Rede und bot ein Strafgeld von 30 Minen an. Dies mußte unfehlbar abgelehnt und das Todesurteil bestätigt werden. Schließlich machte Sokrates in seiner Schlußrede die, die ihn verurteilt hatten, darauf aufmerksam, daß sie wegen ihrer Missetat schwer bestraft würden. Dann wandte er sich seinen Freunden zu und sagte, daß das Geschehene nicht schlimm sei. Man solle nie den Tod fürchten. Entweder sei er ein traumloser Schlaf oder ein Weiterleben in einer anderen Welt. Dort könne er vollkommen ungestört mit Orpheus, Musaios, Hesiod und Homer sprechen, und dort würden sie gewiß niemanden töten, nur weil er die ein oder andere Frage stellt.

Sokrates verbrachte einen Monat im Gefängnis, bevor er den Schierling trank. Solange das Staatsschiff nicht von seiner jährlichen Wallfahrt nach Delos, durch Stürme ungehindert, zurückgekehrt war, konnte niemand hingerichtet werden. Sokrates lehnte ab zu fliehen, und nach Platons ›*Phaidon*‹ verlebte er seine letzten Stunden mit seinen Freunden und Schülern in der Erörterung der Unsterblichkeit.

Beim Lesen der Seiten dieses Buches kann man feststellen, daß kein Philosoph so eingehend behandelt wird wie Platon oder Aristoteles. Der Grund dafür ist ihre einmalige Stellung in der Geschichte der Philosophie. Erstens waren sie Erben und Ins-System-Bringer der vorsokratischen Schulen, entwickelten, was ihnen überliefert, und erklärten vieles, was bei den früheren Denkern nicht zum Durchbruch gekommen war. Zweitens übten sie durch alle Zeitalter hindurch einen ungeheuren Einfluß auf den Geist der Menschen aus. Es gibt kaum ein philosophisches Problem, über das sie nicht Wertvolles gesagt hätten; und wenn heutzutage jemand ursprünglich sein und dabei die athenische Philosophie außer acht lassen möchte, dann tut er es auf eigene Gefahr.

Das Leben Platons überbrückt die Periode von der Niederlage Athens bis zum Aufstieg Makedoniens. Er wurde im Jahre 428 v. Chr., ein Jahr vor dem Tode des Perikles, geboren und somit während des Peloponnesischen Krieges erzogen. Er lebte mehr als 80 Jahre und starb im Jahre 348 v. Chr. Seine Familie wie auch seine Erziehung waren aristokratisch. Ariston, sein Vater, konnte seine Vorfahren bis zum alten athenischen Königstum zurückführen, und Periktione, seine Mutter, stammte aus einer Familie, die sich lange in der Politik betätigt hatte. Ariston starb, als Platon noch ein Kind war, und Periktione heiratete ihren Onkel Pyrilampes, einen Freund und Mitkämpfer des Perikles. Platon scheint seine formenden Jahre im Heim des Stiefvaters verbracht zu haben. Mit solchen Traditionen ist es kein Wunder, daß er strenge Ansichten bezüglich der politischen Pflicht eines Staatsbürgers hatte. Er hat sie nicht nur denkerisch ausgebaut, namentlich in der *›Republik‹*, sondern auch selbst ausgeübt. In frühen Jahren schien er ein vielversprechender Dichter zu werden, es war aber mehr oder weniger selbstverständlich, daß er die politische Laufbahn einschlug. Der Ehrgeiz endete jäh, als Sokrates zum Tode verurteilt wurde. Dieser furchtbare Fall von politischen Intrigen und bösen Absichten hinterließ einen unverwischbaren Eindruck auf den Geist des jungen Mannes, und von dieser Zeit an widmete Platon sein Leben endgültig und ausschließlich der Philosophie.

Sokrates war ein alter Freund der Familie, und Platon kannte ihn seit seiner Kindheit. Nach seiner Hinrichtung flüchtete Platon mit mehreren Anhängern des Sokrates nach Megara, wo sie blieben, bis der Fall allmählich in den Hintergrund gedrängt war. Danach begab sich Platon mehrere Jahre lang auf Reisen, die ihn nach Sizilien, Süditalien und viel leicht auch nach Ägypten führten, nur wissen wir viel zu wenig aus dieser Zeit. Auf alle Fälle finden wir ihn 387 v. Chr. wieder in Athen, wo er eine Schule gründete. Diese Lehranstalt wurde in einem Hain, kurz nordwestlich vor der Stadt, errichtet. Das Grundstück war mit dem Namen eines legendenhaften Helden Akademos verbunden, daher hieß die Anstalt ›Akademie‹. Ihre Organisation erhielt sie nach dem Muster der pythagoreischen Schulen in Süditalien, mit denen Platon während seiner Reisen in Verbindung gekommen war. Die Akademie stellt die Vorgängerin der Universitäten dar, wie sie sich vom Mittelalter an herausgebildet haben. Als Schule überlebte sie mehr als 900 Jahre, was eine längere Zeit dauer ausmacht als die irgendeines anderen derartigen Gebildes vorher oder nachher. Erst im Jahr 529 n. Chr. wurde sie von Kaiser Justinian, der seine christliche Auffassung durch das Überleben der klassischen Traditionen verletzt fühlte, geschlossen.

Die akademischen Studien verliefen im großen und ganzen auf der Linie der herkömmlichen Fachgebiete der pythagoreischen Schulen. Arithmetik, zwei- wie auch dreidimensionale Geometrie, Astronomie und Musik oder Harmonie bildeten die Grundlagen des Lehrplans. Als eine Folge der engen pythagoreischen Verbindungen wurde die Mathematik besonders betont. Die Beschäftigung mit all diesen Disziplinen dauerte zehn Jahre. Es wird berichtet, daß über dem Eingang der Schule eine Inschrift stand, derzufolge niemand, der solche Studien nicht liebe, hier eintreten möge.

Ziel alles Lehrens war die Lenkung des Gedankens der Menschen weg vom vergänglichen Wechsel der Erfahrungswelt zu dem hinter ihr liegenden Unveränderlichen oder – um Platons Wort zu gebrauchen – vom Werdenden zum Seienden.

Indes kann keine der genannten Wissenschaften als autonom betrachtet werden. Letzten Endes unterliegen sie alle den Gesetzen der Dialektik, und deren Studium kennzeichnet und zeichnet jeden Unterricht aus.

In einem tiefen Sinne ist das auch heute noch der Gegenstand echter Erziehung. Es kann nicht die Funktion der Universität sein, die Köpfe der Studenten mit so viel Kenntnissen wie nur möglich vollzupfropfen. Ihre eigentliche Aufgabe ist, die jungen Menschen zum Gebrauch des kritischen Urteilsvermögens und zum Verständnis solcher Gesetze und Kriterien, welche die Voraussetzungen aller Wissenschaften sind, zu erziehen.

Wie die Akademie im einzelnen aufgebaut war, werden wir wahrscheinlich nie erfahren. Aber aus literarischen Andeutungen können wir folgern, daß sie in vielen Beziehungen den modernen höheren wissenschaftlichen Anstalten ähnlich war. So war sie mit wissenschaftlichen Lehrmitteln und einer Bibliothek versehen und veranstaltete Vorlesungen und Seminare.

Die Studenten müssen zweifellos zur Instandhaltung der Akademie zum Teil beigetragen haben. Die Geldfrage konnte aber doch nicht die wesentliche sein, ganz abgesehen von der Tatsache, daß Platon es sich als Wohlhabender leisten konnte, derartiges außer acht zu lassen. Wichtig war das Ziel der Akademie, die Übung des Geistes der Jugendlichen im selbständigen Denken durch das Licht der Vernunft. Kein unmittelbarer praktischer Zweck wurde angestrebt, im Gegensatz zu den Sophisten, die nichts anderes als Geschicklichkeit in den praktischen Angelegenheiten anboten.

Einer der ersten Studenten an der Akademie war gerade der berühmteste.

Als ein junger Mann kam Aristoteles nach Athen, um die Schule zu besuchen, und dann blieb er dort fast 20 Jahre lang, bis zu Platons Tod. Aristoteles erzählt, daß sein Meister die Vorträge frei hielt. Platons Dialoge waren als literarisch-philosophische Werke nicht so sehr für seine Studenten, sondern mehr für ein breiteres gebildetes Publikum vorgesehen. Er schrieb nie ein verbindliches Textbuch und lehnte es ab, seine Philosophie als ein System abzufassen. Er scheint gefühlt zu haben, daß die Welt im großen viel zu verwickelt ist, um in eine ausgeklügelte schriftliche Form hineingezwungen zu werden.

Die Akademie blieb auch weitere zwanzig Jahre lang am Werk, als Platon noch einmal ins Ausland ging.

367 v. Chr. starb Dionysios I., der Herrscher von Syrakus. Sein Sohn und Erbe Dionysios II. folgte ihm, unreif und unerfahren, wie er mit seinen 30 Jahren war, und schlecht ausgebildet für die Aufgabe, das Schicksal eines so wichtigen Staates wie Syrakus zu lenken. Die richtige Macht lag jedoch in den Händen Dions, des Schwagers des jungen Dionysios. Er war ein begeisterter Freund und Bewunderer Platons. Er hatte Platon nach Syrakus eingeladen, um Dionysios' Lehrer zu werden und einen Mann von Weitblick aus ihm zu machen. Die Wahrscheinlichkeit des Erfolgs ist bei einer solchen Unternehmung in den wenigsten Fällen groß. Platon war mit dem Versuch einverstanden, einerseits zweifelsohne aus Freundschaft zu Dion, andererseits wohl auch wegen des Rufs seiner Akademie. Hier stand Platons Theorie über die Erziehung von Herrschern in der Tat zur Probe. Ob wissenschaftliche Erziehung an sich einen Staatsmann zu einem klarer denkenden Menschen in politischen Angelegenheiten macht, ist freilich fraglich, aber offensichtlich dachte Platon, daß es so sei. Ein

starker Herrscher in Sizilien war wichtig, wenn die westlichen Griechen sich gegen Karthagos zunehmende Macht halten wollten. Wenn nun durch ein bißchen Übung in der Mathematik Dionysios zu einem solchen Mann geformt würde, so hätte man viel gewonnen, andererseits war mit einem Mißerfolg nicht allzuviel verloren. Anfangs wurde auch mancher Fortschritt erreicht, nur dauerte es nicht lange. Dionysios besaß nicht die erforderliche geistige Kraft zum Durchhalten in langen Unterweisungen, außerdem erschien ihm Platon als ein unangenehmer Ränkeschmied. Neidisch auf seines Schwagers Freundschaft mit Platon und seinen Einfluß in Syrakus, zwang Dionysios ihn ins Exil. Platon konnte nun nicht länger bleiben, so kehrte er nach Athen und zur Akademie zurück. Er versuchte, alles zu tun, um die Verhältnisse aus der Ferne zu bessern, aber ohne Erfolg. 361 v. Chr. ging er noch einmal nach Syrakus, um einen letzten Versuch zu einer besseren Wendung der Dinge zu machen. Fast ein Jahr verbrachte er mit der Ausarbeitung einiger praktischer Maßnahmen zur Vereinigung der sizilianischen Griechen in Anbetracht der karthagischen Gefahr. Schließlich erwies sich der böse Wille der konservativen Partei als ein unüberwindliches Hindernis. Als auch sein eigenes Leben mancher Gefahr ausgesetzt war, bereitete Platon 360 v. Chr. seine endgültige Rückkehr nach Athen vor. Dion konnte zwar in der Folgezeit seine frühere Position durch Gewalt zurückgewinnen, aber er zeigte sich trotz Platons Ermahnungen als unkluger Herrscher und wurde prompt ermordet. Das Schicksal Siziliens war denn auch das Joch des Auslands, wie Platon es vorhergesehen hatte.

Nach seiner Rückkehr im Jahre 360 nahm er seine Tätigkeit als Lehrer und Schriftsteller an der Akademie wieder auf und blieb auch als Autor bis zum letzten schöpferisch. Platon ist der einzige Philosoph des Altertums, dessen Werke uns fast vollständig erhalten blieben. Er war nicht nur ein großer Denker, sondern auch ein ebenso großer Schriftsteller – einer der hervorragendsten der Weltliteratur und leider eine Ausnahme in der Geschichte der Philosophie. Es gibt eine Menge philosophischer Schriften, die öd, trocken, bombastisch sind, Bücher, durch die es schon zur Tradition zählt, daß rein philosophische Werke einen dunklen und schwerfälligen Stil haben müßten, um als tief zu gelten. Das ist sehr schade, weil es den sich darum bemühenden Laien abschreckt. Man darf sich freilich nicht einbilden, daß die gebildeten Athener zu Platons Zeiten die Dialoge hätten leicht lesen und ihre philosophische Bedeutung auf den ersten Blick einschätzen können. Platon aber kann auf jeden Fall leichter als die meisten Philosophen gelesen werden.

Außer den Dialogen blieben uns noch einige Briefe Platons, hauptsächlich an seine Freunde in Syrakus gerichtet. Sie sind zwar höchst wertvoll als historische Dokumente, haben aber philosophisch weiter keine Bedeutung. Etwas muß hier über Sokrates' Rolle in den Dialogen gesagt werden. Sokrates schrieb nie etwas, so wurde seine Philosophie hauptsächlich durch Platon überliefert. Gleichzeitig entwickelte aber Platon, insbesondere in seinen späteren Werken, seine eigene Theorie. Deshalb muß man in den Dialogen unterscheiden, was von Platon und was von Sokrates stammt. Das ist eine besonders schwierige, aber nicht unmögliche Aufgabe. Als Stützpunkte für unser Urteil dienen besonders die als spät erkannten Dialoge, in denen Platon einige der früheren sokratischen Theorien kritisiert. Man darf also nicht denken, daß der Sokrates der Dialoge ein bloßes Sprachrohr für Platons eigene Ideen sei.

Platons Einfluß auf die Philosophie ist wohl der größte vor allen andern Denkern. Als Erbe des Sokrates und der Vorsokratiker, als Gründer der Akademie und als Lehrer des Aristoteles steht Platon im Mittelpunkt des philosophischen Denkens. Die Wiederbelebung Platons in seiner denkerischen Eigenart ist ein neueres Ereignis. Sie geht auf exaktwissenschaftlichem Gebiet aufs frühe 17. Jahrhundert zurück, während sie in der Philosophie selbst unserer Zeit angehört.

Wenn man Platon studiert, darf bei ihm die zentrale Rolle der Mathematik nicht vergessen werden. Dies ist einer der Grundzüge, die Platon von Sokrates unterscheiden, dessen

Interesse für die exakte Wissenschaft und die Mathematik schon in seiner Jugend aufhörte. Die späteren Zeiten, die nicht fähig waren, Platons Lehren richtig zu verstehen, verdrehten seine ernsthaften Untersuchungen in eine billige Zahlenmystik – eine Verirrung, die leider nicht so ungewöhnlich ist, als man es wünschen möchte. Die Mathematik blieb selbstverständlich ein Sondergebiet für die strengen Logiker. – Aber nun wollen wir einige der Probleme prüfen, die in den Dialogen behandelt werden.

Nennt man Platon, denkt man gleich an die Ideenlehre. Sie wird von Sokrates in mehreren Dialogen dargelegt. Ob sie mehr von Sokrates stammt als von Platon, ist seit langem strittig. Der *›Parmenides‹, welcher zwar ein späterer Dialog ist, schildert eine Szene, in der Sokrates als ein noch junger Mann – Platon war nicht einmal geboren – die Ideenlehre gegen Zeno und Parmenides aufrechtzuerhalten versucht. Ihr Ursprung ist pythagoreisch. Werfen wir einen Blick auf ihre Darstellung in der ›Republik‹*.

Beginnen wir mit der Frage: Was ist ein Philosoph? Buchstäblich bedeutet das Wort ja einen Liebhaber der Weisheit. Aber nicht jeder, der nach Wissen strebt, ist Philosoph. Die Definition muß eingeengt werden: Philosoph ist, wer das Sehen der Wahrheit liebt. Ein Sammler von Kunstwerken liebt schöne Dinge, was ihn aber noch zu keinem Philosophen macht. Der Philosoph liebt die Schönheit an sich. Der Liebhaber schöner Dinge befindet sich im Traum, der Liebhaber der Schönheit an sich ist wach. Der Kunstliebhaber besitzt nur Meinungen, der Liebhaber der Schönheit an sich Erkenntnis. Die Erkenntnis muß also ein Objekt haben; sie muß Erkenntnis von etwas sein, das es gibt, oder sie ist nichts, wie Parmenides gesagt hätte. Die Erkenntnis ist beständig und sicher, sie ist Wahrheit, frei von Irrtum. Die Meinung hingegen kann sich irren. Da aber die Meinung weder Erkenntnis von etwas Seiendem noch auch nichts ist, so muß sie aus etwas bestehen, was sowohl ist und nicht ist, wie Heraklit es ausgedrückt hätte.

Sokrates dachte also, daß alle Einzeldinge, die wir durch unsere Sinne wahrnehmen, gegensätzliche Züge besitzen. Eine einzelne schöne Statue hat auch ein paar häßliche Anblicke. Ein Einzelding, das von einem ge wissen Gesichtspunkt aus als groß erscheint, ist von einem anderen aus gesehen klein. Alle diese sind Objekte der Meinungen. Aber die Schönheit als solche und das Großsein als solches dringen in uns nicht durch unsere Sinne ein; sie sind unveränderlich und ewig, und sie sind die Objekte der Erkenntnis. Durch die Zusammenfassung von Parmenides und Heraklit arbeitete Sokrates die Lehre der ›Ideen‹ oder ›Formen‹ aus, d.h. etwas Neues, welches sich bei keinem der beiden früheren Denker fand. Das griechische Wort ›idea‹ bedeutet ›Bild‹ oder ›Vorbild‹.

Die Lehre hat eine logische und eine metaphysische Seite. Auf der logischen Seite haben wir die Unterscheidung zwischen den Einzeldingen einer Art und den allgemeinen Wörtern, womit wir sie bezeichnen. Das all gemeine Wort ›Pferd‹ bezieht sich nicht auf dieses oder jenes Pferd, sondern auf alle Pferde. Sein Sinn ist unabhängig von bestimmten Pferden und was mit ihnen geschieht. Aber das Wort ist nicht im Raum und nicht in der Zeit, es ist ewig. Auf der metaphysischen Seite bedeutet es, daß es irgendwo oder irgendwie ein ›ideales‹ Pferd gibt, das Pferd ›an sich‹. Und darauf bezieht sich das allgemeine Wort ›Pferd‹. Bestimmte Pferde sind nur in dem Maße das, was sie sind, indem sie an dem ›idealen‹ Pferd teilhaben. Die ›Idee‹ ist vollkommen und wirklich, das einzelne hingegen unzulänglich und nur scheinbar.

Um die Ideenlehre verständlicher zu machen, erzählt Sokrates das berühmte Höhlengleichnis. Wer ohne Philosophie lebt, ist ähnlich den Gefangenen in einer Höhle. Sie sind gefesselt und können sich nicht umdrehen. Hinter ihnen befindet sich ein Feuer und vor ihnen in der leeren und abgeschlossenen Höhle eine nackte Wand. An dieser wie an einer Kinoleinwand sehen sie ihre eigenen Schatten sowie die der Dinge zwischen ihnen und dem Feuer. Da sie sonst nichts anderes sehen können, halten sie die Schatten für die wirklichen Dinge. Schließlich wirft einer seine Fesseln ab und tastet sich zum Höhlenausgang. Dort erblickt er zum erstenmal das Sonnenlicht, wie es die wirklichen Dinge der realen Welt beleuchtet. Dann kehrt er in die Höhle zurück, um den Schicksalsgefährten über seine Entdeckungen zu erzählen, und versucht, ihnen zu beweisen, daß sie sich in einer nur düsteren Widerspiegelung der Wirklichkeit, einer Welt der bloßen Schatten, befinden. Aber, nachdem er das Sonnenlicht gesehen hat, war seine Sicht durch die Helligkeit der Sonne geblendet, und deshalb kann er nun die Schatten weniger gut erkennen. Er versucht, seinen Gefährten den Weg zum Licht zu zeigen, aber sie glauben ihm nicht, und die Aufgabe, sie zu überzeugen, ist nicht leicht. Wenn wir aber der Philosophie fremd gegenüberstehen, dann gleichen wir den Gefangenen. Wir sehen nur Schatten, nur den Schein der Dinge. Wenn wir aber Philosophen sind, dann sehen wir die äußeren Dinge im Sonnenschein der Vernunft und der Wahrheit, und dies ist die Wirklichkeit. Dieses Licht, welches uns die Wahrheit und die Macht der Erkenntnis gibt, steht für die Idee des Guten.

Diese Lehre stammt hauptsächlich aus pythagoreischen Vorstellungen, wie wir es schon früher festgestellt haben. Daß sie nicht Platons eigene Ansicht, auf jeden Fall nicht in seiner späteren, reiferen Zeit war, dafür bürgt die Tatsache, daß die Ideenlehre in den späteren Dialogen zuerst abgelehnt wurde und später endgültig verschwindet. Ihre Widerlegung ist eines der zentralen Themen des *›Parmenides‹*. Das Zusammentreffen Parmenides' und Zenos mit Sokrates ist gar nicht unglaubwürdig und kann als historisch betrachtet werden, weniger aber das, was darüber im Dialog berichtet wird. Die Personen entsprechen zwar alle ihrem Charakter und bringen solche Ansichten zum Ausdruck, die denen gleichen, die wir aus anderen unabhängigen Quellen kennen. Parmenides stand, wie wir uns noch erinnern, in seiner Jugendzeit unter dem Einfluß der Pythagoreer und brach später seine Verbindungen mit ihren Lehren ab. Die Ideenlehre war also nicht neu für ihn, und so konnte er leicht die vom jungen Sokrates vorgetragenen Fassungen kritisieren.

Die zentrale Schwierigkeit in der sokratischen Formenlehre ist die Verbindung zwischen den Formen und den Einzeldingen. Die Form ist nämlich eins, und die Einzeldinge sind viele. Sokrates' Auffassung über die Verknüpfung zwischen den beiden wendet den Begriff der Beteiligung an, obzwar es etwas rätselhaft ist zu sehen, wie die Einzeldinge an den Formen teilhaben könnten. Es ist offensichtlich, daß die ganze Form nicht in jedem Einzelding gegenwärtig sein kann, denn sonst würde es nicht *eine* Form geben. Die andere Möglichkeit ist, daß jedes Einzelding nur einen Teil der Form enthält; dann erklärt jedoch die Form nichts.

Aber das noch Schlimmere kommt erst jetzt. Um die Verbindung zwischen der Form und den ihr unterliegenden Einzeldingen zu erklären, muß Sokrates die ›Beteiligung‹ einführen, und diese selbst, wie in mehreren Fällen belegt wird, ist eine Form. Aber dann müssen wir gleich fragen, wie diese Form einerseits mit der Originalform und andererseits mit dem Einzelding in Verbindung steht. Zwei weitere Formen sind augenscheinlich erforderlich, und wir sind in einen unendlichen Zirkelschluß verwickelt. Jedesmal wenn wir eine Lücke durch eine Form schließen wollen, erscheinen zwei weitere Lücken. So ist das Überbrücken der Lücke eine wahre Herkulesarbeit, aber ohne dessen Pfiffigkeit. Das ist das berühmte Dritte-Mann-Argument, genannt nach dem speziellen Fall, wenn sich die Form auf den Menschen bezieht. Sokrates versucht der Schwierigkeit dadurch auszuweichen, daß er behauptet, die Formen seien nur Vorbilder, denen die Einzeldinge glichen. Aber auch das fällt dem Dritten-Mann-Argument zum Opfer. Sokrates kann also nicht erklären, wie die Formen mit ihren Einzeldingen verbunden sind. Das kann aber auch unmittelbar nachgewiesen werden. Es wurde nämlich vorausgesetzt, daß die Formen nicht der sinnlichen, sondern der intelligiblen Welt angehören. Innerhalb ihres eigenen Bereiches können sie nur miteinander in Verbindung sein, und ähnlich ist es mit den Einzeldingen. Daher scheinen die Formen unerkennbar zu sein. Sind aber die Formen unerkennbar, dann sind sie auch überflüssig und wieder unfähig, irgend etwas zu erklären. Wir können es auch so sagen: Sind die Formen nur für sich, ohne Beziehung zu unserer Welt, so sind sie leer; sind sie aber andererseits so beschaffen, dann können sie auch einer eigenen Welt nicht angehören, infolgedessen ist die metaphysische Lehre von den Formen unhaltbar. – Wie Platon selbst mit dem Universalienproblem fertig wird, sehen wir später.

Doch gibt es noch eine andere Schwierigkeit, die auf den pythagoreischen Ursprung der Ideenlehre zurückgeht. Wir haben oben gesehen, wie dieser Aspekt der Lehre aus mathematischen Argumenten stammt. Wenn ein Mathematiker zum Beispiel eine These über die Dreiecke aufstellt, denkt er offensichtlich nicht an Figuren, wie sie auf ein Papier gezeichnet werden können. Die gezeichneten Figuren weisen nämlich Unvollständigkeiten auf, die außerhalb mathematischer Überlegungen sind. Wie immer man auch eine genaue gerade Linie zu zeichnen versucht, wird sie nie absolut genau sein. Daraus folgerte man, daß die absolut genaue gerade Linie einer anderen Welt angehört. Und daher auch die Ansicht, daß die Formen eine von den sinnlich wahrnehmbaren Gegenständen unabhängige Ordnung der Existenz bedeuten.

Es erhebt sich aber die Frage, warum Sokrates die Ideenlehre doch unverändert aufrechterhielt, wenn sie unter den Händen der Eleaten eine so scharfe Kritik erlitten hatte? Denn die Kraft der Argumente dagegen war ihm gewiß klar. Es scheint ein *circulus vitiosus* zu sein, und höchstwahrscheinlich wich Sokrates wegen dieser Schwierigkeiten den rein denkerischen Erörterungen aus und wandte sich den Fragen der Ethik und Ästhetik zu. Das Gutsein des Menschen kann man allerdings nicht so klar sehen wie z.B. die Farbe seiner Haare. Aber sogar in diesem Bereich war Sokrates mit der These der sogenannten Beteiligung nicht ganz zufrieden, wenn er auch weiter nichts dazu beigetragen hat. Einen Hinweis gibt es jedoch, daß die Lösung nicht in den Dingen, sondern darin, was wir über sie aussagen können, d.h. in Beweisgründen, gesucht werden muß. In dieser Richtung setzte Platon seine eigenen Anstrengungen über das Problem der Universalien fort.

Die Angelegenheit wird von Sokrates im ›*Phaidon*‹ streifend berührt, doch entwickelt er diesen Aspekt der Frage nicht weiter. Platon selbst nimmt dann das Problem im ›*Theaitetos*‹ und im ›*Sophist*‹ wieder auf.

›*Der Staat*‹ ist wohl der berühmteste der Dialoge Platons. Er ist der Vorläufer einer ganzen Reihe von Untersuchungen, die von späteren Denkern bis zur heutigen Zeit unternommen wurden. Vom Aufbau eines idealen Staates, wovon das Werk handelt, erhielt es seinen Namen. Wir wollen jetzt diese Staatsform beschreiben. Wie wir schon sahen, dachten sich die Griechen den Staat als eine Stadt. Dies ist ersichtlich aus dem griechi schen Wort ›politeia‹, was ungefähr soviel wie ›Gemeinwesen‹ bedeutet, in dem Sinne, daß es die ganze soziale Struktur einer wohlgeordneten Stadt mit einschließt. Dieses Wort ist der griechische Titel des Dialogs. Unser Wort ›Politik‹ stammt daher.

In dem Idealstaat sind die Bürger nach Platon in 3 Klassen aufgeteilt: Wächter, Soldaten und das gemeine Volk. Die Wächter bilden eine kleine Elite, welche die politische Macht allein ausübt. Wenn der Staat gegründet ist, werden die Wächter von dem Gesetzgeber ernannt und nachher folgt ihnen ihr eigenes Geschlecht. Kinder aus den niederen Klassen können jedoch in die herrschende Klasse aufrücken, während unwerte Abkömmlinge der Wächter zu den Soldaten oder ins gemeine Volk verstoßen werden. Die Aufgabe der Wächter ist, dafür zu sorgen, daß die Absicht des Gesetzgebers verwirklicht wird. Um das zu sichern, macht Platon verschiedene Vorschläge über Erziehung und Lebensweise der Wächter. Sie sollen geistig wie auch körperlich erzogen werden. Zur geistigen Erziehung dient die ›Musik‹, d.h. jede Kunst im Dienste der Musen, zur körperlichen die ›Gymnastik‹, d.h. die Sportarten ohne Mann schaften. Die Pflege der ›Musik‹, das ist die Kultur, bildet den Menschen zum ›Gentleman‹. Dieser Begriff, wie er in England verstanden wird, stammt von Platon (vgl. ›Aristokrat‹). Der Jugend muß beigebracht werden, wie sie sich mit Würde, Anstand und Mut benehmen soll. Um dies zu erreichen, ist eine strenge Buchzensur nötig. Die Dichter müssen verbannt werden: Homer und Hesiod stellen die Götter so dar, wie streitsüchtige und ungemäßigte Menschen sind, was ihrer Verehrung schadet. Gott sollte nicht als Schöpfer der ganzen Welt, sondern nur des Guten in ihr gezeigt werden. Aber es finden sich auch Stellen bei den Dichtern, die geeignet sind, Furcht vor dem Tode einzuflößen oder Neigung zur liederlichen Lebensweise zu fördern oder aber Befürchtung, daß es dem Bösen gut geht, der Gute jedoch Leid trägt. Alles dieses muß verboten werden. Auch die Musik im heutigen engeren Sinne des Wortes steht unter Zensur: nur solche Tonarten und Rhythmen sind erlaubt, die Mut und Maß fördern. Die angehenden Wächter dürfen nur einfache Kost bekommen, dann brauchen sie keinen Arzt. Solange sie jung sind, sollen sie vor dem Nichtswürdigen geschützt werden, in einem bestimmten Alter aber auch die harte Strenge und Versuchungen des Lebens kennenlernen. Wenn sie diesen beiden Widerstand leisten, sind sie geeignet, Wächter zu sein.

Das gesellschaftliche und wirtschaftliche Leben der Wächter muß ein ausgesprochener Kommunismus sein. Sie wohnen in kleinen Häusern und haben als Privateigentum nur so wenig, wie sie für ihre leiblichen Ansprüche benötigen. Sie essen in Gemeinschaften einfache Gerichte. Die beiden Geschlechter sind vollkommen gleich. Die Männer haben alle Frauen gemeinsam. Um ihre Zahl aufrechtzuerhalten, bringen die Wächter oder die ›Oberen‹ an gewissen Festtagen bestimmte Gruppen von Männern und Frauen zusammen, angeblich durch das Los, in Wirklichkeit aber nach Gesichtspunkten, die einen gesunden Nachwuchs sichern. Aus unsanktionierter Vereinigung Geborene gelten als illegitim; diejenigen, die entstellt oder von niederer Herkunft sind, werden ausgemerzt. So will man privates Gefühl schwächen und den Gemeinschaftsgeist stärken. Die Besten werden zum Erlernen der Philosophie auserwählt. Diejenigen, die sie meistern, sind zum Herrschen geeignet.

Die Regierung hat das Vorrecht zu lügen, wenn es das öffentliche Interesse verlangt. Insbesondere soll sie die ›Königliche Lüge‹ anwenden, welche diese schöne neue Welt als eine von Gott gegebene aufzeigt. Innerhalb von zwei Generationen würden es die Leute, würde es die Hammelherde schon widerspruchslos glauben.

Schließlich kommen wir zur Definition der Gerechtigkeit, die den Vorwand für die ganze Diskussion bildet. Platon ging auf den Idealstaat ein, um das Gerechtigkeitsgespräch in weitestem Rahmen zu führen. Gerechtigkeit herrscht dann, wenn jeder seine Pflicht tut. Ein jeder soll seine eigene Aufgabe erfüllen, ohne sich in anderer Leute Angelegenheiten zu mischen. So vollzieht sich das Staatsleben ruhig und wirksam. Die Gerechtigkeit in diesem griechischen Sinne ist also verbunden mit der Vorstellung der Harmonie, der reibungslosen Zusammenarbeit aller durch Erfüllung der Aufgabe jedes einzelnen.

Hier sehen wir in der Tat das entsetzliche Bild einer Staatsmaschine, in welcher die Menschen als Individuen fast ganz verschwinden. Die im ›Staat‹ geschilderte Utopie ist die erste einer langen Reihe ähnlicher Phantasiegebilde bis zu Aldous Huxleys *›Schöne Neue Welt‹*. Zweifellos regte sie auch manchen Mächtigen an, der in der Lage war, größere gesellschaftliche Veränderungen ohne jede Rücksicht auf verursachte Leiden vorzunehmen. Dies ist überall unvermeidlich, wo die Ansicht vorherrscht, daß die Menschen in vorgefaßte Gesellschaftsordnungen gepreßt werden können. Daß der Staat vielmehr Diener seiner Bürger sein sollte und nicht diese seine Sklaven, pflegt man sogar heutzutage noch in manchen Himmelsgegenden als Ketzerei zu betrachten. Im ganzen veranlaßte jedoch der Idealstaat Platons viele, die sich seinen Prinzipien wider setzten und diese mißdeuteten, Platon allerlei unheimliche Merkzettel anzuheften. Wir müssen daher genau untersuchen, was diese politische Lehre an wichtigem darstellt.

Gleich zu Anfang muß daran erinnert werden, daß Platons eigene spätere politische Entwicklung eine ganz andere Richtung einschlug. Das Idealbild des ›Staates‹ ist mehr sokratisch als platonisch und scheint mittelbar von den pythagoreischen Idealen beeinflußt worden zu sein. Das führt uns zum Wesen der Sache. Der Idealstaat stellt eine wissenschaftliche Ansicht über die Verwaltung eines Landes dar. Wie nach einem wissenschaftlichen Modell kann ein ›gesellschaftlicher Ingenieur‹ versucht sein, ungeheure Veränderungen im guten Glauben anzupacken, daß er dabei wissenschaftlich verfahre. Technologen arbeiten so. Diese Einsicht schon nimmt einen beträchtlichen Teil des Stachels weg von der Konzeption des Idealstaates. Letzten Endes ist ›Der Staat‹ einfach ein Modell zur Diskussion und Klärung gewisser Gedankengänge. Es ist augenscheinlich, daß Sokrates in dieser Absicht das Problem zur Sprache bringt, klar und offensichtlich aus den überstiegenen Vorschlägen für dieses Paradies auf Erden. Auch müssen wir ein gewisses Maß von Ironie in Betracht ziehen. Wer wollte z.B. die Dichter verbannen? Wer sexuellen Kommunismus einführen? Manche Züge des Idealstaates stammen freilich aus der Beobachtung Spartas, wie es wirklich war. Modell bleibt trotzdem Modell. Es wurde nicht als ein praktischer Plan für den wirklichen Aufbau eines Stadtstaates vorgeschlagen. Als später Platon in die Syrakuser Politik verwickelt wurde, versuchte er keinesfalls einen Idealstaat nach jenem Muster zu errichten. Wie wir sahen, war sein Ziel das gemäßigste und praktischste, um einen verwöhnten Fürsten zum Mann zu formen, damit er sich zur Führung einer wichtigen Stadt eigne. Daß Platon keinen Erfolg hatte, ist ein ander Ding und zeigt, daß die Erziehung nicht immer das Allheilmittel ist, als das man sie oft betrachtet.

In den späteren Dialogen kommt Platon noch zweimal auf die Behandlung politischer Fragen zurück. Im ›*Staatsmann*‹ finden wir einen Bericht über die mannigfaltigen politischen Einrichtungen, die in einem Land existieren können. Die verschiedenen Möglichkeiten hängen von der Zahl der Herrschenden und ihrer Regierungsweise ab. Wir können eine Monarchie oder eine Oligarchie oder aber eine Demokratie haben, und jede von ihnen mag nach gesetzlichen Prinzipien oder ohne solche funktionieren, und so ergeben sich schon sechs verschiedene Kombinationen. Auch bleiben noch die Möglichkeiten gemischter Verfassungen übrig, die Bestandteile der sechs einfachen Systeme verbinden. In seinem letzten Werk, ›*Die Gesetze*‹ entscheidet Platon sich schließlich dahin, daß in unserer Welt, in der sich allem Anschein nach Könige als Philosophen nicht finden lassen, das beste, was wir tun können, ist: Einzelherrschaft mit der vieler unter der Geltung von Gesetzen zu vereinigen. Die Gesetze geben viele einzelne Hinweise darauf, wie das zu schaffen ist und wie die Amtsträger gewählt werden sollen. Auch in Angelegenheiten der Erziehung wird vieles verzeichnet, was – zeitlich wie auch inhaltlich – wir heute höhere Bildung nennen. In der hellenistischen Zeit waren die höheren Schulen eine feste Grundlage für die Erziehung der Jugend. Die denkerischen Ausgangspunkte wurden in den ›Gesetzen‹ niedergelegt.

Die politischen Ideale im ›Staat‹ sind, wie wir gesehen haben, keine Empfehlungen für die Wirklichkeit. In dieser Hinsicht ist die spätere Auffassung Platons ganz anders. Seine politischen und erzieherischen Vorschläge sind äußerst praktisch und erdennah. Viele davon wurden im Laufe späterer Zeiten durchaus angenommen, während ihr Ursprung in Vergessenheit geriet. Ganz anders steht es aber mit dem ›*Staat*‹ und seinem System. Als ›System‹ wurde die Schrift im allgemeinen mißverstanden, und seine berühmten Vorschläge fanden öfters begeisterte Anwender, sehr zum Schaden der menschlichen Versuchskarnickel, die die Folgen zu tragen hatten. Daher wird Platon oft als Vorläufer von Leuten beschrieben, die ihn mißverstanden und sich daraufhin in voreilige und irrtümliche Aktionen stürzten.

Es muß allerdings zugegeben werden, daß selbst Platon eine gewisse Enge seiner politischen Denkungsart bezeigt. So hatte er mit den Griechen das simple Gefühl der Distanz den Barbaren gegenüber gemeinsam. Ob dies selbstbewußtes Gefühl der Überlegenheit war oder ein bloßes Mitgehen mit den allgemeinen Ansichten, die auf der fraglosen Vorherrschaft der griechischen Kultur beruhten, das ist schwer zu entscheiden. Auf jeden Fall dachte der Platon der ›Gesetze‹, daß man bei der Gründung einer neuen Stadt (was ja den künstlerischen Vorwand für den Dialog lieferte) einen Platz weit entfernt von der See wählen sollte, um den verderblichen Einfluß des Handels und den Kontakt mit Fremden zu vermeiden. Dies führt natürlich zu Schwierigkeiten, da Handel doch irgendwie getrieben werden muß. Er ist erforderlich für die, die nicht mit reichlichen Mitteln gesegnet sind. Bezeichnend ist es, wenn Platon über die Lehrer der von ihm vorgeschlagenen Oberschulen sagt, daß sie bezahlt werden und daher Fremde sein müßten.

Diese Haltung der Abkapselung (›Isolation‹) in politischen Dingen ist letzten Endes auch die tiefste Ursache für die Unfähigkeit der griechischen Welt, einen lebensfähigen größeren Staatsverband zu schaffen. Die Art politischen Lebens, die den Griechen vorschwebte, war statisch, während die Welt um sie herum sich in schnellem Wechsel befand. Das bildete die Hauptschwäche in der politischen Denkart der Griechen. So kam es schließlich dazu, daß Rom einen Weltstaat gründen mußte. Wenn es auch den Römern an griechischer Ursprünglichkeit fehlte, waren sie doch frei vom übersteigerten Individualismus der griechischen Stadtstaaten.

Während wir bei der politischen Theorie die sokratische Lehre von der späteren platonischen Entwicklung unterscheiden können, gibt es gewisse Merkmale der gesellschaftlichen Auffassung im allgemeinen, die beiden gemeinsam sind, wie z.B. ihre Ansichten über die Erziehung. Die Annäherung ihrer Standpunkte beleuchtet die griechische Haltung der Forschung gegenüber. Wir erinnern daran, daß Wissenschaft und Philosophie in Schulen oder Bünden ausgeübt wurden, in denen enge Zusammenarbeit zwischen Lehrern und Studenten bestand. Von Anfang an scheint begriffen worden zu sein, daß Lernen nicht in einem Auftischen von festem Wissen besteht. Etwas muß es freilich davon geben. Aber Wissensübermittlung war nicht die einzige Aufgabe des Lehrers, auch nicht die wichtigste. Heute kommt diese Stoffübermittlung noch mehr zum Vorschein als damals, wo Geschriebenes seltener und schwerer zu bekommen war als heute das Gedruckte. Klar, daß heutzutage jeder, der lesen kann, sich Tatsachenwissen aus der nächstbesten Bibliothek besorgen kann. Weniger als je zuvor sollte also ein Lehrer unserer Tage es nötig haben, bloße Informationen zu verteilen. Um so mehr ist es für die Philosophen Griechenlands rühmenswert, daß sie begriffen, wie echte Erziehung erfolgen sollte. Die Rolle des Lehrers ist die eines Führers, der den Schüler so weit bringt, daß er sich selbst umtut.

Aber unabhängig denken lernen, ist keine Fähigkeit, die einem aus der Schablone zufällt. Sie muß durch eigene Anstrengung und mit Hilfe eines klugen Ratgebers erworben werden. Das ist die Methode, unter Anleitung selbst zu forschen. So, wie wir es heute an unseren Universitäten kennen. Man kann sagen, daß eine akademische Institution ihrer Aufgabe in dem Maße gerecht wird, in dem sie unabhängiges Denken und einen Geist von zeitbedingten Vorurteilen und Voreingenommenheiten freier Forschung fördert. Verfehlt eine Universität diese Aufgabe, so sinkt sie zum Niveau einer Unterrichtsanstalt ab. Ja, ein solches Versagen hat recht ernsthafte Folgen. Denn wo unabhängiges Denken abstirbt, ob aus Mangel an Mut oder durch innere Zuchtlosigkeit, wuchern ungehindert die üblen Unkräuter der Propaganda und des Dogmatismus. Ersticken der Kritik ist viel bedenklicher, als viele Leute meinen. Wenn keine lebendige Einheit der Ziele in einer Gesellschaft geschaffen werden kann, so drängt sich eine Art langweiliger und schwacher Gleichförmigkeit der Politik auf. Es ist schade, daß Menschen von Macht und Verantwortung dies so selten wahrhaben wollen.

Die Erziehung soll daher zum Selbständigdenken unter der Leitung eines Lehrers führen. Das war auch tatsächlich die Praxis der ionischen Schule von Anfang an und wurde von den Pythagoreern ausdrücklich anerkannt. Jetzt verstehen wir, warum Sokrates und Platon sich so heftig den Sophisten widersetzten. Denn sie waren lediglich Lieferanten nützlichen Sachwissens; ihr Lehren, wenn es überhaupt so genannt werden kann, war oberflächlich obendrein. Sie mögen imstande gewesen sein, einen bis zu einem gewissen Grad so weit herzurichten, daß er fähig war, in den verschiedenen Situationen entsprechende Antworten zu geben, aber eine solche Anhäufung von Wissensstoff ist ungegründet und ungeprüft. Das soll aber natürlich nicht behaupten, daß ein begabter Lehrer nie hoffnungslose Fälle haben kann. Vielmehr ist es ein Kennzeichen des erzieherischen Vorgangs, daß Anstrengungen auf beiden Seiten vorhanden sein müssen.

Für Sokrates war diese Erziehungslehre mit einer anderen Vorstellung, die auf die früheren Pythagoreer zurückgeht, verbunden. Im *›Menon‹* wird der Vorgang des Lernens als Erinnerung an in einem früheren Dasein gelernte, aber schon vergessene Dinge genannt. Das ist es, was die oben erwähnte Anstrengung erfordert. Was den Begriff der Erinnerung oder Anamnesis betrifft, so ist er auf die Auffassung gegründet, daß die Seele eine Reihe leibbewohnender und leibloser Zustände durchläuft, eine Ansicht, die offensichtlich in Verbindung mit der Lehre der Seelenwanderung von Pythagoras steht. Die dem Körper entlassene Seele befindet sich wie in einem Schlaf, deshalb muß nach ihrem Wiedererwachen auch alles, was sie in der vorherigen Existenz gelernt hat, von neuem lebendig gemacht werden. Hierzu versuchte Sokrates, indem er einen Sklavenjungen Menons befragte, einen Nachweis zu erbringen. Außer dem Durchschnittskönnen eines gewöhnlichen Griechen verfügte der Knabe über keinerlei Wissen. Sokrates gelang es dennoch, durch bloßes Fragestellen aus dem Jungen die Anfertigung eines doppelt so großen Quadrats wie eines gegebenen herauszuholen. Es muß aber bemerkt werden, daß dieses Verfahren als Beweis für die Lehre der Anamnesis nicht sehr überzeugend ist. Sokrates zeichnete nämlich selbst die Figuren in den Sand und führte den Knaben immer auf die Spur seiner Fehler, sobald er sich irrte. Andererseits finden wir hier die lebendige Darstellung einer gegebenen erzieherischen Situation. Genau diese Wechselwirkung zwischen Schüler und Lehrer ist es, die echtes Lernen zustande bringt. In diesem Sinne kann das Lernen als ein dialektischer Vorgang bezeichnet werden, wobei das Wort seine ursprüngliche griechische Bedeutung hat: Unterredung, Zwiesprache, Auseinandersetzung.

Bei der Lehre von der Anamnesis versuchte Sokrates, die Unsterblichkeit der Seele zu beweisen. Das ward im ›*Phaidon*‹ erörtert, doch ohne Erfolg. Auf jeden Fall ist es erwähnenswert, daß die Lehre von der Seelenwanderung von den späteren Pythagoreern fallen gelassen wurde. Wie wir oben sahen, nahmen sie eine Ansicht an, die auf einer Vorstellung von der Harmonie beruhte, die aber in Wirklichkeit zum gegensätzlichen Ergebnis führt: daß die Seele sterblich ist. Zur erzieherischen Auswertung des Erinnerungsvorgangs dürfen wir bemerken, daß die Praxis der psychoanalytischen Therapie genau auf diese Vorstellung wiedererweckter Erinnerungen aus der Vergangenheit gegründet ist. In einem weiteren Sinn ist die Erziehung für Sokrates eine Therapie der Seele.

Sie ist ein Vorgang, der zu Erkenntnis, infolgedessen zum Guten, führt. Die Unwissenheit wird daher als Hindernis der Freiheit betrachtet; freiheitliches Leben kann nur durch Erkenntnis und Einsicht verwirklicht werden. Eine ähnliche Ansicht findet sich in Hegels Philosophie, wo die Freiheit als Verständnis der Notwendigkeit bezeichnet wird.

Ein anderes, vielleicht noch wichtigeres Problem findet sich im ›*Menon*‹, obzwar seine Behandlung im ›*Euthyphron*‹ interessanter ist: das logische Problem der Definition. Die im ›Euthyphron‹ aufgeworfene Frage lautet, was heilig sei; und im Dialog versuchte Euthyphron eine Definition zu geben. Im Laufe der Diskussion läßt ihn Sokrates verstehen, welches die Erfordernisse einer Definition sind und klärt so das formallogische Wesen der Definition nach Gemeinsamem (›genus proximum‹) und Besonderem oder Unterschiedlichem (›differentia specifica‹).

In mehreren früheren Dialogen finden wir Personen, die grundlegende und gewöhnliche Fehler begehen, sobald sie einen Begriff bestimmen. Anstatt dies wirklich zu tun, tragen sie einfach Beispiele vor. Es ist nicht gut, die Frage, was heilig sei, zu beantworten wie Euthyphron es tut. ›Heilig ist‹, sagt Euthyphron, ›den Beleidiger der Religion zu verfolgen‹. In Wirklichkeit ist das keine Definition. Die Aussage stellt einfach fest, daß die Verfolgung des Beleidigers eine heilige Tätigkeit ist. Es kann aber auch andere solche Aussagen geben. Was die Heiligkeit betrifft, bleiben wir auch weiterhin im Dunkeln. Es ist ähnlich wie, wenn jemand auf die Frage, was ein Philosoph sei, antwortete: ›Sokrates ist ein Philosoph‹.

Die Situation ist entzückend ironisch, wenn wir uns an den Beginn des Gesprächs erinnern: Sokrates, unterwegs zum Gerichtshof, um die gegen ihn gestellte Anklage zu erfahren, begegnet Euthyphron, der auch etwas Offizielles zu erledigen hat: Er will seinen eigenen Vater wegen fahrlässiger Tötung eines Sklaven, der infolge von Vernachlässigung starb, anklagen. Euthyphron handelt gemäß den entsprechenden Gebräuchen und religiösen Praktiken der Gemeinschaft und bekundet die Selbstsicherheit jener Leute, die mit kritikloser und ›tugendhafter‹ Zustimmung alte Bräuche ihres Stammes billigen. Als einem Kundigen schmeichelt ihm Sokrates, indem er Euthyphron, der bestimmt eine Autorität in solchen Dingen sei, um einen ethischen Rat bittet.

Wenn wir die ethische Frage außer acht lassen, finden wir, daß es Sokrates gelingt zu erklären, was logisch verlangt wird. Nach der ›Form‹ des Heiligen wird also gefragt, nach der Feststellung, was eigentlich Dinge ›heilig‹ macht. Um alltäglicher zu sprechen, sollten wir jetzt den Fall in Begriffen der notwendigen und ausreichenden Bedingungen ausdrücken. So kann ein Lebewesen nur dann (und nur dann) menschlich genannt werden, wenn es vernünftig ist und sich nicht auf allen Vieren bewegt wie andere Vierfüßler. Schematisch können wir das an zwei sich durchschneidenden Kreisen zeigen. Der Mensch, um seinen Begriff zu definieren, ist der gemeinsame Teil der beiden Kreise, des vernünftigen und des tierischen, soweit sie sich gegenseitig decken. Zu einer solchen Definition gelangen wir dadurch, daß wir eine der beiden Bedingungen, in diesem Falle das Tierische, nehmen und sie durch die zweite

Bedingung beschränken, das Vernünftige. Erstere nennt man das Allgemeine oder Gemeinsame und die zweite das Besondere oder Unterschiedliche, das also, was die *species* Mensch von den Tieren trennt. Der Mensch, wenn man will, ist ein Tier mit einem besonderen Unterschied: dem des Vernünftigseins. So scheinen wenigstens die Philosophiebücher zu denken. Wenn man sich aber umsieht, so erhebt sich die Frage, ob diese Definition – formal einwandfrei – im Grunde nicht ein frommer Irrtum ist.

Von der ethischen Seite aus wirft der Dialog manches Licht auf die athenische Staatsreligion und wie sich die sokratische Ethik von ihr unterscheidet. Es ist der Unterschied zwischen autoritärer und grundsätzlicher Ethik. Sokrates spitzt die Frage zu, wenn er um Klärung der von Euthyphron vorgeschlagenen Definition des Heiligen als das, was die Götter einstimmig gutheißen, bittet. Sokrates möchte wissen, ob ein Ding deswegen heilig sei, weil die Götter es billigen, oder ob die Götter es deswegen billigen, weil es heilig ist. Die Frage ist eine verborgene Kritik dessen, was offensichtlich Euthyphrons Standpunkt ist. Für ihn handelt es sich bei der ganzen Sache nur darum, daß die Götter hätten ein Gebot erlassen müssen, was zu tun sei. In Athen, wo es eine Staatsreligion gab, bedeutete das in Wirklichkeit, daß die Verordnungen der ›ekklesia‹, der Volksversammlung, als göttliche Gebote befolgt werden müßten. Merkwürdig ist, daß auch Sokrates dem als einer Angelegenheit der politischen Praxis zustimmte. Aber gleichzeitig fühlte er sich gezwungen, die ethische Frage nach der Tätigkeit des Staates selbst zu stellen, eine Frage, die keinem Euthyphron dieser Welt einfallen würde. Und das führt uns auf einmal zu dem uralten Dilemma der ›geteilten Ergebenheit‹, welches doch eines der höchsten Themen des griechischen Dramas ist. Daß es auf keinen Fall schon tot und begraben sei, läßt sich klar daraus ersehen, daß das Problem von Gesetz und Gerechtigkeit auch heute noch uns aufkniet. Wie ist nun das Verhältnis beider? Was ist zu tun, wenn wir aufgefordert werden, einem Gesetz zu gehorchen, das wir für ungerecht halten? Die Frage ist lebendiger als je, wenn blinder Gehorsam von unseren politischen Führern droht, daß die Welt in eine totale und nicht wieder gutzumachende Vernichtung gestürzt wird.

Der Unterschied zwischen Euthyphron und Sokrates zeigt sich letzten Endes darin, daß der erstere das Gesetz für etwas Statisches hält, während aus der sokratischen Auffassung folgt, daß das Gesetz nicht unabänderlich ist. Obzwar Sokrates es nicht mit Worten ausdrückt, erscheint er hier, in der Gesellschaftslehre, als ein Empirist. Als solcher untersucht er, ob gewisse Dinge, unabhängig davon, wer sie verordnet hat, gut oder schlecht seien. Daß dies ihn dem bösen Willen und der Verfolgung durch den Staat ausliefert, muß er sicher gewußt haben. Es scheint, daß das kein ungewöhnliches Schicksal ketzerischer Denker ist, die die Wurzeln jedes Denkzwangs ausrotten möchten. Auch wenn sie ganz unvoreingenommen handeln, um ein anderen angetanes Böses wieder gutzumachen, zählt es nicht: die Feindseligkeit gegen sie bleibt dieselbe.

Die Haltung Sokrates' den athenischen Gesetzen gegenüber wird im ›*Kriton*‹ geschildert: unwillig zu flüchten und dadurch dem Urteil zu entgehen. Die Gesetze können zwar ungerecht sein, trotzdem muß man sie befolgen, damit die Geltung des Gesetzes keinen Schaden erleidet. Sokrates übersieht dabei, daß der Schaden gerade aus dieser Ungerechtigkeit entstehen kann.

Diese schwankende Haltung gegenüber der Autorität veranlaßte Sokrates, die Flucht als zu leichte Lösung abzulehnen. Durch den Verzicht darauf, erzwang er seine Hinrichtung und wurde so zu einem Märtyrer des freien Denkens. Seine letzten Stunden werden im ›*Phaidon*‹ beschrieben, einem Werk, das zu den höchsten der abendländischen Literatur zählt. Im Mittelpunkt der Diskussion steht der Versuch zu beweisen, daß die Seele unsterblich ist. Wir brauchen hier nicht die Argumente in allen Einzelheiten zu betrachten. Als Beweise sind sie nicht ganz einwandfrei, obzwar sie erregende Fragen über das Seele-Leib-Problem aufwerfen. Gegen Ende des Dialogs erreicht das Gespräch einen Punkt, bei dem niemand mehr etwas einzuwenden geneigt ist. Von den anwesenden Pythagoreern her hätten zwar neue Schwierigkeiten auftauchen können. Der unheilvolle Anlaß, verbunden mit dem Gefühl der Ehrfurcht, hält aber die Freunde Sokrates' davon zurück, seinen letzten Schlußfolgerungen mit weiteren Zweifeln zu begegnen. Philosophisch vielleicht der wichtigste Teil des Dialogs ist die Festlegung der Methode von Hypothese und Deduktion, die nach wie vor das Gerüst für jede wissenschaftliche Beweisführung darstellt.

Wir müssen mit einer Annahme oder Hypothese beginnen. Hauptsache ist, einen festen Grund für die Beweisführung zu legen. Aus der Hypothese folgert man die Konsequenzen und sieht, ob sie mit den Tatsachen übereinstimmen. Das wird ursprünglich mit den Worten ›zu sichernde Erscheinungen‹ ausgedrückt. Eine Hypothese, deren Folgen den Tatsachen recht geben, sichert die Erscheinungen, d.h. die Dinge um uns herum, wie sie erscheinen. Der Begriff wurde zuerst zweifellos mit der Astronomie der späteren Pythagoreer, insbesondere mit der Idee der Planeten, verbunden. Ihre anscheinenden Bewegungen sind unregelmäßig, eine Eigenschaft, die sich mit manchen metaphysischen Forderungen nach Klarheit nicht vereinbaren läßt. Daher das Bedürfnis nach einer klaren Hypothese, die die Erscheinungen sichert.

Wenn die Folgen der Hypothese den Tatsachen nicht entsprechen, so ist sie nichtig, und man muß eine andere aufstellen. Wichtig und bemerkenswert ist, daß die Hypothesen selbst unbewiesen bleiben. Das soll zwar nicht sagen, daß man die Ausgangspunkte ganz willkürlich wählen dürfte; gemeint ist, daß man bei der Argumentierung von etwas, das alle gleicher maßen annehmen, ausgehen muß. Sei es auch nicht aus Überzeugung, so doch zum Besten der Diskussion. Das Beweisen von Hypothesen ist eine ganz andere Sache. Hierbei müssen wir von einem höheren Tatbestand ausgehen, zu dem sich die fragliche Hypothese als eine Folge verhält. Das ist genau die Aufgabe der Dialektik, wie Sokrates sie auffaßt. Wir müssen alle speziellen Hypothesen der verschiedenen Wissenschaften in dem Sinne nichtig machen, daß wir sie als spezielle beiseite schaffen. So bleibt schließlich als Ziel der Dialektik: den einzigen höchsten Ausgangspunkt, die Form des Guten, zu erreichen. Dies kann uns freilich als eine vergebliche Hoffnung vorkommen. Doch entwickeln sich die theoretischen Wissenschaften in der Richtung größerer Allgemeinheit und Vereinheitlichung von Bereichen, die vielleicht zuerst als ganz unvereinbar erscheinen. Was sich insbesondere bei den mathematischen Philosophen vordrängte, war die Vereinigung von Arithmetik und Geometrie – ein Problem, das etwa zweitausend Jahre später Descartes glänzend löste.

Daß Sokrates nicht der erste war, der von einer Hypothese aus argumentierte, haben wir schon gesehen. Die Eleaten nahmen bereits von diesem Verfahren für ihre Polemik Gebrauch gegen diejenigen, die meinten, es gebe eine Vielheit von Dingen. Aber das war eigentlich ein destruktives Ziel. Was hier als neu betrachtet werden kann, ist die Vorstellung der Sicherung der Erscheinungen. Mit anderen Worten: es handelt sich um das Problem, für die Tatsachen, wie wir sie beobachten, einen positiven Grund oder Logos zu finden. Indem wir ihnen einen Grund geben, erklären wir die Tatsachen in Begriffen der Hypothese. Es ist bemerkenswert, daß in dieser Betrachtung die verborgene ethische Vorstellung steckt, daß eine erklärte Tatsache irgendwie besser ist als eine unerklärte. Wir erinnern uns, daß nach Sokrates ein undurchdachtes Leben nicht wert zu leben ist. Die Methode der Hypothese und der Deduktion wurde nie besser als im ›*Phaidon*‹ festgestellt. Nur sonderbar, daß Sokrates niemals das merkwürdige Auseinanderklaffen zwischen dieser und seiner Lehre über Erkenntnis und Meinung wahrgenommen zu haben scheint. Denn die Lehre von der Deduktion aus Hypothesen erfordert klar, daß die Erscheinungen, die zu retten sind, an sich unverkennbar sind. Sonst könnte kein Vergleich zwischen ihnen und den Folgerungen aus der Hypothese bestehen. Andrerseits werden die Erscheinungen durch die Sinnesorgane wahrgenommen, welche auch fehlbare Meinungen zustande bringen. Wenn wir daher die Lehre von Hypothese und Deduktion ernst nehmen sollen, so müssen wir auf die Unterscheidung zwischen Erkenntnis und Meinung verzichten, was die Ideenlehre unterminiert, da sie auf dieser Unterscheidung beruht. Der Empirimus hat diesen Schritt getan.

Die Frage, wie nämlich eine Hypothese aufzustellen ist, wurde noch nicht berührt. Darauf konnen wir auch keine allgemeine Antwort geben. Hier gibt es kein Rezept, das den Erfolg einer Untersuchung sichern könnte. Es ist vielleicht gerade ein Maß für Sokrates' Einsicht, daß er diese Frage nicht einmal stellte. Es gibt nichts wie eine Logik der Erfindung.

Der ›Phaidon‹ ist augenscheinlich genauso ein historisches Dokument wie die *›Apologie‹*. Als solches zeigt es, wie Sokrates seine Haltung zum Leben bis zum Ende durchhält. Er ist taktvoll gegen andere, stolz in einer selbstlosen Weise, tapfer und gelassen. Übertriebenes Aufzeigen der Gefühle hält er für würdelos, und er weist seine Freunde zurecht, die in der Spannung der letzten Stunde, bevor ihm der Schierling gereicht wird, fast zusammenbrechen. Mit großer Gleichgültigkeit und innerem Losgelöstsein trinkt er das Gift und legt sich dann nieder, um auf den Tod zu warten. Seine letzte Bitte galt seinem Freund Kriton, er möge dem Gott Asklepios einen Hahn opfern, da der Tod als Befreiung der Seele von dem Körper einer Heilung gleichkomme.

Wir haben schon die Kritik des Parmenides – in dem gleichnamigen Dialog – an der sokratischen Ideenlehre behandelt. Im *›Theaitetos‹*, der um dieselbe Zeit geschrieben zu sein scheint, können wir eine gewisse Wegentwicklung von der sokratischen Lehre erkennen. Hier gestalten sich schon Platons eigene Ansichten.

In den späteren Dialogen, in denen Platon seine eigenen, reifen Ansichten erreicht, wendet er den Kunstgriff der Einführung eines Fremden für den Vortrag seiner eigenen Lehren an; und Sokrates beugt sich.

Theaitetos war ein berühmter Mathematiker, ausgezeichnet in Arithmetik wie in Geometrie. Er entdeckte eine Methode zur Errechnung quadratischer Irrationaler und baute die

Theorie der regelmäßigen Körper aus. Im Dialog begegnen wir ihm als einem vielversprechenden Jüngling, kurz vor dem Verfahren gegen Sokrates. Das Werk ist dem Andenken des Theaitetos gewidmet, der als Opfer seiner Wunden und Krankheiten aus der Schlacht von Korinth 369 starb.

Die Frage, zu der die einleitende Neckerei führt, bezieht sich darauf, was eigentlich Erkenntnis sei. Theaitetos macht zuerst den gewöhnlichen Fehler, daß er statt einer Definition lauter Beispiele aufzählt; aber plötzlich merkt er den Irrtum und schlägt die erste Definition vor. Erkenntnis ist, sagt er, ›*aisthesis*‹. Dieses griechische Wort bedeutet ›Wahrnehmung‹ (unser Fremdwort ›Anästhesie‹ besagt: Ausschalten der Empfindung, Betäubung). Genauer gesagt handelt es sich um Sinnesempfindungen. Die Ansicht, die Erkenntnis bestehe aus Sinnesempfindungen, kommt in Wirklichkeit der Formel des Protagoras gleich, der Mensch sei das Maß aller Dinge. Bei den Sinnesempfindungen erscheinen die Dinge so, wie sie eben erscheinen; wir können uns nicht irren. In dem folgenden Gespräch wird klar, daß die angegebene Definition nicht ausreicht. Zunächst genügt es nicht zu sagen, daß etwas so ist, wie es erscheint, da nichts wirklich ist. Die Dinge befinden sich ja ständig im Werden, wie Heraklit gesagt hat. Die Sinnesempfindung stellt in Wirklichkeit eine Wechselwirkung zwischen dem Empfinden und dem Empfundenen dar. Ferner würde Protagoras selbst zugegeben haben, daß in Angelegenheiten, in denen eine Entscheidung getroffen werden muß, eine Ansicht nicht gleich gut ist wie eine andere; z.B. wird der Fachmann für einen besseren Richter gehalten als ein Laie. Außerdem wird ein ›von des Gedankens Blässe nicht Angekränkelter‹ diese Formel kaum annehmen, und so muß auch Protagoras zugeben, daß für ihn die These keine Wahrheit besitzt. Der Schluß der Diskussion ist folgender: Wenn wir versuchen, Erkenntnis durch die Vorstellung der heraklitschen Lehre des Fließens zu beschreiben, so finden wir, daß nichts gesagt werden kann. Bevor irgend etwas durch ein Wort festgehalten werden könnte, schmilzt es schon weg. Infolgedessen müssen wir nach einer anderen Antwort auf die Frage, was Erkenntnis sei, suchen. Fassen wir jetzt die Tatsache ins Auge, daß, während die Sinnesorgane je ihre entsprechenden Gegenstände haben, der Zusammenhang zwischen den Empfindungen der verschiedenen Sinnesorgane die Funktion eines umfassenden Organes verlangt. Das ist die Seele oder der Geist; diese zwei werden von Platon nicht unterschieden. Die Seele erfaßt solche allgemeinen Aussagen wie Identität, Unterschied, Dasein, Zahl sowie die ebenso allgemeinen Aussagen in Ethik und Kunst. Daher ist es nicht mög lich, die Erkenntnis einfach als Sinnesempfindung zu definieren. Versuchen wir jetzt zu prüfen, ob wir eine Definition der Erkenntnis im Bereich der Seele finden können. Die Funktion der Seele ist: Gesprächsführung mit sich selbst. Bei geglückter Beantwortung einer Frage sagen wir, die Seele habe ein Urteil gefällt. Jetzt müssen wir untersuchen, ob wir Erkenntnis als ein wahres Urteil definieren können. Als Ergebnis sehen wir, daß es auf diesem Grund unmöglich ist, einen ausreichenden Begriff des falschen Urteils oder des Irrtums zu geben. Daß Irrtümer begangen werden, wird zweifellos von jedem anerkannt. Der Unterschied zwischen Wahrheit und Irrtum wird auch hier nicht ausgearbeitet. Platon klärt bloß den Grund; seine eigene Auffassung darüber konnte sich wohl zu dieser Zeit noch nicht voll entwickelt haben.

Aber falsches Urteil ist schlechthin unmöglich, wenn Urteil eine Tätigkeit der Seele allein bedeutet. Wohl könnte angenommen werden, daß der Geist eine Tafel voller Gedächtniseindrücke darstelle. So bestünde ›Irrtum‹ in der Verknüpfung einer gegenwärtigen Empfindung mit einer falschen Einprägung. Doch das erklärt nicht Fehler in der Arithmetik, wo es keine Empfindungen gibt. Wenn wir voraussetzen, die Seele sei eine Art von Vogelkäfig, in dem die Vögel fliegende Fetzchen von Erkenntnissen wären, so könnten wir gelegentlich den falschen Vogel einfangen, und das wäre ›Irrtum‹. Aber dann ist, einen Irrtum begehen, nicht dasselbe, wie eine belanglose Wahrheit auszuplappern. Wir müssen also annehmen, daß einige der Vögelchen irrtümliche Fälle bedeuten. Fassen wir aber ein solches Flatterding, so sehen wir, kaum daß wir's in der Hand haben – es ist ein Irrtum; so könnten wir eigentlich nie im Irrtum sein. Noch eine Bemerkung über einen Punkt, den die Beweisführung übersieht, nämlich daß, wenn man schon Teilirrtümer anerkennt, die ganze Geschichte in einen Teufelskreis gerät – in eine ›Komödie der Irrungen‹. Ferner kann man ein wahres Urteil auch zufällig oder sonstwie fällen. Man äußert z.B. den Wunsch nach einer wahren Ansicht, und siehe da, sie erweist sich als wirklich wahr. Die endgültige Definition versucht, all dieses zu umfassen: Erkenntnis ist ein durch Beweis gestütztes wahres Urteil. Fehlt der Beweis, so gibt es keine Erkenntnis. Wir können an Buchstaben denken, die zwar benennbar, aber ohne jeden Sinn sind, und an ihre Fügung zu Silben, die nun analysierbar und infolgedessen Gegenstände der Erkenntnis sind. Wenn die Silbe einfach nur die Summe ihrer Buchstaben ausmacht, dann ist sie genauso unerkennbar wie ihre Buchstaben; ist sie mehr, dann macht dieses Hinzukommende die Silbe erkennbar. Jene Feststellung ist aber in diesem Falle leer. Außerdem, was versteht man hier unter Beweis? Augenscheinlich ein Bericht, wie sich ein Ding von allen andern unterscheidet. Dies ist entweder ein weiteres Urteil oder mündet aus in eine Erkenntnis des Unterschieds. Das erste enthält einen Regreß, das zweite einen Kreis in der Definition. Eine Lösung unseres Problems wird zwar nicht gegeben, aber die Luft von Mißverständnissen gereinigt. Weder kann die Sinnesempfindung noch Vernunfttätigkeit an sich für Erkenntnis gehalten werden.

Das Problem der Erkenntnis und das des Irrtums sind offensichtlich zwei Seiten derselben Frage. Da keine der beiden in der gegenwärtigen Diskussion geregelt wird, muß man die Sache weiter verfolgen. Dem wollen wir jetzt unsere Aufmerksamkeit zuwenden.

Wir kommen so zu einem anderen Werk, welches das Gespräch im ›Theaitetos‹ am nächsten Tag fortsetzt. Das ist der *›Sophist‹*, ein Dialog, der aus stilistischen Gründen bedeutend später angesetzt werden muß. Die versammelte Gesellschaft ist die gleiche, nur erscheint noch zusätzlich ein fremder Eleat auf der Szene. Dieser Fremde steht im Mittelpunkt des Dialogs, während Sokrates eine recht geringe Rolle in der Diskussion spielt. Zur Debatte steht, was ein Sophist sei und worin er sich vom Philosophen unterscheide. Der verschleierte Antagonismus dieses Werkes richtet sich anscheinend gegen die sokratische Schule von Megara, die eine ein seitige Art eleatischer logischer Zersetzung entwickelt hatte.

Der eleatische Fremde, in dem wir die Stimme Platons selbst vernehmen dürfen, bezeugt ein besseres Erfassen der Thesen und trägt eine glänzende Lösung des Irrtumproblems vor. Durch die Benützung des Fremden als sein Sprachrohr gibt uns Platon zu verstehen, daß er selbst in der wahren Tradition der philosophischen Entwicklung steht, während sich die sophistischen Paradoxkrämer von Megara von diesem Pfad verirrt haben. Das wirkliche Problem, welches im ›Sophist‹ angepackt wird, ist das parmenidessche Rätsel vom Nichtsein. Die Schwierigkeit des Nichtseins entsteht dadurch, daß die Philosophen nicht das gleiche unter dem Sein verstehen, was der Fremde mit Scharfsinn nachweist. Zurückkommend auf den ›Theaitetos‹ erinnern wir uns, daß die Erkenntnis zumindest Wechselwirkung und also Bewegung erfordert. Aber sie verlangt auch Ruhe, sonst gibt es nichts, worüber man sprechen könnte. Die Dinge müssen irgendwie als bleibend gesetzt werden, falls sie Objekte der Untersuchung sein sollen. Das dient als Hinweis auf das In-Angriff-Nehmen des Problems. Bewegung und Ruhe bestehen zwar zweifellos, da sie aber Gegensätze sind, können sie nicht vereint werden. Augenscheinlich ergeben sich hier drei Möglichkeiten der Kombination. Entweder bleiben alle Dinge vollkommen getrennt, in welchem Fall Bewegung und Ruhe keinen Teil am Sein gemein haben. Oder alle Dinge verschmelzen, und dann würden zwar Bewegung und Ruhe zusammenkommen, was aber offensichtlich unmöglich ist. Daher bleibt nur, daß manche Dinge vereint, andere nicht vereint werden können. Die Lösung unserer Schwierigkeiten liegt in der Einsicht, daß Sein und Nichtsein an und für sich sinnlose Ausdrücke sind. Sie haben nur in einem Urteil Sinn. Die ›Formen‹ oder Arten, wie Bewegung, Ruhe, Sein stellen einfach allgemeine Aussagen dar, wie sie schon im ›Theaitetos‹ erwähnt wurden. Sie sind von den Formen des Sokrates deutlich verschieden. Diese Theorie Platons von den Formen wurde der Ausgangspunkt zur späteren Kategorienlehre.

Die Funktion der Dialektik ist das Studium, welche dieser Formen oder ›höchsten Arten‹ sich vereinen und welche nicht. Bewegung und Ruhe, wir sahen es schon, vereinigen sich nicht, aber jede der beiden läßt sich mit dem Sein verbinden, jede *ist*. Ferner: Bewegung ist, wie sie selbst ist, aber anders als die Ruhe. Die Gleichheit oder die Identität und die Andersartigkeit oder der Unterschied, wie auch das Sein, sind allesdurchdringend. Jedes ist identisch mit sich selbst und verschieden von allen anderen.

Nun sehen wir, was mit Nichtsein gemeint ist. Bewegung, könnten wir sagen, ist und ist auch nicht. Denn sie ist Bewegung, doch nicht Ruhe. In diesem Sinne steht das Nichtsein auf derselben Stufe wie das Sein. Es ist aber klar, daß das hier erörterte Nichtsein nicht in völliger Abstraktion genommen werden darf. Es ist ein bestimmtes Nichtsein, so und so, oder besser gesagt, ein anderes Sein als das und das. Platon hat so die Quelle der Schwierigkeit aufgedeckt. In moderner Ausdrucksweise müssen wir den existentiellen Gebrauch des ›ist‹ von dem einer Verbindung (copula) in einer Aussage unterscheiden. Diese zweite ist logisch wichtig.

Auf dieser Basis können wir nun eine einfache Rechenschaft über den Irrtum geben. Richtig zu urteilen bedeutet, daß über etwas so geurteilt wird, wie es ist. Wenn wir über etwas so urteilen, wie es nicht ist, so urteilen wir falsch und begehen damit einen Irrtum. Es überrascht vielleicht den Leser, daß das Ergebnis nicht geheimnisvoller, nicht großartiger ist. Aber mit jedem Problem verhält es sich genauso, sobald wir nur die Lösung wissen.

Zum Schluß wollen wir nur noch bemerken, daß das Problem des Theaitetos genauso nebenbei erledigt wurde. In einem gewissen Sinne stellt es gar keine Frage dar. Wir müssen auf die Urteile bestehen, und diese können, wie wir sahen, wahr oder falsch sein. Aber wie können wir wissen, daß ein bestimmtes Urteil das eine oder das andere ist? Die Antwort ist einfach die, daß es wahr ist, wenn die Dinge so sind, und falsch, wenn nicht. Es gibt kein formales Kriterium, das uns gegen Irrtümer abschirmt.

Die Auseinandersetzung über das Nichtsein, die wir eben vornahmen, ermöglicht uns von nun an, das Problem der Veränderung anzuwenden: Es macht die heraklitische Lehre klar und nimmt ihr den Anschein des Paradoxen. Obendrein gibt es bei Platon noch eine andere Lehre von der Veränderlichkeit, die sich unmittelbar mit Atomismus und mathematischer Physik, wie wir sie heute kennen, verbinden läßt. Die Theorie wird im Dialog ›*Timaios*‹ aus der letzten und reifsten Periode platonischen Denkens, dargeboten. Ein Bericht über die in diesem Dialog niedergelegte Kosmogonie würde uns viel zu weit wegführen. Deswegen beschränken wir uns auf die Bemerkung, daß viel von fortgeschrittenem Pythagoreismus mit manchen Hinweisen auf die richtige Erklärung der Planetenbewegungen darin enthalten ist. Wahrscheinlich war die heliozentrische Hypothese eine akademische Entdeckung. Auch viele andere wissenschaftliche Probleme werden angeschnitten, die wir hier aber außer acht lassen müssen. Wenden wir uns lieber gleich dem zu, was man Platons geometrischen oder mathematischen Atomismus nennen könnte. Nach dieser Ansicht müssen wir eine dreifache Unterscheidung zwischen Formen, Grundstoff und der körperlichen Wirklichkeit der wahrnehmbaren Welt machen. Der Grundstoff ist hier einfach der leere Raum. Die wahrnehmbare Wirklichkeit ist das Ergebnis einer Mischung von Formen und Raum, in den sie irgendwie eingeprägt sind. Auf dieser Basis wird uns eine genaue Darstellung der materiellen, d.h. sowohl der physischen wie auch der biologischen Welt in den Begriffen der vier Elemente gegeben. Aber diese werden ihrerseits als geometrische Körper betrachtet, die aus zwei Arten von ganz besonderen Dreiecken gemacht sind: aus einem halben gleichseitigen oder aus einem rechtwinklig-gleichschenkligen Dreieck, also einem halben Quadrat. Aus diesen Dreiecken können wir somit vier der fünf regelmäßigen Körper konstruieren. Das Tetraeder ist das Grundteilchen des Feuers, der Würfel das der Erde, das Oktaeder das der Luft und das Ikosaeder das des Wassers; wenn wir alle diese Körper in ihre konstituierenden Dreiecke aufbrechen und sie danach wieder zusammenrichten, können wir eine Umwandlung zwischen den Elementen durchführen. Die feurigen Teilchen, die ganz scharfe Punkte haben, können die anderen Körper durchdringen. Das Wasser besteht aus viel glatteren Teilchen, daher das Gleiten der Flüssigkeiten.

Die hier vorgeschlagene Lehre von der Umwandlung ist in der Tat schon ein bemerkenswerter Vorläufer moderner physikalischer Theorien. Platon geht eigentlich viel weiter als der materialistische Atomismus Demokrits. Die Grunddreiecke stellen offensichtlich die Gegenstücke dafür dar, welche in der modernen Physik nukleare oder Elementarteilchen genannt werden. Sie bilden die Bestandteile der Grundteilchen. Wir müssen hier auch bemerken, daß Platon diese Teilchen nicht Atome nannte. Für einen Griechen galt dieses Wort als offenkundiger Sprachfehler. Ein Ding, das aus anderen Dingen zusammengesetzt ist, sollte, streng aufgefaßt, nicht als ›Atom‹ – unteilbar – bezeichnet werden.

Platon erscheint hier als Vorläufer der Haupttradition moderner Wissenschaft. Die Ansicht, daß alles auf Geometrie zurückgeführt werden kann, wurde von Descartes ausdrücklich und von Einstein in anderer Weise vertreten. Daß Platon sich auf vier Elemente beschränkte, ist freilich in einem gewissen Sinne eine Begrenzung. Die Ursache hierfür bestand in der vorherrschenden Auffassung der Zeit. Platons Versuch wollte einen ›logos‹ oder Bericht über diese Auffassung geben, um die ›Erscheinungen zu retten‹, und seine angewandte Hypothese ist mathematisch. Daß die Welt letzten Endes begreifbar in Zahlbegriffen ausgedrückt werden kann, war, wie wir sahen, ein Teil der pythagoreischen Lehre, den Platon übernahm. So haben wir ein mathematisches Modell für physikalische Begründungen. Methodisch ist dies gerade das Ziel der heutigen mathematischen Physik.

Daß diese Lehre viel eingehender mit der Theorie der regelmäßigen Körper verbunden werden sollte, war vielleicht eine Anregung des pythagoreischen Mystizismus. In diesem System gibt es aber keinen Platz für das Dodekaeder. Dieses allein von den fünf Körpern ist nicht aus den zwei Elementardreiecken, sondern aus regelmäßigen Fünfecken aufgebaut. Das Fünfeck war eines der mystischen Symbole der Pythagoreer, und seine Konstruktion schließt – wie wir schon bei der Behandlung der späteren Pythagoreer gesehen haben – die irrationale Zahl in sich ein. Außerdem sieht das Dodekaeder runder als die übrigen vier Körper aus. Platon setzt es deswegen für die Welt. Diese Spekulation berührt aber nicht die gesunde Grundlage des mathematischen Modells.

Platons Lehre von der Mathematik können wir hier aus Mangel an Zeit nicht voll behandeln. Sie muß allerdings aus manchen Hinweisen in den Dialogen und einigen Berichten bei Aristoteles zusammengestellt werden. Es ist aber wichtig, zwei Punkte zu betonen. Erstens, daß Platon oder jedenfalls die Akademie die pythagoreische Zahlenlehre revidierte, um der eleatischen Kritik zu entgehen. Dadurch ist wieder eine äußerst moderne Ansicht im voraus angedeutet. Als Beginn der Zahlenreihe wird die Null statt der Einheit anerkannt. Das macht die Entwicklung einer allgemeinen Lehre von den Irrationalen möglich, die, wenn man spitzfindig sein will, gar nicht mehr als irrational zu bezeichnen wären. Ferner stellt man sich in der Geometrie die Linien als entstanden durch die Bewegungen eines Punktes vor: eine Ansicht, die in Newtons Differentiallehre eine zentrale Rolle spielt. Diese war ja eine der frühesten Formen der späteren Differentialrechnung. Wir sehen also klar den Weg, auf dem die Vereinigung von Arithmetik und Geometrie sich im Geiste der Dialektik vollzieht.

Den zweiten wichtigen Punkt erfahren wir aus einer Bemerkung des Aristoteles, daß nach Platon die Zahlen gar nicht addiert werden könnten. Diese etwas sehr karge Mitteilung enthält nun in Wirklichkeit die Keime einer außerordentlich modernen Auffassung von den Zahlen. Den Pythagoreern folgend, betrachtete Platon Zahlen als Formen, die als solche gewiß nicht addiert werden können. Was beim Addieren geschieht, ist, daß wir gewisse Dinge, sagen wir Kieselsteine, zusammennehmen. Worüber aber die Mathematiker reden, unterscheidet sich von den Kieselsteinen genauso wie von den Formen. Es steht irgendwie zwischen den beiden. Was die Mathematiker addieren, sind Dinge von undetaillierter Art, vorausgesetzt, daß in wichtiger Beziehung die Art für all die addierten Dinge dieselbe bleibt. All das hebt sich sehr klar heraus in den Bestimmungen des Begriffs ›Zahl‹, die Frege und später Whitehead und ich selbst gaben. Die Zahl Drei z.B. stellt die Gruppe alles dreifachen dar. Ein dreifaches ist eine Gruppe von Objekten gegebener Art. Ähnlich ist es mit jeder anderen Grundzahl. Die Zahl Zwei ist die Gruppe eines Paares, wobei ›Paar‹ einerlei Art von Dingen bedeutet. Man kann ein Dreifaches und ein Paar von gleicher Art, nicht aber die Zahl Drei und die Zahl Zwei addieren.

Das sind bloße Umrisse einiger der wichtigeren Lehren Platons. Nur wenige Philosophen haben, wenn überhaupt, je seinen Rang und seine Tiefe erreicht, keiner je ihn übertroffen. Wer immer sich mit philosophischen Problemen beschäftigt und ihn außer acht ließe, wäre töricht.

Aristoteles, der letzte der drei großen Denker, die in Athen lebten und lehrten, war vielleicht der erste Berufsphilosoph. Mit ihm wird der Höhepunkt der klassischen Periode schon überschritten. Griechenland fing an, politisch weniger bedeutsam zu sein. Alexander von Makedonien, der als Jüngling Aristoteles' Schüler gewesen war, legte das machtpolitische Fundament, auf dem die ›hellenistische‹ Welt zu blühen begann. Aber darüber erst später.

Im Gegensatz zu Sokrates und Platon war Aristoteles Fremder in Athen. Er wurde um 384 v. Chr. in Stagira in Thrakien geboren. Sein Vater war Leibarzt des Königs von Makedonien. Im Alter von achtzehn Jahren kam Aristoteles nach Athen, um bei Platon an der Akademie zu studieren. Er blieb Mitglied der Akademie bis zum Tode Platons (um 348 – 347 v. Chr.), also fast zwanzig Jahre lang. Der neue Leiter der Akademie, Speusippos, bezeigte großes Interesse für den mathematischen Zug in der Philosophie Platons. Aber gerade ihn schätzte und verstand Aristoteles am wenigsten. Daher verließ er Athen und war während der nächsten zwölf Jahre in verschiedenen Orten tätig. Der Einladung seines Schulfreundes Hermias folgend, der nun Tyrann in Mysia an der Küste Kleinasiens war, schloß Aristoteles sich einer Gruppe der dortigen Akademiker an und heiratete die Nichte seines Gastgebers. Drei Jahre darauf ging er nach Mytilene auf der Insel Lesbos.

Sein Werk über die Klassifizierung der Tiere gehört seiner akademischen Periode an. Während seines Aufenthaltes auf Lesbos muß er seebiologische Forschungen ausgeführt haben, Forschungen, deren Ergebnisse erst im 19. Jahrhundert verbessert wurden. Im Jahre 343 lud ihn Philipp II. an den makedonischen Hof als Lehrer seines Sohnes Alexander ein. Drei Jahre lang hatte Aristoteles diese Stellung inne. Leider verfügen wir über keine glaubwürdigen Zeugnisse aus dieser Zeit. Das ist sehr schade, weil man neugierig ist, was für einen Einfluß der weise Philosoph auf den unbändigen Prinzen ausgeübt hat. Jedoch scheint sicher zu sein, daß es nicht das Geringste gab, worin die beiden hätten völlig übereinstimmen können. Aristoteles' politische Ansichten basierten auf dem griechischen Stadtstaat, welcher schon keine Lösung mehr sein konnte. Die zentralisierten Reiche, wie das des Großen Königs, kamen ihm und allen Griechen in der Tat als eine barbarische Erfindung vor. Hierüber, wie auch in kulturellen Angelegenheiten überhaupt, hatten sie eine hohe Meinung von ihrer eigenen Überlegenheit. Aber die Zeiten hatten sich geändert; der Stadtstaat neigte dem Untergang zu, ein hellenistisches Reich stand im Aufstieg. Daß Alexander Athen wegen seiner Kultur bewunderte, ist durchaus wahr. Aber auch andere taten das, ohne daß Aristoteles überall Ursache dieser Bewunderung hätte sein können.

Von 340 bis zum Tode Philipps im Jahre 335 lebte Aristoteles wieder einmal in seiner Heimatstadt, und von da an bis zum Ableben Alexanders im Jahre 323 wirkte er in Athen. In dieser Zeit gründete er seine eigene Schule, ›Lyzeum‹ genannt nach dem in der Nähe liegenden Tempel des Apollo-Lykeios, des Wolfstöters. Hier pflegte Aristoteles seine Vorträge zu halten und dabei durch die Hallen und Gärten auf und ab zu wandeln. Von dieser Gewohnheit des Lehrens im Lyzeum wurde seine Philosophie als ›peripatetisch‹, d.h. im Umherwandeln, bezeichnet.

Nach dem Tode Alexanders erhoben sich die Athener gegen die makedonische Herrschaft. Aristoteles wurde natürlich ›pro-makedonischer Sympathien‹ verdächtigt und der Gottlosigkeit geziehen. Wie der Fall Sokrates gezeigt hatte, konnten solche Gerichtsverfahren gelegentlich recht unliebsame Folgen haben. Aristoteles war nicht Sokrates und entschloß sich, den Giftzähnen der Patrioten zu entrinnen, damit die Athener nicht noch ein Verbrechen gegen die Philosophie auf sich lüden. Er überließ das Lyzeum dem Theophrastos, zog sich nach Chalkis zurück und starb dort 322.

In diese zweite Athener Periode gehören die meisten der uns überlieferten Werke des Aristoteles. Nicht alle sind als Bücher verfaßt. Es ist kaum daran zu zweifeln, daß manche der aristotelischen Werke auf Vorlesungsnotizen beruhen. Somit wäre Aristoteles der erste Verfasser philosophischer Schul- oder Lehrbücher. Einige seiner Werke stellen höchstwahrscheinlich sogar Niederschriften seiner Studenten dar. Das Ergebnis ist, daß Aristoteles' Stil ziemlich langweilig und wenig geistreich ist, obzwar wir wissen, daß auch er Dialoge in der Art Platons schrieb. Keiner von diesen blieb uns erhalten, aber aus manchen Resten ist es doch offensichtlich, daß Aristoteles keine literarische Gestalt vom Format Platons war. Während Platon dramatische Meisterwerke schrieb, verfertigte Aristoteles trockene Schulbücher. Während Platon phantasievolle Dialoge verströmte, verfertigte Aristoteles systematische Abhandlungen.

Um Aristoteles zu verstehen, müssen wir uns vor Augen halten, daß er der erste Kritiker Platons war. Doch kann nicht gesagt werden, daß die aristotelische Kritik immer zutreffend sei. Wir können uns im allgemeinen auf Aristoteles verlassen, wenn er Platons Lehren feststellt, aber er ist nicht mehr zuverlässig, wenn er ihre Bedeutung analysiert. Es muß natürlich angenommen werden, daß Aristoteles mit der Mathematik seiner Zeit vertraut war. Seine Mitgliedschaft an der Akademie mag dafür bürgen. Aber es ist ebenso klar, daß er ohne Sympathie für die mathematische Philosophie Platons war. In der Tat verstand er sie nie richtig. Die gleiche Vorsicht muß man walten lassen, wenn Aristoteles die Vorsokratiker kommentiert. Seinen unmittelbaren Berichten können wir vertrauen, seinen Erläuterungen aber müssen wir Vorbehalte entgegensetzen.

Während sich Aristoteles als Biologe von Ruf bewährte, wenn wir auch einige große Mißgriffe entschuldigen dürfen, so waren seine Ansichten in der Physik und Astronomie hoffnungslos trüb und wirr. Platon, der die milesischen und die pythagoreischen Traditionen verband, gelangte auf diesen Gebieten viel näher an die Wahrheit heran. Ebenso spätere hellenistische Wissenschaftler wie Aristarch und Eratosthenes. Der berühmteste wissenschaftliche Beitrag Aristoteles' für das systematische Denken ist wohl sein logisches Schaffen. Vieles davon stammt von Platon; aber während Platons logische Lehren zwischen anderen Untersuchungen zerstreut sind, finden sie sich bei Aristoteles gesammelt und in einer Form niedergelegt, wie sie fast unverändert bis zur Gegenwart weitergelehrt wurden. Historisch gesehen war der Einfluß Aristoteles' eher hinderlich, hauptsächlich wegen des blinden und sklavischen Dogmatismus vieler seiner Anhänger. Dafür können wir freilich nicht Aristoteles selbst verantwortlich machen. Tatsache ist indes, daß das wissenschaftliche Aufblühen in der Renaissance einen Bruch mit Aristoteles und eine Rückkehr zu Platon darstellt.

Es ist nicht leicht, die Metaphysik des Aristoteles darzustellen, teils weil sie über sein ganzes Werk zerstreut ist, teils weil sich darin ein gewisser Wille zu reiner Bindung ausdrückt. Was den Urprung des Wortes ›Metaphysik‹ betrifft, so ist sehr bemerkenswert, daß der Name nicht auf die Zeit Aristoteles' zurückgeht. ›Metaphysik‹ bedeutet buchstäblich ›Nach der Physik‹, und das Buch erhielt den Titel deswegen, weil ein früher Herausgeber es in der Reihenfolge des Gesamtwerkes *nach* der Physik setzte. Es wäre jedoch richtiger gewesen, es *vor* die Physik zu reihen. Dort gehört es hin. Aristoteles hätte es wohl als ›Anfangsgründe der Philosophie‹ bezeichnet, als eine Abhandlung über die allgemeinen Vorbedingungen seiner Untersuchung. Der Name Metaphysik hat indes allgemeine Geltung erlangt.

Aristoteles' metaphysisches Werk kann als Versuch eines Ersatzes der sokratischen Ideenlehre durch eine eigene neue Theorie betrachtet werden. Die Hauptkritik des Aristoteles mit dem Dritten-Mann-Argument bezieht sich auf die Doktrin der Beteiligung. Sie wiederholt eigentlich die platonische Kritik, die wir schon im ›*Parmenides*‹ erörtert sahen. Die von Aristoteles vorgeschlagene neue These besteht aus der Lehre von Stoff und Form. Nehmen wir z.B. das Material, aus dem eine Säule gemacht wird. Das wäre der Stoff. Die Form nähert sich irgendwie der Zeichnung des Architekten. Beide sind sie in gewissem Sinn Abstraktionen, da der wirkliche Gegenstand in einer Vereinigung beider besteht. Aristoteles pflegte zu sagen, daß es die *Form* ist, die den Stoff das werden läßt, was er ist. Die Form gibt dem Stoff seine Wesenheit, indem sie ihn in eine ›Substanz‹ verwandelt. Wenn wir Aristoteles richtig verstehen wollen, dürfen wir Stoff nicht mit Substanz verwechseln. ›Substanz‹ ist die buchstäbliche Übersetzung des von Aristoteles angewandten griechischen Wortes und bedeutet einfach ›das Grundlegende‹. Es ist irgendein unveränderliches Ding, aber der Träger der Qualitäten. Weil wir natürlicherweise zum Denken in den Begriffen der Atomtheorie neigen, unterliegen wir der Gleichsetzung von Substanz und Stoff. Denn die Atome stellen in dem hier erforderten

Sinne substantielle Wesenheiten dar, deren Funktion es ist, Qualitäten zu tragen und Veränderungen vorzunehmen. Darauf haben wir schon bei den Atomisten angespielt.

In der aristotelischen Theorie erweist sich die Form letzten Endes viel wichtiger als der Stoff. Denn nur die Form ist schöpferisch; wenn auch der Stoff erforderlich ist, dann doch nur als Rohmaterial. Die Form erweist sich als substantiell im buchstäblichen Sinne. Aus all dem wird klar, daß die Formen als unveränderliche und ewige Wesenheiten die Grundlagen für den Prozeß der realen Welt bilden. So unterscheiden sie sich eigentlich von den Ideen oder Formen des Sokrates nicht allzusehr. Die Feststellung, die Formen seien substantiell, bedeutet, daß sie unabhängig von Einzeldingen existieren. Wie aber diese Substanzen existieren, wird nie richtig geklärt. Es wird anscheinend auch kein Versuch unternommen, ihnen eine getrennte eigene Welt zuzuschreiben. Es ist zu bemerken, daß Aristoteles seine Formen für ganz unterschiedlich von den Universalien hielt. Die Kritik der Ideenlehre knüpft einfach an eine Problematik der Sprache. In der Umgangssprache gibt es Wörter für Dinge und Wörter für Eigenschaften, die ihnen zugehören. Erstere sind Dingwörter oder Substantive, letztere Adjektive. Diese Begriffe gehen bis zur hellenistischen Zeit zurück und zeigen, wie stark die aristotelischen Lehren die Grammatiker beeinflußt haben. Die Substantive sind also Substanzwörter und die Adjektive Qualitätswörter. Es ist aber falsch, daraus zu folgern, es müsse getrennt existierende Universalien geben, deren Namen einfach die Eigenschaftswörter darstellten. Die Auffassung, die Aristoteles von den Universalien hat, ist mehr organisch, wie man es auch von einem Biologen erwarten darf. Die Universalien treten irgendwie in die Erzeugung der Dinge ein, aber sie existieren nicht etwa in einer eigenen Schattenwelt. Aristoteles' Absicht war nicht, daß seine Theorie von Stoff und Form die Stelle der Universalien einnähme, nichtsdestoweniger bezieht sie sich auf dieses Problem; und, wie wir sahen, gelingt es seiner Theorie auch nicht, mit der Ideenlehre zu brechen. Es ist auch wichtig, daran zu erinnern, daß man auf Grund der Theorie des Aristoteles eigentlich von immateriellen Substanzen sprechen kann. Ein Beispiel dafür stellt die Seele dar, die, dem Körper Form verleihend, zwar eine Substanz, aber doch nicht materiell ist.

In Verbindung mit dem Problem der Universalien geht die ständige Frage nach der Erklärung des Wechsels einher. Manche (z.B. Parmenides) finden darin so viel Schwierigkeiten, daß sie ihn einfach leugnen. Andere richten sich nach einem verfeinerten Eleatismus und finden durch atomistische Erklärungen die Lösung, während wieder andere irgendeine Universalientheorie anwenden. All das haben wir schon erwähnt. Außerdem hat Aristoteles noch eine Theorie über die Wirklichkeit (Aktualität) und die Möglichkeit, die mehr mit den Universalien als mit dem Atomismus verwandt ist.

Bei Behandlung des Problems der Möglichkeit haben wir eine recht alltägliche Fassung beiseite zu schieben. Es gibt eine Redensart, in der das Wort möglich bloß als eine faule Weisheit nach dem Geschehnis erscheint. Wenn eine Flasche Öl zu brennen anfängt, kann gesagt werden, daß es deswegen ist, weil es schon vorher möglich war. Aber das ist offensichtlich keine Erklärung. Was Ursachen dieser Art betrifft, verneinen manche philosophischen Schulen, daß irgend etwas Nützliches darüber gesagt werden könnte. Antisthenes von Megara war, wie wir später sehen, einer von ihnen. Entweder ist etwas von einer gewissen Art oder nicht; alles weitere ist Unsinn. Aber wir können offensichtlich Aussagen machen wie ›Öl ist feuergefährlich‹, nun, das ist ganz und gar sinnvoll. Aristoteles' Analyse schafft die einwandfreie Antwort. Wenn man sagt, etwas sei möglicherweise A, meint man, daß es unter bestimmten Bedingungen tatsächlich so ist. Die Feststellung, daß Öl feuergefährlich ist, bedeutet, daß es, wenn eine Reihe bestimmter Umstände gegeben ist, brennen wird. Wenn z.B. seine Temperatur entsprechend hoch ist und ein brennendes Zündholz daran gehalten wird, so beginnt es zu brennen. Die Bedingungen, von denen die Rede ist, müssen natürlich so beschaffen sein, daß sie tatsächlich vorkommen und wirksam werden können. In diesem Sinne geht logischerweise das ›Wirkliche‹ dem ›Möglichen‹ voran. Eine Feststellung der Veränderung läßt sich jetzt durch den Begriff einer Substanz ermöglichen, die die (mögliche) Trägerin einer Reihe von Qualitäten ist, die nacheinander auf sie wirksam werden. Welchen Mangel auch immer eine solche Feststellung in der Praxis haben mag, sie ist, wenn wir uns an die aristotelische Analyse der Möglichkeit erinnern, letztlich nicht trivial. Eine solche Stellungnahme erinnert offensichtlich mehr an Sokrates und Platon als an die Atomisten. Der aristotelische Standpunkt wird zum Teil durch sein wissenschaftliches Interesse an der Biologie bestimmt, wo die Vorstellung der Möglichkeit besonders nützlich ist. Die Stellungnahme, die wir hier vortrugen, ist in einer wichtigen Beziehung unvollkommen. Sie erwähnt nämlich nicht, wie und warum Veränderungen vorkommen. Darauf gibt Aristoteles eine sehr ins einzelne gehende Antwort, auf die wir zurückkommen, wenn wir über seine Lehre von der Kausalität sprechen. Auch seine Kosmogonie und seine Auffassung von Gott als erster Ursache und als unbewegten Beweger werden wir später betrachten. Nur müssen wir uns entsinnen, daß die Theologie des Aristoteles von ihm selbst als ein Teil dessen, was wir heute Metaphysik nennen, betrachtet wird.

Wenden wir uns jetzt der aristotelischen Logik zu. Wir haben schon oben gesagt, daß ein kennzeichnender Zug der griechischen Wissenschaft und Philosophie der Begriff des Beweises ist. Während die Astronomen des Ostens sich mit der Aufzeichnung von Erscheinungen begnügten, suchten die griechischen Denker nach ihrer Begründung. Beweisverfahren erfordert Beweisführung, der Prozeß die Argumente. Hier schuf Aristoteles festen Grund, den er – und bis zu gewissem Grade auch Kant – für tragfähig hielt. Daß er sich hierzu bedauerlicherweise irrte, ist nicht sehr wichtig; der wichtigste Schritt war jedoch die Entdeckung der Möglichkeit einer allgemeinen Gründung der formalen Logik. Es ist vielleicht am besten, vorab zu betonen, daß es etwas wie ›informale‹ Logik nicht gibt. Was Aristoteles meinte, ist die allgemeine Form von Argumenten, eine Disziplin, die ins Gebiet der

Logik gehört. Die aristotelische Logik hängt von vielen Annahmen, die in Verbindung mit seiner Metaphysik stehen, ab. Vor allem wird für selbstverständlich gehalten, daß alle Aussagen vom Subjekt-Prädikat-Typ sind. Viele Feststellungen in der Umgangssprache gehören zu diesem Typ, und das ist eine der Quellen der Metaphysik von Substanz und Qualität. Die Subjekt-Prädikat-Form wurde auch schon von Platon im ›*Theaitetos*‹ erwähnt, woher Aristoteles sie wohl übernahm. In diesem Zusammenhang entstand auch das Problem der Universalien. Die Aussagen lassen sich danach einteilen, ob sie sich auf Allgemeinheiten oder Einzelheiten beziehen. Im ersten Fall enthalten sie das ganze Gebiet des Allgemeinen, wie z.B. ›Alle Menschen sind sterblich‹, was eine allgemeine Aussage darstellt. Andrerseits kann eine Feststellung nur einen Teil des Allgemeinen in sich schließen, wie z.B. ›Manche Menschen sind weise‹, und das wird als eine besondere Aussage bezeichnet. Für die Einzelaussage kann als Beispiel folgende dienen: ›Sokrates ist ein Mensch.‹ Wenn wir die Aussagen in einer Beweisführung verknüpfen, so müssen wir das einzelne oder Individuelle so behandeln wie eine allgemeine Aussage. Die Aussagen sind entweder bejahend oder verneinend, je nach der gewollten Behauptung.

Auf Grund dieser Klassifizierung können wir jetzt sehen, was in einer Beweisführung vor sich geht. Von einer oder mehreren Voraussetzungen, d.h. Prämissen, ausgehend, leiten wir andere Aussagen oder Folgerungen ab. Der grundlegende Typ aller Beweisführung ist nach Aristoteles der sog. Syllogismus, wobei zwei Subjekt-Prädikat-Prämissen einen Begriff gemeinsam haben. Dieser gemeinsame Begriff des Obersatzes und Untersatzes verschwindet dann im Schluß. Folgt der Schluß folgerichtig aus den Prämissen, so ist die Beweisführung schlüssig. Die Wahrheit der Prämissen ist freilich eine ganz andere Frage. Tatsache ist nur, daß wahre Schlüsse aus falschen Prämissen ableitbar sind. Sind jedoch die Prämissen wahr, so ist auch ein jeder gültig abgeleitete Schluß wahr. Deshalb ist es wichtig aufzudecken, welche syllogistischen Beweisführungen gültig sind und welche nicht. Aristoteles gibt ein ganzes System gültiger Syllogismen. Die Beweisführungen werden zunächst nach ihrer Form, die von der Reihenfolge der Begriffe abhängt, klassifiziert. Drei verschiedene Figuren wurden von Aristoteles erkannt, die Stoiker entdeckten später die vierte. Bei jeder Figur gibt es Beweise, die gültig, und andere, die ungültig sind. Eine geistreiche Art, syllogistische Beweise zu prüfen, wurde im 18. Jahrhundert von dem Schweizer Mathematiker Euler entdeckt. Durch die Darstellung des Bereichs eines Begriffes mittels eines Kreises sieht man leicht, ob ein Beweis richtig ist oder nicht. Das vorhin angeführte Beispiel ist offenbar richtig. Diese erste Figur eines Syllogismus wurde von den Scholastikern *Barbara* genannt. Auch: ›Kein Säugetier kann fliegen‹ alle Schweine sind Säugetiere, also kann kein Schwein fliegen', ist eine gültige Beweisführung. Ihre Form heißt *Celarent.* Man beachte: In diesem Beispiel ist der Schluß wahr, obzwar eine der Prämissen falsch ist. Denn Fledermäuse sind Säugetiere und können doch fliegen.

Als Ergebnis der Autorität, die Aristoteles in den späteren Zeitaltern genoß, blieb der Syllogismus etwa zweitausend Jahre lang die einzige von den Logikern anerkannte Beweisführung. Manche der gegen sie gerichteten Kritiken wurden eigentlich schon von Aristoteles vorweggenommen. So z.B. im Falle dieses Beweises: Alle Menschen sind sterblich, Sokrates ist ein Mensch, also ist Sokrates sterblich‹, wurde unterstellt, daß die Kenntnis der ersten Prämisse die des Schlusses voraussetzt, und so führt das Argument zur Frage zurück. Dies beruht auf einem Mißverständnis darüber, wie wir eigentlich zu einer Feststellung kommen wie: ›Alle A sind B.‹ Es ist nicht notwendig, auch nicht nützlich, jedem A nachzuschauen und zu prüfen, daß es B ist. Im Gegenteil, es genügt oft, nur einen Einzelfall zu betrachten, um die Verbindung zu sehen, vor allem in der Geometrie. Die Summe aller Winkel im Dreieck ist gleich zwei rechten Winkeln, aber kein Geometer braucht sich deswegen mit der Prüfung aller Winkel zu belasten, ehe er seelenruhig eine allgemeine Behauptung wagen kann. Das ist kurz das Wesen der Lehre vom Syllogismus. Aristoteles beschäftigt sich mit den Syllogismen, die aus modalen Aussagen, d.h. solchen Feststellungen bestehen, die ›kann‹ oder ›muß‹ statt ›ist‹ enthalten. Die modale Logik kommt wieder in den Vordergrund auf dem Gebiet der heutigen symbolischen Logik. Die Lehre vom Syllogismus erscheint heut im Lichte der neueren Untersuchungen weniger wichtig, als man früher zu denken pflegte. In den exakten Wissenschaften läßt der Gebrauch des Syllogismus die Prämissen unbewiesen, was zur Frage nach den Ausgangspunkten führt. Nach Aristoteles muß jede Wissenschaft mit Behauptungen beginnen, die keinen Beweis mehr nötig haben. Diese heißen Axiome. Sie müssen nicht für jeden sofort offensichtlich sein, vorausgesetzt, daß sie nach Erklärungen gleich klar verstanden werden. Es ist vielleicht nicht überflüssig zu betonen, daß dies eher das Darstellen wissenschaftlicher Tatsachen als den Vorgang der wissenschaftlichen Untersuchung selbst angeht. Die erläuternde Folge verdeckt immer die Reihenfolge der Entdeckungen. Im wirklichen Verfolg der Untersuchung gibt es viel Dunkles und Ungenaues, was aber nach der Lösung des Problems geklärt wird.

Was Aristoteles im Sinn lag, als er über Axiome sprach, scheint vor allem die Geometrie gewesen zu sein, die gerade zu seiner Zeit anfing, systematische Form anzunehmen. Nur wenige Jahrzehnte trennen Aristoteles von Euklid. Keine andere Wissenschaft erreichte um diese Zeit die Stufe, auf der sie in geometrischer Weise hätte dargestellt werden können. Daß sich die Wissenschaften in Form einer Hierarchie ordnen lassen, scheint daraus zu folgen. Die Mathematik steht am höchsten. Erst dann folgt z.B. die Astronomie, weil sie sich auf die Mathematik stützen muß, um die Gründe für die von ihr beobachteten Bewegungen angeben zu können. So erahnte Aristoteles spätere Arbeiten, wie insbesondere die Klassifizierung der Wissenschaften durch den französischen Positivisten Comte.

Das Studium der Sprache bedeutet für Aristoteles eine wichtige philosophische Beschäftigung. Ein Anfang wurde auch hier schon von Platon im ›*Theaitetos*‹ und im ›*Sophist*‹ unternommen. Eine der Leitvorstellungen der griechischen Philosophie ist in der Tat der Begriff des *logos* – ein Ausdruck, der uns zuerst in Verbindung mit Pythagoras und Heraklit begegnet. Er heißt bald ›Wort‹, bald ›Maß‹, ›Formel‹, ›Beweis‹, ›Bericht‹. Diese Bedeutungsreihe muß von einem, der den Geist der griechischen Philosophie erfassen will, vor Augen gehalten werden. Der Begriff ›Logik‹ stammt daher. Logik ist die Wissenschaft des ›Logos‹.

Aber die Logik hat irgendwie einen besonderen Status. Sie ist nicht gleicher Art wie die übrigen Wissenschaften. Aristoteles unterschied drei Typen der Wissenschaften, je nach den zu verwirklichenden Zielen. Die ›theoretische Wissenschaft‹ liefert Erkenntnisse in dem Sinn, daß diese im Gegensatz zu den bloßen Meinungen stehen. Die Mathematik bildet das offenbarste Beispiel dafür. Aristoteles rechnet auch Physik und Metaphysik ihr zu. Physik bedeutet für ihn nicht ganz das, was wir heute darunter verstehen. Sie ist ihm vielmehr eine allgemeine Lehre von Raum, Zeit und Kausalität, enthält also manches, was wir wohl zur Metaphysik oder sogar zur Logik im weiteren Sinne des Wortes zählen würden.

Dann gibt es ›angewandte Wissenschaften‹ wie die Ethik, die das Verhalten des Menschen in der Gesellschaft vorschreibt, und schließlich ›produktive Wissenschaften‹, deren Aufgabe ist, uns bei der Erzeugung nützlicher und künstlerischer Dinge zu leiten. Die Logik paßt anscheinend in keine von diesen hinein. Sie ist daher keine Wissenschaft im gewöhnlichen Sinn, sondern vielmehr eine allgemeine Verhaltensweise, wie man mit Dingen umgehen soll, die in der Tat unentbehrlich für die Wissenschaften sind. Sie bietet Kriterien für Unterscheidung und Beweisführung und sollte als ein Werkzeug (Instrument) betrachtet werden, das der wissenschaftlichen Forschung dient. Das bedeutet auch das griechische Wort ›*organon*‹ das Aristoteles benützt, wenn er von der Logik spricht. Der Ausdruck ›Logik‹ selbst wurde erst später von den Stoikern erfunden. Was das Studium der Form einer Beweisführung betrifft, so nannte Aristoteles das ›Analytik‹, was buchstäblich ›Befreien‹ heißt. Was so für die Prüfung ›freigesetzt‹ wird, ist Aufbau und Durchführung der Beweisführung.

Obzwar die Logik es mit Worten zu tun hat, beschäftigt sie sich für Aristoteles nicht mit bloßen Worten. Denn die meisten Wörter sind mehr oder weniger zufällige Zeichen, die für nichtwörtliche Dinge stehen. Daher ist Logik nicht dasselbe wie Grammatik, obwohl die Logik die grammatische Wissenschaft beeinflussen kann. Doch auch bedeutet Logik das gleiche wie Metaphysik, denn es geht bei ihr nicht so sehr um das was ist, als vielmehr um die Erkenntnisweise dieses Seienden. Hier wird die aristotelische Ablehnung der Ideenlehre wichtig. Für einen nämlich, der sich an diese Lehre hält, könnte Logik im engeren Sinn (wie wir sie auffassen) mit Metaphysik identifiziert werden. Aristoteles dagegen unterschied sie. Sein Versuch, das Problem der Universalien zu lösen, geschieht mit Hilfe von etwas, was wir ›Begriffe‹ nennen, die aber auf gar keinen Fall in einer andern Welt als unserer eigenen bestehen. Schließlich bedeutet Logik auch nicht dasselbe wie Psychologie. Das zeichnet sich besonders gut im Falle der Mathematik ab. Die deduktive Ordnung der euklidschen Elemente z.B. stellt nur eine Seite der Sache dar, die andere besteht in den qualvollen geistigen Verrenkungen der Mathematiker, womit ihre Untersuchungen diese Wissenschaft ans Licht brachten. Die logische Struktur der Wissenschaft und die Psychologie der wissenschaftlichen Forschung sind zwei getrennte und verschiedene Bereiche. Ebenso hat in der Ästhetik das Verdienst eines Kunstwerks mit der Psychologie des Schaffens nicht das geringste zu tun.

Am Anfang muß ein Überblick der Logik irgendwo die Struktur der Sprache bewerten. Im aristotelischen Organon wird das unter den ›Kategorien‹ behandelt. Auch hier findet sich der Beginn bei Platon, wie wir bei Besprechung des ›*Sophist*‹ sahen. Die aristotelische Diskussion bleibt allerdings viel mehr auf der Erde und befaßt sich eingehender mit den Tatsachen der Sprache. Sie unterscheidet zehn verschiedene allgemeine Kategorien, welche erkannt werden können. Sie sind: Substanz, Qualität, Quantität, Relation, Ort, Zeit, Lage, Zustand, Tätigkeit und Leiden. Die erste bildet also die Substanz, das Ziel jeder Feststellung überhaupt. Die übrigen Kategorien stellen nur die verschiedenen Arten von Feststellungen dar, die in bezug auf eine Substanz gemacht werden können. Wenn z.B. die Rede von Sokrates ist, können wir u.a. sagen, daß er eine gewisse Fähigkeit besitzt, nämlich daß er ein Philosoph ist. Es gibt auch Maßangaben über ihn, wie Größe, Gewicht usw. Das alles antwortet auf die Frage nach der Quantität. Dann steht er in verschiedenen Beziehungen zu anderen Lebewesen und Dingen, auch nimmt er einen bestimmten Platz in Raum und Zeit ein, ferner befindet er sich in einer Wechselwirkung mit seiner Umgebung, indem er gewisse Einflüsse ausübt und erleidet. Die Kategorienlehre hatte später, wie wir sehen werden, viele ausgezeichnete Nachfolger, obzwar die meisten schon mehr metaphysisch belastet sind als die eher linguistische Betrachtung des Aristoteles. Das ist besonders der Fall bei Kant und Hegel.

Die Kategorien sind freilich Abstraktionen. Sie antworten auf die allgemeinsten Fragen, die über irgend etwas gestellt werden können. Aristoteles denkt, daß die Kategorien das sind, was die Wörter an sich ausdrücken. Die Bedeutungen der Wörter bilden die Objekte der Erkenntnis, allerdings verschieden von der Tragweite der Urteile. Die moderne Linguistik drückt das manchmal so aus, man habe einen allgemeinen Begriff von allem, was immer es sei. Die Erkenntnisse durch wahres Urteil sind etwas ganz anderes. Hier verknüpfen sich die Begriffe, um eine Sachlage zum Ausdruck zu bringen.

Aristoteles' Logik ist der erste Versuch zur Grundlegung der allgemeinen Formen von Sprache und Beweisführung. Vieles hat Platon inspiriert – was das Verdienst des Aristoteles nicht verringert. Bei Platon finden sich logische Momente immer wieder in den Dialogen verstreut, je nach Gunst und Stimmung des Augenblicks. Aristoteles leistete für die Logik etwa das, was Euklid bald darauf für die Geometrie tat. Die aristotelische Logik herrschte erhaben bis ins 19. Jahrhundert. Wie vieles andere bei Aristoteles, wurde auch seine Logik sozusagen versteinert weitergegeben von Menschen, die durch seine Autorität derart eingeschüchtert waren, daß sie ihn durch keine Frage anzutasten wagten. Es ist kennzeichnend für die fortgeschrittenen Philosophen der Erneuerungszeit, daß sie durch und durch unzufrieden mit dem schulgängigen Aristotelismus waren. Allerdings brachte dies eine Reaktion gegen alles, was mit dem Namen Aristoteles zusammenhing, zustande – was sich ebenso nachteilig auswirkte, weil auch viel Wertvolles von ihm gelernt werden kann. In einer wichtigen Hinsicht war aber die aristotelische Logik tatsächlich äußerst unvollkommen: sie befaßte sich nicht mit den Beziehungsargumenten, die besonders in der Mathematik recht wichtig sind. Nehmen wir ein einfaches Beispiel: A ist größer als B, B größer als C, infolgedessen A größer als C. Das Entscheidende ist hier der Übergangscharakter der Beziehung ›größer als‹. Mit einiger Geschicklichkeit kann der Beweisanspruch zwar in die Form des Syllogismus gezwängt werden, aber in komplizierteren Fällen erscheint es hoffnungslos. Und wenn auch nicht völlig, so verschwindet doch der Beziehungscharakter des Arguments aus der Sicht.

Und nun müssen wir uns einigen allgemeinen Problemen zuwenden, die unter der Kennzeichnung Naturphilosophie behandelt werden können. Dort werden sie im allgemeinen erörtert. Physik, es muß daran erinnert werden, bedeutet soviel wie Natur. Aristoteles konnte z.B. auf eine lange Reihe von Vorgängern mit Werken ›*Über die Natur*‹ zurückblicken. Eine der wichtigsten Thesen hierzu ist nun Aristoteles' Lehre über die Kausalität. Sie ist mit der Theorie von Stoff und Form verbunden. In einer kausalen Situation gibt es einen stofflichen und einen formalen Aspekt. Letzterer selbst wird dreifach aufgeteilt. Da ist zuerst der formale Aspekt im beschränkten Sinn, was Gestalt genannt werden kann. Zweitens hat man einen Faktor, der den Wechsel bewirkt, wie das Zurückziehen eines Drückers beim Gewehr den Schuß auslöst. Drittens Ziel und Ende, das der Wechsel zu verwirklichen trachtet. Diese vier Aspekte werden als stoffliche, formale, wirkende und Zweckursachen bezeichnet. Ein einfaches Beispiel macht das klar. Man betrachtet einen wackelnden Stein auf einer Treppe, der an den Rand gestoßen wird und im Begriffe ist, zu fallen. Die stoffliche Ursache ist der Stoff des Steines selbst. Die formale Ursache ist die allgemeine Lage: Treppe und Position des Steins. Die wirkende Ursache bildet dann irgendein Stoß. Die Zweckursache ist die Tendenz des Steins, zu dem niedrigstmöglichen Niveau zu kommen, was eine Folge der Schwerkraft ist.

Von den stofflichen und formalen Ursachen ist nur wenig zu sagen. Wir betrachten sie nicht mehr länger als Ursachen. Sie bilden einfach notwendige Bedingungen in den Kausalverhältnissen, wobei, damit überhaupt etwas zustande kommt, irgend etwas irgendwo sein muß. Die wirkenden und Zweckursachen verlangen indes eine Erklärung. Die wirkende Ursache wird in der modernen Terminologie einfach als Ursache bezeichnet. So ist z.B. der Stoß anzusehen, den irgend jemand oder irgend etwas einem Stein gibt, der infolgedessen von der Treppe fällt. In der Physik wird nur diese Art der Kausalität anerkannt, obzwar in allen exakten Wissenschaften die allgemeine Tendenz dahin geht, zu versuchen, Erklärungen in Begriffen der wirkenden Ursachen zu geben. Die Vorstellung von Zweckursachen wird in der heutigen Physik nicht mehr anerkannt, wenn auch Spuren teleologischen Denkens in ihrem Wortschatz immer noch zu finden sind. Wörter wie Anziehung und Abstoßung, Streben nach dem Zentrum und ähnliches sind Reste teleologischer Begriffe und erinnern uns an die Tatsache, daß die aristotelische Kausalitätstheorie noch bis vor etwa 350 Jahren unbestritten war. Die Schwierigkeit mit den Zweckursachen ähnelt sehr der Gefahr des Begriffes der Möglichkeit, die wir schon weiter oben behandelt haben. Die Aussage, ein Stein falle, weil er eine Tendenz zu fallen habe, gibt uns überhaupt keinen Grund an. Andrerseits bieten sich auch hier Gelegenheiten, wo die Terminologie des Zwecks einem vernünftigen Ziel dient. In der Ethik z.B. ist es nicht unbedacht, auf ein Ziel als Ursache für ein gewisses

Verhalten oder für bestimmte Taten hinzuweisen. Dasselbe gilt als richtig auf dem Gebiet menschlicher Tätigkeit im allgemeinen. Erwartungen künftiger Ereignisse bedeuten oft Motive für unsere Handlungen. Das trifft auch für die Tiere zu; und es gibt sogar Fälle, wo man geneigt ist, das auch von Pflanzen auszusagen. Schließlich sind Zweckursachen nicht durchaus nichtig im Hinblick auf biologische und gesellschaftliche Problem. Gerade von seinem biologischen Interesse leitete Aristoteles ja den Begriff der Zweckursachen ab. In diesem Zusammenhang gehören Möglichkeit und Zweckbedingtheit (Finalität) klar zusammen. Der Biologe sieht sich der Frage gegenüber, wie aus einem Samen die vollentwickelte Pflanze oder das ausgewachsene Tier hervorgeht. Mit Aristoteles würde er sagen, daß die Eichel potentiell die Eiche enthält und das, was sie in einen Baum verwandelt, die Tendenz nach ihrer Verwirklichung ist. Diese Redeweise stellt freilich ein Beispiel für den Gebrauch solcher Vorstellungen dar. Im allgemeinen aber ersetzt jede fortschreitende Wissenschaft in ihren Erklärungen Zweckursachen durch wirkende Ursachen. Sogar die Psychologie geht in dieser Richtung. Die Psychoanalyse, was auch immer ihr Verdienst oder ihr Fehler sein mag, will das menschliche Verhalten viel eher auf Grund dessen, was vorher geschah, als dessen, was sich erst in Zukunft ereignen könnte, erklären.

Die teleologische Auffassung verdankt ihre Kraft letzten Endes der Tatsache, daß unsere natürliche Umgebung eine Art Ordnung zu zeigen scheint. Die kausale Notwendigkeit, die mit der wirkenden Kausalität in Verbindung steht, kommt einem dagegen wie eine blinde Macht vor, deren Wirkung keinerlei Ordnung begründet. Die Teleologie aber tut, als sei sie mit Voraussicht versehen. Die biologische Ordnung wiederum möchte einen auch hier zu einer teleologischen Sicht verleiten. Auf jeden Fall aber erkannte Aristoteles die Wirkung sowohl der Notwendigkeit wie auch der Zweckbeschaffenheit (Finalität) an. Es ist klar, daß auf solcher Grundlage die Naturwissenschaft nicht blühen konnte. Insbesondere erlitt die Physik einen ernsthaften Rückfall, der auf dem Gebiet der

Methode ohne eine Rückkehr zu Platon nicht wieder gutzumachen war, was erst Galilei wirklich vollbrachte. Einem Mathematiker drängt sich der Begriff der Finalität nicht so leicht auf wie einem Biologen, so braucht es uns nicht zu überraschen, daß Platon von dieser Vorstellung frei ist. Die Teleologie befindet sich letzten Endes auf falscher Fährte, da sie anthropomorphisch oder theologisch beschaffen ist. Es sind Menschen, die Ziele haben und Zwecke verfolgen. So hat die Finalität nur in der menschlichen Sphäre einen Sinn. Aber: ›Stock, Stein und Stiel kennt kein Ziel‹, und nichts Gutes kann dabei herausspringen, wenn man teleologisch plappernd versucht, ihnen Ziele beizulegen. Mit entsprechenden Sicherungen können wir freilich auch den Begriff der Tendenz ebenso wie den der Möglichkeit – wie wir letzthin schon sahen – gebrauchen. Für Aristoteles verknüpfte sich die Finalität mit Zielen, auf welche er aus der Existenz der Ordnung, die ihn wieder auf einen Plan hinwies, schloß.

Wenn aber die Wißbegier des Forschers durch Scheinerklärungen beschwichtigt wird, dann kommt die wahre Erkenntnis der Naturerscheinungen nicht vorwärts. Insbesondere auf dem Gebiet der Astronomie leistete Aristoteles der Wissenschaft bedenklich schlechte Dienste. Die Lehre der Finalität, die allem seinen entsprechenden Platz zuteilt, verleitete ihn zur Unterscheidung zwischen einem Bereich unter und einem hinter dem Mond. Er dachte diese zwei Gebiete von verschiedenen Prinzipien beherrscht. Diese völlig verrückte Spekulation ist schiere Mondsucht im Vergleich zu der fortgeschrittenen Astronomie der Akademie. Der wirkliche Schaden wurde jedoch von denen bewirkt, die nicht gewillt waren, Aristoteles kritisch zu behandeln, vielmehr nahmen sie ihn ganz und gar an, statt das Schlechte bei ihm abzulehnen, und brachten ihn so schließlich in allgemeinen Verruf.

Einen anderen Gegenstand der Naturphilosophie stellen Raum, Zeit und Bewegung dar. Letztere haben wir schon in Verbindung mit dem Wechsel erwähnt. Das Verfahren des Aristoteles hierbei ist bemerkenswert. Wo die Eleaten unüberwindbare Schwierigkeiten bezüglich des Versuchs einer Erklärung der Bewegung gefunden hatten, stellte Aristoteles vom anderen Ende her die Frage. Bewegung ist sichtbar da, und gerade das muß unser Ausgangspunkt sein. Dies angenommen, erhebt sich das Problem der Erklärung. Um eine moderne Unterscheidung anzuwenden, erweist Aristoteles sich hier als ein Empirist gegenüber den eleatischen Rationalisten. Die Sache ist nicht unerheblich, insbesondere deswegen nicht, weil man oft fälschlich meint, der empirische Vorgang sei unzuverlässig und unsauber. Bezüglich der Bewegung z.B. hält Aristoteles die Ansicht aufrecht, daß es eine Kontinuität gibt – ein vollkommen vernünftiger Standpunkt. So ist es möglich weiterzugehen und herauszufinden, was diese Kontinuität nach sich zieht, aber es ist unmöglich, Kontinuität aus dem Unzusammenhängenden herzustellen. Letzteres wurde oft übersehen von jenen Mathematikern, die von der Zeit des Pythagoras an hofften, eine mathematische Welt aus dem Nichts aufbauen zu können. Während eine analytische Theorie der Kontinuität in rein logischer Weise konstruiert werden kann, hängt ihre Anwendung auf die Geometrie von einem Postulat der Kontinuität ab.

Der eine Fall von Bewegung, den wir früher betrachteten, war ›Wechsel in der Qualität‹. Es gibt noch zwei andere Arten: Wechsel der Quantität, Wechsel des Raumes. Das sind die einzigen drei Kategorien, unter die die Bewegung fällt. Auf Grund der aristotelischen Lehre ist es nicht möglich, den Wechsel auf die Bewegungen der Partikel zurückzuführen, wie die Atomisten es tun. Denn es ist unmöglich, eine Kategorie auf eine andere zurückzuführen. Hier befindet sich Aristoteles wieder mit seiner Auffassung auf seiten des Empirismus, während die Atomisten, die, wie wir sahen, die Erben der eleatischen Tradition sind, in den Begriffen des rationalistischen Prinzips der Reduktion denken.

In bezug auf Raum und Zeit hat die Lehre von Aristoteles viel mit den heutigen Ansichten gemein. Daß es so etwas wie ›die Lage‹ gibt, folgert Aristoteles daraus, daß verschiedene Gegenstände zu verschiedenen Zeiten denselben Raum einnehmen können. Daher muß man den Raum von dem in ihm befindlichen Ding unterscheiden. Um die Lage eines Gegenstandes zu bestimmen, können wir mit der Festlegung einer Gegend, in der er sich befindet, beginnen, und sie wird dann nacheinander eingeengt, bis wir zu dem genauen Ort kommen. Auf diese Art und Weise bestimmt Aristoteles die Lage eines Körpers als seine Grenzen.

Im Gegensatz zu den Atomisten meinte Aristoteles, daß es keinen leeren Raum gebe. Zur Stützung dieser Ansicht brachte er eine Menge von Beweisen bei, die alle unhaltbar sind. Der interessanteste ist eine *reductio ad absurdum*, ausgehend von der Tatsache, daß sich die Geschwindigkeit der Körper in einem vermittelnden Stoff (Medium) je nach der Dichte dieses Mediums und dem Gewicht des Körpers unterscheidet. Daraus folgert er erstens, daß sich die Körper in einem leeren Raum mit unendlicher Geschwindigkeit bewegen müßten, was absurd ist, denn jedes Fortschreiten beansprucht Zeit. Zweitens sollte sich ein schwerer Körper schneller als ein leichterer bewegen – warum aber sollte es in einem leeren Raum so sein? Auf Grund dieser zwei Punkte erklärte er, daß das Vakuum unmöglich sei. Die Schlüsse resultieren allerdings nicht aus den Prämissen. Aus der Tatsache z.B., daß in einem dünneren vermittelnden Stoff die Körper sich schneller bewegen, folgt keinesfalls, daß sie sich im leeren Raum unendlich schnell bewegen. Und was das andere betrifft, zeigt die Beobachtung, daß sich in einem luftentleerten Raum die leichten Körper mit derselben Geschwindigkeit bewegen wie die schweren. Die Fehlvorstellungen Aristoteles' vom leeren Raum blieben fast zweitausend Jahre lang ungeklärt. Aber wir dürfen ruhig sagen, daß sich Wissenschaftler auch heutzutage noch bei Vorstellungen vom leeren Raum unsicher fühlen. Daher füllten sie ihn mit einer besonderen Materie wie dem Äther oder neuerdings mit der Verteilung von Energien aus.

Aristoteles' Behandlung der Zeit ist seiner Analyse des Raumes sehr ähnlich. Die Geschehnisse im Ablauf der Zeiten entsprechen den Dingen in der Reihung der Plätze. Wie ein

Gegenstand seinen entsprechenden Platz besitzt, so ein Geschehnis seine entsprechende Zeit. Bezüglich der Kontinuität unterscheidet Aristoteles drei Weisen, wie sie geordnet werden können. Zunächst können sie aufeinanderfolgen: ein Ding kommt nach dem andern, ohne irgendeine Unterbrechung in der untersuchten Reihe. So dann gibt es Dinge, die sich fast berühren, in Verbindung miteinander, wenn die aufeinanderfolgenden Glieder nahe aneinandergrenzen; und schließlich kann die Ordnung ununterbrochen sein, wenn die nacheinanderfolgenden Glieder Grenze an Grenze liegen, d.h. wenn sie zusammenhängen. Wenn zwei Dinge zusammenhängen, sind sie auch in Kontakt miteinander, was umgekehrt nicht gilt. Ähnlicherweise sind zwei Dinge, die miteinander Kontakt haben, auch aufeinanderfolgend, aber wieder nicht umgekehrt.

Einzelheiten der wissenschaftlichen Lehren des Aristoteles sind für uns hier belanglos. Obzwar er manche gute Arbeit, insbesondere in der Biologie, geleistet hat, wurde das wahre Bild seiner Größe durch Übertreibungen, wie kein Vorsokratiker sie gebilligt hätte, getrübt. Wir haben schon früher gesehen, daß die Zweckursachen mit hoher Wahrscheinlichkeit in der Ethik gesucht werden können. In erster Linie entstammt die Teleologie diesem Gebiet. Das Gute stellt für Aristoteles das dar, wonach alle Dinge streben. Da er die Ideenlehre ablehnte, fand sich freilich keine Form des Guten. Er bemerkte die Tatsache, daß das Wort ›gut‹ Verschiedenes bedeutet, was nicht alles auf denselben Nenner gebracht werden kann. Nichtsdestoweniger rührt das Gute in manchen seiner Bekundungen letzten Endes von der Güte Gottes her. So ist es nicht so sehr verschieden, noch soweit entfernt von der Ideenlehre, wie es zuerst erscheinen möchte. Diese Art Schwanken findet sich überall in der aristotelischen Philosophie vor. Auf der einen Seite bricht er mit der Akademie und auf der anderen scheint er wieder zu ihr zurückzukommen. Das metaphysische Wesen Gottes stellt für Aristoteles etwas ganz Unpersönliches dar. Gott ist der unbewegliche erste Beweger, der der Welt ihren ersten Stoß versetzt. Und nachdem er diese Aufgabe erfüllt hat, hört er auf, an den Weltläuften teilzunehmen. Die Taten der Menschheit berühren ihn nicht mehr. Das ist ein farbloser Philosophengott, ein Anhängsel an Aristoteles' Theorie von der Kausalität.

Um die Absicht der aristotelischen Ethik zu begreifen, müssen wir etwas von seiner Seelenlehre sagen. Von Platon borgte er die dreifache Aufteilung. Er spricht von einer sich nährenden (und fortpflanzenden), einer empfindenden und einer vernünftigen Seele. Erstere ist allem Lebenden gemeinsam, das Stoffwechsel hat, um es platt auszudrücken. Die Empfindung gehört den Tieren und den Menschen an, aber nicht den Pflanzen, während die Vernunft der menschlichen Art allein zu eigen ist. Nur hier, im Raum der Vernunft, ist Ethik möglich. Die Pflanzen vegetieren und die Tiere führen bloß ein tierisches Leben: Die Seele verleiht dem Körper Einheit und seinem Stoff Form. Sie überlebt den Tod im persönlichen Sinne nicht, die Vernunft aber ist als solche unsterblich.

Ethische Probleme erheben sich, wenn die Frage gestellt wird, was der Sinn des Lebens sei. Aristoteles sieht ihn im Wohlbehagen der vernunftbegabten Seele, und das bedeutete wieder für ihn ein Leben vernünftiger und unablässiger Tätigkeit, erfüllt von Tugenden. So stellt die Tugend nach der aristotelischen Lehre ein Mittel zum Zweck dar. Dieser Zweck wird natürlich nicht von jedem im selben Grade verwirklicht, er bedeutet nichtsdestoweniger das höchste Ziel, das ein Mensch überhaupt erreichen kann. Wie auch bei Sokrates, wird überlegsames Leben für das beste gehalten.

Es ist wichtig zu verstehen, daß das für einen Griechen zu Aristoteles' Lebzeiten nicht Zurückgezogenheit von der Welt und keine Abkehr von ihren Angelegenheiten hieß. In erster Linie schloß ethisches Leben Tätigkeit in sich ein, nur unabhängig mußte diese sein. So ist ›denkendes Leben‹ nicht der Grund, weshalb die experimentelle Methode ins Schwanken geriet, obzwar Aristoteles mehr auf beschauliche Nachprüfung der schon gesammelten Wahrheiten als neue Entdeckung Wert legte. Dies führt zu einer Schwierigkeit, die er übersah, denn, um etwas richtig einschätzen zu können, muß eine vorangehende Stellungnahme erfolgt sein; und wer kann sagen, wann je das richtige Maß dazu angelegt wird? Es ist nicht zu bezweifeln, daß Nachforschungen nicht in dieser Weise begrenzt werden dürfen. Und zweitens muß ein guter Staatsbürger seine öffentlichen Pflichten erfüllen und verschiedene Dienste im Frieden wie auch im Krieg leisten. Die Elfenbeinturm-Auffassung der Philosophie fängt mit den Stoikern an. Ihre Abkehr von der sinnlichen Welt verursachte das Trokkenwerden der wissenschaftlichen Bewegung.

In Verbindung mit den moralischen Kräften oder den Charaktertugenden entwickelt Aristoteles die Lehre von der Tugend als der Mitte. Bald stoßen wir auf Unzulänglichkeit, bald auf Übermaß. Keines von beiden stellt das richtige Verhalten dar. Die (wahre) Tugend ist irgendwo dazwischen. So besteht steter Mut weder in rascher Angriffslust noch in schüchternem Zurückweichen. Die Lehre von dieser Mitte wurde von der Doktrin der Anpassung, die auf Pythagoras und Heraklit zurückgeht, angeregt. Aristoteles geht weiter und gibt ein Bild des Menschen, der alle Tugenden, wahre Seelengröße besitzt. Das gibt ein gutes Bild von dem, was im Benehmen der Bürger jener Zeit ganz allgemein für bewundernswert gehalten wurde – im ganzen überwältigend, und das Nichtvorhandensein falscher Bescheidenheit herzerfrischend. Man sollte seinen Wert nicht überschätzen, aber auch nicht unterbewerten. Letzten Endes ist dieser großzügige Mensch ein sehr seltenes Exemplar, schon deswegen, weil die meisten Menschen nie Gelegenheit haben, all diese Tugenden auszuüben. Wie bei Sokrates und Platon wurde auch hier der Nachdruck auf eine ethische Elite gelegt. Die Lehre von der Mitte ist nicht allzu beweiskräftig. Wie soll z.B. die Wahrhaftigkeit definiert werden? Sie ist als Tugend anerkannt; es kann aber kaum gesagt werden, daß sie die Mitte zwischen großen und kleinen Lügen bedeute, obzwar eine solche Ansicht in gewissen Kreisen nicht unbeliebt ist. Auf keinen Fall aber können solche Definitionen auf die Tugenden des Verstandes angewandt werden.

Bezüglich des Guten und des Bösen hielt Aristoteles menschliches Tun für frei, ausgenommen in Fällen des Zwangs oder der Unwissenheit. Im Gegensatz zu der sokratischen Ansicht gab er offen zu, daß man überlegt etwas Böses tun kann. In Verbindung damit entwickelt er die Bedeutung der freien Entscheidung – ein Problem, das freilich nicht innerhalb der Theorie, daß niemand absichtlich sündige, aufkommen konnte.

Schließlich müssen auch die aristotelischen Ansichten über die Freundschaft erwähnt werden. Und das ›gute Leben‹ (das richtige) führen zu können, muß man Freunde haben, die man gegebenenfalls zu Rate ziehen und auf die man sich stützen kann. Freundschaft ist für Aristoteles das Hinüberspielen der Selbstachtung auf andere. Es ist dein eigenes Interesse, daß du deinen Bruder liebst wie dich selbst. Hier, wie auch oft, ist Aristoteles' Ethik ein wenig selbstgefällig und egozentrisch.

Zwei Dinge fallen uns von Anfang an auf, wenn wir die politischen Auffassungen Aristoteles' betrachten. Erstens bemerken wir, daß seine politischen Argumente teleologisch sind und Aristoteles sich auch vollkommen klar darüber ist. Zweitens beschränkt er sich fast ausschließlich auf den Stadtstaat. Aristoteles faßte es einfach nicht, daß die Tage des griechischen Stadtstaates schon zu seinen Lebzeiten beinahe vorbei waren. Makedonien war im Begriff, die Führung in Griechenland zu übernehmen und unter Alexander sogar ein Reich zu erobern; aber die politischen Probleme eines solchen Gebildes berühren Aristoteles nicht im geringsten. Es gibt allerdings ein paar blasse Anspielungen auf den Großen König (Darius), auf Ägypten und Babylonien, aber solche kleinen Ausflüge ins Barbarische schärfen nur noch den Kontrast. Der griechische Stadtstaat stellte für Aristoteles das politische Leben in seiner höchsten Form dar; was irgendwo draußen vorgeht, ist Barbarismus dieser oder anderer Art. Die teleologische Betrachtungsweise, die wir schon erörterten, wird von Anfang an angewandt. Es ist für den Menschen selbstverständlich, als ein ›politisches Tier‹ zu leben, da er nach dem ›guten Leben‹ trachtet. Kein gewöhnlicher Sterblicher ist so selbstgenügsam, daß er allein leben könnte. Dann behandelt Aristoteles das Problem der Sklaverei und behauptet, daß wir in der ganzen Natur den Dualismus zwischen Oberen und Unteren vorfinden. Die Fälle von Körper und Seele, Mensch und Tier springen ins Auge. Unter solchen Umständen ist es für beide Seiten am besten, daß es Herrschende und Beherrschte gibt. Die Griechen sind selbstverständlich den Barbaren überlegen, infolgedessen ist es für die Fremden in Ordnung, Sklaven zu sein, aber nicht für die Griechen. In gewisser Weise liegt hierin schon die Erkenntnis, daß die Sklaverei letztlich nicht gerechtfertigt werden kann. Jeder barbarische Stamm wird sich zweifelsohne für überlegen halten und die Frage von seinem eigenen Standpunkt aus behandeln. Und das taten die Halbbarbaren Makedoniens wirklich. In der Behandlung des Wohlstandes und der Mittel, ihn zu erwerben, hatte Aristoteles eine Unterscheidung geäußert, die im Mittelalter großen Einfluß ausübte. Jedes Ding besitzt, sagt er, zwei Werte. Der erste stellt seinen Eigen- oder Gebrauchswert dar, so wie man z.B. ein Paar getragene Schuhe wertet. Der zweite Wert ist der Tauschwert, der eine Art unnatürlichen Wertes ausmacht, wenn z.B. ein Paar Schuhe nicht gegen andere Gebrauchtwaren zur unmittelbaren Nutzung, sondern gegen Geld ausgetauscht wird. Das Geld besitzt manche Vorteile, indem es einen festen Wert bedeutet, der leicht befördert und mitgenommen werden kann; aber es hat auch Nachteile, indem es sich leicht unabhängig macht und Eigenwert erlangt. Der schlimmste Fall ist das Ausleihen des Geldes auf Zinsen. Viele Einwände des Aristoteles stammen höchstwahrscheinlich aus wirtschaftlichen und gesellschaftlichen Vorurteilen. Ein ›Genleman‹ kann sich doch nicht dem Gelderwerb hingeben, um es wieder für seine edle Lebensweise auszugeben. Aristoteles übersieht dabei, daß ein solches Leben ohne Geldquellen nicht geführt werden kann.

Was die Behandlung des Idealstaates betrifft, finden wir seine Maßnahmen weicher als die im *›Staat‹*. Besonders betont Aristoteles die Wichtigkeit der Familie. Damit richtige Zuneigung sich entwickeln kann, muß ihr Wirkungsbereich eingeengt werden. Um die Hingabe für die Kinder zu sichern, müssen sie in der Obhut ihrer Eltern bleiben; bloße ›kommunale Verantwortung‹ führt hier leicht zur Vernachlässigung. Der Idealstaat Platons ist im allgemeinen zu starr und einförmig. Er übersieht die Tatsache, daß der Staat innerhalb gewisser Grenzen nur in der Gemeinschaft vieler unterschiedlicher Interessen besteht. Nebenbei sei bemerkt, daß, wenn die Pluralität der Interessen anerkannt wird, es kein Bedürfnis mehr für jene ›königlichen Lügen‹ gibt. Was das Eigentum an Grund und Boden angeht, empfiehlt Aristoteles den Privatbesitz, doch sollten die Produkte der ganzen Gemeinschaft zugute kommen.

Bei seiner Auffassung vom Bürgerrecht hat Aristoteles einen ziemlich engen Standpunkt. Nur die Männer, die nicht nur über das Wahlrecht verfügen, sondern sich auch an den Angelegenheiten der Staatsregierung unmittelbar und aktiv beteiligen, sollten Bürger genannt werden. Das schließt die breiten Massen der Bauern und Arbeiter, die als ungeeignet für die Ausübung politischer Funktionen betrachtet werden, aus. Die Möglichkeit einer Regierung durch Volksvertretung konnte damals noch niemandem einfallen.

Die Frage nach den verschiedenen Verfassungen beantwortet Aristoteles in der ›Politik‹ im allgemeinen nach Platons Entwurf. Er betont allerdings den Vorrang des Wohlstandes der Herrschenden vor ihrer Anzahl. Nicht das ist wesentlich, ob wenige oder viele regieren, sondern nur, ob sie über wirtschaftliche Macht verfügen oder nicht. Aber es gibt auch gerechte Ansprüche auf die Macht, und Gleiche sollten gleichen Anteil haben. Das Kriterium dafür liegt im Ethischen: in der Güte. Der Gute sollte die Macht besitzen!

Nach langer Durchsicht der verschiedensten Verfassungen gelangt Aristoteles zu der Schlußfolgerung, daß wohl jene die beste sei, auf Grund deren es weder zuviel noch zuwenig

Wohlstand gibt. So stellt der Staat mit überwiegendem Mittelstand den besten, den beständigsten dar. Dann werden die Ursachen von Revolutionen und deren Vorbeugung erörtert. Hauptursache ist die Verdrehung des Prinzips der Gerechtigkeit: weil die Menschen häufig gleich oder ungleich sind, folgt nicht, daß sie es immer sind. Schließlich wird eine Darstellung des Idealstaates gegeben. Seine Bevölkerung soll die richtige Zahl und die richtigen Fähigkeiten haben; dieser Staat sollte von der Spitze eines Hügels aus überblickbar und seine Bürger sollten Griechen sein, die allein das Lebensstarke der Nördlichen mit der Geisteskraft der Östlichen verbinden.

Wir müssen noch ein anderes Werk streifen, das, zwar schmal an Umfang, doch großen Einfluß auf die Geschichte der Kunstbetrachtung, insbesondere auf dem Gebiet des Dramas, ausübte. Dies ist die ›*Poetik*‹ von Aristoteles, ein Buch, das hauptsächlich der Behandlung der Tragödie und der epischen Dichtung gewidmet ist. Es sei bemerkt, daß das Wort Poetik buchstäblich soviel wie: ›Vorgang des Schaffens von Dingen‹ bedeutet. Im allgemeinen könnte es daher für jede produktive Tätigkeit angewandt werden, aber im vorliegenden Fall wird es auf die dichterisch-künstlerische Produktion beschränkt. Ein Poet, auch im heutigen Sinn, ist also ein Verseschreiber.

Alle Kunst ist, gemäß Aristoteles, nachahmend. In seiner Klassifizierung trennt er zuerst Malerei und Bildhauerei von den übrigen, indem er Musik, Tanz und Dichtung im heutigen Sinn in eine Gruppe reiht. Die verschiedenen Weisen der Nachahmung trennen die einzelnen Dichtungsarten voneinander. Was unter Nachahmung gemeint ist, wird in Wirklichkeit nie erklärt. Die Vorstellung ist freilich aus der Ideenlehre bekannt, nach der Einzeldinge als Nachahmungen der Universalien betrachtet werden können. Bei Aristoteles scheint die Nachahmung das Hervorrufen durch dichterisch-künstlerische Mittel von Gefühlen zu sein, die der Wirklichkeit gleichkommen. Die ganze Abhandlung wurde höchstwahrscheinlich im Hinblick auf die dramatische Kunst verfaßt, da hier das nachahmende Prinzip am natürlichsten angewandt wird. Das wird uns klar, wenn Aristoteles von der Nachahmung menschlicher Handlung spricht. In der Tragödie werden die Menschen größer als im gewöhnlichen Leben gezeigt, wenn schon nicht so sehr, daß unsere Sympathie für ihre Anliegen erlahmen könnte. Die Komödie hingegen zeigt die Menschen schlechter als sie sind, da sie die lächerliche Seite des Lebens betont. Das komische Moment im menschlichen Charakter wird zwar für einen Fehler, aber keinen besonders schlimmen gehalten. Wir bemerken hier ein Zusammenfallen der ästhetischen Werte mit den ethischen. Das beruht auf einer Neigung, die noch vom ›*Staat*‹ herrührt, wo das Künstlerische eng mit gesellschaftlichen und ethischen Kriterien verbunden ist. Das bloß Schurkische konnte nie ästhetisch wertvoll sein; die modernen literarischen Maßstäbe geben diese Einschränkung nicht zu.

Sodann unterscheidet Aristoteles zwischen der Dichtung, welche Geschichten erzählt, und der, welche Handlungen darstellt. Das setzt das Epos ab vom Drama. Der Ursprung der dramatischen Kunst wird im Singsang bei den religiösen Riten gefunden. So ist es klar, daß die griechische Tragödie mit gewissen Zauberformeln der orphischen Zeremonien begann. Eine mögliche Deutung des Wortes selbst ist ›Bocksgesang‹, da die Ziege eines der Symbole des Orpheus war. *Tragos* ist griechisch ›Bock‹ und *ode* soviel wie ›Lied‹. Nach den frühesten Formen hatte die Zeremonie einen Führer, der Verse vorsagte, und die Menge der Respondierenden wie noch bei den heutigen religiösen Veranstaltungen. Hieraus entwickelten sich, wie Aristoteles darlegt, der erste Schauspieler und der Chor. Die Komödie hingegen kam von den dionysischen Gelagen her, worauf der Sinn des Wortes ›Zechlied‹, deutet.

Ein episches Werk gebraucht dasselbe Versmaß bis zum Ende, während die Tragödie die verschiedensten Versmaße nützt. Was aber noch wichtiger ist: die Tragödie wird weit mehr durch den Szenenrahmen begrenzt. Aristoteles bringt die Einheit des Ortes, der Zeit und der Handlung nicht klar heraus. Das ist vielmehr Sache der Verwendung beider literarischen Gattungen. Ein Theaterstück muß an einem Abend und innerhalb eines begrenzten Raumes aufgeführt werden, während ein Epos beliebig lang sein und aus der Einbildungskraft jeden Nutzen ziehen kann. Aristoteles bestimmt die Tragödie als die Nachahmung menschlichen Tuns. Sie soll gut, vollständig und von vernünftigem Umfang sein und soll beim Zuschauer mitfühlend Furcht und Mitleid, die die Seele reinen, hervorrufen.

Bezüglich der Vollständigkeit betont Aristoteles, daß die Tragödie Anfang, Mitte und Ende haben sollte. Auf den ersten Blick scheint dies keine besonders lichtvolle Äußerung zu sein. Doch ist etwas Vernünftiges gemeint: Die Tragödie muß einen glaubhaften Ausgang haben, sich vernünftig weiterentwickeln und zu einem zwingenden Schluß gelangen. Sie muß ein vollständiges Ganzes und in sich abgeschlossen sein. Der Umfang zählt, weil, wenn das Stück zu lang ist, der Geist ermüdet; ist es zu kurz, packt es nicht genug.

Der Zweck der Tragödie besteht in der Läuterung der Seele durch die Reinung der Gefühle. Das ist der Sinn des griechischen Wortes *katharsis*. Durch das Erlebnis von Furcht und Mitleid kann sich die Seele von ihren Lasten erleichtern. So hat die Tragödie ein therapeutisches Ziel. Der Ausdruck ist der Medizin entliehen. Aristoteles erweist sich hier als ursprünglich und eigenständig durch den Vorschlag einer Kur, einer milden Klage als einer Art psychische Behandlung. Bei dieser Gestaltung des Endes der Tragödie (eben der Klage) darf angenommen werden, daß Ehrfurcht und Mitleid uns alle befallen, was wahrscheinlich auch so ist. Aristoteles untersucht dann die verschiedenen Merkmale eines tragischen Werkes. Das Wichtigste ist die Handlung, ohne welche es kein Drama geben kann. Insoweit als die Charaktere sich durch ihre Handlungen erweisen, sind sie selbst zweitrangig. Die Möglichkeiten der Charaktere werden in den Handlungen wirksam. In Verbindung mit der Handlung sind zwei Arten von Ereignissen besonders wichtig: die plötzliche Wendung des Schicksals oder die Entdeckung unerwarteter Umstände in der Handlung. Derlei Geschehnisse müßten nun jemand, der an Tugenden nicht gerade glänzend ist, niederschmettern.

Doch dürfte sein Sturz nicht auf Lastern, sondern auf mangelnder Einsicht beruhen. Sie reißt ihn aus der Höhe, und sie macht ihn zu einem Ausgestoßenen. Es gibt viele Beispiele der Art im griechischen Drama.

Von der Behandlung des Charakters verlangt Aristoteles in erster Linie, daß er einen richtigen Typ darstellt. Wie die Handlung, müssen auch die Charaktere lebenswahr sein. In diesem Sinn muß eine Feststellung Aristoteles' anderswo richtig verstanden werden, daß nämlich die Dichtung sich mit Allgemeinem beschäftigt, während die Geschichte das einzelne beschreibt. In der Tragödie erkennen wir allgemeine Züge aus dem menschlichen Leben, die dem Werk sein Thema geben. Es ist bemerkenswert, daß die Bühnengestaltung zwar erwähnt, aber von Aristoteles für unwesentlich gehalten wird. Dadurch wird fast ausschließlich die literarische Qualität des Werks betont. Aristoteles mag die Tragödie ebenso geeignet zum Vorlesen wie auch für die Aufführung betrachtet haben. Die ›*Poetik*‹ enthält keine voll entfaltete Theorie der Kunst und der Schönheit. Aber sie begründet mit Klarheit eine Anzahl von Kriterien, die die literarische Kritik seitdem immer beeinflußt haben. Vor allem findet man einen erfreulichen Mangel an Geschwätz über die Gefühle und Absichten der Verfasser, um so mehr aber Sammlung und Besinnung auf die Werke selbst.

Wir hörten schon, daß die griechische Philosophie gleichaltrig ist mit der rationellen Wissenschaft. Es liegt in der Natur der Dinge, daß sich die philosophischen Fragen an den Grenzlinien der wissenschaftlichen Forschung erheben. Insbesondere trifft dies auf die Mathematik zu. Seit Pythagoras spielen Arithmetik und Geometrie eine lebendige Rolle in der griechischen Philosophie. Es gibt mehrere Gründe dafür, warum gerade die Mathematik besonders wichtig hierbei ist. Vor allen Dingen bietet ein mathematisches Problem Klarheit und Einfachheit, was nicht bedeutet, daß es immer leicht zu lösen sei. In diesem Sinn braucht es durchaus nicht einfach zu sein. Aber die gewöhnlichen Probleme in der Mathematik *sind* einfach, verglichen z.B. mit den Fragen der Physiologie. Sodann gibt es hier begründete Methoden in der Beweisführung. Wir müssen uns freilich daran erinnern, daß irgend jemand sie ausfindig machen mußte, um damit ›beginnen‹ haben zu können. Allgemeingültigkeit des Beweises und der Darbietung sind ausgesprochen griechische Entdeckungen. In der Mathematik ragt die Funktion des Beweises klarer als in den meisten anderen Wissenschaften hervor, wenn auch das, worum es in einer mathematischen Beweisführung wirklich geht, oft mißverstanden wurde. Ferner erlauben die Schlüsse der mathematischen Beweise, falls sie einmal richtig verstanden werden, keinen Zweifel. Das gilt für die Schlüsse aller Beweise, deren Prämissen angenommen sind. Kennzeichnend für die Mathematik ist, daß sie teil hat an Verfahren, in denen man die Prämissen annimmt, während in anderen Wissenschaften die Schlüsse immer wieder mit den Tatsachen verglichen werden müssen, aus Angst, daß eine von ihnen falsch wäre. Für die Mathematik gibt es keine Tatsachen, die einen Vergleich verlangten. Wegen dieser Sicherheit gaben manche Philosophen jederzeit zu, daß die Mathematik überlegeneres und zuverlässigeres Wissen gewährleistet als jede andere Wissenschaft. Oft sagt man, Mathematik bedeute Wissen und lehnt dies für andere Informationsquellen ab. Um in der Sprache von Platons ›*Staat*‹ zu reden, könnte man sagen, daß die Mathematik dem Bereich der Formen angehört und deshalb Wissen ergibt, während andere Disziplinen sich mit Einzeldingen beschäftigen, wobei höchstens Meinungen gewonnen werden. Die Ideenlehre verdankt denn auch ihren Ursprung der pythagoreischen Mathematik. Durch Sokrates wurde sie zu einer allgemeinen Theorie der Universalien erweitert, während sie durch Platon wieder auf das Gebiet der mathematischen Wissenschaft beschränkt ward.

Gegen Ende des vierten Jahrhunderts wird Alexandria das Zentrum der Mathematik. Die Stadt wurde von Alexander 332 gegründet und entwickelte sich rasch zu einer der wichtigsten Handelsgemeinden am Mittelmeer. Am Eingang zu den östlichen Ländern liegend, sorgte es für die Verbindung zwischen dem Westen und den kulturellen Einflüssen von Babylonien und Persien. Eine große jüdische Gemeinde wuchs hier binnen kurzer Zeit heran und wurde rasch hellenisiert. Gelehrte aus Griechenland errichteten eine Schule und auch eine Bibliothek, die im ganzen Altertum berühmt war. Keine andere Sammlung von Büchern konnte mit der von Alexandria sich messen. Leider wurde diese einmalige Quelle alter Wissenschaft und Philosophie ein Opfer der Flammen, als die Legionen Julius Cäsars 47 v. Chr. die Stadt einnahmen. So ging ein unermeßlicher Schatz von Werken der großen Schriftsteller des Altertums unwiederbringlich zugrunde. Zweifellos verbrannte auch weniger Wertvolles. Aber das ist nur ein schwacher Trost, wenn Bücherschätze in Staub und Asche fallen.

Der bekannteste alexandrinische Mathematiker war Eulkid, der um 300 v. Chr. lehrte. Seine ›*Elemente*‹ stellen eines der größten Werke der griechischen Wissenschaft dar. Hier wird in deduktiver Form das gesamte geometrische Wissen der Zeit ausgebreitet. Vieles bei Euklid ist nicht eigene Entdeckung, aber ihm verdankt man die systematische Darstellung der Probleme. Die ›Elemente‹ bildeten durch alle Zeiten ein Vorbild, das viele zu erreichen strebten. Als Spinoza seine ›*Ethik*‹ ›more geometrico‹ schrieb, diente ihm Euklid als Muster, und dasselbe war bei Newtons ›*Principia*‹ der Fall.

Wie wir gesehen haben, war eines der Probleme, das durch die späteren Pythagoreer angepackt wurde, die Darstellung von Irrationalen als Grenzwert bei Reihen fortgesetzter Brüche. Dennoch wurde nie eine vollständige arithmetische Theorie des Problems herausgebracht. Die Folge war, daß eine Berechnung der Proportionen in arithmetischen Begriffen nicht erfolgen konnte. Denn es blieb unmöglich, einer irrationalen oder unmeßbaren Zahl einen numerischen Namen zu geben. Bei Längen ist die Sache anders. In der Tat wurde die Schwierigkeit erst entdeckt, als man versuchte, der Hypotenuse eines gleichschenkligen rechtwinkligen Dreiecks den Wert einer

Einheitslänge zu geben. So entwickelte sich gerade aus der Geometrie eine vollständige Theorie der Proportionen. Wie es scheint, war ihr Erfinder Eudoxos, ein Zeitgenosse Platons. Die Art und Weise, wie diese Lehre uns überliefert wurde, stützt sich auf Euklid, der sie mit bewundernswerter Klarheit und Genauigkeit dargelegt hat. Die endgültige Rückkehr zur Arithmetik trat etwa 2000 Jahre später durch die Erfindung der analytischen Geometrie ein. Als Descartes annahm, daß die Geometrie mittels Algebra gehandhabt werden könnte, strebte er in der Tat dem wissenschaftlichen Ideal der sokratischen Dialektik nach. Indem er die engumzirkten Hypothesen der Geometrie zunichte machte, fand er allgemeine Prinzipien, auf denen man bauen konnte. Das stellt genau das Ziel dar, das von den Mathematikern der Akademie angestrebt worden war; mit welchem Erfolg aber, werden wir nie erfahren. Die ›Elemente‹ Euklids sind reine Mathematik im modernen Sinn. Im Einklang mit den Traditionen der Akademie verfolgten auch die Mathematiker Alexandrias solche Forschungen nur, weil sie an den Problemen interessiert waren. Bei niemand ist das so offensichtlich wie bei Euklid. Nicht die geringste Spur von etwaigem Nutzen der Geometrie! Außerdem verlangte die Beherrschung dieser Kunst ein langes Sichversenken. Als Euklid vom Pharao von Ägypten aufgefordert wurde, ihm die Geometrie in ein paar kurzen Stunden beizubringen, gab er die berühmte Antwort, es gebe keinen königlichen Weg zur Mathematik. Nun wäre es aber falsch zu glauben, daß die Mathematik keinen Nutzen gebracht hätte. Genauso irrtümlich wäre der Gedanke, daß mathematische Probleme nicht selten praktischen Fragen entspringen. Es ist aber ein Ding, dem Ursprung einer Lehre nachzuspüren, und ein anderes, ihre Bedeutung abzuhandeln. Diese beiden werden oft nicht genügend unterschieden. Es wäre sinnlos, Euklid zu bekritteln, weil er der Soziologie mathematischer Entdekkungen wenig Aufmerksamkeit schenkte. Darum bekümmerte er sich einfach nicht. Auf Grund eines gewissen Standes der mathematischen Erkenntnisse, wie immer sie zustande kamen, geht er daran, sich mit ihnen auseinanderzusetzen und sie in eine strenge deduktive Ordnung zu bringen. Das ist eine rein wissenschaftliche Tätigkeit, die unabhängig ist weder vom ›Stand der Nation‹ noch von irgend sonst was. Dasselbe gilt auch für die Philosophie.

Zweifellos lenken die Zeitverhältnisse die Aufmerksamkeit der Menschen selbst – einmal früher, einmal später – auf die jeweiligen Probleme hin. Aber das schmälert doch in keiner Weise das Verdienst der vorgebrachten wissenschaftlichen Theorien, wie jene Probleme anzupacken wären.

Eine andere Entdeckung, die sogenannte Methode der Ausschöpfung, wird Eudoxos zugeschrieben. Sie dient der Berechnung von Flächen, die von Kurven begrenzt sind. Der Zweck ist die ›Ausschöpfung‹ des vorhandenen Raumes durch Füllen mit einfachen Figuren, deren Flächeninhalt leicht festgestellt werden kann. Genau dasselbe geschieht prinzipiell beim Integralkalkül, dessen Vorläufer denn auch die Methode der Ausschöpfung ist. Der berühmteste Mathematiker, der diese Methode der Kalkulation anwandte, war Archimedes, der nicht nur auf dem Gebiet der Mathematik, sondern auch als ausgezeichneter Physiker und Ingenieur hervorragte. Er lebte in Syrakus, und seine technischen Fähigkeiten trugen nach Plutarch mehr als einmal dazu bei, daß die Stadt von der Besiegung feindlicher Armeen gerettet wurde. Schließlich eroberten die Römer ganz Sizilien und damit auch Syrakus. Die Stadt fiel 212 v. Chr., und während der Belagerung wurde Archimedes getötet. Wie man erzählt, wurde er von einem römischen Soldaten niedergestochen, während er sich auf einer Sandstelle in seinem Garten mit der Ausarbeitung eines geometrischen Problems beschäftigte.

Archimedes benützte die Methode der Ausschöpfung, um die Parabel und den Kreis zu quadrieren. Für die Parabel zeichnete er eine unendliche Reihe immer kleiner und kleiner werdender Dreiecke ein und gelangte dadurch zu einer exakten Zahlenformel. Im Fall des Kreises kam er zur Zahl π als das Verhältnis des Umkreises zum Durchmesser. Da das keine rationale Zahl ist, so kann die Methode der Ausschöpfung jeden beliebigen Näherungswert erreichen. Mit der Einzeichnung und der Einschließung durch regelmäßige Vielecke von zunehmender Seitenzahl kommt man dem Kreisumfang immer näher und näher. Die eingezeichneten Vielecke machen im Umkreis immer etwas weniger als der Kreis und die umgeschriebenen immer etwas mehr aus, aber die Differenz wird ständig kleiner und kleiner, je nach der Zunahme der Seitenzahl.

Der andere große Mathematiker des dritten Jahrhunderts war Apollonius von Alexandria, der die Lehre von den Kegelschnitten entdeckte. Auch hier haben wir ein gutes Beispiel für das Überbordwerfen von Einzelhypothesen. Denn ein paar gerade Linien sowie Parabel, Ellipse, Hyperbel und Kreis, sie alle erscheinen nun als Sonderfälle eines und desselben Dings: des Kegelschnitts!

Was andere wissenschaftliche Gebiete betrifft, sind vielleicht die am meisten ins Auge springenden griechischen Erfolge die der Astronomie. Manche davon erwähnten wir schon bei der Behandlung verschiedener Philosophen. Die erstaunlichste Errungenschaft dieser Periode ist die Aufstellung der heliozentrischen Theorie. Aristarch von Samos, ein Zeitgenosse des Euklid und des Apollonius, scheint der erste gewesen zu sein, der eine vollständige und detaillierte Erklärung dieser Auffassung gab, möglich aber auch, daß sie schon gegen das Ende des vierten Jahrhunderts an der Akademie vertreten worden war. Jedenfalls haben wir zuverlässiges Zeugnis von Archimedes, daß Aristarch sich daran hielt. Auch im Plutarch finden sich Hinweise darauf. Den Kern der Lehre bildet die Ansicht, daß die Erde und die Planeten um die Sonne kreisen, die, zusammen mit den Sternen, ›fix‹ bleibt, und daß die Erde, während sie ihre Planetenbahn durchläuft, sich auch um ihre eigene Achse dreht. Daß die Erde täglich einmal eine Achsendrehung macht, war schon Herakleides, dem Akademiker im vierten Jahrhundert v. Chr., bekannt, während die Schiefheit der

Ekliptik im fünften Jahrhundert v. Chr. entdeckt wurde. Aristarchs Theorie stellte also keine völlige Neuheit dar. Nichtsdestoweniger gab es Opposition und sogar Feindseligkeit gegen diese kühne Abweichung von der Durchschnittsmeinung der Zeit. Auch muß gesagt werden, daß selbst ein paar Philosophen dagegen waren, in der Hauptsache wahrscheinlich aus ethischen Gründen. Denn die Erde aus dem Mittelpunkt des Alls rücken – das mußte gewiß niederdrückend für das allgemeine Empfinden gewesen sein. Kleanthes, der stoische Philosoph, ging sogar so weit, zu verlangen, die Griechen sollten Aristarch der Gottlosigkeit beschuldigen. Eigene Meinungen über Sonne, Mond und Sterne waren damals genauso gefährlich wie zuzeiten unorthodoxe Ansichten in der Politik. Nach diesem Ansturm scheint Aristarch seiner Meinung mit größerer Vorsicht Ausdruck verliehen zu haben. Die Auffassung, daß die Erde sich bewegt, hat seither auch in einem anderen berühmten Fall das religiöse Gefühl aufgewühlt, als nämlich Galilei die kopernikanische Theorie aufrechterhielt. Es sei bemerkt, daß Kopernikus die Theorie des Astronomen von Samos bloß wiederbelebte oder neu entdeckte. Eine Randbemerkung des Namens Aristarch in einem der Manuskripte von Kopernikus stellt das außer Zweifel. Was die Angaben über relative Größen und Entfernungen innerhalb des Sonnensystems angeht, wichen sie erheblich voneinander ab. Die beste Schätzung der Entfernung Sonne – Erde beträgt ungefähr nur die Hälfte der wirklichen. Die Mondentfernung wurde ziemlich genau berechnet. Der Erddurchmesser wurde bis auf rund 80 km genau errechnet. Dies leistete Eratosthenes, ein Bibliothekar in Alexandria und ein begabter wissenschaftlicher Beobachter. Um den Umfang der Erde zu bestimmen, wählte er zwei Beobachtungspunkte, die ziemlich nahe beieinander auf demselben Meridian lagen. Einer der beiden war Syene auf dem Wendekreis des Krebses, wo die Sonne am Mittag im Zenith steht. Das wurde durch die Spiegelung der Sonne in einem tiefen Brunnen beobachtet. In Alexandria, 640 km weiter nördlich, war nur noch die Feststellung des Sonnenwinkels notwendig, was leicht durch Messung des kürzesten Schattens eines Obeliskes gemacht wurde. Aus diesen Zahlen konnte der Umfang und der Durchmesser der Erde leicht abgeleitet werden.

Viele von diesen Erkenntnissen gerieten aber bald in Vergessenheit, hauptsächlich deswegen, weil sie mit den religiösen Vorurteilen der Zeit zusammenprallten. Daß sogar Philosophen daran schuld waren, ist in Wirklichkeit ganz verständlich. Denn die neue Astronomie drohte die ethische Doktrin der stoischen Richtung umzuwerfen.

Zum Schluß ist es vielleicht wert zu betonen, daß die Mathematik außer der Einfachheit ihrer Probleme und der Klarheit ihrer Struktur auch manche Möglichkeit für die Schaffung des Schönen leistet. Die Griechen besaßen in der Tat einen stark entwickelten Sinn für die Ästhetik, wenn dieser sprachliche Anachronismus erlaubt ist Der Ausdruck Ästhetik im heutigen Sinne wurde nämlich erst von dem deutschen Philosophen Baumgarten im 18. Jahrhundert geprägt. Allerdings stellt die Meinung von Keats, Wahrheit sei Schönheit, eine durchaus griechische Auffassung dar. Es ist genau die Art und Weise, wie ein Platoniker beim Betrachten der geometrischen Proportionen einer griechischen Urne gefühlt hat. Gleiches läßt der Bau mathematischer Beweise empfinden. Auch Begriffe wie Anmut und Maß sind ja zum Teil ästhetischer Natur.

DER HELLENISMUS

Wenn die Griechen im frühen 5. Jahrhundert gegen die eindringenden Perser zu kämpfen hatten, zeigte sich das Reich des Großen Königs im frühen 4. Jahrhundert als ein Riese auf tönernen Füßen. Bewies nicht Xenophon, daß eine Schar gutgeführter und disziplinierter griechischer Soldaten sich gegen die persische Macht, sogar innerhalb ihrer eigenen Territorien, behaupten konnte?

Mit Alexander dem Großen gingen die Griechen zur Offensive über. In zehn kurzen Jahren, von 334 bis 324 v. Chr. fiel das persische Reich dem jungen makedonischen Eroberer zu. Von Griechenland bis Baktrien, vom Nil bis zum Indus geriet die Welt für eine kurze Dauer unter die Alleinherrschaft Alexanders, der zwar für die Griechen ein makedonischer Oberlehensherr war, sich selbst aber als den Verbreiter der griechischen Kultur betrachtete. Und als solcher bewährte er sich in der Tat. Er war nicht nur Eroberer, sondern auch Kolonisator. Wohin ihn seine militärischen Unternehmungen führten, gründete er griechische Städte, die auf griechische Art und Weise lebten. In solchen Brennpunkten griechischen Lebens verschmolzen die griechischen oder makedonischen Siedler mit der einheimischen Urbevölkerung. Alexander ermunterte seine Makedonier, asiatische Frauen zu heiraten und scheute sich nicht, selbst auszuüben, was er predigte. Er heiratete zwei persische Prinzessinnen.

Als Staat war Alexanders Reich nur kurzlebig. Nach seinem Tod teilten seine Generäle das Reich in drei Gebiete. Der europäische Teil, der des Antigonus, fiel wenig später als hundert Jahre den Römern zu. Das asiatische oder *seleukidische* Königtum ging unter und wurde von den Römern im Westen und von den Parthern und andern im Osten übernommen. Das Ägypten der *Ptolemäer* wurde unter Augustus römisch. Aber für die Verbreitung griechischen Einflusses blieben die makedonischen Eroberungen weit erfolgreicher. Griechische Kultur strömte breit nach Asien ein. Griechisch wurde die Sprache der Gebildeten überall, und sie entwickelte sich rasch zur Weltsprache des Handels, so wie die englische in unseren Jahrzehnten. Um 200 v. Chr. konnte man von den Toren des Herakles bis zum Ganges griechisch sprechen.

Wissenschaft und Philosophie, vor allem die Kunst der Griechen, wirkten so auf die alten Kulturen des Ostens ein. Münzen, Vasen, architektonische und bildhauerische Reste, sowie in kleinerem Ausmaß auch literarische Einflüsse, legen Zeugnis für diese kulturelle Durchdringung ab. Gleicherweise übte auch der Osten neuen Einfluß auf den Westen aus. Allerdings war dies fast ein Schritt zurück. Denn was die Phantasie der Griechen zu dieser Zeit mehr als irgend etwas anderes erregt zu haben scheint, war die babylonische Astrologie. Daher kann das hellenistische Zeitalter trotz all seiner wissenschaftlichen und technischen Entfaltung als viel abergläubischer als die klassischen Zeiten bezeichnet werden. Ein gleiches wiederholt sich vor unseren Augen. Als ich noch ein junger Mann war, bedeutete die Astrologie nur das Vorrecht einiger verrückter komischer Käuze. Heutzutage ist diese Krankheit derart übermächtig geworden, daß die Beherrscher der Massenpresse dazu verleitet werden, für das, was in den Sternen steht, Spalten zur Verfügung zu stellen. Vielleicht ist das auch für damals nicht verwunderlich. Denn ehe die Römer kamen, war die ganze hellenistische Welt hemmungslos, chaotisch, unsicher. Ständig streitende Söldnerheere suchten das Land von Zeit zu Zeit heim. Politisch vermißten die neuen Städte Alexanders die Stetigkeit der alten Kolonien, die immer die Verbindung mit dem Mutterland aufrechterhalten hatten. Das allgemeine Gefühl der Zeit entbehrte der Sicherheit. Mächtige Reiche waren zugrunde gegangen, und nach ihnen kämpften andere um die Oberhand auf einer sich ändernden Bühne. Die Vergänglichkeit der Dinge wurde den Leuten unbezweifelbar nahegebracht.

Kulturell finden wir eine zunehmende Spezialisierung. Die großen Männer der klassischen Periode konnten als Mitglieder eines Stadtstaates vieles, was die Verhältnisse erforderten, in ihre Hand nehmen. Die Wissenschaftler der hellenistischen

Zeit dagegen beschränkten sich auf ihre Fachgebiete. Der Schauplatz der wissenschaftlichen Forschung wurde von Athen nach Alexandria, der erfolgreichsten der neuen Städte Alexanders, dem Treffpunkt der Gelehrten und der Schriftsteller aus aller Welt, verlegt.

Eratosthenes, der Geograph, war eine Zeitlang der Leiter der großen Bibliothek. Euklid, wie auch Apollonius, lehrte Mathematik; Archimedes hatte dort studiert.

In Verbindung mit dem Schwinden des goldenen Zeitalters der Stadtstaaten befällt ein allgemeiner Niedergang an Ursprünglichkeit und Lebenskraft die griechische Welt. Wenn es überhaupt einen hervorstechenden Wesenszug gibt, der allen großen Philosophen Athens gemeinsam war, so war es eine mutig-heitere Haltung zum Leben. Die Welt war ihnen schön und wert; und der Staat war überschaubar. Aristoteles hielt ja dies für ein wesentliches Merkmal seiner Idealstadt. Infolge der makedonischen Ausbreitung wurde diese selbstzufriedene Auffassung ein für allemal erschüttert. In den philosophischen Tendenzen jener Tage spiegelt sich dies in allgemeinem Pessimismus und einem Gefühl der Unsicherheit. In der Philosophie begannen mehrere neue Bewegungen zu entstehen. Die erste knüpfte unmittelbar an Antisthenes, einen der Schüler des Sokrates, an. Sein Name steht in Verbindung mit einem Paradox der eleatischen Tradition. Nach ihm ist es unmöglich, wesentliche Behauptungen zu machen. A ist A, was zwar wahr, aber nicht wert ist, es auszusagen, oder A ist B, wobei B nicht A ist, also unbedingt falsch sein muß. Kein Wunder, daß Antisthenes den Glauben an die Philosophie verlor. Später verzichtete er auf seine höhere gesellschaftliche Lebensstellung und seine Beziehungen und teilte das einfache Leben des gemeinen Volkes. Er lehnte sich gegen die Sitten seiner Zeit auf und wünschte, zu einer ursprünglichen Lebensweise zurückzukehren, die durch keine Konvention und durch keine Einschränkung des Staates belästigt wäre.

Einer seiner Schüler war Diogenes aus Sinope, einer griechischen Kolonie am Schwarzen Meer. Von ihm erhielt die neue

Bewegung ihren Namen. Diogenes führte ein so primitives Leben wie ein Hund, infolgedessen erhielt er den Spottnamen ›kynisch‹, was hündisch bedeutet. Nach der Legende lebte er in einer Tonne, und einmal besuchte Alexander den berühmten Mann. Der junge Makedonier forderte ihn auf, einen Wunsch zu äußern, er würde erfüllt. »Geh mir aus der Sonne«, lautete die Antwort, und Alexander war derart beeindruckt, daß er entgegnete: »Wäre ich nicht Alexander, möchte ich Diogenes sein.«

Der Kehrreim der kynischen Lehre hieß: Abkehr von den weltlichen Gütern und Hinkehr zur Tugend, die das einzig wertvolle Gut ist. Dies stellte ganz klar schon einen der Hauptzüge der sokratischen Lehre dar. Als eine Reaktion auf die Weltgeschehnisse ist es aber eine etwas negative Stellungnahme. Es ist wohl wahr, daß je weniger man sich bindet, desto kleiner die Gefahr der Enttäuschung ist. Aber eine solche Auffassung erlaubt kein sonderliches Beflügeln. Die kynische Doktrin wuchs mit der Zeit zu einer weitverbreiteten und mächtigen Tradition heran. Während des dritten vorchristlichen Jahrhunderts gelangte sie in der ganzen hellenistischen Welt zu großer Popularität, was natürlich nur heißt, daß eine Abart verderbter kynischer Lehre die ethischen Verhältnisse der Zeit widerspiegelte. Es war dies eine Art opportunistischer Haltung zum Leben: mit beiden Händen nehmen, wenn es etwas zu nehmen gab; sich nicht beklagen, wenn die Zeiten mager ausfielen; das Leben genießen, wenn es genossen werden konnte; aber die Launen des Schicksals mit einem Achselzucken annehmen. Aus dieser Entwicklung der Lehre erhielt das Wort ›kynisch‹ (bis zu unserm ›zynisch‹) seine nicht ganz schmeichelhafte Färbung. Aber der Kynismus als Bewegung war nicht durchdacht genug, um lange weiterleben zu können. Sein ethischer Inhalt mündete später in die stoische Schule, auf die wir bald zurückkommen.

Ein anderes, recht verschiedenes Erzeugnis der Zeit des philosophischen Niedergangs war die skeptische Bewegung. Buchstäblich bedeutet der Skeptiker einen Zweifler, aber als

Philosophie erhebt der Skeptizismus den Zweifel zum Rang eines Dogmas. Er leugnet, daß man je etwas mit Gewißheit wissen könnte. Die Schwierigkeit zeigt sich freilich gleich, wenn man wissen möchte, woher der philosophische Skeptiker seine Ansicht nimmt. Wie kann er wissen, daß er weiß, wenn seine Stellungnahme ausdrücklich die Möglichkeit des Wissens leugnet? Diese Kritik ist am Platze, sobald die Zweifelhaftigkeit unserer Meinungen zu einem Prinzip gemacht wird. Wenn uns aber der Skeptizismus darauf aufmerksam macht, daß es sich lohnt, vorsichtig zu sein, dann ist freilich nichts gegen ihn einzuwenden.

Der erste philosophische Skeptiker war Pyrrhon, Bürger von Elis, der die Welt in Alexanders Heer kennengelernt hatte. Die skeptische Lehre bedeutete keine neue Doktrin, da es, wie wir sahen, Zweifel an der Zuverlässigkeit unserer Sinne auch schon in den pythagoreischen und eleatischen Schulen gab, während die Sophisten ähnliche Ansichten als Basis für ihren gesellschaftlichen und ethischen Relativismus vertraten. Aber keiner dieser Denker machte den Zweifel zu einer zentralen Angelegenheit. Wenn die Philosophen des 17. und 18. Jahrhunderts von der pyrrhonischen Philosophie sprachen, verstanden sie darunter diese Art der Skepsis. Sonst ist von Pyrrhon selbst wenig bekannt; aber sein Schüler Timon hat höchstwahrscheinlich geleugnet, daß Grundsätze als Axiome der Deduktion überhaupt je gefunden werden könnten. Da sich Aristoteles in seiner wissenschaftlichen Beweisführung auf erste Grundsätze gestützt hatte, bedeutete dies einen ernsthaften Angriff gegen seine Anhänger. Das erklärt, warum sich die mittelalterliche Scholastik so feindlich zu der pyrrhonischen Philosophie verhielt.

Nach dem Tode Timons im Jahr 235 v. Chr. hörte der Skeptizismus auf, eine selbständige Schule zu sein. Statt dessen ward er von der Akademie angenommen, die skeptischen Neigungen fast noch 200 Jahre lang huldigte. Das war natürlich eine Verdrehung der platonischen Tradition, wenn sich auch Stellen bei Platon finden, die, aus dem Zusammenhang gerissen, den Anschein erwecken, als ob jeder Versuch zu konstruktivem Denken vergeblich sei.

Während des 1. Jahrhunderts v. Chr. kam der Skeptizismus noch einmal unabhängig zur Geltung. Lukian, der Satiriker des zweiten nachchristlichen Jahrhunderts, und Sextus Empiricus, dessen Werke noch vorhanden sind, gehören dem Spätskeptizismus an. Aber der Geist der Zeit verlangte ein bestimmteres und tröstlicheres System. Das Anwachstum einer dogmatischen Weltanschauung überschattete allmählich die philosophische Skepsis.

Vergleicht man die philosophischen Spekulationen der hellenistischen Zeit mit denen der großen athenischen Tradition und ihrer Vorgänger, so trifft einen ein bleicher und müder Blick dieses Zeitalters. Zu einer Zeit, da der Rahmen der alten Gesellschaft gesprengt war, suchten die Menschen Frieden. Dies ist nirgends so klar ersichtlich wie in der philosophischen Schule Epikurs.

Von athenischen Eltern 342 v. Chr. auf Samos geboren, ging Epikur mit 18 Jahren nach Athen und kurz darauf nach Kleinasien, wo er unter den Zauber der Philosophie des Demokrit geriet. Als er gerade über 30 Jahre alt war, gründete er eine Schule, die von 307 v. Chr. bis zu seinem Tod im Jahre 270 v. Chr. in Athen ihre Tätigkeit ausübte. Diese Schule der ›Philosophen im Garten‹ arbeitete als eine Gemeinschaft auf seinem Besitztum und strebte danach, sich vor dem Gedränge und Streit der Außenwelt möglichst abzuschirmen. Sein ganzes Leben lang war Epikur von Leiden geplagt, die er ohne Jammern zu ertragen sich übte. Das Kernziel seiner Lehre war die Erreichung ungestörter Bedingungen inneren Friedens.

Als oberstes Gut galt Epikur die Lust, ohne die rechtes Leben unmöglich ist. Lust für ihn bedeutete aber nicht nur die des Körpers, sondern ebenso sehr die des Geistes. Die letztere besteht in besinnlicher Betrachtung der leiblichen Freuden und ist in keiner Weise der anderen überlegen. Da wir aber größere Herrschaft über unsere geistigen Tätigkeiten besitzen, können wir bis zu einem gewissen Grade die Gegenstände unserer Betrachtung wählen, während uns die Nöte und Triebe des Leibes weithin auferlegt sind. Hier liegt der einzige Vorteil der Lust des Geistes. Nach dieser Auffassung ist der tugendhafte Mensch vorsichtig bei der Suche nach Lust. Als die höchste Lust betrachtete Epikur die Freundschaft. Am Tage seines Todes schrieb er in einem Brief die folgenden Zeilen: »An diesem wirklich glücklichen Tag meines Lebens, da ich schon bald sterbe, schreibe ich Dir dies. Mein Blasen- und Magenleiden schreitet heftig fort. Demgegenüber freue ich mich aber über die Erinnerung an unsere Gespräche. Ich bitte Dich, für die Kinder von Metrodos in der Art zu sorgen, wie ich es von Dir, der Du mir und der Philosophie von Deiner Jugend an immer ergeben warst, erwarte.« Der Genannte war ein verstorbener Schüler; am Todestage war für Epikur nichts anderes so wichtig wie das Schicksal der Kinder Metrodos. So mild und freundlich verhielt sich Epikur gegen die Menschen überhaupt.

Epikurs Lehre führt zu einer Auffassung vom rechten Leben, die recht verschieden von der des Sokrates und der Platons ist. Bei Epikur finden wir nicht mehr soviel Lebenskraft wie bei Sokrates oder Platon. Er unterscheidet zwar zwischen aktiver und passiver Lust, bevorzugt aber letztere. Das Ziel wird bei ihm durch die passive Lust der Abwesenheit aller weiteren Wünsche erreicht.

Man kann diese Art abgewogener Ethik in einer der Ungewißheiten des Lebens müden Zeit verstehen. Als Darstellung des Guten ist sie jedoch sehr einseitig. Sie übersieht u.a. die Tatsache, daß Wunschlosigkeit und Ersterben des Gefühls geradezu das Wesen aktiver Forschung ausmacht. Sein menschliches Maß ließ Epikur weniger starr sein, als seine eigenen strengen Ansichten verlangten. Er schätzte – wie wir schon sahen – Freundschaft über alles. Und sie kann doch nicht zu den passiven Freuden zählen. Daß ›Epikureer‹ ein Deckwort für ›Genüßling‹ wurde, beruht auf der Verleumdung durch die stoischen Zeitgenossen und auch deren Nachfolger, die all das verachteten, was ihnen grob-materialistische Weltanschauung der Epikureer zu sein schien. Dies widerspricht aber völlig der Tatsache, daß der epikureische Kreis in Wirklichkeit ein karges Dasein führte.

Demokrits Atomismus folgend, war nun Epikur tatsächlich Materialist. Die Seele besteht aus einer besonderen Art von Materie; ihre Teilchen sind mit den Atomen des Körpers vermischt. Die Sinneswahrnehmung wird als das Einwirken von Ausströmungen der Gegenstände auf die Atome der Seele erklärt. Wenn der Tod sich einstellt, verlieren die Seelenatome ihre Verbindung mit dem Körper und werden verstreut, als Atome weiterlebend, aber unfähig zur Wahrnehmung. So weist Epikur nach, daß die Furcht vor dem Tode unvernünftig ist, da der Tod selbst nicht erfahren werden kann. Obzwar er die Religion heftig bekämpfte, hielt er es jedoch für möglich, daß es Götter gebe. Nur sind wir durch ihre Existenz weder besser noch schlechter daran. Sie (die Götter) selbst aber, die höchsten Ausübenden des Epikureismus, nehmen keinen Anteil an den Angelegenheiten der Menschen.

Ungleich anderen Schulen entwickelte der Epikureismus keine wissenschaftliche Tradition. Zwar wurden seine freidenkerische Haltung und sein Widerstand gegen abergläubische Bräuche auch später, besonders in Rom, von ein paar Auserwählten, Angehörigen der oberen Klassen, verehrt, aber der Stoizismus trat, sogar in ethischer Beziehung, allmählich an seine Stelle. Nur ein hervorragender Name findet sich in der Nachfolge Epikurs: der römische Dichter Lukrez, der von 99 bis 55 v. Chr. lebte. In seinem Gedicht ›*De rerum natura*‹ trägt er Epikurs Lehre vor:

»Als vor dem menschlichen Blick mißschaffen das Leben versiechte,
Niedergedrückt von der ehernen Wucht schwerlastenden Glaubens,
Welcher vom Himmel herab sein häßlich Antlitz zeigte,
Da erstand ein hellenischer Mann und wagte das Wagnis,
Aug' in Auge gebohrt entgegen zu treten dem Unhold.

Über die flammenden Mauern der Welt vordrang er als Sieger,
Und er durchspähte das All mit dem leuchtenden Auge des Forschers,
Bracht' uns als Beute zurück das Geheimnis alles Entstehens ...
Und so liegt nun im Staub, der uns einstens bezwungen, der Glaube,
Machtlos. Aber uns trägt der Triumph empor zu den Sternen.«

(Übersetzt von Max Seidel)

Die einflußreichste philosophische Richtung im hellenistischen Zeitalter war der Stoizismus. Weniger streng an den Boden der Hauptstadt Griechenlands als die großen Schulen von Athen gebunden, zog er manche seiner berühmtesten Vertreter aus dem Osten und später aus dem römischen Westen an. Der Gründer dieser Bewegung war ein Phönizier aus Cypern, namens Zeno. Sein Geburtsdatum ist ungewiß, nur fällt es in die zweite Hälfte des 4. Jahrhunderts v. Chr. Die geschäftlichen Angelegenheiten seiner Familie führten den jungen Mann nach Athen, wo sich in ihm eine Neigung zur Philosophie entwickelte. Er verzichtete auf den kaufmännischen Beruf und gründete schließlich eine eigene Schule. Er pflegte in der *Stoa Poikilé*, d.h. ›bunten Halle‹ vorzulesen, die ihren Namen nach den farbigen Wandgemälden des Polygnot trug, und nach dieser ›Halle‹ wiederum wurde der Stoizismus (oder schlechtweg die ›Stoa‹) benannt.

Die stoische Philosophie überbrückt ein Zeitalter von fast fünf Jahrhunderten. Während dieser Zeit erlitten ihre Lehren beträchtliche Veränderungen. Was aber die Bewegung trotzdem zusammenhielt, das war ihre ethische Auffassung, die fast immer die gleiche blieb. Die Haltung des Stoizismus stammt aus der sokratischen Lebensweise. Mut angesichts der Gefahr und des Leidens, Gleichgültigkeit den äußeren Verhältnissen gegenüber, stellten die Tugenden dar, die die Stoiker schätzten. Die Betonung des Ausharrens und des Freiseins prägte das Wort ›stoisch‹ im modernen Sinne.

Der Stoizismus als ethische Theorie ist eine etwas farblose und strenge Disziplin im Vergleich zu den Lehren der klassischen Zeit. Es gelang ihr jedoch, größere Anhängerschaft als die Doktrinen Platons und Aristoteles' zu gewinnen. Vielleicht entsprach der Nachdruck, den Platon auf die Erkenntnis als höchstes Gut legte, nicht ganz den Menschen, die mitten im tätigen Leben standen. Jedenfalls ergriff die stoische Lehre die Einbildungskraft der hellenistischen Könige und Herrscher. Ob dies eine Antwort auf die Hoffnungen des Sokrates war, nach denen die Philosophen Könige und die Könige Philosophen sein sollten, darf man füglich bezweifeln.

Nur wenig blieb bruchstückweise von den Werken der früheren Stoiker erhalten, doch ist es möglich, ihre wichtigsten Lehren befriedigend zusammenzustellen. Zenos Hauptprobleme scheinen im Grunde genommen ethisch gewesen zu sein. Eine seiner wichtigsten Fragen, die durch die ganze stoische Philosophie hindurch im Mittelpunkt steht, war das große Problem des Determinismus und des freien Willens, eine philosophische Frage, die lebendig genug blieb, um die Aufmerksamkeit der Philosophen durch alle Zeitalter bis heute auf sich zu ziehen. Nach Zeno ist die Natur von strengen Gesetzen beherrscht. Seine kosmologische Theorie scheint im Wesen von vorsokratischen Ansichten beeinflußt zu sein. Der Urstoft ist, nach Zeno wie auch nach Heraklit, das Feuer. Daraus entstanden die anderen Elemente im Laufe der Zeit, so etwa nach den Ansichten von Anaxagoras. Schließlich tritt ein großer Weltbrand ein, und alles kehrt ins uranfängliche Feuer zurück, und dann beginnt die ganze Welt von neuem, wie nach dem Zyklus der Lehre des Empedokles. Die Gesetze, nach denen die Welt ihre Bahn läuft, entströmen einer höchsten Gewalt, der auch die Geschichte in allen Einzelheiten unterliegt. Alles geschieht nach einem festen Ziel hin in vorgeschriebener Weise. Dieser höchste, göttliche Kraftquell wird aber nicht als etwas außerhalb der Welt betrachtet, sondern als sie durchdringend.

Das größte Gut ist die Tugend, die Leben im Einklang mit der Welt bedeutet. Dies ist trotzdem keine bloße Tautologie, etwa in dem Sinne, daß alles, was besteht, schon dadurch im Einklang mit der Welt sei. Vielmehr wird hier der Wille eines Menschen, der willens ist, sich mit der Natur zu vereinigen, statt sich gegen sie aufzulehnen, zum Ausdruck gebracht. Weltliche Güter werden gering geschätzt. Ein Tyrann kann jemand all seiner äußeren Habseligkeiten, sogar seines Lebens berauben, aber er ist nicht imstande, ihm seine Tugenden zu nehmen, die innerer, unveräußerlicher Besitz sind. Und so läßt sich der Schluß ziehen, daß man nur durch Verzicht auf eitle Ansprüche, Verzicht auf äußere Güter vollkommen frei wird. Denn die Tugend, das einzige, was zählt, kann ja durch keinen Druck von außen her berührt werden.

So bewundernswert auch immer manche dieser Gedanken als Regeln für ein würdiges Leben sind, gibt es in dieser ethischen Theorie doch ernsthafte Fehler. Denn wenn die Welt nach Gesetzen gelenkt wird, nützt es wenig, die Überlegenheit der Tugend zu predigen. Diejenigen, die tugendhaft sind, wollen es sein, weil es ihrer Art gemäß ist, und ähnlich ist es mit den Bösen. Und was sollen wir mit einer Gottheit anfangen, die das Böse vorschreibt? Die Ansicht, die in Platons *›Staat‹* geäußert wird, daß Gott der Schöpfer nur des Guten in der Welt sei, könnte hier offensichtlich wenig nützen. Ähnlichen Einwänden begegnen auch Spinoza und Leibniz, die versuchen, die Schwierigkeit durch die These abzubiegen, daß der menschliche Geist die Notwendigkeit der Dinge als Ganzes nicht zu fassen vermöge, daß aber in Wirklichkeit alles zum besten in dieser besten aller möglichen Welten eingerichtet sei. Aber ganz abgesehen von den logischen Schwierigkeiten der Theorie, es scheinen auch rein faktische Irrtümer vorzuliegen. Es ist sehr zu befürchten, daß Elend ganz allgemein nicht zur Hebung der Tugend und zur Veredelung der Seele beiträgt. Außerdem bedeutet es eine der betrüblichsten Entdeckungen unseres so fortschrittlichen Zeitalters, daß jeder Mensch – so stark seine Wurzeln seien – zerbrochen werden kann. Trotzdem bleibt die Stoa stark durch die Erkenntnis, daß in gewissem Sinn das innere Gut der Tugend grundwichtiger ist als manches andre Ding. Außerer Verlust kann meist ersetzt werden, wenn aber jemand seine Selbstachtung verliert, wird er weniger als ein Mensch.

Die erste systematische Zusammenfassung des Stoizismus geht angeblich auf Chrysippos (280 – 207 v. Chr.) zurück, obzwar sein Werk nicht erhalten blieb. In dieser Phase zeigten die Stoiker ein regeres Interesse für Logik und die Sprache. Sie formulierten die Lehre des hypothetischen und des disjunktiven Syllogismus und entdeckten ein wichtiges logisches Verhältnis, das im modernen Jargon ›materiale Folgerung‹ genannt wird, sowie die Terminologie der Grammatik, welche erst bei ihnen ein Feld systematischer Forschung wurde. Die Namen der grammatikalischen Fälle sind stoische Entdeckungen.

Die stoischen Lehren verbreiteten sich in Rom durch Ciceros literarische Tätigkeit. Er hatte bei dem stoischen Philosophen Posidonius studiert. Dieser Grieche aus Syrien reiste viel und betätigte sich auf mehreren Gebieten. Seine astronomischen Forschungen haben wir schon früher erwähnt. Als Historiker setzte er das Werk des Polybios fort. Sein philosophischer Standpunkt bekam ziemlich viel mit von der älteren akademischen Tradition, und zwar in ihrer skeptischen Periode, von der wir schon sprachen. Die späteren Vertreter des Stoizismus sind philosophisch weniger wichtig, aber die Schriften dreier von ihnen sind uns fast vollständig überliefert, und über ihr Leben wissen wir viel. Wenn ihre gesellschaftlichen Positionen große Unterschiede zeigen, ihre Philosophien sind beinahe gleich.

Seneca wurde um das Jahr 3 v. Chr. geboren und gehörte einer wohlhabenden spanischen Familie an, die nach Rom übergesiedelt war. Er beschäftigte sich mit Politik, und nach geraumer Zeit wurde er Senator. Sein Glück erlitt unter dem etwas wunderlichen und weichlichen Claudius vorübergehend einen Rückschlag, als er ihn auf Wunsch seiner Frau Messalina im Jahre 41 n. Chr. ins Exil schickte. Der Senator Seneca scheint ein wenig allzu frei das noch freiere Leben seiner Kaiserin kritisiert zu haben, die ein paar Jahre darauf ein plötzliches Ende fand. Claudius' zweite Frau war Agrippina, die Mutter

Neros. 48 n. Chr. wurde Seneca aus seiner korsischen Verbannung zurückgerufen, um die Erziehung des kaiserlichen Erben zu übernehmen. Der römische Prinz war nicht gerade ein hoffnungsvolles Objekt für die pädagogischen Bemühungen des stoischen Philosophen. Aber Seneca selbst führte keineswegs das Leben, das man von einem, der die stoische Ethik predigte, hätte erwarten können. Er sammelte ein beträchtliches Vermögen, hauptsächlich durch Geldverleih zu unglaublich hohem Zins an die Einwohner Britanniens. Dies mag einer der Mißstände gewesen sein, die in der Provinz Britannia zur Revolte führten. Glücklicherweise gehört heute mehr als nur hoher Zinsfuß dazu, die Briten in eine revolutionäre Geisteshaltung zu stürzen. Als Nero immer diktatorischer und verrückter wurde, fiel Seneca noch einmal in Ungnade. Schließlich wurde er durch Androhung der Hinrichtung aufgefordert, Selbstmord zu begehen. Dies tat er auf die damals übliche Weise durch Öffnen der Pulsadern. Kein stoisches Leben im ganzen, doch entsprach die Art und Weise, wie er starb, vollkommen seiner Philosophie.

Epiktet war Grieche, wahrscheinlich 60 n. Chr. geboren. Schon sein Name erinnert uns an seine sklavische Abstammung, weil er ›Erworbener‹ bedeutet. Infolge schlechter Behandlung während seiner Jugendzeit als Sklave behielt er einen lahmen Fuß und eine geschwächte Gesundheit zurück. Nach Erhalt der Freiheit begann er in Rom bis 90 n. Chr. zu lehren, wo ihn Domitian mit anderen Stoikern verbannte, weil sie die tyrannische Herrschaft des Kaisers kritisiert und eine moralisch-zwingende Macht dem kaiserlichen Thron entgegenstellten. Seine letzten Jahre verbrachte er in Nikopolis in Nordwestgriechenland, wo er um 100 n. Chr. starb. Durch seinen Schüler Arrian sind ein paar Abhandlungen Epiktets erhalten geblieben. In ihnen finden wir die stoische Ethik, wie wir sie oben eingehend dargelegt haben.

Wenn Epiktet als Sklave geboren war, so repräsentierte im Gegenteil ein Kaiser als letzter großer Schriftsteller die stoische Philosophie, Mark Aurel, der von 121 bis 180 n. Chr. lebte. Er war von seinem Onkel Antoninus Pius adoptiert worden, einem der gebildetsten römischen Kaiser, worauf schon sein Beiname hindeutet. Mark Aurel bestieg 161 n. Chr. den Thron und verbrachte den Rest seines Lebens im Dienste des Reiches. Seine Herrschaft wurde durch natürliche und militärische Schicksalsschläge gestört. Ununterbrochen war der Kaiser mit dem Bändigen der Barbarenstämme beschäftigt, deren Angriffe auf die Grenzen des Imperiums die römische Oberherrschaft zu bedrohen begannen. Die Lasten seines Amtes lagen schwer auf ihm, aber er betrachtete es als seine Pflicht, sie zu ertragen. Da sich der Staat von innen wie auch von außen her in Gefahr befand, traf er Maßnahmen, die geeignet schienen, die Ordnung aufrechtzuerhalten. So verfolgte er die Christen nicht aus böser Absicht, sondern wegen ihrer Ablehnung der Staatsreligion, was eine beängstigende Quelle der Uneinigkeit bildete. Diesbezüglich hatte er höchst wahrscheinlich recht, obwohl andrerseits die Verfolgung immer ein Zeichen der Schwäche des Verfolgers ist. Eine starke und auf Selbst vertrauen gegründete Gesellschaft braucht die ›Ketzer‹ nicht zu verfolgen. Die *›Meditationen‹* Mark Aurels, wie die Abhandlungen Epiktets ebenfalls griechisch geschrieben, sind uns vollkommen erhalten geblieben. Sie bilden ein Tagebuch voll philosophischer Reflexionen, aufgezeichnet so, wie es die Zeit erlaubte, in den Augenblicken der Ruhe, die er den militärischen Pflichten oder den öffentlichen Angelegenheiten abstahl. Es ist bemerkenswert, daß Mark Aurel trotz seiner Hingabe an die Grundzüge der stoischen Auffassung über das Gute bei der Erfüllung öffentlicher Pflichten eine ähnliche Ansicht wie Platon vertrat. Da der Mensch ein geselliges Lebewesen ist, ziemt es sich für uns, an der Politik teilzunehmen. Dies betont auf ethischer Ebene die Schwierigkeit in der Frage, ob freier Wille oder Determinismus, auf die wir schon früher hinwiesen. Wir sahen, daß nach allgemeiner stoischer Auffassung die Tugenden oder Sünden eines Menschen Privatangelegenheiten sind, die andere nichts angehen. Aber in gesellschaftskritischer Sicht kann die ethische Beschaffenheit jedes einzelnen einen bestimmten Einfluß auf alle anderen ausüben. Hätte der Kaiser eine lockere Ansicht über seine Pflichten gehabt, so hätte es mehr Kämpfe als in Wirklichkeit gegeben.

Über die obersten Prinzipien, ein ungelöstes Problem noch aus der Zeit von Platon und Aristoteles, entwickelten die Stoiker die Lehre der angeborenen Ideen, als klaren und offenbaren Ausgangspunkt des deduktiven Verfahrens. Diese Ansicht beherrschte die Philosophie des Mittelalters und wurde auch von einigen neuzeitlichen Rationalisten angenommen. Sie ist der metaphysische Eckstein der kartesianischen Methode. In ihrer Schau des Menschen war die stoische Lehre großmütiger als die Theorien der klassischen Zeit. Aristoteles, sahen wir, war zu der Meinung vorgestoßen, daß kein Grieche Sklave seines eigenen Landsmannes sein dürfe. Der Stoizismus hielt in der Nachfolge Alexanders in gewissem Sinne alle Menschen für gleich, obwohl die Sklaverei während der Kaiserzeit mehr denn je im Schwung war. Diesem Gedankengang folgend, förderte der Stoizismus die Unterscheidung zwischen Naturrecht und dem Recht der einzelnen Völker. Unter Naturrecht (dem ›Rechte, das mit uns geboren‹, Faust I) war das gemeint, wozu jedermann kraft menschlicher Geburt berechtigt ist. Die Lehre von den natürlichen Rechten beeinflußte die römische Gesetzgebung günstig durch Milderung des Schicksals derer, die ihres vollständigen gesellschaftlichen Status beraubt waren. Sie gelangte aus ähnlichen Gründen zur Wiederbelebung in der Zeit nach der Renaissance in den Kämpfen gegen die angemaßten göttlichen Rechte der Könige.

Obzwar Griechenland selbst die geistige Werkstatt der Welt gewesen war – nun war es unfähig, sich als freies und unabhängiges Land zu behaupten. Andererseits verbreiteten sich die griechischen kulturellen Traditionen weit und breit und hinterließen bleibende Spuren zumindest in der abendländischen Kultur. Der Vordere Orient war unter Alexanders Einfluß hellenisiert worden, und im Westen wurde Rom Träger des griechischen Erbes.

Verbindungen zwischen Griechenland und Rom kamen zuerst durch die griechischen Kolonien in Süditalien zustande. Die Feldzüge Alexanders hatten die Länder westlich von Griechenland politisch nicht gestört. Bei Beginn des hellenistischen Zeitalters gab es in diesem Gebiet zwei wichtige Mächte: Syrakus und Karthago. Beide fielen im 3. Jahrhundert im Verlauf der beiden Punischen Kriege Rom zu. Auch Spanien wurde während dieser Geschehnisse annektiert. Im 2. Jahrhundert erfolgte die Eroberung Griechenlands und Makedoniens. Der dritte Punische Krieg endete mit der völligen Zerstörung Karthagos 146 v. Chr. Im gleichen Jahr wurde Korinth von den römischen Legionen ähnlich gründlich erledigt. Solche unbegründet grausamen Zerstörungen waren ziemlich selten und wurden damals wie später heftig kritisiert. Aber in dieser Hinsicht bedeutet auch unsere Zeit schnellen Rückfall in die Barbarei.

Während des 1. Jahrhunderts v. Chr. kamen noch Kleinasien, Syrien, Ägypten und Gallien zu dem Herrschaftsgebiet Roms, Britannien und Teile Germaniens im Laufe des 1. Jahrhunderts n. Chr. Diese aufeinanderfolgenden Siege waren nicht das Ergebnis bloßer Abenteuerlust. Sie wurden von der Suche nach natürlichen Grenzen diktiert, die ohne allzuviel Mühe gegen das Vordringen jenseitiger feindlicher Stämme gehalten werden könnten. In der Frühzeit des Kaiserreichs war dieses Ziel erreicht: zwei große Ströme, der Rhein und die Donau grenzten die nördlichen Gebiete Roms ab. Östlich lagen der Euphrat und die arabische Wüste, im Süden die Sahara und im Westen der Ozean. In diesem Rahmen lebte das Römische Reich der ersten zwei Jahrhunderte n. Chr. in verhältnismäßigem Frieden und Bestand.

Politisch hatte Rom als ein Stadtstaat in vieler Beziehung ähnlich denen Griechenlands begonnen. Nach einer legendären Zeit unter etruskischen Königen folgte eine Republik, die durch eine im Senat die Oberhand besitzende aristokratische Schicht regiert wurde. Als der Staat an Größe und Bedeutung wuchs, drängten sich konstitutionelle Veränderungen zugunsten der Demokratie auf. Während der Senat einen großen Teil der Macht beibehielt, wurde die Volksversammlung durch Tribune vertreten, die in den Staatsangelegenheiten Mitspracherecht hatten. Schließlich wurde das Amt der Konsuln auch Nichtaristokraten erreichbar. Durch Eroberungen gewannen jedoch die herrschenden Familien ungeheure Vermögen, während der kleine Bauer durch die von meist abwesenden Großgrundbesitzern geübte Nutzung der Sklavenarbeit von seinem Land vertrieben wurde. So herrschte der Senat unbeschränkt. Die volkstümlich demokratische Bewegung der Gracchen gegen Ende des 2. Jahrhunderts v. Chr. drang nicht durch, und eine ganze Serie von Bürgerkriegen endete schließlich in der Errichtung der Kaiserherrschaft. Oktavian, der Adoptivsohn Julius Cäsars, stellte schließlich die Ordnung wieder her, was ihm den Titel ›Augustus‹ eintrug, und herrschte als Kaiser, obzwar die demokratischen Institutionen äußerlich beibehalten wurden.

Etwa zwei Jahrhunderte lang nach dem Tode des Augustus, im Jahre 14 n. Chr., hatte das Römische Reich im allgemeinen Frieden. Es gab zwar in der Tat innere Unruhen und Verfolgungen, aber nicht im Ausmaß einer Umwälzung der kaiserlichen Herrschaft. Kampftätigkeit herrschte fast überall entlang den Grenzen, während Rom selbst aber ein ruhiges und geordnetes Leben führte.

Schließlich fing die Armee an, ihre Machtstellung auszunützen, d.h. sie verlangte Gold für ihre Unterstützung. Auf diese Weise kamen Kaiser mit Hilfe des Heeres zum Thron und stürzten gleichermaßen, sobald diese ihnen entzogen wurde. Für eine Zeit konnten zwar die energischen Anstrengungen Diokletians (286 – 305) und Konstantins (312 – 337) das Mißgeschick abwehren, aber manche der getroffenen Notmaßnahmen halfen nur den Untergang zu beschleunigen. Eine große Zahl von germanischen Söldnern kämpfte auf der Seite des Reichs. Schließlich aber stellte es sich als einer der Gründe seines Sturzes heraus. Barbarische Prinzen, durch ihre Dienste bei den römischen Legionen in der Kriegskunst geübt, erkannten mit der Zeit, daß ihre neu erworbenen Fähigkeiten für ihr Eigeninteresse mit größerem Nutzen verwendet werden könnten als zugunsten ihrer römischen Herren. Kaum hundert Jahre später nahmen die Goten die Stadt Rom ein. Ein Teil der kulturellen Erbschaft der Vergangenheit lebte jedoch unter dem Einfluß des Christentums, welches von Konstantin zur offiziellen Staatsreligion erhoben wurde, weiter. Sofern die Eindringlinge Christen wurden, war die Kirche imstande, die Werte der griechischen Kultur bis zu einem gewissen Grade zu erhalten. Dem Ostreich war ein ganz anderes Schicksal beschieden. Hier erlegten die mohammedanischen Eroberer der Bevölkerung ihre eigene Religion auf und gaben nur noch durch ihre eigene Kultur das Erbe Griechenlands an den Westen weiter.

Kulturell ist Rom fast gänzlich in der Nachfolge. In seiner Kunst, Literatur und Philosophie ahmte die römische Welt mehr oder weniger erfolgreich die großen Vorbilder Griechenlands nach. Nichtsdestoweniger gibt es eine Sphäre, in der die Griechen und sogar Alexander Fehler gemacht hatten, die Römer aber Hervorragendes leisteten: auf dem Gebiet der Verwaltung und der Gesetzgebung in großem Maß. Hier übte Rom sogar Einfluß auf das griechische Denken aus. Wir sahen schon, daß die Griechen der klassischen Zeit in Sachen der Politik unfähig waren, über die Idee des Stadtstaates hinauszukommen. Die Römer dagegen hatten eine breitere Schau, was den griechischen Historiker Polybios, der um 200 v. Chr. geboren wurde und in römische Gefangenschaft geraten war, sehr beeindruckte. Wie der Stoiker Panaetius gehörte auch er einem literarisch interessierten Kreis an, der sich um den jüngeren Scipio gesammelt hatte. Außer diesem politischen Einfluß hatte Rom keine neuen Ideen zu bieten, die griechische Denker hätten begeistern können. Griechenland aber, wenngleich politisch niedergeschlagen, siegte in kultureller Hinsicht über seine römischen Eroberer. Die gebildeten Römer konnten ebenso griechisch sprechen wie noch vor kurzem bei uns die gebildeten Europäer französisch. Die Akademie in Athen zog die Söhne des römischen Adels an. Cicero studierte dort. Auf allen Gebieten wurde die griechische Auffassung übernommen, aber die Leistungen Roms waren meist nur blasse Abbilder des griechischen Vorbilds. Insbesondere stellte die römische Philosophie einen auffallenden Mangel an Ursprünglichem dar.

Die oft unehrerbietig wißbegierige Beschaffenheit der griechischen Denkweise, zusammen mit ihrem schließlichen Verfall im hellenistischen Zeitalter, trug zur Schwächung der alten römischen Tugenden bei, besonders nachdem die überseeischen Unternehmungen große Vermögen ins Land einströmen ließen. Der echte griechische Einfluß nahm dabei ab und beschränkte sich auf wenige Einzelköpfe, insbesondere aus der Aristokratie der Stadt Rom. Die nichtgriechischen Elemente der hellenistischen Kultur wuchsen andrerseits mit der Zeit stark an. Der Osten steuerte, wie schon früher bemerkt, dem Mystizismus bei, der im allgemeinen weniger in der Kultur Griechenlands hervorgetreten war. Auf diese Weise war, von Mesopotamien ausgehend, ein religiöser Einfluß nach dem Westen durchgesickert, der eine gewaltige synkretische Gärung hervorbrachte, aus dem letzten Endes das Christentum hervorging. Gleichzeitig wurden aber auch allerlei Aberglauben und Bräuche mystischer Art gefördert. Wie die Menschen unzufriedener mit ihrem irdischen Schicksal und weniger zuversichtlich gegenüber ihrer eigenen Kraft geworden waren, gewann die Macht der Unvernunft an Boden. Das Reich genoß wohl zwei Jahrhunderte lang Frieden, aber die Pax Romana war schon keine Zeit mehr schöpferischer geistiger Anstrengung. Die Philosophie, sofern es damals eine solche gab, lief in der stoischen Richtung. Auf politischem Gebiet stellte das sogar einen Vorteil gegenüber der Kurzsichtigkeit der großen klassischen Denker dar. Denn der Stoizismus predigte die Bruderschaft aller Menschen. Mit Rom als Beherrscher in der ganzen bekannten Welt auf Jahrhunderte hinaus, gewann die stoische Richtung greifbare Bedeutung. Das Kaiserreich betrachtete natürlich die ganze Welt jenseits seiner Grenzen fast mit der gleichen Herablassung, wie es die griechischen Stadtstaaten getan hatten. Es gab ein paar Verbindungen mit dem Fernen Osten, aber nicht genug, um die römischen Bürger von der Tatsache zu überzeugen, daß noch andere große Kulturen vorhanden waren, die nicht ohne weiteres als barbarisch abgetan werden konnten. Daher war Rom, trotz der größeren Weite seiner Anschauungen, ebenso Opfer seiner Arroganz wie seine kulturellen Vorfahren, die Griechen. Diese überhebliche Kurzsichtigkeit erbte sogar die Kirche, die sich zwar katholisch oder universal nannte, obwohl es im Osten andere große Religionen gab, deren Ethik letzten Endes genauso fortgeschritten war wie die christliche. Immer noch aber träumten die Menschen von weltweiter Herrschaft und Kultur.

Roms wichtigste Rolle war infolgedessen die Weiterreichung einer älteren und überlegeneren Kultur als die eigene. Dies wurde durch die Fähigkeiten der römischen Verwaltung und den sozialen Zusammenhalt des Reiches verwirklicht. Die Überbleibsel des ungeheuren Geflechts der Straßen, die alle römischen Territorien durchzogen, erinnern uns an diese hervorragende schöpferische Leistung. Die römische Expansion gewährleistete so im allgemeinen für einen großen Teil Europas die Fortsetzung einer kulturellen Einheit, trotz aller nationalen Unterschiede und Feindseligkeiten, die sich später auftaten. Nicht einmal die Einbrüche der Barbaren konnten diese kulturelle Basis unwiederherstellbar zerstören. Im Osten war der Einfluß Roms weniger von Dauer. Die Gründe dafür liegen in der großen Vitalität der siegreichen Araber Mohammeds. Während der Westen die Eindringlinge durch seine Tradition aufsog, wurde der Vordere Osten fast ganz zu der Religion der Eroberer bekehrt. Aber der Westen schuldet den Arabern vieles von seiner Kenntnis über die Griechen. Es wurde von mohammedanischen Denkern, besonders von den in Spanien seßhaft gewordenen, und Lehrenden, dem hindämmernden Europa vermittelt.

In Britannien, das drei Jahrhunderte lang römisch war, scheinen die angelsächsischen Eindringlinge mit den römischen Traditionen völlig gebrochen zu haben. Ein Ergebnis davon war z.B., daß die große Tradition des römischen Rechts, das sonst überall in Westeuropa weiterlebte, wo Rom geherrscht hatte, in Britannien erlosch. Das englische Gewohnheitsrecht blieb angelsächsisch bis zum heutigen Tage. Für die Philosophie hat das eine bemerkenswerte Folge. Die scholastische Philosophie des Mittelalters verknüpfte sich nämlich eng mit dem Recht. Und philosophische Spitzfindigkeit auf dem Festland schritt einher mit steifer und formelhafter Ausübung im alten römischen Stil. In England aber, wo das angelsächsische Recht galt, nahm die Philosophie, sogar noch auf dem Höhepunkt der Scholastik, im allgemeinen einen weit mehr dem Empirischen zugeneigten Zug an.

Die vielfältig zusammenströmenden Richtungen auf dem Gebiete der Religion während der Kaiserzeit gingen einher mit ähnlichen Erscheinungen in der Philosophie. Allgemein gesprochen, bildete die Hauptströmung der Philosophie am Anfang dieses Zeitalters der Stoizismus, während die heiteren Lehren von Platon und Aristoteles leicht verdrängt waren. Im 3. Jahrhundert kam jedoch eine neue Auslegung der alten Ethik im Lichte der stoischen Lehre zum Vorschein, eine Bewegung, die mit der allgemeinen Stimmung der Zeit wohl übereinstimmte. Diese Mischung der verschiedenen Theorien wurde Neuplatonismus genannt und übte einen großen Einfluß auf die christliche Theologie aus. Er stellt in mancher Hinsicht die Brücke von der Antike zum Mittelalter dar. Mit ihm endet die Philosophie des Altertums, und nach ihm beginnt das mittelalterliche Denken.

Der Neuplatonismus entstand in Alexandria, dem damaligen Schnittpunkt des Ostens und des Westens. Hier fanden sich religiöse Einflüsse aus Persien und Babylonien, Reste der ägyptischen Riten, eine ihre eigene Religion ausübende starke jüdische Gemeinschaft, christliche Sekten und über all diese hinaus ein allgemeiner Hintergrund der hellenistischen Kultur. Die neuplatonistische Schule soll von Ammonius Saccas begründet worden sein. Über ihn ist nur sehr wenig bekannt. Der bedeutendste seiner Schüler war Plotin (204 – 270), der größte unter den neuplatonischen Philosophen. Er war in Ägypten geboren und studierte in Alexandria, wo er bis zum Jahre 243 lebte.

Da er sich um die Religionen und den Mystizismus des Ostens bemühte, nahm er an dem Feldzug Kaiser Gordians III. gegen Persien teil. Die Unternehmung mißlang jedoch. Der Kaiser war jung und unerfahren und setzte sich dem Mißfallen seiner Statthalter aus. Solche Konflikte wurden damals kurzerhand und gründlich erledigt, und so fand der junge Cäsar ein frühzeitiges Ende durch die, denen er eigentlich zu befehlen hatte. Plotin floh daraufhin 244 aus Mesopotamien, dem Schauplatz des Mordes, und ließ sich in Rom nieder, wo er bis zum Ende seines Lebens blieb und lehrte. Seine Schriften sind auf Vortragsnotizen aus seinen späteren Jahren gegründet, herausgegeben von seinem Schüler Porphyrius, der ein wenig pythagoreisch eingestellt war. Als Folge davon sind die Werke Plotins, wie sie uns überliefert sind, von einem gewissen Mystizismus durchdrungen, was vielleicht zum Teil auf Rechnung des Herausgebers geht.

Seine noch vorhandenen Werke bestehen aus neun Büchern, die deswegen den Titel die ›*Enneaden*‹ haben. Ihr allgemeiner Zug ist platonisch, aber der geistige Horizont und die Farben der platonischen Werke fehlen, da sie sich fast ganz auf die Ideenlehre und ein paar pythagoreische Mythen beschränken. In seinem Werk findet sich ein gewisses Wegwenden von der realen Welt. Das ist nicht überraschend, wenn man die Verhältnisse des Reiches in Betracht zieht. Man hätte blind oder vom Glück besonders begünstigt gewesen sein müssen, um angesichts des Chaos der Zeit eine ausgeglichene, ehrliche Heiterkeit durchzuhalten. Eine Ideenlehre, die die Sinnenwelt und ihr Elend als unreal betrachtet, war also wohl geeignet, die Menschen der Zeit mit ihrem Schicksal zu versöhnen.

Plotins zentrale Doktrin der Metaphysik stellt seine Theorie der Dreiheit dar. Sie besteht aus dem großen Einen, dem Nous und der Seele. So die Reihenfolge der Priorität und der gegenseitigen Abhängigkeit. Bevor wir darauf eingehen, sei bemerkt, daß bei allem Einfluß dieser Theorie auf die Theologie sie nicht christlich, sondern neuplatonisch ist.

Origenes, ein Zeitgenosse Plotins, der bei demselben Lehrer studiert hatte, war Christ und trug auch eine Lehre von der

Dreiheit vor. Auch er verlegte die drei Teile auf verschiedene Stufen. Deswegen wurde später seine Lehre als ketzerisch verurteilt. Plotin als Außenseiter wurde nicht so heftig gebrandmarkt, und vielleicht blieb aus diesem Grunde sein Einfluß bis zu Konstantin hin von größerer Wirkung.

Das ›Eine‹ der Dreiheit von Plotin gleicht der Kugel des Parmenides, von der am besten gesagt werden kann ›Es ist‹. Dieses Eine auf irgendeine Weise beschreiben wollen, würde bedeuten, daß es noch andere Dinge, größere als es selbst, gibt. Plotin bezeichnete es manchmal als Gott, manchmal als das Gute im Sinne des Dialogs *›Der Staat‹*. Aber es ist größer als das Sein, allmächtig, doch nirgendwo gegenwärtig, unbestimmbar und doch alldurchdringend. Über dies Eine wäre besser zu schweigen als irgend etwas zu äußern. Hier zeigt sich nun der Einfluß des Mystizismus ganz offensichtlich. Denn auch die Mystik flüchtet sich hinter die Schranken des Schweigens, auch sie verschließt sich der Mitteilung. Die Größe der griechischen Philosophie bekundet sich in der Erkenntnis der beherrschenden Rolle des *logos*. Trotz mancher mystischen Elemente steht daher das griechische Denken wesentlich im Gegensatz zu aller Mystik.

Das nächste Glied in der Dreiheit Plotins heißt ›Nous‹ (Nus). Es ist nahezu unmöglich, eine genaue Übersetzung dafür zu finden. Was da mit gemeint wird, ähnelt dem Geist, aber nicht im mystischen, sondern im intellektuellen Sinn. Das Verhältnis vom Nous und dem Einen wird am besten in einem Gleichnis erklärt. Das Eine ist wie die Sonne, die sich ihr eigenes Licht schafft. Der Nous ist dann dieses Licht, wodurch das Eine sich selber sieht.

Das dritte und letzte Glied der Dreiheit wird ›Seele‹ genannt, die zweifach von Natur beschaffen ist. In ihrem inneren Aspekt richtet sie sich nach oben zum Nous hin; ihre äußere Bekundung führt zur Sinnenwelt hinunter, deren Urheberin sie ist. Ungleich der stoischen Gleichsetzung Gottes mit der Welt, leugnet Plotins Theorie den Pantheismus und kehrt zur Auffassung des Sokrates zurück. Obzwar aber die Natur eine abwärtsgerichtete Ausströmung der Seele darstellt, wird sie nicht für böse gehalten wie im Gnostizismus. Plotins Mystizismus gibt im Gegenteil ganz offen zu, die Natur sei schön und passe so gut ins Schema der Dinge, wie es füglich sein sollte. Diese weitherzige Ansicht wurde von den späteren Mystikern und religiösen Lehrern, sogar von manchen Philosophen nicht geteilt. In ihrer Jenseitigkeit verdammten sie Schönheit und Lust als etwas Niedriges und Böses. Ob überhaupt derartig kümmerliche Lehren von andern als wirren Fanatikern ausgeübt werden, ist freilich äußerst zweifelhaft. Nichtsdestoweniger herrschte der verschrobene Kult der Häßlichkeit durch viele Jahrhunderte. Und das Christentum hält immer noch die sonderliche Ansicht aufrecht, daß die Lust sündhaft sei.

Hier sind wir ans Ende unserer Übersicht über die antike Philosophie gelangt. Wir haben ungefähr neun Jahrhunderte von Thales bis Plotin umspannt. Wenn wir hier einen Einschnitt setzen, so soll das nicht heißen, daß es später keine Denker mehr gibt, die eigentlich der Denkweise der Alten zugehören. In gewissem Sinn trifft das für die ganze Philosophie zu. Nichtsdestoweniger können wir bestimmte Zäsuren in der Entwicklung des Kulturellen unterscheiden. Ein solcher Punkt wurde mit Plotin erreicht. Von nun angelangt die Philosophie, im Westen wenigstens, unter die Flügel der Kirche. Das bleibt richtig, wenn es auch Ausnahmen gibt, wie Boëthius zum Beispiel. Und noch etwas müssen wir uns vor Augen halten, nämlich das, daß nach dem Sturze Roms die östlichen Gebiete, zuerst unter Byzanz und später unter dem Islam, ein von religiösen Bindungen freies philosophisches Denken fortsetzten. Wenn wir auf die philosophischen Bestrebungen der antiken Welt zurückblicken, fällt uns die außerordentliche Kraft des griechischen Geistes für die Behandlung allgemeiner Probleme auf. Platon sagte, aller Anfang der Philosophie liege im Sich-Wundern. Und die Griechen der Frühzeit besaßen diese Fähigkeit in erstaunlichem Maße. Der Allgemeinbegriff der Untersuchung und Forschung bedeutet eine der großen griechischen Entdeckungen, welche die abendländische Welt geformt haben. Es ist natürlich immer etwas subjektiv, verschiedene Zivilisationen zu vergleichen; aber wenn die abendländische Kultur mit einem einzigen kurzen Satz charakterisiert werden sollte, so könnte man sagen, daß sie auf einer Ethik geistigen Wagemuts aufgebaut ist, die etwas wesentlich Griechisches darstellt. Ein anderer wichtiger Zug der griechischen Philosophie kann dahin festgestellt werden, daß sie nach Öffentlichkeit strebt. Ihre Wahrheiten beanspruchen nicht den Glorienschein des Unaussprechbaren. Von Anfang an wird großer Wert auf die Sprache und Mitteilung gelegt. Es gibt zweifelsohne auch manche mystischen Elemente in ihr, ebenfalls schon von früh auf an. Der mystische Hang der Pythagoreer zieht sich durch die ganze Bahn der antiken Philosophie. Aber dieser Mystizismus steht als etwas Fremdes neben der Suche nach Wahrheit. Er ist eher bestrebt, die Ethik des Fragers zu erfüllen. Erst mit dem Verfall fängt der Mystizismus an, eine größere Rolle zu spielen. Wie wir schon bei der Behandlung Plotins feststellten, bedeutet der Mystizismus etwas Gegensätzliches zum Geist griechischer Philosophie.

Ein Besonderes für die antiken Denker im Vergleich zu den modernen war, daß, während wir heutzutage zu den Traditionen der Vergangenheit Zuflucht nehmen können, eine solche Stütze für die frühen Philosophen Griechenlands nicht bestand. Wir entnehmen unseren philosophischen, wissenschaftlichen und technischen Wortschatz weithin den klassischen Quellen, oft ohne es in seinem vollen Werte einzuschätzen. Für die Griechen war alles Beginn. Neue Ausdrücke mußten geprägt und Fachwörter erfunden werden, alles aus dem Material der Alltagssprache aufgebaut. Wenn es uns daher manchmal so erscheint, daß sie ein wenig ungeschickt in der Handhabung sind, dürfen wir nicht vergessen, wie sehr die Denker oft nach neuen Ausdrücken suchen mußten. Das Handwerkzeug war erst im Werden. Es ist schwer, und man muß schon Phantasie anwenden, um sich richtig in diese Lage zu versetzen. Es ist so, als hätten wir Philosophie und exakte Wissenschaft auf gotisch oder angelsächsisch, d.h. von Griechisch und Latein abgeschnitten, zu betreiben.

Wenn der Fehler der Griechen an Hochmut und einem gewissen Gefühl intellektueller Überlegenheit lag, so scheiterten die Römer aus völligem Mangel an Einbildungskraft. Diese Schwerfälligkeit des römischen Geistes bekundet sich auf vielerlei Art, nicht zuletzt in der monumentalen Baukunst der Kaiserzeit. Der Unterschied zwischen griechischem und römischem Geist kann gut durch den Vergleich eines griechischen Tempels mit einer spätrömischen Basilika veranschaulicht werden: das Erbe Griechenlands wird in römischen Händen weniger fein, weniger geschmeidig, weniger elegant.

Die Erneuerung griechischen Denkens ist wesentlich Erleuchtung, Aufklärung, Befreiung. Denn sie bezweckt das Freimachen des Geistes von den Fesseln der Unwissenheit. Sie beseitigt die Furcht vor dem Unbekannten, indem sie die Welt als etwas der Vernunft Zugängliches sieht. Ihr Träger ist der *Logos* und ihr Streben die Suche nach Wissen in der Form des Guten. Uneigennützige Forschung selbst wird als ethisch gut betrachtet; durch sie, mehr als durch religiöse Mysterien, können die Menschen ein rechtes Leben leben. Mit der Gewohnheit zu forschen finden wir eine gewisse heitere Weltansicht, frei von falscher Empfindelei. Alles in allem: das Beste abendländischen Denkens geht auf die Ahnherrn im Denken Griechenlands zurück.

DAS FRÜHCHRISTENTUM

In der griechisch-römischen Zeit war die Philosophie – wie heute wieder – im ganzen unabhängig von der Religion. Die Philosophen stellten zwar manchmal Fragen, die auch diejenigen ansprachen, die sich mit religiösen Angelegenheiten beschäftigten. Aber priesterliche Organisationen hatten keinen Einfluß auf die Denker jener Zeit und keinerlei Macht über sie. Der dazwischenliegende Zeitabschnitt vom Sturz des Römischen Reiches bis zum Ende des Mittelalters unterscheidet sich so vom vorangegangenen wie auch vom nachfolgenden Zeitalter. Die Philosophie blühte im Westen unter der Schirmherrschaft und Führung der Kirche, wofür es viele Ursachen gab. Als West-Rom unterging, war das Amt der Gottkaiser Roms schon entzweigebrochen.

Seit das Christentum unter Konstantin Staatsreligion geworden war, übernahm die Kirche alle Angelegenheiten, die Gott und die Religion berührten, und überließ dem Kaiser nur die weltlichen. Die Autorität der Kirche blieb im Grundsatz unbestritten, obzwar sie später allmählich sank, bis dann die Reformation die kirchliche Macht durch die Betonung der einzelmenschlichen Beziehung zu Gott untergrub. Danach wurden die Kirchen Werkzeug in den Händen der aufkommenden Nationalstaaten.

Während nun im Kern des alten Reiches die weltlichen Kulturströme noch eine Zeitlang fortdauerten, hatte der barbarische Norden nichts zu bieten. So wurde die Bildung Sache der Angehörigen der Kirche, des Klerus. Bewahrt wurde aus der Überlieferung der Vergangenheit nur das, was die Kirche anging: die Philosophie wurde ein Mittel, um die Herrschaft der Kirche und ihrer Leiter zu rechtfertigen. Solange ihre Lehren im allgemeinen angenommen wurden, konnte die Kirche ihre Machtstellung aufrechterhalten. Während des Mittelalters blieb also die Philosophie fest in den Händen der Kirche.

Hand in Hand mit dem Ersatz des Gottkaisertums durch zwei Mächte: die des Papstes als des Stellvertreters Gottes einerseits und die des Kaisers andererseits, rückten mehrere noch schlummernde Gegensätze in den Vordergrund. Vor allem, fühlbar und nah, der Dualismus von Lateinisch und Germanisch. Die kirchliche Macht blieb lateinisch, während das Kaisertum den germanischen Abkömmlingen der barbarischen Eindringlinge zufiel. Bis zum Sturz durch die Angriffe Napoleons hieß letzteres das Heilige Römische Reich Deutscher Nation. Ferner gab es die Scheidung der Menschen in Kleriker und Laien. Erstere waren die Wächter des wahren Glaubens, und die Stellung des Klerus kräftigte sich beträchtlich, nachdem erst die Kirche den Anschlägen verschiedener ketzerischer Lehren – wenigstens im Westen – hatte erfolgreich widerstehen können. Ein paar christliche Kaiser der früheren Zeit sympathisierten mit dem Arianismus, aber zuletzt siegte die Orthodoxie. Dann wieder bestand ein Kontrast zwischen dem himmlischen und den verschiedenen irdischen Königtümern.

Das ist ein bloßer Umriß der Welt, in welcher sich das entwikkelte, was kurz als ›Katholische Philosophie‹ bezeichnet werden kann. Zu ihrer ersten Entfaltung gelangte sie in Augustinus, der hauptsächlich unter dem Einfluß Platons stand. Sie erreichte ihren Höhepunkt in Thomas von Aquino, der der Kirche das aristotelische Fundament gab, das sich durch seine Apologeten bis heute behaupten konnte. Da sich diese Philosophie mit der Kirche so eng verknüpfte, so bringt ein Bericht über ihre Entwicklung und ihren Einfluß auf die späteren Zeiten nahe, was welt mehr ist als ein bloßer Sonderabschnitt der Geschichte. Daher ist eine kurze Darstellung dieser Geschehnisse erforderlich, wenn wir den Geist dieser Periode und ihre Philosophie verstehen wollen.

Das Christentum, welches das Abendland zu beherrschen anfing, ist ein Sproß der jüdischen Religion mit griechischen und östlichen Zusätzen. Mit dem Judaismus stimmt das Christentum in der Ansicht überein, daß Gott seine Lieblinge hat, wenn auch die Auserwählten sich in beiden Fällen unterscheiden. Beide Religionen besitzen die gleiche Ansicht über die

Geschichte, die mit der göttlichen Schöpfung anhebt und einem göttlichen Endziel zustrebt. Doch gibt es einige Meinungsunterschiede darüber, wer der Messias war und was Er verwirklichen wollte. Für die Juden war der Erlöser noch nicht erschienen, der ihnen Sieg auf Erden bringen würde, während die Christen Ihn in Jesus von Nazareth gekommen sahen, dessen Königtum jedoch nicht von dieser Welt war. Ähnlich übernahm das Christentum die jüdische Auffasung von der Gerechtigkeit als Quellgrund tätiger Nächstenliebe; ferner das Bestehen auf der Lehre, dem Dogma. Sowohl der Spätjudaismus wie auch das Christentum nahmen den im Grunde neuplatonischen Begriff einer anderen Welt an. Aber während die griechische Theorie philosophisch und nicht für jeden leicht faßbar ist, stellte die jüdische und christliche Ansicht eine standfeste Schlußabrechnung für das Jenseits dar, wo die Rechtschaffenen in den Himmel kämen und die Bösen in der Hölle brennen sollten. Der Gedanke der gerechten Entgeltung machte diese Theorie allgemein verständlich.

Um zu verstehen, wie sich die Glaubensmeinungen herausbildeten, müssen wir uns daran erinnern, daß Jahve, der Gott der Juden, von Anfang an die erste und höchste Gottheit eines semitischen Stammes war, der Sein Volk beschirmte. Neben Ihm gab es auch noch die Götter anderer Stämme. Aber es findet sich noch kein Hinweis auf eine andere Welt. Der Herr Gott Israels bestimmte die irdische Wohlfahrt Seines Stammes. Er ist ein eifersüchtiger Gott und will keine anderen Götter haben neben sich. Die alten Propheten waren politische Führer, die einen großen Teil ihrer Zeit damit verbrachten, die Anbetung anderer Götter auszurotten, aus Furcht vor Jahves Zorn und dem Verlust des gesellschaftlichen Zusammenhalts der Juden. Dieser nationalistische und stammesbedingte Charakter der jüdischen Religion wurde durch eine Reihe nationaler Mißgeschicke verstärkt. Im Jahre 722 v. Chr. fiel das nördliche Königtum, Israel, den Assyrern zu, die viele seiner Einwohner in Gefangenschaft führten. 606 nahmen die Babylonier Ninive ein und vernichteten das assyrische Reich. Das südliche Königtum, Juda, wurde dann von dem babylonischen König Nebukadnezar ebenfalls erobert. Jerusalem fiel 586. Nebukadnezar setzte den Tempel in Brand und führte den größten Teil der Juden in die babylonische Gefangenschaft.

Erst im Jahre 538 durften die Juden nach Palästina heimkehren, nach dem der Perserkönig Cyrus Babylon erobert hatte. Während der babylonischen Gefangenschaft festigten sich sowohl das Dogma wie der nationale Wesenszug der Religion. Seit der Tempel zerstört worden war, mußten die Juden auf die Opferriten verzichten. Aber viele der überlieferten Lehren der jüdischen Religion gehen in ihrer heutigen Form noch auf jene Zeit zurück.

Auch die Verstreuung der Juden in aller Welt beginnt in dieser Zeit. Denn nicht alle kehrten in die Heimat zurück. Die es jedoch taten, lebten weiter in einem ziemlich machtlosen theokratischen Staat. Nach Alexander konnten sie ihn in den langen Streitigkeiten zwischen dem seleukidischen Asien und dem ptolemäischen Ägypten eben noch halten. Eine ansehnliche jüdische Gemeinschaft gedieh in Alexandria, die sich aber, außer ihrer Religion, völlig hellenisierte. Die hebräischen Schriften mußten nun ins Griechische übersetzt werden. So entstand u.a. die *Septuaginta*, die nach der Legende von siebzig Gelehrten unabhängig voneinander, doch mit gleichem Wortlaut, geschaffen wurde. Als aber der seleukidische König Antiochus IV. in der ersten Hälfte des 2. Jahrhunderts v. Chr. die im Lande gebliebenen Juden mit Gewalt zu hellenisieren versuchte, empörten sie sich unter Führung der makkabäischen Brüder. Mit großem Mut und Glück kämpften sie um das Recht, Gott in ihrer eigenen Weise anzubeten. Schließlich gewannen sie, und die Familie der *Makkabäer* regierte von nun an als Hohepriester. Dies ist die *Hasmonäer*-Dynastie, die bis zur Zeit des Herodes herrschte, dessen Gattin Mariamne ihrem Hause entstammte.

Zum größten Teil sicherte dieser erfolgreiche Widerstand der Makkabäer (gegenüber der raschen Hellenisierung in der jüdischen Diaspora) die Aufrechterhaltung der jüdischen Religion und schuf so die Bedingungen, ohne die das Christentum und später auch der Islam nicht hätten entstehen können. Zu dieser Zeit schlich sich der Begriff einer jenseitigen Welt auch in die jüdische Religion ein; die Ereignisse des Aufstandes hatten ja gezeigt, daß Mißgeschick oft eben die betraf, die am tugendhaftesten waren. Im 1. Jahrhundert v. Chr. entwickelte sich neben enger Orthodoxie unter hellenistischem Einfluß eine mildere Richtung, die schon manches von der Auffassung des Jesus der Evangelien ausstrahlt. Das Urchristentum stellt in Wahrheit so einen reformierten Judaismus dar, genauso wie der Protestantismus anfangs eine Reform innerhalb der Kirche war.

Unter Mark Anton wurde die Herrschaft der Hohenpriester abgeschafft, und Herodes, ein durch und durch hellenisierter Jude, zum König ernannt. Nach seinem Tod im Jahre 4 v. Chr. kam Judäa unter die Herrschaft eines römischen Statthalters. Nur wollten die Juden keinesfalls die römischen Kaiser als göttliche Wesen anerkennen. Natürlich taten es auch die Christen nicht. Aber ungleich den Christen, die wenigstens im Prinzip die Ausübung der Demut anerkannten, blieben die Juden fast durchweg stolz und hochmütig, hierin ähnlich den Griechen der klassischen Zeit. Hartnäckig lehnten sie außer ihrem eigenen Gott alle anderen anzuerkennen ab. Der Rat Jesu, dem Kaiser zu geben, was des Kaisers, und Gott, was Gottes sei, weist beispielhaft auf jene jüdische Widerspenstigkeit hin. Äußerlich ein Kompromiß, bedeutet es in Wahrheit die Weigerung, die Identität von Gott und Kaiser anzuerkennen. Im Jahre 66 n. Chr. erhoben sich die Juden gegen die Römer. Nach erbittertem Kampf wurde Jerusalem 70 n. Chr. eingenommen und der Tempel zum zweiten Male zerstört. Die Schilderung dieser Kämpfe durch den hellenisierten jüdischen Historiker Flavius Josephus blieb uns in griechischer Sprache erhalten.

Seit diesen Geschehnissen begann die zweite und letzte Verstreuung der Juden. Wie während der babylonischen Gefangenschaft wurde auch jetzt die Orhodoxie noch strenger. Um die erste Jahrhundertwende nach Christus standen Christentum und Judaismus als zwei verschiedene und gegensätzliche Religionen einander gegenüber. Im Westen entfachte das Christentum bei den Massen leicht eine gefährliche judenfeindliche Gesinnung, so daß die Juden, bis zu ihrer Einbürgerung im 19. Jahrhundert, verfolgt und ausgebeutet am Rande der Gesellschaft leben mußten. Nur in den mohammedanischen Ländern, insbesondere in Spanien, er lebten sie eine Blütezeit. Nachdem die Mauren schließlich verjagt waren, gaben die sprachgewandten jüdischen Denker Spaniens die klassische Tradition ebenso wie die arabische Kultur an die Kleriker weiter. Im Jahre 1948 nahmen die Juden noch einmal das Gelobte Land in Besitz. Ob sie dort eine neue eigene Kultur entwickeln werden, läßt sich noch nicht sagen.

Die andersdenkende jüdische Sekte, die zunächst das Urchristentum darstellte, hatte zuerst gar nicht die Absicht, das neue Bekenntnis zur Herrschaft über die Heiden zu bringen. In ihrer Abgeschlossenheit hielten diese ersten Christen die alten Regeln noch hoch. Der Judaismus war nie bestrebt, Außenstehende zu bekehren. Auch nun, in der neuen Form, hätte er nie neue Mitglieder anziehen können, solange noch Beschneidung und die Speisenbeschränkung auferlegt waren. Das Christentum wäre eine Sekte von nichtorthodoxen Juden geblieben, hätte einer von seinen Anhängern nicht die Basis für die Ausdehnung geschaffen. Paulus von Tarsus, ein hellenisierter Jude und Christ, beseitigte diese äußeren Hindernisse und machte damit das Christentum weithin annehmbar.

Doch wollte es den hellenisierten Bürgern des Kaiserreichs nicht allzusehr einleuchten, daß die Christen Kinder des Gottes der Juden sein sollten. Diesen Fehler vermied der Gnostizismus, jene synkretistische Richtung, die um dieselbe Zeit wie das Christentum entstanden war. Nach der Gnosis (d.h. ›Erkenntnis‹) war die dingliche Welt von Jahve erschaffen, der eigentlich eine kleinere Gottheit bedeutet, nachdem er mit dem höchsten Gott in Streit geraten war und danach Böses verrichtete. Schließlich kam der Sohn des obersten Gottes in menschlicher Gestalt auf die Erde hernieder, um die falschen Lehren des Alten Testaments auszutilgen. Dies und noch etwas Platon waren die Bestandteile des Gnostizismus. Er verband einzelnes aus den griechischen Göttersagen und der orphischen Mystik mit christlichen Lehren und anderen östlichen Ansichten und rundete das ganze mit einer eklektischen Mischung Philosophie – vor allem Platon und Stoizismus – ab. Die manichäische Abart der späteren Gnosis ging so weit, daß sie den Unterschied zwischen Geist und Materie der Antithese von Gut und Böse gleichstellte. In der Verachtung der materiellen Dinge gingen diese Gnostiker noch weiter, als die Stoiker es ja gewagt hatten. Sie verboten das Essen von Fleisch und stellten das Geschlechtsleben aller Art an sich als eine Sünde hin.

Die gnostischen Richtungen hatten nach Konstantin weniger Bedeutung, doch besaßen sie immer noch Einfluß. Die Sekte der Doketen lehrte, daß nicht Jesus, sondern ein gespensthafter Ersatzmann gekreuzigt worden sei. Dies erinnert uns an die Opferung Iphigenias in der griechischen Legende. Mohammed, der zugab, daß Jesus zwar ein Prophet, nur kein so bedeutender wie er selber gewesen sei, machte sich später diese Ansicht der Doketen zu eigen.

Als sich das Christentum mehr gefestigt hatte, wurde seine Feindseligkeit gegen die Religion des Alten Testaments heftiger. Das hieß, man hielt den Juden vor, daß sie den von den Propheten verkündigten Messias nicht erkannt hätten, so seien sie böse. Seit Konstantin stellte so Judenfeindschaft eine erlaubte Form christlicher Glaubensglut dar, wenn auch das religiöse Motiv dabei nicht die einzige Rolle spielte. Sonderbar, wie das Christentum, das doch selber entsetzliche Verfolgungen erlitten hatte, einmal an die Macht gekommen, sich mit gleicher Grausamkeit gegen eine Minderheit wandte, die ebenso fest auf ihrem Glauben bestand.

In einer Beziehung bedeutete die neue Religion eine bemerkenswerte Wendung. Die Religion der Juden war im großen und ganzen höchst einfach und untheologisch beschaffen. Diese Aufgeschlossenheit lebt sogar in den synoptischen Evangelien weiter. Mit Johannes begann aber eine theologische Spekulation, die stark an Bedeutung gewann, sobald die christlichen Denker danach strebten, die Metaphysik der Griechen an das System ihres eigenen neuen Bekenntnisses anzupassen. Nun handelt es sich nicht mehr um den Gottesmenschen Christ, den ›Gesalbten‹, sondern um seinen theologischen Aspekt als Das Wort', also eine Auffassung, die über die Stoiker und Platon auf Heraklit zurückgeht. Diese theologische Anschauung fand ihren ersten systematischen Ausdruck in den Werken des Origenes, der von 185 bis 254 in Alexandria lebte. Er hatte bei Ammonius Sakkas studiert, dem Lehrer Plotins, mit dem er vieles gemeinsam hat. Nach Origenes ist Gott allein, und zwar in all seinen drei Aspekten, immateriell. Origenes vertritt auch die alte sokratische Lehre vom Dasein der Seele in einem abgetrennten Zustand, bevor sie bei der Geburt in den Körper eintritt. Diese These, wie auch seine Meinung, daß schließlich alle Menschen erlöst werden, trug ihm später den Vorwurf der Ketzerei ein. Aber er stieß schon zu Lebzeiten mit der Kirche zusammen. In seiner Jugend hatte er gegen die Schwäche des Fleisches die dümmste Maßnahme: die Entmannung vorgenommen, ein Mittel, das die Kirche keineswegs billigte. So verstümmelt war er für das Priesteramt nicht mehr tauglich, obwohl die Meinungen hierüber einigermaßen auseinandergegangen zu sein scheinen.

Im Buch ›*Gegen Celsus*‹ gab Origenes dem Celsus, dessen Werk gegen die Christen nicht erhalten ist, eine ausführliche Antwort. Hier finden wir das erstemal eine apologetische Beweisführung, die fest auf dem von Gott inspirierten Charakter der Heiligen Schrift besteht. Unter anderem wird die Tatsache, daß der Glaube einen die Gemeinschaft fördernden Einfluß auf seine Anhänger ausübt, als ein Beweis für die Richtigkeit des Glaubens angesehen. Das ist ein pragmatischer Gedanke, wie er noch von William James in Amerika vertreten werden konnte. Es ist jedoch leicht einzusehen, daß ein solches Argument doppelschneidig ist. Denn alles hängt davon ab, was man für ›wertvoll‹ hält. Der Zentralismus der Kirche wurde stufenweise erreicht. Anfangs wurden die Bischöfe noch örtlich von der Kirchengemeinde gewählt. Erst nach

Konstantin wurden die römischen Bischöfe mächtiger und mächtiger. Durch ihre Unterstützung der Armen erwarb die Kirche eine Menge Anhänger, ähnlich wie einst die römischen Senatoren ihre ›Klienten‹ gehabt hatten. Die Zeit Konstantins war erfüllt von dogmatischen Kämpfen, welche viel Unruhe im Reich verursachten. Um einige dieser Fragen zu regeln, rief 325 der Kaiser das Konzil von Nicäa zusammen. Es entschied für die Orthodoxie, gegen den Arianismus. In dieser Weise löste die Kirche von nun an ihre dogmatischen Streitereien. Nach der Lehre des Arius, eines alexandrinischen Priesters, steht Gott Vater über dem Sohn, die zwei Wesen sind also verschieden. Die gegensätzliche Häresie wurde von Sabellius verfochten, der behauptete, es gebe bloß zwei Aspekte einer und derselben Person. Die orthodoxe Ansicht, die schließlich die Schlacht gewann, brachte beide auf denselben Nenner, indem sie aussagte, daß Vater und Sohn zwar wesensgleich, aber als Personen unterschiedlich seien. Der Arianismus blühte trotzdem weiter. Der Hauptverteidiger des orthodoxen Standpunktes war Athanasius, von 328 bis 373 Bischof von Alexandria. Die Nachfolger Konstantins bevorzugten den Arianismus, außer Julian Apostatas, der ein Heide war. Aber mit dem Emporkommen Theodosius' im Jahre 379 erhielt die Orthodoxie Unterstützung auch der kaiserlichen Gewalt.

Der letzten, der christlichen Periode des Weströmischen Reiches gehören drei bedeutende Kirchenväter an, die auf verschiedene Weise zur Stärkung der kirchlichen Macht beitrugen. Alle drei sind später heilig gesprochen worden. Ambrosius, Hieronymus und Augustinus wurden nur einige Jahre voneinander gegen die Mitte des 4. Jahrhunderts geboren. Zusammen mit Papst Gregor dem Großen, der im 6. Jahrhundert lebte, werden sie die *Doctores* der Kirche genannt. Nur der letzte der drei Kirchenväter, Augustinus, war zugleich auch Philosoph.

Ambrosius wurde 340 in Trier geboren. Er bekam seine Erziehung in Rom und begann mit einer juristischen Laufbahn.

Mit dreißig Jahren wurde er Gouverneur von Liguria und Aemilia in Norditalien. Den Posten hatte er vier Jahre lang inne. Um diese Zeit verzichtete er aus unbekannten Gründen auf das weltliche Leben, nicht aber auf politische Tätigkeit. Er wurde zum Bischof von Mailand gewählt, das damals die bedeutendste Stadt des Westreiches war. Sein Bischofsamt nutzte Ambrosius, immer furcht- und kompromißlos, zu starkem politischem Druck zugunsten der geistigen Oberhand der Kirche. Auf ihn geht die Regelung des Verhältnisses Staat-Kirche im wesentlichen zurück.

Die kirchliche Lage war um diese Zeit klar, und es bestand keine Gefahr für die Orthodoxie, solange Gratian, der rechtgläubig war, als Kaiser herrschte. Er vernachlässigte jedoch seine Pflichten, bis er schließlich ermordet wurde. Erst mit seiner Nachfolge begannen die Schwierigkeiten. Die Macht wurde von Maximus im ganzen Westen mit Ausnahme von Italien, wo die Herrschaft rechtmäßig auf Gratians jüngeren Bruder Valentinian II. überging, usurpiert. Da der junge Kaiser noch ein Kind war, herrschte seine Mutter Justina für ihn. Sie war Arianerin, und so stand Kampf bevor. Der Brennpunkt, wo Heidentum und Christentum am deutlichsten zusammenstießen, war ja Rom selbst. Unter Konstantins Sohn Konstantius war die heidnische Siegesgöttin aus dem Senat entfernt worden. Julianus Apostata ließ sie zurückbringen, Gratian sie wieder hinauswerfen, worauf ein paar Senatoren baten, sie wieder aufzustellen. Doch lehnten die Christen im Senat mit Hilfe von Ambrosius und Papst Damasus das ab. Nach dem Fall Gratians stieß die heidnische Partei mit einem Gesuch an Valentinian II. erneut vor. Um eine Bevorzugung der Heiden durch den Kaiser zu verhindern, griff Ambrosius zur Feder und erinnerte ihn daran, daß er genauso verpflichtet sei, Gott zu dienen, wie die Bürger dem Kaiser als Soldaten. Das ging viel weiter als das Wort Jesu erlaubt: Gott, was Gottes, und dem Kaiser, was des Kaisers sei, zu geben. Hier begegnen wir der Forderung, daß die Kirche als Gottes Werkzeug zur Erzwingung des Gehorsams auf Erden höher stehe als der Staat. Die Macht des Staates war im Zurückweichen, die Kirche überlebte seinen Zerfall. Daß ein Bischof solche Dinge ungestraft aussprechen durfte, bezeugt den Niedergang des Römerreiches. Die Angelegenheit der Siegesstatue war jedoch noch nicht beendet. Unter Eugenius, einem späteren Ursurpator, wurde sie wieder errichtet, und erst nach seiner Niederlage durch Theodosius, 394, gewann die christliche Partei ein für allemal die Oberhand.

Gegen Justina stritt Ambrosius wegen ihres Arianismus. Sie hatte ein Gotteshaus in Mailand für die gotischen Legionäre gefordert, die Arianer waren. Der Bischof erlaubte es nicht, und das Volk unterstützte ihn. Selbst die gotischen Söldner, die geschickt worden waren, die Basilika zu übernehmen, machten mit dem Volk gemeinsame Sache und weigerten sich, zur Gewalt zu greifen. Ambrosius war ein mutiges Stückchen gelungen, daß er vor den barbarischen Söldnern mit ihren Waffen nicht zurückgewichen war. So mußte der Kaiser nachgeben, und für Ambrosius war es ein großer moralischer Sieg in seinem Kampf um die kirchliche Unabhängigkeit.

Doch waren nicht alle Taten des Bischofs gleich empfehlenswert. Während der Herrschaft des Theodosius widerstand er dem Kaiser, der verordnet hatte, daß ein örtlicher Bischof für den Wiederaufbau einer verbrannten Synagoge zahlen sollte. Der Brand war auf Betreiben eben dieses Priesters verursacht worden, und der Kaiser war nicht gewillt, derartiges einreißen zu lassen. Aber Ambrosius argumentierte, daß nie ein Christ zur Wiedergutmachung derartiger Schäden herangezogen werden sollte – eine gefährliche Lehre, die zu vielen Verfolgungen während des Mittelalters geführt hat.

Während das Hauptverdienst des Ambrosius auf dem Gebiet der Verwaltung und der Staatskunst lag, war Hieronymus einer der hervorragendsten Gelehrten seiner Zeit. Er wurde 345 in Stridon, nahe der dalmatinischen Grenze, geboren. Mit 18 Jahren ging er zum Studium nach Rom. Nach Reisen in Gallien ließ er sich in Aquileia, in der Nähe seiner Geburtsstadt, nieder. Infolge von Streitigkeiten ging er nach dem Osten und verbrachte fünf Jahre als Eremit in der syrischen

Wüste. Anschließend reiste er nach Konstantinopel und nach Rom zurück, wo er von 382 bis 385 blieb. Papst Damasus war ein Jahr vorher gestorben, und sein Nachfolger scheint den streitsüchtigen Priester nicht recht geschätzt zu haben. So begab sich Hieronymus, von einer Schar tugendhafter römischer Damen begleitet, die seine Vorschriften über Zölibat und Enthaltsamkeit angenommen hatten, noch einmal auf den Weg nach dem Osten. Sie ließen sich schließlich 386 in Bethlehem zu einem klösterlichen Leben nieder, wo er im Jahre 420 starb. Sein Meisterwerk ist die Vulgata, die lateinische Übersetzung der Bibel, die der anerkannte Text der katholischen Kirche bis heute ist. Die Evangelien wurden während seines letzten Aufenthaltes in Rom aus dem ursprünglichen Griechischen übersetzt, fürs Alte Testament griff er in seinen letzten Lebensjahren mit Hilfe jüdischer Gelehrter auf die hebräischen Quellen zurück.

Durch seine Lebensweise gab Hieronymus der klösterlichen Bewegung, die in dieser Zeit stark zunahm, mächtigen Auftrieb. Wie Ambrosius, schrieb auch er viele Briefe, viele an junge Damen, sie ermahnend, auf den Pfaden der Tugend und der Keuschheit zu bleiben. Als Rom 410 von den gotischen Eindringlingen geplündert wurde, scheint seine Haltung mutloser geworden zu sein, doch setze er seine Bemühungen um das Lob der Jungfräulichkeit weiter fort, anstatt etwas für die Rettung des Römischen Reiches zu unternehmen.

Augustinus wurde 354 in der Provinz Numidien geboren. Er bekam eine durchaus römische Erziehung und ging, als er 20 Jahre alt war, mit seiner Mätresse und ihrem gemeinsamen Söhnchen nach Rom. Ein wenig später finden wir ihn schon in Mailand, wo er als Lehrer lebte. Vom religiösen Gesichtspunkt aus war er in dieser Periode Manichäer. Doch brachten unablässige Gewissensbisse und eine besorgte Mutter ihn schließlich in die orthodoxe Kirche. 387 wurde er von Ambrosius getauft. Er kehrte nach Afrika zurück, wurde dort 396 zum Bischof von Hippo ernannt und blieb bis zu seinem Tode im Jahre 430 dort.

Seine ›*Confessiones*‹ geben einen farbigen Bericht über seinen Kampf mit der Sünde. Ein Kindheitserlebnis hörte nicht auf, ihn sein ganzes Leben lang zu verfolgen. Die Geschichte ist recht alltäglich: als Kind plünderte Augustinus aus purem Übermut einen Birnbaum im Nachbarsgarten. Sein krankhaftes Wühlen gegen die Sünde vergrößerte diese Untat so sehr, daß er sie sich nie ganz verzeihen konnte. Fremde Obstbäume zu plündern ist, so scheint es, zu allen Zeiten ein gefahrvoll Ding. Die Sündhaftigkeit wurde in den ersten Zeiten des Alten Testamentes noch als eine nationale Unzulänglichkeit aufgefaßt. Sie galt allmählich als ein Fehler des einzelnen. Für die christliche Theologie stellte diese Sichtverschiebung sich als etwas Entscheidendes heraus, da sich die Kirche als Institution nicht irren konnte. Nur die Christen als Einzelwesen können Sünden begehen. Mit dieser Betonung der individuellen Seite ist Augustinus ein Vorläufer der protestantischen Theologie. Für den Katholizismus ist dagegen die Festlegung der kirchlichen Funktion wesentlich. Für Augustinus sind beide Momente wichtig. Der Mensch, im Grunde genommen verdammt und voller Sünde, wird durch die Vermittlung der Kirche erlöst. Aber bloße Befolgung religiöser Übungen, sogar die Führung eines tugendhaften Lebens können einem die Erlösung nicht sichern. Da Gott gut ist und der Mensch böse, wird die Erlösung als eine Gnade gewährt, aber ihr Vorenthalten auf keinen Fall als tadelnswert betrachtet. Diese Lehre der Prädestination wurde später von einer recht hartgesottenen Art reformierter Theologie übernommen. Andrerseits bedeutet die Ansicht des Augustinus, daß das Böse kein materielles Prinzip sei, wie es die Manichäer hielten, sondern die Folge schlechten Willens, eine wertvolle Lehre, die von den evangelischen Bekenntnissen übernommen wurde. Sie ist der Kern der protestantischen Auffassung von der Verantwortung.

Das theologische Werk des Augustinus bezweckt hauptsächlich, den gemäßigteren Anschauungen des Pelagius entgegenzutreten. Dieser welsche Priester aus Britannien war milder als die meisten Kirchenmänner seiner Zeit. Er leugnete die Erbsünde und lehrte, daß der Mensch durch eigene Anstrengungen, indem er ein tugendhaftes Leben führt, die Erlösung erringen kann. Gemäßigt und verfeinert, wie sie war, fand diese Auffassung viele Anhänger, insbesondere unter denen, die noch etwas von dem Geist der griechischen Philosophie verspürten. Augustinus aber focht die pelagianische Lehre mit großem Eifer an und war nicht wenig mitverantwortlich daran, daß sie schließlich für ketzerisch erklärt wurde. Er zog seine Lehre von der Prädestination aus den Briefen des Paulus. Später hat Kalvin seine Theorie übernommen, als die römisch-katholische Kirche sie schon, sehr weise, fallen ließ.

Das Anliegen des Augustinus ist vor allem theologisch bedingt. Auch wo er philosophische Fragen angeht, ist sein Ziel in erster Linie die Versöhnung der Auffassung der Bibel mit dem Erbe der platonischen Schule. Hierin kann er als Vorläufer der apologetischen Tradition betrachtet werden. Nichtsdestoweniger sind seine philosophischen Spekulationen auf ihre Weise interessant und bekunden ihn als einen Denker von beachtlicher Feinheit. Dies alles findet sich im elften Buch der Konfessionen. Es besitzt keinen Unterhaltungswert und wird deshalb in den volkstümlichen Ausgaben meist weggelassen.

Das Problem, das Augustinus sich setzt, ist zu zeigen, wie die Allmacht Gottes mit der Schöpfungsgeschichte, wie die Genesis sie beschreibt, zu vereinbaren sei. Von vornherein ist es nötig, den jüdisch-christlichen Begriff der Erschaffung von dem der griechischen Philosophie zu unterscheiden. Einem Griechen, wann immer während der Antike, wäre es absurd erschienen, daß die Welt hätte aus dem Nichts hervorgezaubert werden können. Wenn Gott als der Weltenschöpfer betrachtet wird, dann nur in dem Sinn, daß er als Baumeister eine Welt schafft aus Ungeformtem, aus dem Rohstoff, der schon vorhanden ist. Der Gedanke, daß etwas aus dem Nichts hervorkommen könnte, war dem wissenschaftlichen Denken der Griechen fremd. Ganz anders mit dem Gott der Heiligen Schrift, da er als der Schöpfer des Stoffs, wie auch als Planer des Aufbaus gedacht wird. Die griechische Auffassung führt natürlich zum Pantheismus, bei dem Gott und Welt eins sind – ein Gedankengang, der zu allen Zeiten alle jene angezogen hat, die zur Mystik neigen. Der bekannteste Vertreter dieser philosophischen Auffassung ist Spinoza. Augustinus aber nimmt den Schöpfer des Alten Testaments, nimmt Gott als außerhalb dieser Welt an. Diese Gottheit stellt einen zeitlosen Geist dar, keiner Kausalität, keiner historischen Entwicklung unterworfen. Als Gott die Welt schuf, schuf er damit auch die Zeit. Es kann nicht gefragt werden: was war vorher, da es keine Zeit gab, von der man derartiges fragen könnte.

Die Zeit bedeutet für Augustinus eine dreifache Gegenwart. Die eigentliche Gegenwart ist das einzige Ding, das wirklich ›ist‹. Die Vergangenheit lebt als ein gegenwärtiges Gedächtnis, die Zukunft als eine gegenwärtige Erwartung. Diese Lehre ist nicht frei von Fehlern, aber sie will den subjektiven Charakter der Zeit als einen Teil der geistigen Erfahrung des erschaffenen Menschen begreifen. Es hat also keinen Sinn zu fragen, was war vor der Erschaffung. Dieselbe subjektive Deutung der Zeit findet sich auch bei Kant, der sie zu einer der Formen der Erkenntnis macht. Diese subjektive Einstellung ließ Augustinus schon die kartesianische Lehre vorausahnen, wonach nur das nicht angezweifelt werden kann, daß man ist, wenn man denkt. Der Subjektivismus ist letzten Endes keine logisch haltbare Theorie. Augustinus ist jedoch einer seiner fähigsten Vertreter.

Die Zeit des Augustinus war durch den Untergang West-Roms bestimmt. Alarichs Goten nahmen 410 Rom ein. Die Christen sahen darin die verdiente Züchtung für ihre Sünden. Dem heidnischen Denken erschien die Sache anders: Die alten Götter wurden verlassen, so zog Jupiter mit Recht seine Unterstützung zurück. Gegen dieses Argument schrieb Augustinus seinen ›*Gottesstaat*‹, der sich unterm Schreiben zu einer völligen christlichen Geschichtsphilosophie gestaltete. Vieles darin ist heute nichts mehr als antiquarischer Belang, aber die Zentralthese der Unabhängigkeit der Kirche vom Staat war das ganze Mittelalter hindurch von höchster Bedeutung und dauert sogar mancherorts heute noch an. Die Ansicht, daß der

Staat, um an der Erlösung teilzuhaben, der Kirche gehorchen müsse, ist in Wahrheit auf das Beispiel des jüdischen Staates im Alten Testament gegründet.

Unter Theoderichs Herrschaft lebte in Rom ein bemerkenswerter Denker, dessen Leben und Werk in scharfem Kontrast mit der allgemeinen Dekadenz der Kultur in dieser Zeit stand. Boëthius wurde um 480 in Rom als Sohn eines Edelmannes geboren und hatte gute Verbindungen mit der Schicht der Senatoren. Er war ein Freund Theoderichs, und so wurde, als der Gotenkönig im Jahre 500 Herrscher von Rom geworden war, Boëthius schließlich 510 Konsul. Sein Glück erlitt in späteren Jahren einen Rückschlag. 524 wurde er eingekerkert und wegen Verrats hingerichtet. In Erwartung des Todes schrieb er im Gefängnis das Buch, das ihn berühmt gemacht hat: den ›*Trost der Philosophie*‹.

Zu seiner eigenen Zeit genoß Boëthius schon den Ruf eines Weisen und Gelehrten. Er übersetzte die logischen Schriften des Aristoteles zum erstenmal ins Latein. In Verbindung damit verfaßte er Kommentare wie auch eigene Werke über die aristotelische Logik. Seine Abhandlungen über Musik, Arithmetik und Geometrie galten lange in den Schulen des Mittelalters als Standardwerke. Sein Plan, eine vollständige Übersetzung Platons und Aristoteles' zu veranstalten, wurde leider nicht zu Ende gebracht. Das Mittelalter verehrte ihn eigenartigerweise nicht nur als den großen Schüler der antiken Philosophie, sondern mehr noch als Christ. Er hatte zwar eine Reihe Traktate über theologische Fragen veröffentlicht, von denen man glaubte, sie seien von seiner Hand, was aber wenig wahrscheinlich scheint. Seine eigene Auffassung im ›*Trost*‹ ist platonisch. Er war sicherlich Christ, wie die meisten Leute damals, aber sein Christsein kann, im Lichte seines Denkens gesehen, nur als nominal verstanden werden. Die Philosophie Platons hatte viel mehr Einfluß auf ihn als die theologischen Spekulationen der Kirchenväter. Aber es war wohl ein Glück, daß man ihn für einen zuverlässigen Rechtgläubigen hielt, da es diesem Umstand zu verdanken ist, daß vieles von seinem Platonismus von den späteren Klerikern aufgenommen werden konnte, während sonst der Makel der Häresie seine Werke hätte leicht der Vergessenheit anheimfallen lassen können.

Der ›*Trost*‹ ist jedenfalls frei von christlicher Theologie. Das Buch enthält Prosa und Verse abwechselnd. Boëthius selbst spricht in Prosa, die Philosophie, in der Gestalt einer Frau, antwortet in Versen. Die Auffassung des Werkes ist weit ab vom Denkkreis der Kirchenleute jener Zeit. Es beginnt mit einer Bestätigung des Vorranges der drei großen athenischen Philosophen. In Verfolg eines rechten Lebens folgte Boëthius den Traditionen der Pythagoreer. Seine Ethik ist zum großen Teil stoisch, und seine Metaphysik geht geradewegs auf Platon zurück. Manche Stellen sind im Ton pantheistisch. Dementsprechend trägt er eine Anschauung vor, nach der das Böse als unreal angesehen wird. Gott, als mit dem Guten gleichgesetzt, kann nichts Böses tun, und da er allmächtig ist, so muß das Böse vorgegaukelt sein. Vieles von dem steht in schroffem Gegensatz zur christlichen Theologie und Logik, aber anscheinend hat es niemand aus dem Lager der Gläubigen je aus der Ruhe gescheucht. Der Geist des ganzen Buches erinnert an Platon. Es hält aber den Mystizismus der Neuplatoniker wie z.B. Plotins fern und ist frei vom Aberglauben der Zeit. Auch das fiebernde Sündengefühl, das die christlichen Denker überschattet, liegt ihm fern. Was wohl den bemerkenswertesten Zug des Werkes ausmacht, ist, daß es von einem zum Tode Verurteilten im Gefängnis geschrieben ist. Es wäre falsch zu denken, daß Boëthius ein Elfenbeinturm-Denker war, der den Dingen seiner Zeit ferngestanden hätte. Im Gegenteil, er stand nach Art der alten Philosophen mitteninne als ein fähiger und kühl denkender Amtswalter, der seinem gotischen Herrn getreue und wertvolle Dienste leistete. Später fing man an, Boëthius als einen Märtyrer der Verfolgung durch die Arianer zu betrachten, ein Irrtum, welcher seiner Beliebtheit als Schriftsteller sehr zu statten kam. Jedoch hat die Kirche ihn als einen unvoreingenommenen Denker, der frei von jedem Fanatismus war, nie heiliggesprochen, während sie den Kyrillos, seinen orthodoxen Zeitgenossen, von dem wir noch hören, zu einem Heiligen stempelte.

Boëthius' Werk erhebt in seinem historischen Rahmen die immer wieder gestellte Frage, wie weit man Produkt seiner Zeit ist. Boëthius lebte in einer ernsthafter Forschung feindlichen Welt, die mit Aberglauben und blindem Eifer belastet war. Sein Werk scheint jedoch nichts von alledem zu zeigen, noch sind seine Probleme nur auf seine eigene Zeit zugeschnitten. Es ist freilich wahr, daß die aristokratischen Kreise Roms weniger geneigt waren, der gängigen Mode und dem Enthusiasmus des Tags nachzugeben. Hier, wenn irgendwo, überlebten die alten Tugenden das Reich, und das gleiche gilt bis zu einem gewissen Grade auch für den stoischen Zug im ethischen Denken des Boëthius. Diese Tatsache selbst und die Fortdauer einer solchen Gruppe – trotz den Angriffen der Barbaren von außen und dem Fanatismus von innen – bedarf der Erklärung. Die Antwort scheint mir zweifach zu sein. Es ist wahr, daß die Menschen Ergebnis des Herkommens sind. Zunächst werden sie von der Umgebung, in der sie aufwachsen, geformt. Später gewinnt ihr Leben Halt an den Überlieferungen, denen sie aus innerer Überzeugung oder aus mehr oder minder blindem Gehorsam ihre Zustimmung geben. Auf der anderen Seite ist zu bedenken, daß die Traditionen nicht zeitgebunden sind. Sie nehmen ein eigenes Leben an und können lange Zeit dauern, unter der Oberfläche schwelend, aber immer bereit, wieder aufzulodern, wenn sie Nahrung bekommen. Irgendwie überlebten die Traditionen der klassischen Zeit auch unter den unsicheren Verhältnissen der barbarischen Invasionen, und so konnte ein Mensch wie Boëthius sich entfalten. Bei alledem muß er die Kluft wahrgenommen haben, die ihn von seinen Zeitgenossen trennte. Wenn man auch der Kraft eines geistigen Erbes traut, braucht man doch ein tüchtiges Maß an Stärke, um durchzustehen. Und Boëthius bedurfte gewiß allen Mutes, den er nur aufbringen konnte.

Die Plünderung Roms findet in einer Zeit der Invasionen und Kämpfe statt, die schließlich zum Sturz des Westreichs führen. Germanische Stämme breiten sich aus. Im Norden wurde Britannien von den Angeln, Sachsen und Jüten überfallen, fränkische Stämme drangen in Gallien ein, die Wandalen zogen sogar nach Spanien und Nordafrika. Namen von Ländern und Gebieten blieben über als Erinnerungen an die Ereignisse: die Angeln gaben England ihren Namen, die Franken Frankreich und die Wandalen Andalusien.

Südfrankreich wurde von den Westgoten, Italien von den ostgotischen Eindringlingen besetzt, die früher in einem erfolglosen Versuch, das Ostreich zu vernichten, besiegt worden waren. Seit Ende des 3. Jahrhunderts standen gotische Söldner in römischem Dienst und lernten so die geschickte römische Kriegskunst. Das Reich dauerte noch einige Jahre nach dem Fall von Rom fort, bis die Ostgoten unter König Odvakar (Odoaker) es schließlich 476 zerstörten. Er herrschte bis 493, wo er auf Befehl Theoderichs ermordet wurde, der nun König der Ostgoten wurde und bis zu seinem Tode (526) in Italien regierte. Hinter den Goten drängte der mongolische Stamm der Hunnen unter ihrem König Attila von Osten heran. Sie waren anfangs mit ihren gotischen Nachbarn verbündet gewesen, standen aber schlecht mit ihnen, als Attila 451 in Gallien eindrang. Eine vereinte gotische und römische Streitmacht hielt die Eindringlinge bei Chalons auf. Der darauf folgende Versuch, Rom einzunehmen, wurde durch das schlaue und mutige Auftreten des Papstes Leo abgewehrt. Der Hunnenkönig starb kurz darauf und ließ seine Stämme ohne die feste Führung, an die sie gewöhnt waren. So ging die Macht der räuberischen asiatischen Reiter zugrunde.

Man könnte denken, daß diese Umwälzungen heftige Rückwirkungen der Kirche hervorriefen. Aber deren Aufmerksamkeit war von Haarspaltereien über das Wesen Jesu Christi abgelenkt. Einige hielten ihn für eine Person mit Doppelnatur, eine Ansicht, die schließlich gewann. Ihr Hauptverteidiger war Kyrillos, der alexandrinische Patriarch von 412 bis 444. Als ein enger Verfechter der Orthodoxie zeigte er seinen förderlichen Eifer durch die Ermunterung der Verfolgung der jüdischen Gemeinde in Alexandria. Auch klügelte er die brutale Ermordung Hypatias aus, einer der wenigen Frauen, die die Annalen der Mathematik zieren. In gebührender Zeit wurde er denn auch heiliggesprochen. Andrerseits vertraten die Anhänger Nestors, des Patriarchen von Konstantinopel, die Ansicht, daß es in Christus zwei Personen gab, den Menschen und den Sohn Gottes. Diese Lehre geht, wie wir schon sahen, auf die Gnostiker zurück. Der Nestorianismus hatte seine Anhänger hauptsächlich in Kleinasien und Syrien. Man versuchte, aus der theologischen Sackgasse zu kommen, und so wurde 431 ein Konzil nach Ephesus einberufen. Die Partei des Kyrillos war zuerst zur Stelle und beschloß eilig, ehe die Opposition zu Wort kommen konnte, eine Entscheidung zu ihren Gunsten. Seitdem wurde der Nestorianismus für ketzerisch erklärt; die Auffassung, daß es nur eine Person in Christus gibt, siegte also. Nach dem Tod des Kyrillos ging eine Synode in Ephesus im Jahre 449 noch weiter und legte fest, daß Christus nicht nur eine Person sei, sondern auch nur eine Natur habe. Diese Lehre stellt die monophysitische Ketzerei dar. Das Konzil von Chalzedon 451 verdammte sie. Wäre Kyrillos noch am Leben gewesen, wäre er, anstatt heiliggesprochen, für einen Ketzer gehalten worden. Obwohl die ökumenischen Konzile die Grundlagen für den katholischen Glauben schufen, lebten Ketzereien, insbesondere im Osten, immer wieder auf. Es ist sicher nicht wenig der Schroffheit der Orthodoxie gegen die häretischen Kirchen zuzuschreiben, daß der Islam gerade hier später so beträchtlichen Erfolg hatte.

In Italien haben die gotischen Eindringlinge die gesellschaftliche Ordnung nicht blindlings zerstört. Thederich der Große behielt die alte Form der Verwaltung bei. In religiösen Angelegenheiten war er offensichtlich gemäßigt. Er selbst war Arianer, scheint aber die nichtchristlichen Elemente besonders unter den römischen Patrizierfamilien begünstigt zu haben. Boëthius, der Neuplatoniker, hatte ein Ministeramt unter ihm inne. Der oströmische Kaiser Justinus war dagegen ein Mann von engeren Ansichten. 523 ächtete er die arianischen Ketzer. Theoderich kam dadurch in üble Lage, da seine italienischen Gebiete durchweg katholisch waren, und seine eigene Macht zum Widerstand gegen den Kaiser nicht ausreichte. Aus Angst vor einer Verschwörung seiner eigenen Anhänger ließ er Boëthius 524 einkerkern und hinrichten. Durch den Tod Theoderichs, 526, wurde die oströmische Macht noch größer. Justinus starb 527. Ihm folgte Justinian (527–565), der die großen Kompendien des römischen Rechts und die Kirchengesetze verfassen ließ. Für die Orthodoxie setzte er sich fanatisch ein. Schon am Anfang seiner Herrschaft, im Jahre 529, verordnete er die Schließung der Akademie von Athen, die als letzte Hochburg der alten Traditionen bis dahin überlebt hatte, wenn auch ihre Bedeutung als Lehrstätte durch den neuplatonischen Mystizismus beträchtlich verblaßt war. 532 begann der Bau der Hagia Sophia in Konstantinopel. Sie blieb das Zentrum der byzantinischen Kirche, bis Konstantinopel 1453 den Türken in die Hände fiel.

Das Interesse des Kaisers für die Religion wurde von seiner Gemahlin, der berühmten Theodora, einer ›Frau mit Vergangenheit‹, die noch dazu monophysitisch eingestellt, geteilt. Ihretwegen ließ er sich in die Kontroverse über die Drei Kapitel ein. In Chalzedon wurden drei Väter, die zum Nestorianertum neigten, für orthodox erklärt. Justinian stempelte aber die drei Männer zu Ketzern, was zu langwierigen Diskussionen innerhalb der Kirche führte. Schließlich verfiel er selbst der Ketzerei und teilte die Ansicht der Aphthartodoketen, die, logische Folge des Monophysitismus, den Leib Christi für unverweslich hielten.

Justinian unternahm einen letzten Versuch, die Westprovinzen den Barbaren wieder abzunehmen. Italien wurde 535 besetzt und das Land etwa 18 Jahre lang vom Krieg heimgesucht. Der Kaiser hat auch Afrika zurückerobert, aber die byzantinische Herrschaft erwies sich als zweifelhafter Segen, und die Macht von Byzanz war schon lange nicht mehr der Aufgabe, das ganze Reich wieder herzustellen, gewachsen, obzwar die Kirche auf seiten des Kaisers stand. Justinian starb 565, und Italien mußte drei Jahre darauf einen neuen barbarischen Ansturm erleiden. Die Langobarden drangen in das nördliche Gebiet Italiens, die ›Lombardei‹, ein. Zwei Jahrhunderte lang kämpften sie gegen die Byzantiner, die sich schließlich, unter dem Druck der Sarazenen im Süden, zurückzogen.

Ravenna, die letzte byzantinische Hochburg in Italien, fiel 751 den Langobarden zu.

In der Zeit, die wir erörtern, ist eine Erscheinung wie die des Boëthius eine große Ausnahme. Der Geist der Zeit war nicht philosophisch. Trotzdem müssen wir zwei Gegebenheiten, die schwerwiegende Folgen für die Gestaltung der Philosophie im Mittelalter haben sollten, erwähnen. Die erste ist das Anwachsen der Klöster im Westen, die zweite der Zuwachs an Macht und Autorität des Papsttums. Beides verknüpft sich mit den Namen Benedikt und Papst Gregor. Das Mönchstum begann im 4. Jahrhundert im Ostreich. In der ersten Stufe war es nicht mit der Kirche verknüpft. Erst Athanasius versuchte, die mönchische Bewegung unter kirchliche Herrschaft zu bringen. Hieronymus war, wie wir schon sahen, ein großer Verfechter der klösterlichen Lebensweise. Während des 6. Jahrhunderts wurden Klöster auch in Gallien und Irland errichtet.

Aber entscheidend wirkte für das westliche Mönchstum St. Benedikt, nach dem der Benediktinerorden genannt ist. Von adeligen Eltern 480 geboren, wuchs er mitten im Wohlstand und Luxus der oberen römischen Schichten auf. Als ein junger Mann von 20 Jahren hatte er das Erlebnis einer völligen Abkehr von seiner früheren Erziehung, und so zog er sich für drei Jahre als Eremit in eine Höhle zurück. 529 gründete er das Kloster auf dem Monte Cassino, die Heimat des Benediktinerordens. Die Regeln, die der Gründer gab, forderten von den Mönchen das Gelübde der Armut, des Gehorsams und der Keuschheit. Die übertriebenen Kasteiungen der östlichen Mönche hat Benedikt abgelehnt. Ihr Unmaß nahm die christliche Ansicht, das Fleisch sei sündhaft, allzu wörtlich. Diesen krankhaften Verstiegenheiten setzten die Benediktinerregeln entschlossen ein Ende. Autorität und Macht lagen in den Händen des Abts, der auf Lebenszeit ernannt war. Später entwickelte der Benediktinerorden eine eigene Tradition, die nicht ganz den Absichten seines Begründers entsprach. Eine große Bibliothek wurde auf dem Monte Cassino gesammelt, und die Benediktiner-Gelehrten trugen viel zum Weiterleben der klassischen Lehren bei.

Benedikt blieb bis zu seinem Tode (543) auf dem Monte Cassino. Etwa vierzig Jahre später verheerten die Langobarden das Kloster, und die Mönche flohen nach Rom. In seiner langen Geschichte erlitt Monte Cassino noch zwei Zerstörungen, die erste im 9. Jahrhundert durch die Sarazenen, und die zweite während des Zweiten Weltkrieges. Seine Bibliothek konnte glücklicherweise gerettet werden, und das Kloster wurde jetzt vollständig wiederaufgebaut.

Einzelheiten aus dem Leben Benedikts hat Gregor im zweiten Buch seiner Dialoge aufgezeichnet. Vieles davon besteht aus Berichten von wunderbaren Ereignissen und Wundertaten, was Licht auf den all gemeinen Geisteszustand der Gebildeten jener Zeit wirft. Es muß daran erinnert werden, daß das Lesen damals so weit abgesunken war, daß nur eine ganz kleine Minderheit es noch beherrschte. Jene Dialoge waren übrigens ganz und gar nicht für eine leichtgläubige Masse Ungebildeter (wie die Schundliteratur und ebenso der wissenschaftliche ›Romankitsch‹ unserer Zeit) gedacht. Gregor der Große, ihr Verfasser, gilt als der vierte Doktor der Kirche. Er wurde 540 als Sproß des römischen Adels geboren, und auch er wuchs in Reichtum und Luxus auf. Er bekam eine seinem Stande entsprechende Erziehung, obwohl er nicht Griechisch lernte – ein Versäumnis, das er trotz seines späteren sechsjährigen Aufenthalts am kaiserlichen Hof in Konstantinopel nicht wieder gutmachen konnte. 573 war er Präfekt von Rom. Aber kurz darauf scheint er den ›Ruf‹ vernommen zu haben. Er verzichtete auf sein Amt, gab sein Vermögen weg und wurde Benediktinermönch. Das harte und karge Leben, das sich aus dieser bemerkenswerten Umkehr ergab, fügte seiner Gesundheit ständigen Schaden zu. Ihm wurde jedoch nicht ein Leben der Meditation, nach dem er sich gesehnt hatte, zuteil: seine politischen Fähigkeiten waren nicht in Vergessenheit geraten, und Papst Pelagius II. wählte ihn zu seinem Botschafter am kaiserlichen Hof, dem der Westen immer noch eine sinnbildliche

Untertanentreue bezeigte. Von 579 bis 585 blieb Gregor am Hof, konnte aber seine Hauptaufgabe, den Kaiser zu einem Krieg gegen die Langobarden zu überreden, nicht erfüllen. Die Zeit für Krieg war schon vorbei. Die letzten Versuche unter Justinian hatten zwar augenblicklich zu Erfolg geführt, scheiterten aber schließlich vollkommen. Nach Rom zurückgekehrt, verbrachte Gregor fünf Jahre in dem Kloster, das er in seinem vormaligen Palast eingerichtet hatte. 590 starb der Papst, und Gregor, der lieber Mönch geblieben wäre, wurde zum Nachfolger gewählt. Die ganze staatsmännische Kunst von Gregor war nötig, um Herr der unsicheren Lage zu werden, in die der Zerfall der weströmischen Macht das Land gebracht hatte. Italien war von den Langobarden ausgeplündert, Afrika Schauplatz von Kämpfen zwischen einer schwachen byzantinischen Statthalterschaft und den maurischen Stämmen, Westgoten und Franken führten in Gallien Krieg gegeneinander, und Britannien war durch die angelsächsischen Eindringlinge wieder heidnisch geworden. Ketzereien fuhren fort, die Kirche heimzusuchen, und eine allgemeine Auflösung drohte, die christlichen Grundsätze zu untergraben, welche die Lebensführung der Priester hätten bestimmen sollen. Die Simonie war allgemein verbreitet und konnte etwa fünf Jahrhunderte lang nicht erfolgreich beseitigt werden. Gregor erbte all diese ungeheuren Schwierigkeiten und tat, was er konnte, um sie zu meistern. Der große Wirrwarr jedoch, der überall im Westen herrschte, erlaubte ihm, die päpstliche Macht auf einen festeren Grund als je bisher zu stellen. Noch nie war der Bischof von Rom imstande gewesen, seine Autorität derart und mit so großem Erfolg durchzusetzen, wie Gregor es tat. Er tat es vor allem durch zahlreiche Briefe an Priester und weltliche Herrscher, die ihre Pflichten mangelhaft erfüllt oder die Grenzen ihres Bereiches überschritten hatten. Durch sein Buch von den Pastoralregeln legte er das Fundament für die römische Oberhand in kirchlichen Angelegenheiten überhaupt. Dieses Handbuch war das ganze Mittelalter hindurch hoch geschätzt; die Ostkirche sogar nahm es in einer griechischen Übersetzung an. Die theologische Auffassung Gregors beeinflußte die Bibelstudien in der Richtung symbolischer Erklärungen nicht unerheblich, die den rein historischen Inhalt außer acht ließen. Letzteres kam erst mit der Neuerweckung der Wissenschaften (Ende des Mittelalters) wieder zur Geltung.

In all seinen entschlossenen Bestrebungen zur Stärkung der Stellung des römischen Katholizismus war Gregor etwas engstirnig. In der Politik konnte er kaiserliche Ausschreitungen gerne gutheißen, wenn sie sich nur seinen eigenen Interessen fügten oder wenn er fühlte, daß Opposition gefährlich sei. Im Vergleich zu Ambrosius war er ein geschickter Opportunist. Er tat viel für die Ausdehnung des Einflusses der Benediktiner, die den Prototyp für die späteren Ordensgründungen bildeten. Aber für weltliche Kultur zeigte die Kirche seiner Zeit nicht das geringste Verständnis, und auch Gregor bildete hierin keine Ausnahme. So rügte er zum Beispiel den Bischof Desiderius von Vienne (Frankreich), weil er Grammatik lehrte.

DIE SCHOLASTIK

Als die zentrale Macht Roms zerfiel, sanken die westlichen Länder in eine Zeit der Barbarei. Europa erlitt einen allgemeinen kulturellen Niedergang. Das ›Dunkle Zeitalter‹, wie es heißt, dauerte ungefähr von 600 bis 1000 n. Chr. Bis zu einem gewissen Maße lebten die klassischen Traditionen der Vergangenheit ja weiter, doch war ihr Einfluß schwankend und recht eingeengt. Ein Etwas von Bildung wurde in den Klöstern, insbesondere an abgelegenen Stellen wie Irland, gepflegt. Trotzdem ist es nicht unzutreffend, diese Jahrhunderte dunkel zu nennen, besonders im Vergleich zu dem, was ihnen vorausging und nach ihnen kam. Gleichzeitig sei bemerkt, daß Ost-Rom den Verfall nicht im selben Maß geteilt hat. Die kaiserliche Macht in Byzanz wirkte weiter und ließ so die Bildung weltlicher bleiben, als es im Westen jahrhundertelang der Fall war. Und während die westliche Kultur darbte, erlangte die junge und kräftige Zivilisation des Islam unvergleichlich viel von Indien, vom Vorderen Osten, Nordafrika und Spanien und stieg so zu ihrer größten Blütezeit. Und weit darüber hinaus erlebte die chinesische Kultur während der Tang-Dynastie eine ihrer höchsten literarischen Epochen.

Um zu verstehen, warum die Philosophie in eine so enge Verknüpfung mit der Kirche geraten war, müssen wir die Hauptströmungen in der Entwicklung des Papsttums und der weltlichen Mächte dieser Zeit ins Auge fassen. Es ist zum großen Teil dem politischen Vakuum, welches das Verschwinden des kaiserlichen Rom hinterlassen hatte, zuzuschreiben, daß die Päpste ihre führende Position im Westen derart ausbauen konnten. Die östlichen Patriarchen haben, ganz abgesehen davon, daß sie durch das Bestehen der kaiserlichen Macht beschränkter waren, die Ansprüche der Bischöfe Roms nie gern gesehen. Schließlich gingen denn auch die östlichen Kirchen ihre eigenen Wege. Außerdem warf der barbarisierende Einfluß der im Westen eingedrungenen Stämme den all- gemeinen Bildungsstand, wie er während der römischen Zeit geherrscht hatte, weit zurück. Die Priester, die die erhalten gebliebenen Spuren der Kultur bewahrten, wurden dadurch eine privilegierte Gruppe, die lesen und schreiben konnte. Und als Europa nach Jahrhunderten der Kämpfe in ruhigere Zeiten gelangte, waren es die Priester, die Schulen gründeten und in Gang hielten. Und es war die scholastische Philosophie, die bis zur Renaissance ohne Nebenbuhler blieb.

Das Papsttum im westlichen Europa durchlief während des 7. und 8. Jahrhunderts eine riskante Bahn zwischen den rivalisierenden politischen Kräften der byzantinischen Kaiser und der barbarischen Könige. Ost-Rom war im Vorteil: es besaß noch alte Kultur; im Westen herrschten Barbaren. Ost-Rom neigte zu Weltweitheit; West-Rom sank in Stammesenge. Goten und Langobarden waren Arianer, Byzanz blieb, obwohl es Rom kirchlich ablehnte, mehr oder weniger orthodox.

Jedoch war es mit der staatlichen Macht Ost-Roms im Westen vorbei. 739 machten die Langobarden einen erfolglosen Vorstoß gegen Rom. Um ihrer Bedrohung zu entgehen, versuchte Papst Gregor III., die Hilfe der Franken zu gewinnen. Die merowingischen Könige, die Chlodwig nachfolgten, hatten jedoch schon die wirkliche Macht im fränkischen Königreich verloren. Tatsächlicher Herr war der Hausmeier. Während des frühen 8. Jahrhunderts hatte Karl Martell dieses Amt inne, der die aufkommende Flut des Islam in der Schlacht bei Tours 732 aufhielt. Karl Martell, wie auch Gregor, starb 741. Ihre Nachfolger, Pippin und Papst Stephan III., kamen zu einer Vereinbarung. Der Hausmeier verlangte vom Papst die offizielle Anerkennung seines Königtums, also die Absägung der merowingischen Dynastie. Und Pippin gab dafür dem Papst Ravenna, das die Langobarden 751 eingenommen hatten, dazu noch andere Territorien. Das aber hieß: endgültiger Bruch mit Byzanz.

Ohne Rückhalt an staatlicher Macht wurde das Papsttum dennoch weit mächtiger als die Ostkirche in ihrem Bereich. Der Kuhhandel mit Ravenna war natürlich in keiner Weise gesetzlich gegründet. Um ihm einen Anschein von Legalität zu geben, fälschten gerissene Priester ein Dokument, welches als Konstantinische Schenkung bekannt wurde. Es behauptete, ein Erlaß Konstantins zu sein, der alle Territorien, die West-Rom gehört hatten, dem Papsttum übertrug. Auf diese Weise wurde die weltliche Macht der Päpste errichtet und das ganze Mittelalter hindurch aufrechterhalten. Die Fälschung kam erst im 15. Jahrhundert ans Tageslicht.

Die Langobarden versuchten, der fränkischen Einmischung zu widerstehen, schließlich aber überquerte 774 Pippins Sohn Karl (der Große) die Alpen und bereitete ihnen eine entscheidende Niederlage. Er nahm den Titel König der Langobarden an und besetzte Rom, wo er die Schenkung seines Vaters von 754 bestätigte. Das Papsttum war ihm wohlgesinnt; und Karl seinerseits tat viel für die Verbreitung des Christentums unter den Sachsen, wenn auch seine Bekehrungsmethode mehr auf der Macht des Schwertes als auf Überzeugungskraft beruhte. Nach Osten erweiterte er Germanien beträchtlich, seine Anstrengungen im Süden aber, die Araber aus Spanien hinauszudrängen, waren weniger erfolgreich. Die Niederlage seiner Nachhut dort (778) gab Anlaß zu den berühmten Sagen von Roland.

Karl der Große bezweckte jedoch mehr als nur die bloße Stärkung seiner Grenzen. Er betrachtete sich selbst als den wahren Erben Roms. Zu Weihnachten des Jahres 800 wurde er vom Papst in Rom zum Kaiser gekrönt. Dies war der Anfang des Heiligen Römischen Reiches Deutscher Nation. Der Bruch mit Byzanz, den Pippins Schenkung verursacht hatte, wurde nun durch die Errichtung eines neuen westlichen Kaiserreiches vollständig. Der Vorwand Karls des Großen für diese Staatsaktion war ziemlich dürftig. Den Thron von Byzanz hatte um diese Zeit Kaiserin Irene inne. Karl erklärte dies als nach kaiserlicher Ordnung für ungesetzlich, der Thron im Osten sei frei. Nachdem sich Karl vom Papst hatte krönen lassen, konnte er als legaler Nachfolger der Cäsaren auftreten. Gleichzeitig wurde das Papsttum mit der kaiserlichen Macht verstrickt. Als Wirkung davon waren später einerseits starke Kaiser imstande, Päpste zu ernennen oder abzusetzen, wie es ihren Zwecken nützte, andrerseits aber mußten die Kaiser durch die Krönung von den Päpsten anerkannt werden. Weltliche und kirchliche Macht waren also in verhängnisvoller Weise aneinandergebunden. Meinungsverschiedenheiten waren daher unvermeidlich, und beide standen miteinander in unablässig wogendem Kampf, in dem bald der eine, bald der andere den Sieg davontrug. Etwa vom 13. Jahrhundert an war kein Kompromiß mehr möglich. Das Papsttum siegte zwar, verlor aber den hart errungenen Vorteil durch den Verfall des moralischen Ansehns der Päpste zur Zeit der Frührenaissance vollkommen. Zur gleichen Zeit ließ die Entstehung nationaler Monarchien in England, Frankreich und Spanien neue Kräfte aufkommen, welche die Einheit, die unter der geistigen Führung der Kirche weitergelebt hatte, untergruben. Das Reich dauerte bis zu Napoleons Sieg über Europa fort, und das Papsttum blieb bis heute aufrechterhalten, obwohl seine Suprematie durch die Reformation gebrochen wurde. Solange Karl der Große lebte, gab er den Päpsten Schutz, die dafür seine Ziele nicht durchkreuzten. Er selbst war ungebildet und ohne jedwede Frömmigkeit, doch nicht feind der Bildung und frommem Leben. Durch ihn wurde sogar eine literarische Renaissance angeregt; und Gelehrte genossen seine Unterstützung, ob zwar seine eigenen Vergnügungen weniger geistig waren. Schlichte christliche Lebensführung hielt er sehr nützlich für seine Untertanen, nur durfte sie nicht allzusehr das freie Leben am Hofe hindern.

Unter den Nachfolgern Karls des Großen sank die Kaisermacht, insbesondere durch die Teilung des Gebiets unter die drei Söhne Ludwig des Frommen. Daher die Kluft, die später Deutsche und Franzosen so schlimm zertrennte. Unterdessen wuchs das Papsttum an Macht, während das Reich in jahrhundertlangen Kämpfen sie verlor. Bei weit entfernten Bistümern mußte Rom noch um seine Autorität bangen. In der Frage der Ernennung der Bischöfe setzte es sich aber unter Nikolaus I. (858 – 867) zunächst durch. Es gab noch Rückschläge und in der Kirche selbst noch Zweifel. Ein kluger und selbstbewußter Bischof konnte sich gegen einen schwachen Papst immer noch halten. In der Folgezeit, nach Nikolaus' Tod, verminderte sich wieder die päpstliche Macht.

Im 10. Jahrhundert war das Papsttum völlig in der Hand des römischen Adels. Die Stadt war in Barbarei und Chaos gesunken als Folge der wiederholten Zerstörungen in den Kämpfen zwischen den byzantinischen, langobardischen und fränkischen Heeren. Der ganze Westen war unsicher durch aufsässige Vasallen, die von ihren Lehnsherren nicht gebändigt werden konnten; weder gelang das dem Kaiser noch dem französischen König. Ungarische Reiter drangen in norditalienisches Gebiet ein, und abenteuerliche Wikinger verursachten Furcht und Verwüstungen an Küsten und Flüssen der Länder Europas. Die Normannen erhielten schließlich einen Streifen Land in Frankreich und nahmen dafür das Christentum an. Die Drohung einer Sarazenenherrschaft im Süden, die sich während des 9. Jahrhunderts noch verstärkt hatte, wurde abgewehrt, als die Eindringlinge 915 am Fluß Garigliano in der Nähe von Neapel von Ost-Rom geschlagen wurden; nur war die kaiserliche Macht zu schwach, um im Westen, wie noch zur Zeit Justinians, die Oberhand zu behalten. In diesem allgemeinen Wirrwarr mußte das Papsttum den Launen der römischen Adligen gehorchen und verlor nicht nur den Rest seines Einflusses auf die Ostkirche, sondern es schmolz auch seine Führerrolle über den westlichen Klerus dahin. Örtliche Bischöfe setzten sich wieder durch. Letzteres nicht immer zu ihrem Vorteil, denn wenn sich auch die Bindungen zu Rom lockerten, so ergaben sich oft noch weit engere Verflechtungen mit den weltlichen Mächten daheim.

Mit dem 11. Jahrhundert ging die Völkerwanderung zu Ende. Die äußere Bedrohung durch den Islam war gezügelt. Ja, jetzt ging der Westen gar zur Offensive über.

Weltenweit, in Irland, lebte die Kenntnis des Griechischen in einer Zeit weiter, wo es in den meisten anderen westlichen Ländern in Vergessenheit geraten war. Die Kultur Irlands blühte, während der Westen einen allgemeinen Niedergang erlebte. Schließlich kamen die Dänen, die auch dieses letzte Nest von Gesittung vernichteten. So ist es nicht überraschend, daß die größte Gestalt unter den Gebildeten dieses Zeitalters ein Ire war. Johannes Scotus Eriugena, der Philosoph des 9. Jahrhunderts, war ein Neuplatoniker, kenntnisreich im Griechischen, Pelagianer in seiner Auffassung und Pantheist in seiner Theologie. Trotz seiner unorthodoxen Ansichten scheint es ihm irgendwie gelungen zu sein, Verfolgungen zu entgehen. Die Kraft der irischen Kultur zu dieser Zeit war einer Reihe bemerkenswerter Umstände zu verdanken. Als Gallien begann, Welle auf Welle barbarischer Einbrüche zu erleiden, strömten viele Gebildete weiter nach Westen, der ihnen Schutz leisten sollte. Diejenigen, die nach England gingen, konnten unter den heidnischen Angeln, Sachsen und Jüten nicht Fuß fassen. Aber Irland bot ihnen Sicherheit an, und so fanden viele Gelehrte dort Zuflucht. In Irland waren daher liberale Auffassungen wie die eines Johannes Scotus möglich, während man sie anderswo sofort bemäkelt hätte. Über sein Leben wissen wir wenig, außer der Zeit, die er am Hofe Karls des Kahlen in Frankreich verbrachte. Er lebte wahrscheinlich von etwa 800 bis 877. 843 erhielt er eine Einladung zur Übernahme der Schule am französischen Hof. Hier wurde er in einen Streit verwickelt, ob Prädestination oder freier Wille. Johannes Scotus entschied sich für den freien Willen, indem er aufführte, daß jede Anstrengung auf die Tugend zu ins Gewicht fällt. Anstoß erregte nicht so sehr sein Pelagianismus – der war ja schlimm genug –, sondern die Tatsache, daß er das Problem rein philosophisch behandelte. Vernunft und Offenbarung, sagte er, sind unabhängige Quellen der Wahrheit, die weder einander überschneiden noch widersprechen. Sieht es aber so aus, als ob ein Konflikt zwischen beiden herrsche, so muß der Vernunft vor der Offenbarung vertraut werden. In Wirklichkeit ist wahre Religion wahre Philosophie und umgekehrt. Diese Anschauung gefiel den wenig scharfsinnigen Priestern des königlichen Hofes nicht, und Johannes' Abhandlung über diese Fragen wurde verdammt. Nur des Königs persönliche Freundschaft half ihm vor Strafe. Karl starb 877 und gleichzeitig wohl auch sein irischer Freund und Gelehrter.

In seiner Philosophie war Johannes Scotus Realist im scholastischen Sinne des Wortes. Über diesen Begriff muß Klarheit herrschen. Er stammt aus der Ideenlehre des von Platon übermittelten Sokrates, wonach die Universalien Dinge sind, die den Einzeldingen vorausgehen. Das entgegengesetzte Lager gründete sich auf den Konzeptualismus des Aristoteles. Diese Auffassung wird auch als Nominalismus bezeichnet, weil er die Universalien für bloße Namen hält und behauptet, daß die Einzeldinge den Universalien vorausgehen. Der Kampf zwischen Realisten und Nominalisten über das Problem der Universalien wurde während des ganzen Mittelalters mit Leidenschaft geführt. Die Problematik reicht auf dem Gebiet der Naturwissenschaft und der Mathematik bis in die Gegenwart hinein. Da der scholastische Realismus mit der Ideenlehre verknüpft ist, wird er in der Neuzeit auch Idealismus genannt. Man muß all dies von dem späteren nichtscholastischen Gebrauch dieser Ausdrücke unterscheiden. Wir werden dies am gegebenen Ort erklären.

Der Realismus des Johannes Scotus zeichnet sich klar in seinem philosophischen Hauptwerk *›Über die Einteilung der Natur‹* ab. Er erkennt eine vierfache Aufteilung der Natur an, je nachdem, ob schöpferisch schaffend oder nicht, ob erschaffen oder nicht. Das erste ist, was schafft und nicht erschaffen ist, also Gott. Zum zweiten finden wir das, was schafft und erschaffen ist, worunter die Ideen von Platon und Sokrates zu verstehen sind, welche die Einzeldinge schaffen und selbst von Gott, in dem sie bestehen, erschaffen sind. Drittens gibt es in Raum und Zeit Dinge, die erschaffen sind, aber selbst nicht schaffen. Bleibt übrig, was weder schafft noch erschaffen ist; und hier kommen wir nach einem ganzen Kreis zu Gott zurück, als dem letzten Ziel, nach dem alle Dinge streben müssen. In diesem Sinne ist Gott, da er von seinem eigenen Ziel nicht unterschieden werden kann, nicht Schöpfer.

Die Ansicht, daß Gott mit seinen Zielen und Zwecken identisch ist, führt unmittelbar zu einer pantheistischen Theologie, die alles andere als orthodox ist. Das eigene Wesen Gottes ist unerkennbar, nicht nur für die Menschen, auch für Gott selbst, da er kein Etwas ist, das erfaßt werden könnte. Was die Ideen angeht, so bilden sie den Logos und schaffen unter der Mitwirkung des Heiligen Geistes die Einzeldinge oder lassen diese entstehen, die aber kein unabhängiges materielles Sein besitzen. Gott erschafft die Dinge aus dem Nichts, in dem Sinne, in dem dieses Nichts Gott selbst bedeutet, der jenseits aller Erkenntnis ist und deswegen ein Nichts darstellt. So steht Johannes im Gegensatz zu der aristotelischen Anschauung, die materielles Sein für die Einzeldinge zu gesteht. Andrerseits stammen die ersten drei Einteilungen über das Schaffen und das Erschaffensein von dem ähnlichen aristotelischen Kriterium vom Bewegen und Bewegtsein. Die vierte Einteilung kommt aus der neuplatonischen Lehre des Dionysios; dieser, ein athenischer Jünger von Paulus, war vermutlich Autor einer den Neuplatonismus mit dem Christentum versöhnenden Schrift. Johannes hat das Werk aus dem Griechischen übersetzt und scheint sich damit einen Schutztitel gesichert zu haben, weil man den Pseudo-Dionysios wegen seiner Verbindung mit Paulus fälschlich für orthodox hielt.

Im 11. Jahrhundert begann endlich eine Periode der Erneuerung in Europa. Die äußeren Bedrohungen aus Nord und Süd wurden durch die Normannen abgewehrt. Ihre Eroberung Englands setzte den skandinavischen Einfällen ein Ende, während ihre Kämpfe in Sizilien die Insel von der Sarazenenherrschaft ein für allemal befreiten. Auch Reformen des Klosterlebens und der Erziehung gewannen an Boden.

Die zwei Hauptschwierigkeiten, die die Kirche bedrängten, waren die Simonie und das Zölibat. Beide standen in Verbindung mit dem Status der Priester, wie er sich mit der Zeit entwickelt hatte. Da die Pfarrer Verwalter der Wunder der religiösen Mächte waren, gelangten sie allmählich zu beträchtlichem Einfluß auch auf die weltlichen Dinge. Diese Art Einfluß ist nur so lange wirksam, solange das Volk an die Echtheit jener Mächte noch glaubt. Während des Mittelalters blieb dieser Glaube aufrichtig und weitverbreitet. Aber der Genuß der Macht regt den Appetit noch weiter an. Wenn keine starke moralische Bindung diejenigen hemmt, welche die Ämter innehaben, so werden sie bestrebt sein, ihr eigenes Schäfchen aufs Trockene zu bringen. In dieser Weise wurde die Verleihung von kirchlichen Ämtern gegen Bezahlung eine Quelle von Reichtum und Macht für diejenigen, die ihre Gunst vergeben konnten. Dieses Treiben führte schließlich zu völliger Korruption. Anstrengungen waren überfällig, das Übel zu bekämpfen. In der Angelegenheit des Zölibats liegt der Sachverhalt nicht so klar. Der moralische Ausblick des Problems konnte nie richtig erfaßt werden. Weder in der Ostkirche noch in den späteren protestantischen Kirchen des Westens wurde das Zölibat je als moralisch von höchstem Wert betrachtet. Der Islam geht sogar so weit, es zu verdammen. Vom politischen Standpunkt aus konnten allerdings vernünftige Gründe für das Zölibat beigebracht werden. Wenn die Priester verheiratet wären, könnten sie ihr Vermögen weitervererben, also eine Erbkaste errichten wollen. Außerdem darf der Priester nicht wie andere Menschen sein; das Zölibat betont den Abstand.

Das Zentrum, von dem die Reform der Klöster ausging, war die 910 gegründete Abtei Cluny. Hier wurde zum erstenmal ein neues Organisationsprinzip verwirklicht. Die Abtei war allein und unmittelbar dem Papst verantwortlich. Der Abt übte dafür die Macht über alle Gründungen aus, die ihren Ursprung Cluny verdankten. Die neue Richtung wollte die Extreme sowohl des Luxus wie auch die der Askese vermeiden. Andere Reformer folgen nach mit neuen Ordensgründungen. Der Kamaldulenser-Orden entstand 1012, die Karthäuser 1084 und die Zisterzienser, die der Benediktinerregel folgten, 1098. Für das Papsttum war die Reform hauptsächlich das Ergebnis der Kämpfe um die Suprematie zwischen Kaiser und Heiligem Stuhl. Gregor VI. kaufte das Papsttum seinem Vorgänger Benedikt IX. ab, um es zu reformieren. Aber Kaiser Heinrich III. (1039 – 1056), der selbst ein junger und energischer Reformator war, konnte eine solche Transaktion, wie lobenswert auch immer ihre Motive sein mochten, nicht billigen. 1046, im Alter von 22, fiel Heinrich in Rom ein und setzte Gregor ab. Von nun an ernannte Heinrich mit Überlegung die Päpste und setzte sie wieder ab, wenn sie seinen Erwartungen nicht entsprachen. Während der Unmündigkeit Heinrichs IV., der von 1056 bis 1106 herrschte, stellte das Papsttum noch einmal etwas von seiner Unabhängigkeit her. Unter Papst Nikolaus II. erschien ein Dekret, das die Papstwahl in Wirklichkeit in die Hände der Kardinäle bei vollständiger Ausschließung des Kaisers legte. Nikolaus stärkte damit seine Macht über die Erzbischöfe. Im Jahre 1059 sandte er Peter Damian, einen Kamaldulenser-Gelehrten, nach Mailand, um die päpstliche Macht wie auch die örtlichen Reformbewegungen zu stützen. Damian ist bemerkenswert als Urheber des Satzes, daß Gott durch das Gesetz des Widerspruchs nicht gebunden ist und Vergangenes ungeschehen machen kann; diese Ansicht wurde später von Thomas abgelehnt. Die Philosophie war für Damian die ›Magd der Theologie‹; die Dialektik bekämpfte er. Die Forderung, daß Gott imstande wäre, sich über das Prinzip des Widerspruches hinwegzusetzen, bringt stillschweigend die Schwierigkeit in der Vorstellung der Allmacht zum Ausdruck. Ob Gott zum Beispiel nicht, wenn er allmächtig ist, einen Stein so schwer machen kann, daß er selbst ihn nicht zu heben vermag? Und er muß das doch können, wenn er in der Tat allmächtig ist. Deswegen, so scheint es, kann er beides: ihn heben und nicht heben. Die Allmacht stellt sich als eine unmögliche Vorstellung heraus, sobald man das Prinzip des Widerspruchs aufgibt. Dieses aber würde Denken und Gespräch unmöglich machen. Aus diesem Grunde mußte Damians Theorie verworfen werden.

Die Wahl eines Nachfolgers für Nikolaus II. verschärfte den Konflikt zwischen Papsttum und Kaiser und gab den Kardinälen den Ausschlag. Der neue Papst, gewählt 1073, war Hildebrand, der den Namen Gregor VII. annahm. Während seiner Amtszeit kam es zu dem großen Zusammenstoß mit dem Kaiser in der Frage der Investitur, der noch jahrhundertelang dauern sollte. Ring und Stab, mit denen, als Symbol des

Amtes, ein neu geweihter Bischof installiert wurde, waren bislang vom weltlichen Herrscher verliehen worden. Gregor aber beanspruchte, um die päpstliche Macht zu stärken, dieses Recht für sich selbst. Der Konflikt kam 1075 zum Ausbruch bei der Ernennung eines neuen Erzbischofs von Mailand durch den Kaiser. Der Papst drohte dem Kaiser mit Absetzung und Exkommunikation. Der Kaiser erklärte sich selbst für souverän, aber den Papst für abgesetzt. Zur Vergeltung exkommunizierte Gregor den Kaiser und setzte die Bischöfe ab. Der Papst gewann die Oberhand, und 1077 trat Heinrich IV. seinen Bußgang nach Canossa an. Aber Heinrichs Buße war nur ein politisches Spiel. Obzwar seine Feinde einen Rivalen an Heinrichs Stelle gewählt hatten, gelang es ihm doch, seine Gegner zu besiegen, und als schließlich Gregor 1080 sich zu gunsten des Gegenkönigs Rudolf von Schwaben aussprach, war es schon zu spät. Heinrich hatte einen Gegenpapst wählen lassen und zog 1084 mit ihm in Rom ein, um gekrönt zu werden. Gregor konnte zwar mit normannischer Hilfe aus Sizilien Heinrich und seinen Gegenpapst in Eile zum Rückzug zwingen, blieb aber selbst Gefangener seiner Beschützer und starb im nächsten Jahr. So blieb Gregor zunächst nicht siegreich, wohl aber später der Grundgedanke seiner Politik.

Männer wie Anselm, Erzbischof von Canterbury (1093 – 1109), folgten Gregors Beispiel und stritten sich mit der weltlichen Macht. Anselm ist in der Philosophie wichtig als der Entdecker des ontologischen Gottesbeweises. Gott als der höchstmögliche Gegenstand des Denkens kann nicht der Existenz ermangeln, sonst wäre er nicht der höchste. Was hier in Wirklichkeit als irrtümlich betrachtet werden muß, ist die Ansicht, daß die Existenz eine Eigenschaft bedeute. Aber genug der Philosophen haben sich seither mit diesem Argument herumgeschlagen.

Während der Westen von Barbaren, die das Christentum annahmen, überrannt wurde, erlag das östliche Reich allmählich den Angriffen der Mohammedaner, die zwar nicht dazu neigten, die eroberten Völker zu bekehren, doch denen Tributerlaß gewährten, die sich ihrem Glauben anschlossen, ein Privileg, nach dem die große Mehrheit griff. Die mohammeda- nische Ära wird von der Hedschra, Mohammeds Flucht aus Mekka nach Medina 622, angerechnet. Nach seinem Tod 632 veränderten die arabischen Eroberungen in der kurzen Zeitdauer eines Jahrhunderts die Welt. Syrien fiel 634 bis 636, Ägypten 642, Indien 664, Karthago 697 und Spanien 711 bis 712. Die Schlacht bei Tours 732 hielt die Flut auf, und die Araber zogen sich nach Spanien zurück; Konstantinopel wurde 669 und wieder 716 bis 717 belagert. Das Byzantinische Reich hielt mit immer mehr schrumpfendem Gebiet aus, bis die Ottoman-Türken die Stadt 1453 einnahmen. Dieser erstaunliche Ausbruch der mohammedanischen Lebenskraft wurde durch den allgemeinen Zustand der Erschöpfung der überrannten Reiche begünstigt. Außerdem kamen den Eindringlingen in vielen Ländern die örtlichen Konflikte zu Hilfe. Syrien und Ägypten hatten jetzt besonders darunter zu leiden, daß sie nicht orthodox geworden waren.

Die neue Religion des Propheten stellte in mancher Beziehung eineRückkehr zu dem strengen Monotheismus des Alten Testamentes, ohne die mystischen Hinzufügungen des Neuen, dar. Wie die Juden verbot er geschnitzte Bilder, aber ungleich von ihnen verbannte er den Genuß des Weins. Wieweit dieses letztere Verbot wirksam blieb, ist zweifelhaft; das erstere stimmte mit den bilderstürmenden Tendenzen der Nestorianer überein. Sieg war beinahe eine religiöse Pflicht, aber die Leute der Bibel sollten unversehrt bleiben. Das berührte Christen, Juden und Anhänger Zarathustras, die, jede Glaubensgemeinschaft für sich, an den Vorschriften ihrer eigenen heiligen Schriften festhielten.

Anfangs gingen die Araber noch nicht planmäßig auf Eroberung aus. Da ihr Land jedoch unfruchtbar und arm war, waren sie wegen Beute an Grenzüberfälle gewöhnt. Da der Widerstand schwach war, wurden aus den Plünderern Eroberer. In vielen Fällen blieb aber die Verwaltung der besiegten Länder unter ihren neuen Herren unverändert. Das arabische Reich wurde von den Kalifen regiert, den Nachfolgern des Propheten und den Erben seiner Autorität. Obgleich zunächst aus Wahlen hervorgehend, wurde das Kalifat unter den Omaijaden, die bis 750 herrschten, bald dynastisch. Diese Familie folgte den Lehren des Propheten mehr aus politischen als aus religiösen Gründen und stand dem Fanatismus feindlich gegenüber. Die Araber waren ja im allgemeinen nicht allzusehr religiös eingestellt, und die Motive für ihre Ausbreitung blieben auch weiterhin materieller Gewinn. Dieser echte Mangel an Fanatismus befähigte sie, trotz ihrer geringen Anzahl über riesengroße Gebiete und zivilisiertere Völker, die anderen Glaubens waren, zu herrschen. In Persien fielen die Lehren des Propheten jedoch auf einen von den religiösen und spekulativen Traditionen der Vergangenheit gut vorbereiteten Boden. Nach dem Tod von Mohammeds Schwiegersohn, Ali, im Jahre 661, teilten sich die Gläubigen in zwei Sekten, Sunniten und Schiiten. Letztere waren etwas in der Minderheit und folgten Ali. Sie wollten nichts von den Omaijaden wissen. Die Perser gehörten dieser Minderheit an, und hauptsächlich durch ihren Einfluß wurde die Dynastie verdrängt und von den Abbassiden abgelöst, welche die Hauptstadt von Damaskus nach Bagdad verlegten. Ihre Politik nun räumte den fanatischen Sekten des Islams mehr Geltung ein. Sie verloren aber Spanien, wo ein Sproß der Omaijaden, der den Sturz seiner Sippe überlebt hatte, ein unabhängiges Kalifat mit der Hauptstadt Cordoba errichtete. Unter der Herrschaft der Abbassiden gelangte das Reich mit Harun-al-Raschid, einem Zeitgenossen Karls des Großen und wohlbekannt aus ›1001 Nacht‹, zu großem Glanz. Nach seinem Tod im Jahre 809 fing das Reich an der großen Anzahl türkischer Söldner ebenso zu kranken an wie Rom an seinen aus den Barbarenstämmen. Das Kalifat der Abbassiden verfiel und ging gelegentlich der Verwüstung Bagdads durch die Mongolen, 1256, unter.

Die muselmanische Kultur entwickelte sich in Syrien, fand aber bald ihre Schwerpunkte in Persien und Spanien. Die syrischen Araber erbten die von den Nestorianern bevorzugte aristotelische Tradition zu einer Zeit, als der orthodoxe Katholizismus neuplatonischen Lehren anhing. Viel Wirrwarr verursachte jedoch die Tatsache, daß die aristotelischen Lehren mit einem gewissen Neuplatonismus durchsetzt wurden. In Persien lernten die Muselmanen die indische Mathematik kennen und führten die ›arabischen‹ Ziffern, die eigentlich indische heißen müßten, ein. Die persische Kultur brachte Dichter wie Firdusi und behielt ihr künstlerisches Niveau trotz des Eindringens der Mongolen im 13. Jahrhundert bei.

Die nestorianische Richtung, durch welche die Araber das erstemal in Verbindung mit griechischen Einflüssen kamen, hatte sich in Persien schon früh ausgebreitet, und zwar nach der Schließung ihrer Schule in Edessa (481) durch den byzantinischen Kaiser Zeno. Aus diesen beiden Quellen lernten die muselmanischen Denker die aristotelische Logik und Philosophie und damit zugleich das ganze wissenschaftliche Erbe der Antike kennen. Der größte mohammedanische Philosoph in Persien war Avicenna (980 – 1037). Geboren in der Provinz Bochara, lernte er in Isfahan Philosophie und Medizin und ließ sich schließlich in Teheran nieder. Er liebte es, gut zu leben und setzte sich wegen seiner unorthodoxen Ansichten der Feindseligkeit der Theologen aus. Deswegen hatten seine Werke in lateinischer Übersetzung größeren Einfluß im Westen. Eines von ihnen beschäftigt sich mit dem Universalienproblem, das später eine zentrale Frage in der Scholastik wurde. Avicennas Lösung ist ein Versuch, Platon mit Aristoteles in Einklang zu bringen. Er begann mit der Feststellung, daß das Allgemeine in Formen durch das Denken erzeugt wird – eine aristotelische Ansicht, die von Averroes und später von Albertus Magnus, dem Lehrer des Thomas von Aquino, übernommen wurde. Avicenna vertieft aber diese Ansicht. Die Universalien sind gleichzeitig vor, in und nach den Dingen: vor den Dingen in Gottes Geist, wenn er die Dinge nach einer Gattung erschafft; in den Dingen, sofern sie der Außenwelt zugehören; und nach den Dingen im menschlichen Denken, das die Gattungen aus Erfahrungen erfaßt.

Auch in Spanien gab es einen hervorragenden mohammedanischen Philosophen, Averroes (1126 – 1198), geboren in Cordoba, aus einer Kadi-Familie stammend. Unter anderem studierte er Rechtswissenschaft und wurde selbst Kadi in Sevilla und später in Cordoba. 1184 wurde er Hofarzt, schließlich mußte er aber wegen seiner philosophischen Ansichten ins Exil nach Marokko gehen. Seine Hauptleistung war die Befreiung des Aristoteles von dem verdrehenden Einfluß des Neuplatonismus. Er glaubte, wie später auch Thomas von Aquino, daß das Dasein Gottes allein durch Vernunftgründe bewiesen werden kann. Die Seele hielt er mit Aristoteles nicht für unsterblich, wohl aber den ›nous‹. Da aber dieser abstrakte Intellekt aus einem Einen herrührt, so bedeutet sein Weiterleben keine persönliche Unsterblichkeit. Die christlichen Philosophen haben diese Auffassung, versteht sich, verworfen. Averroes hat in lateinischer Übersetzung nicht nur die Scholastiker beeinflußt, sondern auch viele unabhängige Denker, die Averroisten genannt wurden, welche die Unsterblichkeit verneinten.

Der Investiturstreit wurde von Papst Urban II. (1088 – 1099), der dieses Recht für sich selbst forderte, wieder aufgenommen. Als sich Konrad, der Sohn Heinrichs IV., 1093 gegen seinen kaiserlichen Vater auflehnte, suchte und fand er bei Urban Unterstützung. Die Städte im Norden waren günstig für den Papst eingestellt, so konnte die ganze Lombardei leicht erobert werden. Philipp, der König von Frankreich, wurde ausgesöhnt, und so konnte Urban 1094 eine Triumphreise durch die Lombardei und Frankreich antreten. Dort verkündete er im folgenden Jahr auf dem Konzil von Clermont den ersten Kreuzzug. Urbans Nachfolger Paschalis II. setzte die päpstliche Politik in der Investiturfrage bis zum Tode Heinrichs IV. (1106) fort.

Während der Herrschaft des Kaisers Friedrich Barbarossa (1152 – 1190) geriet der Streit in eine neue Phase. Im Jahre 1154 wurde Hadrian IV., ein Engländer, zum Papst gewählt. Der Papst und der Kaiser vereinten am Anfang ihre Kräfte gegen die Stadt Rom, die sich gegen beide aufgelehnt hatte. Die Unabhängigkeitsbewegung der Römer wurde von Arnold von Brescia, einem starken und mutigen Ketzer, der den weltlichen Glanz der Priester angegriffen hatte, geführt. Er behauptete, daß Geistliche, die weltlichen Besitz hätten, nicht ins Himmelreich kommen könnten. Diese Ansicht gefiel den Kirchenfürsten keineswegs, und Arnold wurde wegen dieser Ketzerei heftig angegriffen. Arnold verbarg sich, geriet aber den Truppen Barbarossas in die Hände. Er wurde verbrannt und der Kaiser 1155 gekrönt, nicht ohne blutige Unterdrückung der Aufsässigen. Aber zwei Jahre darauf brach der Papst mit dem Kaiser. Es folgten zwei Jahrzehnte Kampf zwischen den beiden Gewalten. 1162 zerstörte der Kaiser Mailand; als er aber mit einem Gegenpapst auf Rom marschierte, wurde seine Armee durch die Pest vernichtet. Ein letzter Versuch Barbarossas, die päpstliche Macht zu brechen, endete 1176 bei Legano mit seiner Niederlage. Ein unsicherer Friede wurde geschlossen. Der Kaiser begab sich auf den dritten Kreuzzug und starb 1190 in Anatolien.

Der Streit zwischen Kirche und Reich kam keinem zugute. Eine neue Macht begann mit dem Aufstieg der Stadtstaaten Norditaliens. Sie unterstützten den Papst, solange der Kaiser ihre Unabhängigkeit bedrohte. Später aber, als diese Gefahr vorbei war, verfolgten sie ihre eigenen Interessen und entfalteten eine weltliche, von der kirchlichen unterschiedene Kultur. Obzwar dem Namen nach Christen, entwickelten sie ein im Grund freies Denken, sehr ähnlich wie die Protestanten nach dem 17. Jahrhundert. Die norditalienischen Küstenstädte gewannen durch die Versorgung der Schiffe und sonstigen Nachschub während der Kreuzzüge große Bedeutung. Glaubenseifer mag wohl einiges zur Kreuzzugsbewegung beigetragen haben, aber auch mächtige wirtschaftliche Motive waren am Werk. Im Osten reiche Kriegsbeute – und dazu in einer tugendhaften und heiligen Sache –, während daheim die europäischen Juden eine einträgliche Zielscheibe für religiöse Entrüstung boten. Daß die christlichen Ritter in der muselmanischen Welt gegen eine ihrer eigenen unermeßlich überlegene Kultur eingesetzt waren, leuchtete ihnen anfangs durchaus nicht ein.

Die Scholastik als Bewegung unterscheidet sich von der antiken Philosophie dadurch, daß ihre Folgerungen schon vor dem Ergebnis bestimmt sind. Alles muß in den Bereich der Orthodoxie hineinpassen. Ihr Schutzheiliger in der Antike war Aristoteles, dessen Einfluß allmählich den Platons beiseite schob. Methodisch befolgt die Scholastik die Klassifizierungsweise des Aristoteles durch den Gebrauch seiner dialektischen Beweisführung, die nur lose Beziehungen zu den Tatsachen hat. Eines der wichtigsten Themen bildete das Problem der Universalien, welches die Philosophen in gegensätzliche Lager teilte. Die Realisten behaupteten auf Grund von Platon und seiner Ideenlehre, daß die Universalien (die allgemeinen Begriffe oder Gattungen) Dinge wären. Die Nominalisten, indem sie sich auf die Autorität von Aristoteles stützten, vertraten hingegen die Ansicht, die Universalien wären bloße Namen. Der Anfang der Scholastik wird gewöhnlich von Roscellinus, einem französischen Priester, dem Lehrer Abä-lards, an gerechnet. Über ihn selbst ist wenig bekannt, und seine philosophische Stellungnahme wurde hauptsächlich in den Schriften Anselms und Abälards aufgezeichnet. Er war Nominalist, und nach Anselm hielt er die Universalien nur für eine von der Stimme erzeugte bloße Luftbewegung. Von der Leugnung der Wirklichkeit der Universalien gelangte er zu der Behauptung, ein Ganzes besitze über seine Teile keine eigene Realität; diese Ansicht mußte zu einem schroffen logischen Atomismus führen. In Verbindung mit der Dreieinheit bedeutete dieser Standpunkt natürlich eine ketzerische Auffassung, die er auf dem Konzil zu Reims 1092 widerrufen mußte. Abälard, 1079 geboren, war ein viel bedeutenderer Denker. Er studierte und lehrte in Paris und kehrte nach einer Zwischenzeit theologischen Studiums 1113 zum Lehrberuf zurück. In dieser Zeit liegt das Ereignis mit Heloise, deren zorniger Onkel, der Kanonikus Fulbert, den unbesonnenen Liebenden kastrieren ließ und die beiden einzeln in die klösterliche Einsamkeit zwang. Abälard lebte bis 1142 und war als Lehrer beliebt bis zu seinem Tode. Auch er war Nominalist. Bestimmter aber als Roscellinus wies er nach, daß wir ein Wort nicht als ein physisches Ereignis, sondern als etwas, was Bedeutung hat, aussagen. Die Universalien entstehen infolge der Ähnlichkeit zwischen den Dingen, nur ist die Ähnlichkeit selbst kein Ding, wie der Realismus es irrtümlich annimmt.

Während des 13. Jahrhunderts erreichte die Scholastik ihre höchste Entwicklung. Auch der Kampf zwischen Papst und Kaiser geriet in seine heftigste Phase. In vielen Beziehungen stellt diese Periode den Höhepunkt des Mittelalters in Europa dar. In den folgenden Jahrhunderten tauchen neue Kräfte auf, von der italienischen Renaissance des 15. bis zu der Wiederbelebung der Wissenschaft und Philosophie im 17. Jahrhundert.

Der politisch größte Papst war Innozenz III. (1198 – 1216), unter dem die päpstliche Autorität eine Macht erreichte wie niemals wieder. Sizilien wurde vom Sohn Barbarossas, Heinrich VI., der Konstanze, eine Prinzessin der Normannenkönige dieser Insel, geheiratet hatte, erobert. Heinrich starb 1197, und sein Sohn Friedrich wurde im Alter von 2 Jahren König. Seine Mutter stellte ihn bis zu seiner Thronbesteigung unter den Schutz Innozenz' III. Im Austausch gegen die Rücksichtnahme auf Friedrichs Rechte gewann der Papst die Anerkennung seiner eigenen Suprematie. Ähnliche Anerkennungen erhielt er von den meisten europäischen Herrschern. Während seine Pläne im vierten Kreuzzug durch die Venezianer vereitelt wurden, die ihn zwangen, Konstantinopel anstatt Jerusalem (für ihre eigenen geschäftlichen Zwecke) einzunehmen, war seine Unternehmung gegen die Albigenser ganz und gar erfolgreich. Südfrankreich wurde von der Ketzerei gereinigt, freilich um den Preis vollständiger Vernichtung. In Deutschland setzte man den Kaiser Otto ab und wählte an seiner Stelle Friedrich II., der jetzt erwachsen war. So gewann Innozenz III. Herrschaft über Kaiser und Könige. Und innerhalb der Kirche sicherte er auch der Kurie größere Macht zu. Aber dieser überaus große Zuwachs an weltlicher Macht deutete in mancher Hinsicht doch auch schon auf kommenden Niedergang des Papsttums hin. Denn wenn auch seine Herrschaft über die Welt wuchs, so fing seine Autorität in den kirchlichen

Angelegenheiten an zu sinken; ein Umstand, der später zur Reformation führte.

War so Friedrich II. mit päpstlicher Unterstützung gegen Versprechungen bezüglich der Suprematie des Papstes gewählt worden, so dachte der junge Kaiser, keine länger als notwendig zu halten. Dieser junge Sizilianer von deutschen und normannischen Vorfahren wuchs in einer Gesellschaft auf, in der sich eine neue Kultur herausbildete. Hier vereinten sich muselmanische und byzantinische, deutsche und italienische Einflüsse, um eine moderne Zivilisation zustandezubringen, die der italienischen Renaissance die ersten Antriebe verlieh. Von all diesen Traditionen durchdrungen, war es Friedrich möglich, sich in Ost wie West gleichermaßen Gehör zu verschaffen. In seinen Anschauungen war er weit über seine Zeit hinaus und in politischen Dingen äußerst modern; er war unabhängig im Denken und Handeln. Seine mächtige und konstruktive Politik erbrachte ihm den Spitznamen ›stupor mundi‹: Wunder der Welt.

Innerhalb von zwei Jahren starben Innozenz III. und auch der von Friedrich besiegte deutsche Gegner Otto. Das Papsttum ging auf Honorius III. über, mit dem der junge Kaiser bald in Streit geriet. Da Friedrich in der verfeinerten Kultur der Araber bewandert war, ließ er sich nicht bewegen, an einem Kreuzzug teilzunehmen. Außerdem gab es Schwierigkeiten in der Lombardei, wo der deutsche Einfluß im allgemeinen unbeliebt war. Dies ergab weitere Reibungen mit dem Papst, der von den lombardischen Städten im großen und ganzen unterstützt wurde. 1227 starb Honorius III., und sein Nachfolger Gregor IX. exkommunizierte Friedrich sofort wegen der Nichtteilnahme am Kreuzzug. Der Kaiser ließ sich deshalb nicht allzusehr stören. Er hatte die Tochter des normannischen Königs von Jerusalem geheiratet und ging 1228, immer noch ein aus dem Pferch Ausgestoßener, nach Palästina und regelte dort die vielen Streitpunkte durch langwierige Verhandlung mit den Muselmanen. Jerusalem besaß kaum militärischen Wert, aber die Christen waren religiös damit sehr verbunden. So wurde die Heilige Stadt durch einen Vertrag gewonnen und Friedrich zum König von Jerusalem gekrönt.

Für den Papst bedeutete dies zwar eine viel zu nüchterne Art und Weise der Erledigung von Differenzen, jedoch mußte er sich mit dem Kaiser 1230 im Hinblick auf seinen Erfolg versöhnen. Darauf folgte eine Reformperiode, während der das Königtum Sizilien eine moderne Verwaltung und ein neues Gesetzbuch erhielt. Den Handel förderte Friedrich durch die Abschaffung aller inneren Zölle und das Erziehungswesen durch die Gründung einer Universität in Neapel. 1237 lebte die Feindseligkeit in der Lombardei wieder auf, und Friedrich geriet, bis zu seinem Tode im Jahre 1250, in einen ständigen Krieg mit den Päpsten.

Die Ausrottung der Ketzerei wurde mit großer Gründlichkeit, jedoch im großen und ganzen nicht mit vollem Erfolg, fortgesetzt. Die Manichäer-Sekte der Albigenser in Südfrankreich erlitt zwar im Laufe des Kreuzzuges gegen sie 1209 eine völlige Vernichtung. Andere ketzerische Bewegungen indes lebten weiter. Die Inquisition, die 1233 errichtet wurde, konnte die Juden in Spanien und Portugal nie ganz ausrotten. Die Waldenser, die Anhänger einer die Reformation vorausahnenden Bewegung des späten 12. Jahrhunderts, folgten ihrem Führer Peter Waldo von Lyon ins Exil nach den Alpentälern Piemonts, westlich von Turin, wo sie sich bis heute als Protestanten und französisch sprechende Gemeinschaften behauptet haben. Im Lichte solcher Ereignisse möchte man annehmen, spätere Generationen hätten gelernt, daß Ideen nicht leicht durch Hexenjagd-Methoden zu töten sind. Die Geschichte aber scheint zu beweisen, daß diese Lehre nie gezogen wurde.

Trotz der ungeheuer mächtigen Stellung der Kirche erreichte sie im 13. Jahrhundert nicht einmal innerhalb ihres rein kirchlichen Bereichs unumschränkte Obermacht. So entstanden, als die gestiftete Kirche schon lange nicht mehr den Lehren ihres Gründers entsprach, aus ihr selbst heraus zwei Orden, die zunächst den Ausgleich wiederherstellten. Dominikaner wie

Franziskaner befolgten die Regeln ihrer Gründer, des heiligen Dominikus (1170 – 1221) und des heiligen Franziskus von Assisi (1181 – 1226). Aber nicht lang. Denn obgleich beide Bettelorden waren, lag das Gelübde der Armut als eine Last auf ihnen, die sie abwarfen. Dominikaner wie Franziskaner zeichneten sich besonders bei der Handhabung der Inquisition aus. Diese Institution dehnte sich glücklicherweise nie nach England und Skandinavien aus. Es ist wahrscheinlich, daß zuzeiten die Folterungen wirklich als zum Besten der Opfer gedacht waren, auf Grund der Ansicht nämlich, daß irdische Schmerzen die Seele vor ewiger Verdammnis retten könnten. Zweifellos aber verstärkten ganz nüchterne handgreifliche Überlegungen gelegentlich die frommen Absichten der Richter. Die Engländer hatten sicher keinen Einwand gegen die Verbrennung der Jungfrau von Orléans. Die Orden des Dominikus und des Franziskus widmeten sich jedoch, wohl ganz gegen den Wunsch ihrer Gründer, den Wissenschaften. Albertus Magnus und sein Schüler Thomas von Aquino waren Dominikaner, während Roger Bacon, Duns Scotus und Wilhelm von Ockham dem Franziskanerorden angehörten. Sie leisteten ihren wirklich wertvollen Beitrag zur Kultur ihrer Zeit gerade auf dem Gebiet der Philosophie.

Hatten die Priester bislang ihre philosophischen Anregungen hauptsächlich aus den neuplatonischen Quellen geschöpft, so erlebte das 13. Jahrhundert den Sieg Aristoteles'. Thomas von Aquino (1225 – 1274) trachtete, die katholische Lehre auf die Philosophie des Aristoteles zu gründen. Ob ein solches Unternehmen in rein philosophischer Hinsicht erfolgreich sein kann, ist natürlich zweifelhaft. Die Theologie des Aristoteles befindet sich zwar im Widerspruch mit dem vom Christentum bevorzugten Begriff Gottes. Aber es kann kein Zweifel bestehen, daß der thomistische Aristotelismus als philosophische Richtung innerhalb der Kirche eine Macht gewonnen hat, die vollständig und dauernd geblieben ist. Der Thomismus ist die offizielle Auffassung der römischen Kirche geworden und wird als solche an all ihren Schulen und Hochschulen gelehrt.

Keine andere Philosophie der Gegenwart genießt gleich hervorragenden Stand und gleich mächtige Unterstützung, es sei denn der dialektische Materialismus, der die offizielle Doktrin des Kommunismus ist. Zu Thomas' Lebzeiten erreichte seine Philosophie diese privilegierte Position freilich nicht auf einmal. Aber in der Folgezeit, als seine Autorität strenger unterbaut wurde, bewegte sich der Hauptstrom der Philosophie wieder in weltliche Kanäle, zurück zum Geist der Unabhängigkeit, der die Philosophie der Antike ganz und gar durchdrungen hatte.

Thomas entstammte der Familie der Grafen von Aquino, deren Sitz in einem Dorf gleichen Namens lag, unweit des Monte Cassino, wo er mit seinen Studien begann. Nach sechs Universitätsjahren in Neapel schloß er sich 1244 dem Dominikanerorden an und setzte dann sein Studium in Köln unter Albertus Magnus, dem größten Dominikanerlehrer und aristotelischen Gelehrten seiner Zeit, fort. Nachdem Thomas kürzere Zeit in Köln und Paris verbracht hatte, kehrte er 1259 nach Italien zurück und widmete die darauffolgenden fünf Jahre der Abfassung der Schrift ›*Summa contra Gentiles*‹, sein wichtigstes Werk. 1266 begann er sein anderes Hauptwerk, die ›*Summa Theologica*‹. Während dieser Jahre verfaßte er außerdem Kommentare über viele Werke des Aristoteles, deren Übersetzung aus dem Griechischen sein Freund Wilhelm von Moerbeke besorgte. 1269 ging er wieder nach Paris, wo er drei Jahre lang blieb. Die Universität von Paris war zu dieser Zeit feindlich gegen die aristotelische Auffassung der Dominikaner eingestellt, weil sie Verbindung zu den dortigen Averroisten vermuten ließ. Über Unsterblichkeit stand die averroistische Ansicht, wie wir schon sahen, Aristoteles näher als der christlichen Lehre. Ein schlechtes Omen für Aristoteles! Und Thomas hatte viel Mühe, die averroistischen Meinungen aus ihrer Hochburg zu vertreiben. In dieser Hinsicht war er nun ganz und gar erfolgreich; ein Sieg, der den Stagiriten für die christliche Theologie, wenn auch unter Aufgabe einiger Originaltexte, rettete. 1272 kehrte Thomas nach Italien zurück, wo er zwei Jahre später auf der Reise zum Konzil von Lyon starb.

Sein philosophisches System fand bald Anerkennung. 1309 wurde es als die offizielle Lehre des Dominikanerordens verkündet; die Heiligsprechung des Philosophen folgte 1323. Das thomistische System ist philosophisch vielleicht nicht ganz so bedeutend, wie sein historischer Einfluß es ahnen läßt. Es leidet unter dem Fehler, daß seine Folgerungen unerbittlich schon im voraus vom christlichen Dogma her auferlegt sind. Wir finden bei Thomas nicht die unvoreingenommene Freiheit eines Sokrates oder Platons, wo der Beweis selbst uns dahin reißt, wohin er will. Andrerseits ist das großartige System der beiden *›Summa‹* ein Denkmal hoher intellektueller Arbeit. Die gegensätzlichen Gesichtspunkte werden immer klar und sauber herausgestellt. In den Aristoteles-Kommentaren erweist Thomas sich als gründlicher und kluger Schüler des Stagiriten, was von seinen Vorgängern, seinem Lehrer inbegriffen, nicht gesagt werden kann. Seine Zeitgenossen nannten ihn *Doctor angelicus*. Für die Kirche von Rom war Thomas von Aquino wirklich ein Bote und ein Lehrer.

Bei den früheren, neuplatonischen Theologen lag der Dualismus von Vernunft und Offenbarung außerhalb ihrer Systeme. Der Thomismus bewirkte eine Umkehr der Lehre gegen die neuplatonische Schau. Der Dualismus der Neuplatoniker liegt in der Sphäre des Seins zwischen den Universalien und den Einzeldingen. Genauer gesagt, herrscht hier eine Hierarchie des Seins, beginnend mit dem Einen oben und herabsteigend durch die Ideen zu den Einzeldingen, die am niedersten bezüglich des Seins sind. Die Kluft zwischen Universalien und Einzeldingen wird irgendwie vom Logos überbrückt, was, in biederer Alltagssprache ausgedrückt, eine ganz vernünftige Ansicht ist. Denn die Wörter haben ja Allgemeinbedeutungen, und können aber auch auf Einzeldinge bezogen werden. In Verbindung mit dieser dualistischen Theorie des Seins haben wir eine einheitliche Erkenntnistheorie. Es gibt einen Intellekt, eine Vernunft, die nur eine Erkenntnismöglichkeit besitzt, und diese ist grundlegend dialektisch beschaffen. Bei Thomas ist die Sache das gerade Gegenteil. Nach aristotelischer Art mißt er Sein ausschließlich den Einzeldingen bei, und aus diesem

Sein wird irgendwie das Dasein Gottes gefolgert. Sofern die Einzeldinge als Rohmaterial angenommen werden, ist diese Ansicht empirisch (erfahrungsmäßig), im Gegensatz zum rationalistischen Versuch der Ableitung der Universalien. Andrerseits schafft die thomistische Stellungnahme, indem sie eine einheitliche Lehre des Seins vertritt, einen Dualismus in der Sphäre der Erkenntnis. Zwei Quellen der Erkenntnis werden nämlich jetzt postuliert. Erstens, wie zuvor, die Vernunft, die ihre Nahrung für das Denken aus der Erfahrung der Sinnesorgane erhält. Es gilt eine wohlbekannte scholastische Regel, daß es nichts im Intellekt gibt, was zuvor nicht in der Sinneserfahrung gewesen ist. Dann aber gibt es noch die Offenbarung als eine unabhängige Quelle der Erkenntnis. Während die Vernunft rationale Erkenntnisse zustande bringt, schenkt die Offenbarung Glauben. Manche Dinge, scheint es, liegen ganz und gar außerhalb des Bereiches der Vernunft, und diese müssen mittels der Offenbarung begriffen werden, wenn sie überhaupt begreifbar sind. Zu dieser Art der Erkenntnis gehören bestimmte Fragen der religiösen Dogmen wie die Glaubensartikel, die über das Verstehen hinausgreifen. Die dreieinige Natur Gottes, die Auferstehung und die christliche Eschatologie sind Beispiele hierfür. Die Existenz Gottes jedoch, obzwar sie sich in erster Linie durch Offenbarung bekundet, kann auch durch rationale Argumente dialektisch begründet werden, und zu diesem Zweck finden wir bei Thomas die verschiedenen Versuche zum Beweis dieser Behauptung. Daher ist es, sofern die Prinzipien der Religion einer rationalen Behandlung zugänglich sind, möglich, mit Nichtgläubigen zu argumentieren. Darüber hinaus ist Offenbarung der einzige Weg, das Licht zu sehen. Letzten Endes behandelt der Thomismus in Wirklichkeit die zwei Erkenntnisquellen nicht ganz gleich. Irgendwie, so scheint es, wird Glaube *vor* Verfolgung rationaler Erkenntnisse verlangt. Man muß glauben, bevor man logisch denken kann. Obzwar die Wahrheiten der Vernunft selbstherrlich sind, ist es Sache der Offenbarung, ob sie überhaupt betrieben werden sollen. Aber eine solche Feststellung ist nicht ganz ohne Gefahr. Wahrheiten der Offenbarung sind willkürlich, und wenn auch für Thomas zwischen Vernunft und Offenbarung, infolgedessen auch zwischen Philosophie und Theologie kein Konflikt besteht, so untergräbt man in Wirklichkeit doch die andere Auffassung. Wo die Vernunft mit den Tatsachen gemessen werden kann, ist die Offenbarung überflüssig und umgekehrt.

Was die Theologie betrifft, müssen wir vor Augen halten, daß sie in der Tat zweierlei Dinge bedeutet. Erstens gibt es eine natürliche Theologie, die sich mit Gott in Verbindung mit Ausdrücken wie ›erste Ursachen‹, ›erste Beweger‹ und ähnlichen beschäftigt. Das nennt Aristoteles Theologie; sie kann der Metaphysik zugeteilt werden. Aber Thomas als Christ entwickelte auch so etwas wie dogmatische Theologie. Sie handelt von Dingen, die nur durch Offenbarung zugänglich sind. Hier greift er auf frühere christliche Verfasser zurück, vor allem auf Augustinus, dessen Ansichten von Gnade und Erlösung er im allgemeinen beizupflichten scheint. Das sind in der Tat Dinge, die jenseits der Vernunft liegen. Die dogmatische Theologie ist natürlich dem Geist der antiken Philosophie vollkommen fremd; nichts Ähnliches läßt sich bei Aristoteles finden.

Um des theologischen Belangs willen geht Thomas in seiner Metaphysik in einer wichtigen Beziehung über Aristoteles hinaus. Wir erinnern uns daran, daß Aristoteles' Gott eine Art unbeteiligter Architekt war. Existenz sollte nach Aristoteles den Einzeldingen nicht zugebilligt werden. Sie sind einfach da, und so war es auch mit dem Rohmaterial, aus dem sie geformt wurden. Für Thomas hingegen bedeutet Gott den Quellgrund aller Existenz. Ein endliches Ding existiert nur bedingt. Es hängt in seinem Dasein direkt oder indirekt von etwas ab, das unbedingt, d.h. notwendig existiert, und dieses Etwas ist Gott. Im scholastischen Sprachgebrauch wird dies durch die Termini Essenz und Existenz ausgedrückt. Die Essenz eines Dinges bedeutet etwa eine Qualität oder das, was das Ding ist. Die Existenz aber weist auf die Tatsache hin, *daß* das Ding ist. Sie ist das, wodurch das Ding ist. Diese beiden Termini sind freilich nur Abstraktionen in dem Sinn, daß weder eine Essenz noch eine Existenz auf sich selbst beruhen kann. Ein konkretes

Ding besitzt unveränderlich beides. Doch gibt es hierbei sprachliche Fakten, die Unterscheidungen verlangen. Frege deutet genau diesen Umstand an, wenn er zwischen Sinn und Beziehung unterscheidet. Der Sinn eines Wortes bedeutet ein Problem; ob oder ob nicht es in Wirklichkeit ein Objekt gibt, worauf das Wort sich bezieht, ist eine zweite Frage. Das endliche Ding hat also unterscheidbar, obgleich natürlich nicht trennbar, Existenz und Essenz. In Gott allein gibt es keinen objektiven Unterschied zwischen Essenz und Existenz. So bringt die metaphysische Lehre über die existentiale Abhängigkeit des endlichen Seins den dritten der fünf Gottesbeweise in der ›*Summa theologica*‹ zustande. Da ist die alltägliche Erfahrungstatsache, daß Dinge entstehen und vergehen, was eigentlich bedeutet, daß ihre Existenz im buchstäblichen Sinne nicht notwendig ist. Dinge dieser Art, besagt das Argument, existieren zu mancher Zeit tatsächlich nicht. Wenn es aber so ist, dann gab es eine Zeit, wo nichts existierte, folglich würde auch jetzt nichts existieren, da sich kein endliches Ding seine eigene Existenz zu erteilen vermag. Es muß also etwas geben, das notwendig existiert. Das ist, was Gott genannt wird.

Ein paar Bemerkungen über diesen Beweis mögen von Nutzen sein. Erstens setzt er voraus, daß das Sein überhaupt immer von irgend etwas gerechtfertigt werden müsse. Dies ist ein zentrales Moment in der thomistischen Metaphysik. Wenn diese Ansicht nicht angenommen wird, wie zum Beispiel von Aristoteles, dann kann nichts mehr darüber gesagt werden. Wenn aber wegen der Diskussion die Prämisse zugegeben wird, so steckt noch eine innere Schwäche in dem Beweis, die ihn zu Fall bringt. Aus der Tatsache nämlich, daß alle endlichen Dinge zu einer gewissen Zeit nicht existiert haben, folgt nicht, daß es überhaupt eine Zeit gibt, in der überhaupt nichts existiert.

Die Terminologie der Essenz und der Existenz wird bei Thomas durch die aristotelische Lehre über die Möglichkeit und Wirklichkeit (Aktualität) unterstützt. Die Essenz ist nur möglich und die Existenz nur wirklich. In den endlichen Dingen gibt es also immer eine Mischung dieser beiden. Existieren bedeutet, irgendwie sich in einer Aktivität zu befinden; und dies muß für die endlichen Objekte von irgend etwas anderem herrühren.

Der erste und der zweite Beweis für die Existenz Gottes tragen im wesentlichen aristotelischen Charakter. Thomas argumentiert mit einem unbewegten Beweger und einer unverursachten Ursache, in jedem Fall festsetzend, daß ein unendliches Zurückgehen auf Beweger oder Ursachen unzulässig sei. Aber das vernichtet einfach die Prämisse des Beweises. Beim zweiten kann nicht gleichzeitig behauptet werden, daß es, falls jede Ursache selbst eine weitere Ursache hat, eine Ursache gebe, die keine weitere Ursache mehr hat. Das ist einfach ein Widerspruch. Es sei jedoch bemerkt, daß Thomas hier nicht zeitliche Kausalketten versteht. Es ist vielmehr die Reihenfolge von Ursachen, wo jede, in einem gegebenen Fall, von der anderen abhängt, wie die Glieder einer Kette, die an einem Haken in der Zimmerdecke aufgehängt ist. Die Zimmerdecke wäre dann die erste oder unverursachte Ursache, da sie kein Glied ist, das im Nichts hängt. Es findet sich aber kein genügender Beweis dafür, warum ein Zurückgehen ins Unendliche abgelehnt werden sollte, vorausgesetzt, daß es zu keinem Widerspruch führt. Die Reihe von Rationalen größer als Null, bis zur und einschließlich der Eins ist unendlich, und trotzdem hat sie kein erstes Glied. Im Falle der Bewegung braucht die Frage des Zurückgehens (ins Unendliche) nicht einmal erhoben zu werden. Zwei gravitierende Partikel, die einander umkreisen, wie Sonne und Planet, werden unendlich damit fortfahren.

Der vierte Gottesbeweis geht von der Wahrnehmung verschiedener Grade der Vollkommenheit in den endlichen Dingen aus. Das setzt, nach der Behauptung, die Existenz eines ganz und gar Vollkommenen voraus. Der fünfte und letzte Beweis besagt, daß unbelebte Dinge in der Natur einem Zweck zu dienen scheinen, da doch die Welt von einer gewissen Ordnung erfüllt sei. Dies wird als ein Hinweis auf eine außen stehende Intelligenz angesehen, deren Ziele so gefördert werden, da die unbelebten Dinge selbst ja keine ihnen innewohnenden Zwecke haben können. In diesem sogenannten teleologischen Beweis wird von dem angenommenen Plan darauf gefolgert, daß es eine Ordnung geben müsse. Es gibt aber gewiß keinen logischen Grund für eine solche Annahme; es könnte genauso gut behauptet werden, daß die Unordnung einer Erklärung bedürfe, und dann kehrt der Beweis sich um. Den ontologischen Beweis des heiligen Anselm, den wir erwähnten, lehnt Thomas ab, wenn auch sonderbarerweise mehr aus praktischen als aus logischen Gründen. Da kein erschaffener und daher endlicher Verstand die Essenz Gottes je zu begreifen vermag, kann auch seine Existenz, die in seiner Essenz inbegriffen ist, in der Tat nie so abgeleitet werden.

Während der Gott des Neuplatonismus irgendwie mit der Welt von gleicher Dauer und gleichen Maßen ist, stellt der Gott des Aquiners eine Art immateriellen Hohenpriesters dar, der über die erschaffene Welt gesetzt ist. Als solcher besitzt er in unendlichem Grad alle jene positiven Qualitäten, die, so wird angenommen, irgendwie aus der bloßen Tatsache seiner Existenz folgen, obwohl über sie nur lauter Negatives gesagt werden kann. Ein endlicher Verstand kann keine positive Definition erreichen.

Aristoteles beherrscht – in der thomistischen Lesart – die Philosophie bis zur Renaissance. Was dann abgelehnt wird, ist nicht so sehr die Lehre des Aristoteles, nicht einmal die des Thomas, sondern vielmehr eine gewisse Neigung zu schlecht gegründeter metaphysischer Spekulation.

Die Wichtigkeit empirischer Untersuchungen gegenüber metaphysischen Spekulationen wurde von Roger Bacon betont, einem der vielen Franziskanergelehrten, unter deren Ansturm das mittelalterliche Denken zu verblassen begann. Bacon war Zeitgenosse von Thomas und keinesfalls gegen die Theologie eingestellt. Er legte die Grundlagen, die später zu einer moderneren Art der Forschung geführt haben, aber er tat dies ohne die Absicht, die Autorität der Kirche in geistigen Angelegenheiten zu untergraben. Dies gilt auch ganz allgemein für die franziskanischen Denker des späten 13. und frühen 14. Jahrhunderts. Nichtsdestoweniger beschleunigten sie durch ihre Stellungnahme zum Problem des Glaubens und der Vernunft das Ende des Mittelalters.

Im Thomismus können sich, wie wir soeben sahen, Vernunft und Offenbarung überschneiden. Die Franziskanergelehrten untersuchten dies neu und suchten nach schärferer Abgrenzung zwischen beiden. Durch klare Trennung der Sphäre des Intellekts von der des Glaubens wollten sie die eigentliche Theologie aus der Abhängigkeit von der klassischen Philosophie befreien. Damit wurde jedoch auch die Philosophie ihrer Magdstellung unter der Theologie enthoben. So fing die freie philosophische Überlegung an, wissenschaftliche Forschung zu betreiben. Insbesondere betonten die Franziskaner den Neuplatonismus und förderten dadurch das Studium der Mathematik. Der strenge Ausschluß planmäßiger Untersuchung aus dem Gebiet des Glaubens verlangte von nun an, daß Wissenschaft und Philosophie sich von Nörgeleien an Glaubenssätzen zurückzogen. Und umgekehrt darf der Glaube dort keine Dogmen auszusprechen beanspruchen, wo vernünftige Wissenschaft und Philosophie standhalten können. Dies alles brachte Gelegenheit für schärfere Konflikte als bisher mit sich. Denn wenn die Diener des Glaubens in Dingen entscheiden, die nachweislich nicht stichhaltig sind, dann folgt, daß sie entweder nachgeben müssen, oder es kommt zur Schlacht auf einem Grund, auf den sie keinen Anspruch haben. Die Offenbarung kann ihre Unabhängigkeit nur dann behaupten, wenn sie sich nicht in die Schranken der Dialektik begibt. Auf diese Weise können Menschen ihr Leben wissenschaftlicher Forschung widmen und gleichzeitig eine Menge Ansichten über Gott hegen. Die Thomisten schwächten ihre theologische Position durch den Versuch, die Existenz Gottes zu beweisen, ganz abgesehen von der Tatsache, daß ihre Argumente nicht stichhaltig sind. Für den religiösen Glauben bedeutet das, daß die Kriterien der Vernunft hier einfach nicht Stich halten und die Seele letztendlich frei ist, dem anzuhängen, wohin auch immer die Neigung sie treibt.

Roger Bacon lebte wahrscheinlich von 1214 bis 1294; beide Daten stehen nicht genau fest. Er studierte in Oxford und Paris und erwarb sich ein enzyklopädisches Wissen, ungefähr in der Art der ehemaligen arabischen Philosophen. In seiner Opposition gegen den Thomismus schonte er die Worte nicht. Es kam ihm sonderbar vor, das Thomas autoritativ über Aristoteles schreiben wollte, ohne ihn lesen zu können. Übersetzungen waren ohne Verlaß. Ferner zählte nach Bacon nicht nur Aristoteles als bedeutend, es gab noch anderes, gleichfalls wichtig. Besonders ließen die Thomisten die Mathematik außer acht. Wenn wir neue Erkenntnisse gewinnen wollen, müssen wir eher Experimente nützen, als uns auf Autoritäten stützen. Roger Bacon verurteilt die deduktive Methode der scholastischen Dialektik als solche nicht, nur besteht er darauf, daß sie zur Ableitung von Folgerungen nicht genügt. Um zu überzeugen, müssen sie sich dem Experiment stellen.

Solche neuartigen Ansichten konnten nicht verfehlen, die mißgünstige Aufmerksamkeit der Orthodoxie zu erregen. Im Jahre 1257 wurde Roger Bacon aus Oxford verbannt und ging nach Paris ins Exil. Der vormalige päpstliche Legat in England, Guy de Foulques, wurde 1265 Papst Clemens IV. Da er für den englischen Gelehrten Interesse hatte, verlangte er von Bacon eine zusammenfassende Darstellung seiner Philosophie. Sie wurde – ungeachtet eines Verbotes der Franziskaner – 1268 vorgelegt. Bacons Lehren wurden günstig aufgenommen, und er durfte nach Oxford zurückkehren. Aber der Papst starb im selben Jahr, während Bacon fortfuhr, Anstoß zu erregen. Im Jahre 1277 erfolgte seine große Verdammung. Er wurde mit vielen andern aufgefordert, Rechenschaft über seine Ansichten abzulegen. In welchem Punkt genau er für schuldig befunden wurde, ist nicht bekannt; aber er brachte vierzehn Jahre seines Lebens im Gefängnis zu. 1292 wurde er in Freiheit gesetzt, zwei Jahre darauf starb er.

Von größerem philosophischem Interesse ist Duns Scotus (ungefähr 1270 – 1308), Schotte nicht nur dem Namen nach und Mitglied des Franziskanerordens. Er studierte in Oxford, wo er mit 23 Jahren Professor wurde. Später lehrte er in Paris und Köln, wo er starb. Durch Duns Scotus wurde die Trennung zwischen Glauben und Vernunft noch bestimmter. Während dies einerseits eine Beschränkung auf dem Bereich der Vernunft nach sich brachte, gab es andrerseits Gott vollständige Freiheit und Unabhängigkeit wieder zurück. Die Theologie, welche sich damit beschäftigt, was über Gott gesagt werden kann, ist keine rationale Disziplin mehr, sondern vielmehr eine Reihe von der Offenbarung inspirierter nützlicher Glaubensthesen. In diesem Sinn lehnte Duns Scotus die thomistischen Beweise für die Existenz Gottes mit der Begründung ab, daß sie auf Sinneserfahrung beruhen. Ähnlich verwarf er auch die Argumente Augustins, weil sie bis zu einem gewissen Grade göttliche Erleuchtung in Anspruch nehmen. Da Behauptung und Beweis der Philosophie angehören, Theologie und Philosophie aber einander ausschließen, so kann er Augustins Beweise nicht hinnehmen. Andrerseits war er nicht gegen einen begrifflichen Beweis, der auf die Vorstellung eines ersten unverursachten Seins etwa nach Art Avicennas gegründet ist. In Wahrheit also eine Variante des ontologischen Beweises von Anselm. Aber die Erkenntnis Gottes ist nicht möglich durch erschaffene Dinge, deren Dasein bloß durch seinen Willen bedingt und von ihm abhängig ist. In Wirklichkeit wird die Existenz der Dinge mit ihrer Essenz identifiziert. Für Thomas dient, das muß bemerkt werden, diese Identifizierung zur Bestimmung Gottes. Wissen bezieht sich auf Essenzen, die daher von den Ideen im Geist Gottes verschieden sind, da wir ihn nicht erkennen können. Da Essenz und Existenz zusammenfallen, wonach kein Ding mit einem anderen identisch ist, sondern jedes individuell beschaffen, so kann das Ding im Gegensatz zu Thomas' Ansicht nicht Materie, sondern muß Form sein. Obgleich diese für Duns Scotus substantiell waren, verschreibt er sich keinem platonistischen Realismus. So mag eine Mannigfaltigkeit von Formen in einem Individuum sein, sie sind aber verschieden, daher kann man nicht von unabhängigen Existenz sprechen.

Ebenso wie die höchste Macht im Wollen Gottes liegt, glaubt Duns Scotus von der menschlichen Seele, daß der Wille den Intellekt regiert. Die Macht des Willens gibt dem Menschen Freiheit, während der Intellekt von den Objekten, auf die er achtet, gezwungen wird. Daraus folgt, daß der Wille nur das begreifen kann, was endlich ist, da die Existenz des unendlichen Seins notwendig ist und deswegen die Freiheit aufhebt. Die Lehre von der Freiheit als Gegensatz zur Notwendigkeit befindet sich im Einklang mit der Auffassung von Augustinus. Bei den Franziskanergelehrten wurde sie aber eine Macht zugunsten des Skeptizismus. Wenn Gott von den ewigen Gesetzen der Welt ausgenommen ist, dann kann alles von ihm sowohl geglaubt wie angezweifelt werden.

Ein noch radikalerer Empirismus findet sich in den Werken des Wilhelm von Ockham, des größten Franziskanergelehrten. Er wurde in Ockham in Surrey etwa zwischen 1290 und 1300 geboren. Er studierte und lehrte in Oxford und später in Paris. Da seine Lehren ziemlich unorthodox waren, wurde er 1324 zum Papst nach Avignon befohlen. Vier Jahre später hatte er ein weiteres Zerwürfnis mit Papst Johannes XXII. Die Spiritualen, die eine extreme Richtung des Franziskanerordens vertraten, indem sie das Gelübde der Armut ernst nahmen, waren die Zielscheibe des päpstlichen Mißfallens. Eine Kompromißlösung, durch welche der Papst das formale Eigentumsrecht am Ordensbesitz hatte, war eine Zeitlang in Kraft gewesen. Sie wurde nun widerrufen, woraufhin viele Ordensmitglieder der päpstlichen Autorität trotzten. Ockham, Marsiglio von Padua und der Ordensgeneral Michael von Cesena waren auf der Seite der Widerspenstigen und wurden 1328 exkommuniziert. Glücklicherweise konnten sie aus Avignon flüchten und bei Kaiser Ludwig dem Bayern an dessen Hof zu München Schutz finden.

Im Kampf zwischen den beiden Mächten unterstützte der Papst den Gegenkaiser und exkommunizierte Ludwig, der seinerseits den Papst durch ein allgemeines Konzil der Häresie bezichtigte. In Ockham fand der König als Dank für seinen

Schutz einen willigen und geschickten Streitschriftenschreiber. Der Gelehrte verfaßte ein paar scharfe Angriffe gegen den Papst. Ludwig starb 1338; Ockham blieb bis zu seinem Tode im Jahre 1349 in München.

In Richtung Empirismus ging Ockham jedoch viel weiter als irgendeiner der übrigen Franziskaner. Duns Scotus schob zwar Gott aus der Sphäre des rationalen Denkens, behielt aber noch eine mehr oder weniger traditionelle Metaphysik bei. Ockham hingegen war vollkommen antimetaphysisch eingestellt. Eine allgemeine Ontologie, wie sie sich bei Platon, Aristoteles und ihren Nachfolgern findet, wurde von Ockham für ganz und gar unmöglich gehalten. Wirklichkeit besitzt nur das individuelle Einzelding, und dies allein kann Gegenstand der Erfahrung sein, die ein unmittelbares und sicheres Wissen ergibt. Und das heißt doch, daß das gekünstelte System der aristotelischen Metaphysik völlig überflüssig sei. In diesem Sinn müssen wir Ockhams Feststellung verstehen: »Es ist unnütz, etwas mit mehr zu tun, was auch mit weniger getan werden kann.« Dies liegt mehreren seiner bekannteren Aussprüche zugrunde, wie diesem: »Entitäten sollten nicht unnötig vervielfacht werden.« Diese Maxime findet sich zwar nicht in seinen Werken, wurde jedoch als ›Ockhams Rasiermesser‹ bekannt. Unter Entitäten verstand er natürlich die Formen, Substanzen und ähnliches, mit denen sich die traditionelle Metaphysik beschäftigt hatte. Jedoch wurde die Formel von Denkern späterer Zeiten ziemlich verdreht, die vor allem an Fragen der wissenschaftlichen Methode interessiert waren. Ockhams Rasiermesser wurde hier zum allgemeinen Zweckmäßigkeitsprinzip zur ›Rettung der Erscheinungen‹. Wenn z.B. eine einfache Erklärung ausreicht, ist es müßig, nach einer komplizierten zu suchen. Während Ockham so der Meinung war, daß das Sein den Einzeldingen angehört, nahm er in der Sphäre der Logik, die sich mit Wörtern befaßt, doch an, daß es eine Art allgemeines Wissen über den Sinn gebe. Dies ist keine Sache der unmittelbaren Wahrnehmung wie bei den Einzeldingen, sondern der Abstraktion. Außer dem gibt es keine Gewähr dafür, daß das, was man dadurch erreicht, auch eine Existenz als Ding besitzt. Ockham ist daher ein ausgesprochener Nominalist. Die Logik muß in streng aristotelischem Sinn als ein verbales Instrument betrachtet werden. Sie befaßt sich mit der Bedeutung der Termini: In dieser Beziehung erweiterte Ockham die Ansichten der frühen Nominalisten des 11. Jahrhunderts. Auch Boëthius hatte schon behauptet, daß die Kategorien des Aristoteles um Wörter gegangen waren. Die Begriffe oder Termini, welche im Umgang gebraucht werden, sind ganz und gar Erzeugnisse des Geistes. Sofern sie sich nicht auf Wörter beziehen, werden sie natürliche Universalien oder Zeichen genannt, im Gegensatz zu Wörtern als solchen, die konventionelle Zeichen darstellen. Um Ungereimtheiten zu vermeiden, müssen wir vorsichtig sein, damit wir Feststellungen über Dinge nicht mit Feststellungen über Wörter verwechseln. Wenn wir, wie in den Wissenschaften, von Dingen sprechen, sind die gebrauchten Termini, wie man sagt, ›von erster Intention‹. Wenn wir aber andrerseits von Wörtern sprechen, wie in der Logik, sind die Termini ›von zweiter Intention‹. Es ist wichtig, in der Argumentierung sicherzustellen, daß alle gebrauchten Termini dieselbe Intention haben. Durch diese Definitionen können wir die nominalistische Position ausdrücken, indem wir feststellen, daß der Terminus ›Universale‹ von zweiter Intention ist. Die Realisten hingegen meinen, daß das Universale erste Intention habe, was ein Irrtum ist. Hier stimmt der Thomismus mit Ockham in der Ablehnung der Universalien als Dingen überein. Auch darin sind sie einig, daß die Existenz der Universalien vor den Dingen als Ideen im Geiste Gottes besteht, eine Formel, die, wie wir schon sahen, auf Avicenna zurückgeht. Aber während Thomas dies für eine metaphysische Wahrheit hielt, die durch die Vernunft unterstützt werden könne, war es für Ockham eine theologische These in seinem Sinne, d.h. von der rationalen Sphäre vollkommen getrennt. Die Theologie bedeutete für Ockham ausgesprochen eine Angelegenheit des Glaubens. Die Existenz Gottes kann nach ihm durch keinen logischen Beweis begründet werden. Hierin ging er weiter als Duns Scotus und lehnte Anselm wie auch Thomas ab. Gott kann weder durch Sinneserfahrung noch durch die Werkzeuge der Vernunft erkannt werden. Die Annahme Gottes und seiner verschiedenen Attribute hängt von dem Glauben ab, wie auch das ganze System der Dogmen über die Dreifaltigkeit, die Unsterblichkeit der Seele, die Erschaffung und ähnliche.

In diesem Sinn kann Ockham als ein Skeptiker bezeichnet werden. Es wäre aber falsch zu denken, daß er ein Ungläubiger war. Durch die Abgrenzung des Bereiches der Vernunft und durch die Befreiung der Logik von den metaphysischen und theologischen Hindernissen tat er viel für die Förderung neuer Anstrengungen in der wissenschaftlichen Untersuchung. Gleichzeitig wurde das Gebiet des Glaubens weit für alle Art Überschwang offengelassen. Daher ist es nicht überraschend, daß sich eine mystische Bewegung, die in vielen Beziehungen auf die Neuplatonik zurückging, entwickeln konnte. Ihr bekanntester Repräsentant ist Meister Eckart (1260 – 1327), ein Dominikaner, dessen Lehren die Forderungen der Orthodoxie vollkommen außer acht ließen. Für eine fest gegliederte Kirche bedeutet die Mystik eine ebenso große, wenn nicht noch größere Gefahr als das Freidenken. Im Jahre 1329 wurden dann auch die Lehren Meister Eckarts für Ketzerei erklärt.

Vielleicht die größte Synthese des mittelalterlichen Denkens findet sich im Werk Dantes (1265 – 1321). Zur Zeit des Schreibens der ›*Divina Commedia*‹ befand sich das Mittelalter schon in Auflösung. So sehen wir bei ihm die Zusammenschau einer Welt, deren Blütezeit schon vergangen ist, die zurückblickt auf die große Wiederbelebung des Aristoteles durch Thomas von Aquino, mit den Zwistigkeiten zwischen Guelfen und Ghibellinen, die in den Stadtstaaten Italiens dauernd schwelten. Dante hatte die Werke des Doctor Angelicus gelesen. Ebenso war er mit den allgemeinen Kulturströmungen seiner Zeit und mit der klassischen Kultur Griechenlands und Roms, sofern sie damals bekannt waren, vertraut. Die Göttliche Komödie ist sichtlich eine Reise durch die Hölle und durch das Purgatorium in den Himmel, aber im Laufe dieses Ausflugs bekommen wir in Wirklichkeit ein Kompendium des mittelalterlichen Denkens mit Abschweifungen und Anspielungen. Als in dem ewigen Hin und Her der inneren Unruhen zwischen den nebenbuhlerischen Parteien die ›Schwarzen‹, die Welfen, an die Macht gekommen waren, wurde Dante 1302 aus seiner Heimatstadt Florenz verbannt. Dantes Familie unterstützte die Weiße Partei; er selbst hatte strenge Ansichten über die Herrschaft im Reich. Viel von diesen politischen Kämpfen wird, zusammen mit der Geschichte der jüngsten Vergangenheit, die zu diesen Ereignissen geführt hatte, in der Divina Commedia erwähnt. Im Herzen Ghibelline bewunderte Dante Kaiser Friedrich II., der in seiner weitsichtigen Auffassung das Idealbild eines Kaisers für den Dichter war. Dante gehört zu den wenigen allergrößten Namen der abendländischen Literatur. Das ist aber nicht die einzige Ursache seines Ruhmes. Vor allem formte er die italienische Umgangssprache zu einem universalen literarischen Instrument, das zum erstenmal imstande war, die Verschiedenheiten der örtlichen Dialekte ins Höchste gesteigert zu übertreffen. Während bis dahin allein das Latein diese Aufgabe erfüllt hatte, wurde jetzt auch das Italienische ein Mittler literarischer Werke. Diese Sprache hat sich von da bis heute nur wenig geändert. Die ersten Anfänge der Dichtung in Italien gehen auf Pietro Della Vigna, den Minister Friedrichs II., zurück. Aus mehreren Mundarten herübernehmend, was ihm am besten schien, schuf Dante rings um sein heimatliches Toskanisch die literarische Sprache des modernen Italiens. Ungefähr um dieselbe Zeit entwickelte sich die Umgangssprache auch in Frankreich, Deutschland und England. Die Sprache der Wissenschaft aber blieb noch lange Zeit das Latein. Der erste Philosoph, der gelegentlich in seiner Muttersprache schrieb, war Descartes. Das Latein verfiel allmählich, bis es im frühen 19. Jahrhundert auch als Sprache der Gelehrten verschwand. Vom 17. bis zum 20. Jahrhundert übernahm das Französische die Aufgabe der allgemeinen Verständigung und in unserer Zeit das Englische.

Während des 14. Jahrhunderts erlitt die päpstliche Macht einen raschen Verfall. Im Kampf gegen das Reich erwies sich zwar der päpstliche Stuhl als stärker, es war aber nicht mehr so einfach für die Kirche, die Christen durch Androhung der Exkommunikation stramm im Zügel zu halten. Die Menschen wagten allmählich über Gott selbständig zu denken. Das Papsttum hatte seinen moralischen und geistigen Einfluß auf Denker und Gelehrte verloren, während die Könige und die Volksmassen wegen der ungeheuren Geldsummen, womit die päpstlichen Legaten sie belasteten, gleich unruhig waren. All diese Tendenzen fingen an, in Erscheinung zu treten, obzwar sie um die Jahrhundertwende noch zu keinem offenen Konflikt führten. Die päpstliche Suprematie wurde so gar von Bonifaz VIII. in der Bulle *›Unam Sanctam‹* noch über die Ansprüche Innozenz' III. hinaus betont. 1300 erklärte er zum Jubiläumsjahr, währenddessen ein vollständiger Ablaß jedem, der eine Wallfahrt nach Rom unternähme, gewährt wurde. Das hob einerseits die geistige Macht des Papstes, andrerseits ließ es riesige Summen in seine Schatzkammer fließen und das Volk von Rom bereichern, dessen Einkommen auf der Versorgung der Wallfahrer bestand. Die Vorteile des Jubiläums waren so beträchtlich, daß seine Wiederholung statt alle hundert Jahre auf eine Zeit von fünfzig, dann von fünfundzwanzig Jahren verkürzt wurde, was bis heute in Geltung geblieben ist.

Trotz des äußeren Anscheins der Suprematie war die Macht Bonifaz VIII. in Wirklichkeit schwach. Als Mensch liebte er das Geld mehr als einem Kirchenfürsten zukommt, und in Glaubensdingen war er kein Muster von Rechtgläubigkeit. Während seiner ganzen Amtsdauer stand er in Konflikt entweder mit den französischen Bischöfen oder mit ihrem König Philipp IV. In diesem Kampf siegte der König von Frankreich. Der nächste Papst, Clemens V., 1305 gewählt, war Franzose, der 1309 seinen Sitz nach Avignon verlegte. Während seiner Amtszeit und mit seiner stillschweigenden Einwilligung unterdrückte Philipp IV. die Templer. Diese rein räuberische Maßnahme geschah unter dem ganz unbegründeten Vorwand der Ketzerei. Von nun an fingen die Kämpfe des Papsttums im allgemeinen an, sein Ansehen zu untergraben. Die Meinungsverschiedenheiten zwischen Johannes XXII. und den Franziskanern brachten Ockham auf den Plan. In Rom führte die Abwesenheit der Päpste von Avignon zu dem Zwischenspiel mit dem Volkstribunen Cola di Rienzi. Dieser römische Bürger begann mit der Bekämpfung des korrupten Adels in Rom und trotzte schließlich ebenso dem Papst wie dem Kaiser und erklärte, Rom wie in alter republikanischer Zeit regieren zu wollen. 1352 gelang es Papst Clemens VI., Rienzi gefangenzusetzen. Erst nach dem Tod des Papstes, zwei Jahre später, wurde er frei und kam in Rom erneut zur Macht, wurde aber nach wenigen Monaten vom Pöbel umgebracht.

Durch sein Exil in Frankreich verlor das Papsttum viel von seinem Ansehen. Gregor IX. versuchte dies durch seine Rückkehr nach Rom im Jahre 1377 zu beheben, starb aber schon im nächsten Jahr, und sein italienischer Nachfolger, Urban VI., stritt sich mit den französischen Kardinälen, die Robert von Genua zu ihrem Papst erwählten. Als Clemens VII., der Franzose, nach Avignon zurückgekehrt war, begann das große Schisma, das bis zum Konzil von Konstanz dauerte. Die Franzosen unterstützten ihren Papst in Avignon, während das Reich den römischen Gegenpapst anerkannte. Da jeder Papst seine eigenen Kardinäle ernannte, die ihrerseits wieder dessen Nachfolger wählten, so konnte die Uneinigkeit nicht beseitigt werden. Man versuchte zwar, den toten Punkt durch das Konzil in Pisa, 1409, zu überwinden: Beide Päpste wurden abgesetzt und zum Ersatz ein dritter gewählt. Aber die Abgesetzten wollten nicht abdanken, so gab es jetzt statt zwei drei Päpste. Das Konzil von Konstanz, das 1414 einberufen wurde, stellte schließlich ein bißchen Ordnung wieder her. Der in Pisa gewählte Papst (Johannes mit der nicht anerkannten Zahl XXIII) wurde abgesetzt, der römische Pfründner zur Abdankung bewegt, und das Papsttum von Avignon löste sich allmählich aus Mangel an Unterstützung wegen der englischen Vorrangstellung in Frankreich auf. Im Jahre 1417 ernannte das Konzil Martin V. zum Papst und bereitete dadurch dem großen Schisma ein Ende. Aber es gelang der Kirche doch nicht, sich von innen her zu erneuern, und der Papst verringerte durch seinen Widerstand gegen die Konzilbewegung weiterhin den Rest von Ansehen, über den das Papsttum auch jetzt noch hätte verfügen können.

In England wurde der Kampf gegen Rom von John Wiklif (etwa 1320 – 1384), einem Gelehrten und Lehrer in Oxford, gebürtigem Yorkshire-Mann, geführt. Es ist bemerkenswert, daß England lange Zeit weit weniger unterwürfig war als der europäische Kontinent. Schon Wilhelm der Eroberer (seit 1066) hatte durchgesetzt, daß kein Bischof in seinem Reich ohne Genehmigung des Königs ernannt werden konnte.

Wiklif war Laienpriester. Seine rein philosophische Tätigkeit war weniger bedeutend als die der Franziskaner. Den Nominalismus Ockhams lehnte er ab und neigte mehr zu einer Art platonischem Realismus. Während Ockham Gott mit absoluter Freiheit und Macht versah, neigte Wiklif zur Ansicht, daß Gottes Ordnung und Gesetz auch für Ihn selbst Maßstab sei. Die Welt könnte gar nicht anders sein wie sie ist, eine neuplatonische Lehre, die im 17. Jahrhundert in der Philosophie Spinozas wieder auftaucht. Erst spät im Leben geriet Wiklif in Opposition zur Kirche, zuerst wegen der üppigen Lebensweise der Päpste und Bischöfe, während die breiten Massen in großer Armut lebten. Im Jahre 1376 verlieh er in seinen Vorlesungen in Oxford einer neuartigen Ansicht von den bürgerlichen Rechten Ausdruck. Nur Rechtschaffene können Anspruch auf Besitz und Macht erheben. Den Priestern, die dieser Prüfung nicht standhielten, sollte der Staat ihren Besitz einziehen. Auf jeden Fall war Besitz böse, und wenn Christus und seine Jünger nichts besaßen, so sollten es auch die jetzigen Priester nicht. Diese Lehren waren nicht nach dem Geschmack bemittelter Kirchenmänner, fanden aber Gefallen bei der englischen Regierung, die gerade dranging, die Geldzahlungen an den Papst einzustellen. Papst Gregor XI. ordnete, als er merkte, daß die ketzerischen Ansichten Wiklifs mit denen Marsiglios von Padua übereinstimmten, ein Verhör an, das aber von der Londoner Bevölkerung verhindert wurde.

Außerdem bestand Oxford auf seiner akademischen Freiheit, dem König Gehorsam zu leisten vor der Kirche, und bestritt dem Papst das Recht, seine Lehrer vor ein Gericht zu stellen. Nach dem Großen Schisma ging Wiklif sogar so weit, daß er den Papst zum Antichristen erklärte. Mit einigen Freunden zusammen fertigte er eine englische Übersetzung der *Vulgata* an. Außerdem errichtete er einen außerkirchlichen Verband armer Pfarrer, die sich als Wanderprediger dem Dienst der Armen widmeten. Schließlich lehnte er die Transsubstantiation (Verwandlung) ab, wie es auch die Führer der Reformation später taten. Während des Bauernaufstandes von 1381 blieb Wiklif neutral, obzwar seine Vergangenheit ihn als sympathisierend mit den Aufständischen vermuten ließ. Er starb in Lutterworth 1384. Zu seinen Lebzeiten entrann er der Verfolgung, aber an seinen Gebeinen konnte sich das Konzil von Konstanz rächen. Seine englischen Anhänger, die Lollarden, wurden unerbittlich ausgemerzt. In der Tschechei befeuerten seine Lehren die hussitische Bewegung, die bis zur Reformation weiterlebte.

Wenn wir nach dem Hauptunterschied zwischen griechischer und mittelalterlicher Auffassung fragen, können wir wohl feststellen, daß ersterer der Sinn für Sünde fehlte. Für die Griechen war der Mensch nicht durch eine erbliche Last der Sündhaftigkeit gepeinigt. Sie mochten in der Tat wahrgenommen haben, daß das irdische Leben ein heikles Ding sei, das jäh von der Laune der Götter geknickt werden konnte. Aber dies konnte keinesfalls als Strafe und Vergeltung für in der Vergangenheit begangene Sünden aufgefaßt werden. Das hatte zur Folge, daß der griechische Geist kein Erlösungsproblem kannte. Dementsprechend ist das griechische Denken im großen und ganzen unmetaphysisch. In der hellenistischen Epoche schlich sich insbesondere durch den Stoizismus eine entsagungsvolle Haltung in die Ethik ein, wie sie später von den frühchristlichen Sekten übernommen wurde. Kurz: die griechische Philosophie stand in keinster Weise theologischen Problemen gegenüber und blieb daher diesseitig.

Als aber die christliche Religion das Abendland eroberte, erlitt die Lage in ethischen Beziehungen einen radikalen Wechsel. Der Christ betrachtete das irdische Leben als Vorbereitung für ein höheres zukünftiges. Das Elend des menschlichen Daseins sah er als Prüfungen an, die ihm auferlegt waren, um ihn von der angeborenen Last der Erbsünde zu reinigen. Buchstäblich eine übermenschliche Aufgabe! Um die Prüfungen erfolgreich zu bestehen, war göttliche Hilfe nötig. Und diese kam einem, oder sie kam nicht. Während für einen Griechen die Tugend ihr eigener Lohn war, muß der Christ tugendhaft sein, weil Gott es ihm befiehlt. Wenn nun der schmale Weg der Tugend auch nicht an sich Erlösung verbürgte, er war auf alle Fälle Vorbedingung. Einige dieser Lehren müssen freilich auf Treu und Glauben hingenommen werden, und da schaltet sich die göttliche Hilfe zunächst ein. Denn es verlangt die Gnade Gottes für den Menschen, Glauben zu erlangen und dadurch auch die Glaubenssätze zu achten. Wer nicht einmal diesen ersten Schritt zu tun vermag, ist unrettbar verdammt.

Aus solchen Gedankengängen heraus erhielt die Philosophie eine religiöse Aufgabe. Denn wenn der Glaube auch über aller Vernunft ist, so obliegt es doch dem Gläubigen, sich gegen die Zweifel zu wappnen, indem man den Glauben durch so viel Licht der Vernunft als nur möglich erleuchten läßt. So wird die Philosophie im Mittelalter zur Magd der Theologie. Solange diese Auffassung herrschte, waren die christlichen Philosophen unvermeidlich Kirchenmänner. Die weltliche Bildung, sofern sie überhaupt fortbestand, wurde von den Klerikern bewahrt; Schulen, später auch die Universitäten wurden von Männern versehen, die diesem oder jenem der großen Orden angehörten. Der philosophische Lehrbau, den diese Denker pflegten, geht auf Platon oder Aristoteles zurück. Insbesondere gewinnt im 13. Jahrhundert die aristotelische Auffassung die Oberhand. Es ist leicht einzusehen, warum sich Aristoteles mehr als Platon für die christliche Theologie eignet. In der Sprache der Scholastik können wir es so ausdrücken: Die realistische Theorie läßt nicht viel Raum für eine göttliche

Macht frei, die irgendeine kraftvolle Wirkung auf den Gang der Dinge hätte. Der Nominalismus hingegen sorgt hier für viel breiteren Spielraum. So paßt der Aristotelismus weit besser in die christliche Auffassung als der Platonismus. Die platonische Lehre ist geeignet, pantheistische Gedanken zu erzeugen, wie bei Spinoza, obzwar dessen Pantheismus – wie wir später sehen – rein logisch ist. Diese Einheit zwischen Philosophie und Theologie kann so lange währen, wie die Vernunft den Glauben noch irgend stützen kann. Als aber die Franziskanergelehrten des 14. Jahrhunderts diese Möglichkeit leugneten und Vernunft und Glauben für gegenseitig belanglos hielten, wurde der erste Schritt zum allmählichen Abbau der mittelalterlichen Auffassungen getan. Es blieb kein Wirkungskreis mehr für die Philosophie auf theologischem Gebiet. Durch die Befreiung des Glaubens von allen möglichen Verknüpfungen mit der rationalen Forschung führte Ockham die Philosophie auf den Weg zur Verdiesseitigung. Vom 16. Jahrhundert an beherrschte die Kirche nicht mehr dieses Feld.

Gleichzeitig ermöglichte dieses Schisma den Menschen, rationale und theologische Tätigkeit streng voneinander zu trennen. Es wäre ganz falsch, das für Scheinheiligkeit zu halten. Es hat eine Unzahl von Menschen gegeben und wird sie auch immer geben, die ihr praktisches Verhalten nicht von ihren religiösen Überzeugungen durchkreuzen lassen. Es ist im Gegenteil sicher, daß eine Religion sich nur auf diese Weise vor dem Angriff des Zweifels halten kann. Denn solange die Theologie sich in die Arena der Dialektik wagt, muß sie den Regeln der rationalen Diskussion entsprechen.

Andrerseits ist das eine unmögliche Sackgasse, wenn man eine Glaubensthese halten muß, die sich mit den Ergebnissen empirischer Untersuchungen nicht vereinbaren läßt. Nehmen wir z.B. das Alter unseres Planeten: das Alte Testament berechnet es auf etwa 5 3/4 Jahrtausende, und ein Rechtgläubiger muß es glauben. Die Geologen aber erbringen Gründe für die Annahme, daß die Erde mehr als 4000 Millionen Jahre alt ist. Eine dieser beiden Annahmen muß also geändert werden, es sei denn, der religiös eingestellte Forscher wollte die eine Ansicht für den Sonntag und die andere für die übrigen Tage der Woche vorbehalten. Entscheidend ist hier die Tatsache, daß die Religion sich immer in der Verteidigung befindet und immer ihre Position ändern muß, sooft ihre Prinzipien in Konflikt mit den Forschungsergebnissen geraten. Es liegt nämlich in der Logik der Dinge, daß der Glaube nicht mit Vernunft zusammenprallen darf. Da der Konflikt hier auf dem Gebiet der rationalen Dialektik liegt, muß die Religion stets den Rückzug antreten. Nach vollzogenem Rückzug bleibt die religiöse Position klar und innerhalb ihres Bereichs.

In ihren Anstrengungen, eine rationale Stellungnahme zum religiösen Dogma zu liefern, sofern das überhaupt möglich ist, zeigten die scholastischen Philosophen oft großes Geschick und Feinheit des Geistes. Eine weittragende Wirkung dieser Übungen war das Schärfen des Werkzeugs der Sprache. Die folgenden Renaissance-Denker erbten davon. Und hierin liegt vielleicht die wertvollste Leistung der Scholastik. Worin sie sich aber als nachteilig erwies, war, daß sie die empirische Forschung nicht hoch genug anschlug. Es waren erst die Franziskanergelehrten, die die Aufmerksamkeit auf diesen Fehler richteten. Daß die Erfahrungsergebnisse derart unterschätzt werden konnten, war natürlich genug in einer Zeit, die sich mehr mit Gott und der anderen Welt als mit den Problemen hienieden beschäftigte. Die Renaissance-Denker rückten den Menschen wieder in den Mittelpunkt. In solcher Geisteshaltung will das menschliche Tun um seiner selbst willen geschätzt werden. Hier macht auch die Wissenschaft neue und erstaunliche Fortschritte.

Letzten Endes ist das, was das Abendland, unabhängig von dem übrigen Teil der Welt, während der letzten 300 oder 400 Jahre geleistet hat, eine Ethik der Tat. Wie die abendländische Technik die Welt eroberte, so hat auch die damit einhergehende Ethik einen hohen Grad neuen Einflusses gewonnen.

DER ANSTIEG DER MODERNEN PHILOSOPHIE

Während die mittelalterliche Auffassung im 14. Jahrhundert unterzugehen begann, tauchten allmählich neue Kräfte auf, welche die moderne Welt der Gegenwart geschmiedet haben. Gesellschaftlich wurde die feudale mittelalterliche Struktur infolge der Entstehung der mächtigen Klasse der Kaufleute aufgelockert, die mit den Fürsten gegen die widerspenstigen Barone gemeinsame Sache machten. Politisch verlor der Adel an Unangreifbarkeit, als bessere Angriffswaffen ihre Burgen unhaltbar machten. Mit den Lanzen der Bauern konnten die Schloßmauern nicht gesprengt werden, mit Schießpulver schon. Vier große Bewegungen bezeichnen die Übergangszeit, die vom Niedergang des Mittelalters zu dem großen Aufschwung des 17. Jahrhunderts führte.

Zunächst die italienische Renaissance des 14. und 15. Jahrhunderts. Während Dante noch von mittelalterlicher Denkungsart durchdrungen war, schuf er trotzdem aus der volkstümlichen Sprache das Werkzeug, das das geschriebene Wort auch den Laien, die kein Latein konnten, zugängig machte. Der Schriftsteller Boccaccio und der Dichter Petrarca kehrten zu den weltlichen Idealen zurück. Eine Wiedergeburt der Vertiefung in die weltliche Kultur der Antike findet sich in Kunst und Wissenschaft. Sie kennzeichnet den Bruch mit den klerikalen Traditionen des Mittelalters. Während dieses von der Versenkung in Gott beherrscht war, beschäftigen sich die Denker der Renaissance mehr mit dem Menschen. Von diesem Umstand leitet die neue kulturelle Bewegung den Namen Humanismus ab. Er ist der zweite große Einfluß, der die Zeit formt. Während die Renaissance die allgemeine Lebensauffassung betraf, blieb die humanistische Bewegung mehr im Bereich der Denker und Gelehrten. Die italienische Renaissance wurde nicht von einer dauerhaften Wiedergeburt der nationalen Einheit begleitet. Das Land war in kleine Territorien zerstückelt. So fiel Italien den Habsburger Dynastien von Österreich und Spanien zu und konnte als souveräne Nation erst um die Mitte des 19. Jahrhunderts emporkommen. Die Renaissance-Bewegung übte indessen einen starken Einfluß aus und drang allmählich nördlich nach Deutschland, Frankreich und den Niederlanden vor. Die großen Humanisten dieser Gebiete tauchten, grob gerechnet, ein Jahrhundert später als ihre italienischen Vorläufer auf.

In diesen Gebieten verläuft die humanistische Bewegung mit der Reformation Luthers, der dritten der größeren Kräfte, welche die mittelalterliche Welt änderten. Daß Reformen fällig waren, wurde auch von der Kirche zeitweise anerkannt. Die humanistischen Denker griffen die Mißstände in der Kirchenleitung an, aber die Macht ehrgeiziger und goldgieriger Päpste war zu stark. Als die Reformation ausbrach, wurde sie von Rom streng angefochten und verdammt. Was sonst als eine neue Bewegung im Bereich der Universalen Kirche hätte eingefügt werden können, wurde so in die Isolierung gedrängt, und eine Reihe protestantischer Nationalkirchen kam zustande. Als endlich die katholische Kirche sich selbst zu reformieren begann, war es schon zu spät, um die Spaltung zu verhindern.

Die vierte wichtige Bewegung entstand unmittelbar aus den empirischen Überlegungen, die mit dem Kritizismus Ockhams begannen. Während der nächsten zwei Jahrhunderte wurden große Fortschritte auf dem wissenschaftlichen Gebiet gemacht. Von zentraler Bedeutung war die Wiederentdeckung des heliozentrischen Systems durch Kopernikus. Sein Hauptwerk erschien 1543 im Druck. Vom 17. Jahrhundert an machen die physikalischen und mathematischen Wissenschaften rasch Fortschritte und sichern durch große technische Errungenschaften die Vorherrschaft des Abendlandes. Die wissenschaftliche Tradition wirkt, abgesehen von den materiellen Vorteilen, an und für sich fördernd auf unabhängiges Denken. Und wo sich die abendländische Zivilisation ausbreitet, folgen schließlich ihre politischen Ideale den Spuren ihrer materiellen Ausbreitung.

Die Auffassung, die aus dem Wachsen der wissenschaftlichen Forschung entstand, ist wesentlich und noch einmal die der Griechen. Wissenschaft betreiben heißt: ›Retten der Erfahrungserscheinungen.‹ Die Autorität, die diese Traditionen verleihen, ist von Grund auf verschieden vom Dogmatismus, mit dem die Kirche während des Mittelalters den Menschen ihre Herrschaft aufzwingen wollte. Eine Hierarchie, die von einem dogmatischen Glaubenssystem lebt, kann freilich bis zu einem hohen Grad über alles mit einer (ihrer eigenen) Stimme entscheiden, während die freie Forschung verschiedene Meinungen vertritt. Manche glauben, daß ›monolithische Einstimmigkeit‹ ein Zeichen von Überlegenheit ist, warum das aber so sein soll, wurde noch nie erklärt. Daß diese ›Einhelligkeit‹ ihren Anhängern ein Gefühl von Kraft verleiht, steht außer Frage, macht aber ihre Stellung nicht glaubhafter, ebensowenig wie eine These nicht wahrer wird, wenn man sie lautstärker vorträgt. Das einzige, was die freie Forschung zu beachten hat, sind die geheiligten Regeln einer vernünftigen Diskussion, oder, in der Sprache Sokrates': die Dialektik.

Die offensichtlichen Erfolge der Wissenschaft in ihren technischen Anwendungen haben allerdings verschiedene Gefahren heraufbeschworen. Sie brachten nämlich viele auf den Gedanken, daß es wirklich nichts gebe, was man nicht erreichen könnte, wenn nur die Anstrengungen in die richtige Bahn geleitet würden.

Auf dem Gebiet der Philosophie bewirkt die Betonung des Menschen eine innere Neigung zum Grübeln, und das führt zu einer vollkommen gegensätzlichen Einstellung zu jener, die von den Machtphilosophien gespeist wird. Der Mensch gelangt nun zu einer Kritik seiner eigenen Fähigkeiten; alles wird angezweifelt bis auf ein paar bestimmte Erfahrungstatsachen. Diese subjektive Haltung führt zu einer extremen Form des Skeptizismus, die auf ihre Art genauso überreizt ist wie die Tendenz, das Individuum überhaupt aus dem Spiel zu lassen. Irgendeine vermittelnde Lösung muß hier gefunden werden.

Nun wird die Übergangszeit, von der die Rede ist, durch zwei besonders wichtige Entdeckungen bestimmt. Die erste ist die Erfindung der Buchdruckerkunst mit Hilfe beweglicher Buchstaben. Sie geht, was das Abendland betrifft, ins 15. Jahrhundert zurück. Die Chinesen hatten das Verfahren schon fünfhundert Jahre früher benutzt, was aber in Europa unbekannt blieb. Mit der Entstehung des Buchdrucks nahm die Möglichkeit der Verbreitung neuer Ideen gewaltig zu und half schließlich, die alten Mächte zu untergraben. Die Bibel zum Beispiel wurde in den Muttersprachen viel breiteren Volksschichten zugänglich, und so konnte die Kirche ihre Vormundschaft in Glaubensdingen nicht länger aufrechterhalten. Was die Kultur allgemein betrifft, beschleunigten die gleichen Ursachen eine Rückkehr zu lebendiger Weltgesinnung.

Es ist vielleicht nicht überflüssig, darauf hinzuweisen, daß die Erfindung der Buchdruckerkunst dann von zweifelhaftem Nutzen ist, wenn sie nicht von der Sicherung der Meinungsfreiheit begleitet wird. Lüge läßt sich ebenso leicht drucken wie Wahrheit und ebenso leicht verbreiten. Es hilft dem Menschen herzlich wenig, wenn er lesen kann, aber das ihm Vorgelegte widerspruchslos hinzunehmen hat. Nur wo es Rede- und Meinungsfreiheit gibt, kann weite Verbreitung des gedruckten Worts Überlegung und Denken steigern. Ohne diese Freiheit wäre es besser, wenn wir Analphabeten wären. In unserer Zeit ist das Problem noch brennender geworden, da es heute noch mächtigere Mittel der Massenbeeinflussung gibt. Seit der Erfindung der drahtlosen Telegraphie, des Rundfunks und Fernsehens ist es noch wichtiger geworden, unablässig auf der Hut zu sein, da ohne Wachsamkeit die Freiheit leicht ins Wanken gerät.

Mit der Ausweitung der Informationsmöglichkeit wuchs das Bild der bewohnbaren Erde. Grenzen fielen, und der Kompaß eröffnete die Weiten der Ozeane.

Für den mittelalterlichen Menschen war die Welt ein statischer, endlicher und gut geordneter Platz. Alles darin hatte seine bestimmte Aufgabe: die Sterne, damit sie in ihren Bahnen kreisen, und der Mensch, damit er in dem Stand, in den er hineingeboren war, lebe. Dieses selbstgefällige Bild wurde von der Renaissance rauh zerschlagen. Zwei gegensätzliche Tendenzen bringen nun eine neue Auffassung zustande. Einerseits hat man großes Vertrauen zur Macht und Erfindungskraft des Menschen, der jetzt in den Mittelpunkt rückt. Andererseits wird die Position des Menschen im Weltall weniger egozentrisch, da die Unendlichkeit des Raums die Einbildung der Philosophen zu reizen beginnt. Diese Ansichten werden in den Schriften des deutschen Kardinals Nicolaus Cusanus (1401 – 1464) vorweggenommen und im nächsten Jahrhundert im kopernikanischen System verkörpert. Ähnlich ist auch eine Rückwendung zur alten Auffassung Pythagoras' und Platons zu vermerken, daß die Welt nach mathematischen Mustern gebaut sei. All diese Überlegungen stürzen die bestehende Ordnung um und untergraben die alten Mächte sowohl kirchlicher wie auch weltlicher Art. Die Kirche versucht, die Verbreitung der Ketzerei aufzuhalten, aber mit wenig Erfolg. Doch ist es gut, daran zu erinnern, daß noch vor so kurzem wie im Jahr 1600 die Inquisition Giordano Bruno verurteilte und auf dem Scheiterhaufen verbrennen ließ. Wie schon oft zuvor fällten die Diener des Bestehenden aus Furcht vor Umwälzung ein wildes Urteil über einen, der es wagte, andrer Meinung zu sein. Aber schon dieses Urteil allein zeigt, wie schwach die Stellung war, die man aufrechterhalten wollte. Auf politischem Gebiet gelangten allmählich neue Auffassungen über die staatlichen Mächte zur Entwicklung, und die Macht der erblichen Herrscher wurde im Lauf der Zeit mehr und mehr beschränkt.

Der von der Reformation bewirkte Bruch war nicht in allen Beziehungen fruchtbar. Man möchte denken, die Menschen hätten bei der Vielfalt der Religionen schließlich eingesehen, daß der eine und selbe Gott auf mancherlei Weise verehrt werden könne. Das war's, was ein Cusanus bereits vor der Reformation vertrat. Aber so naheliegende Folgerungen drangen nicht durch.

Die Renaissance kam freilich nicht als ein plötzliches Erwachen aus einer Vergangenheit, in der antikes Denken völlig geruht hätte, zustande. Im Gegenteil, wir sahen, daß manche Spur der alten Tradition durchs ganze Mittelalter erhalten blieb. Geschichte bedeutet nie einen so scharfen Bruch mit dem Alten. Nichtsdestoweniger sind scharfe Unterscheidungen, sorgfältig gehandhabt, nützlich. Wenn es also berechtigt ist, von einer italienischen ›Renaissance‹ zu sprechen, so beinhaltet das doch, daß deutliche Unterschiede zwischen Mittelalter und neuer Zeit vorhanden sind. Ein klarer Gegensatz besteht zum Beispiel zwischen der kirchlichen Literatur der Scholastiker und der weltlichen Literatur in volkstümlicher Sprache, die im 14. Jahrhundert aufzukommen beginnt. Dieses literarische Erwachen geht der auf klassischen Quellen fußenden humanistischen Wiedergeburt der Wissenschaften voran. Die neue Literatur benützt die Sprache des Volks als ihr Werkzeug und erlangt dadurch weiteren Widerhall als die Werke der Gelehrten, die noch das Latein beibehalten.

Auf allen Gebieten fing man jetzt an, die Fesseln des mittelalterlichen Denkens abzuschütteln. Zunächst riefen die weltlichen Belange der Zeit zum Erwachen (Ulrich von Hutten, 1521: »Ach, wackre Deutsche, haltet Rat!«), sodann eine verklärende Schau der antiken Vergangenheit. Die Auffassung der Antike, die man damals entwickelte, wurde mehr oder weniger vom Enthusiasmus einer Generation verkehrt, die einen Zusammenhang mit ihrer eigenen Geschichte entdeckt hatte. Die ziemlich romantische Betrachtung der Antike lebte bis ins 19. Jahrhundert fort. Uns stehen heute allerdings bessere Hilfsquellen zur Verfügung.

In Italien, wo die Überreste der antiken Zivilisation handgreiflich von den vergangenen Zeiten zeugten, konnte die Renaissance weiter und schneller Fuß fassen als später nördlich der Alpen. Politisch war das Land ähnlich dem alten Griechenland zersplittert. Im Norden zahlreiche Stadtstaaten, im Zentrum die päpstlichen Herrschaftsgebiete und im Süden das Königtum beider Sizilien. Von den nördlichen Städten waren Mailand, Venedig und Florenz die mächtigsten. Ständiger Streit schwelte zwischen den Staaten, wie auch Parteienkampf innerhalb jeder Stadt. Während persönliche Intrigen und Blutrache äußerst geschickt und grausam geführt wurden, erlitt das Land als Ganzes keinen allzugroßen Schaden. Die Adligen und die Städte pflegten gegeneinander mit Hilfe von Mietlingen zu kämpfen, deren Eigenwohl nur im Am-Leben-Bleiben bestand. Dieser heikle Zustand erfuhr von Grund aus eine Änderung, als Italien Schlachtfeld des französischen Königs und des Kaisers wurde. Italien war allerdings viel zu sehr gespalten, um ausländischen Einfällen begegnen zu können. So blieb das Land unvereinigt und zum großen Teil unter ausländischer Herrschaft. In den wiederholten Kämpfen zwischen Frankreich und dem Reich waren es die Habsburger, die den Sieg davontrugen. Neapel und Sizilien blieben spanisch, während die päpstlichen Gebiete eine geduldete Unabhängigkeit genossen.

Die erste Trägerin der Renaissance-Bewegung war Florenz. Keine andere Stadt, außer Athen, hat eine solche Reihe von Künstlern und Denkern hervorgebracht. Dante, wie auch die Vorfahren Petrarcas, Michelangelo und Leonardo, um nur einige zu erwähnen, waren alle Florentiner wie später auch Galilei. Die inneren Schwierigkeiten von Florenz, die Dantes Exil verursacht hatten, führten schließlich zur Herrschaft der *Medici*. Von 1400 an, kurze Unterbrechungen ausgenommen, herrschte diese Familie aus Kaufmannsadel mehr als drei Jahrhunderte lang über die Stadt.

Für das Papsttum hatte die Renaissance eine zweifache Auswirkung. Einerseits beteiligten sich die Päpste in aufgeklärter Weise an den wissenschaftlichen Bestrebungen der Humanisten und wurden Schutzherren der Kunst. Die päpstlichen Ansprüche auf weltliche Macht waren von der gefälschten *Donatio Constantina* (Pippinische Schenkung) abgeleitet worden, trotzdem zollte Papst Nikolaus V. (1447 – 1455) Lorenzo Valla hohe Bewunderung, der die Fälschung nachwies und überhaupt fragwürdige Meinungen hatte. Der gelehrte Enthüller wurde sogar, trotz allem, apostolischer Sekretär. Andrerseits führte die Glaubenslockerung zu einer solchen Verweltlichung, daß sie einen hohen Verlust des Ansehens der

Päpste zur Folge hatte. Das Privatleben von Männern wie Alexander VI. (1492–1503) hielt keinem Vergleich stand, was von Gottes Stellvertreter auf Erden erwartet werden durfte. Darüber hinaus wurden große Geldsummen für die weltlichen Zwecke der Päpste aus dem Ausland hineingepreßt. All das gab Anlaß zu Beschwerden, die in der Reformation gipfelten.

In der Philosophie brachte die italienische Renaissance nichts Bedeutendes zustande. Sie war eher die Zeit der Wiederentdeckung der Quellen als eine großer philosophischer Systeme. Insbesondere fängt das Studium Platons wieder einmal an, den Aristotelismus der Schulen herauszufordern. In Florenz entstand im frühen 15. Jahrhundert unter Cosimo Medici die Florentinische Akademie. Sie bevorzugte Platon gegenüber den alten Universitäten. Im allgemeinen ebneten die Arbeiten der humanistischen Gelehrten den Weg für die großen philosophischen Systeme des 17. Jahrhunderts.

Soviel die Renaissance auch tat, die Menschen von dem Dogmatismus der Kirche zu befreien, so schützte sie doch nicht vor jeder Art des Aberglaubens. Die Astrologie, von der Kirche ständig geschwächt, gewann jetzt weitverbreitetes Ansehen, nicht nur bei den Unkundigen, sondern auch bei Gebildeten. Was die Hexerei betrifft, so glaubte man auch an sie weit und breit, und Tausende von Schuldlosen, ob absonderliche oder nicht, wurden als Hexen auf dem Scheiterhaufen verbrannt. Die Hexenjagd ist freilich ja auch in unserer Zeit nicht unbekannt, nur ist es nicht mehr Sitte, die Opfer zu verbrennen. Mit der Ablehnung des mittelalterlichen Dogmatismus ging auch ein Verlust feststehender Benehmens- und Verhaltensweisen einher. Auch dies war einer der Gründe, die Italien hinderten, angesichts von Gefahren aus dem Norden zur nationalen Einheit zu gelangen. Die Zeit war reich an Verrat und Doppelspiel. Die elegante Art, Rivalen und Feinde zu ›erledigen‹, wurde auf eine unübertroffene Stufe der Kunst gebracht. In einer solchen Atmosphäre des Betrugs und des Mißtrauens konnte keine lebensfähige Form der Zusammenarbeit zustande kommen.

Auf dem Gebiet der Staatsphilosophie brachte die italienische Renaissance eine hervorragende Gestalt hervor. Niccolo Machiavelli (1469 – 1527) war der Sohn eines Florentiner Rechtsanwalts. Seine politische Laufbahn begann 1494, als die Medici aus Florenz verjagt wurden. In dieser Zeit kam die Stadt unter den Einfluß Savonarolas, eines dominikanischen Reformators, der gegen Laster und Korruption seiner Zeit aufstand. In seinem Eifer griff er schließlich auch den Borgia-Papst Alexander VI. an und wurde 1498 auf dem Scheiterhaufen verbrannt. Diese Geschehnisse waren geeignet, über die Natur der Macht und des politischen Erfolges nachzudenken. Machiavelli schrieb später, daß armeelose Propheten immer fallen und stellte Savonarola als ein Beispiel dafür hin. Während des Exils der Medici war Florenz eine Republik, und Machiavelli blieb in seinem öffentlichen Amt bis zu ihrer Rückkehr zur Macht, 1512. Während dieser Zeit war er gegen sie gewesen und fiel nun in Ungnade. So widmete er sich dem Schreiben einer politischen Philosophie. Sein Versuch (1513), die Gunst der Medici durch die Widmung seines berühmten Werkes ›*Der Fürst*‹ an Lorenzo II. zu erlangen, war erfolglos. Er starb 1527, dem Jahr, in welchem die Söldner des Kaisers Karl V. Rom plünderten.

Machiavellis zwei große Werke über die Politik sind ›*Der Fürst*‹ und ›*Die Diskurse*‹. Das erste enthält die Mittel und Wege, wie autoritäre Macht gewonnen und aufrechterhalten werden kann, während das zweite eine allgemeine Untersuchung über die Macht und ihre Ausübung unter den verschiedenen Regierungsformen bietet. Die Doktrin des ›Fürsten‹ gibt keinen Hinweis darauf, wie man ein tugendhafter Herrscher sein kann. Im Gegenteil, sie erkennt an, daß böse Praktiken oft zum Erwerb der Macht beitragen. Durch diesen Umstand erhielt der Ausdruck ›machiavellistisch‹ seinen schlechten und verworfenen Sinn. Aus Gerechtigkeit muß festgestellt werden, daß Machiavelli Schurkerei als Prinzip nicht befürwortet. Sein Untersuchungsgebiet liegt genauso jenseits von Gut und Böse wie das eines Atomphysikers. Wenn man die Macht zu gewinnen wünscht, besagt sein

Schluß, so muß man unerbittlich sein. Ob das gut sei, ob böse, ist eine völlig andere Frage, nur ohne Belang für Machiavelli. Es ist möglich, ihn zu tadeln, weil er dieser Frage keine Aufmerksamkeit gewidmet hat; aber es ist sinnlos, ihn wegen seiner Abhandlung über die Machtpolitik zu verurteilen, da sie tatsächlich bestand. Was in dem ›Fürsten‹ niedergeschrieben wurde, ist mehr oder weniger eine Zusammenfassung der Praktiken, die im Italien der Renaissance gang und gäbe waren.

Während seines öffentlichen Amtes im Dienste der florentinischen Republik war Machiavelli oft auf diplomatische Missionen geschickt worden, die ihm reichlich Gelegenheit für die unmittelbare Beobachtung der Kniffligkeiten bei politischen Intrigen boten. Im Laufe seiner diplomatischen Tätigkeit machte er die nähere Bekanntschaft Cesare Borgias, des Sohnes Alexanders VI., der ein ebenso verschlagener Schuft war wie sein Vater. Mit großer Geschicklichkeit und Kühnheit plante Cesare Borgia die Sicherung seiner Position für den Fall, daß sein Vater sterben sollte. Sein Bruder, der ihm bei diesen Ambitionen im Wege stand, wurde beseitigt. Militärisch half Cesare seinem Vater, die päpstlichen Gebiete zu vergrößern, völlig von der Absicht erfüllt, später selbst diese Territorien zu bekommen. Bei der päpstlichen Nachfolge müßte alles geschehen, daß einer seiner Freunde auf den Heiligen Stuhl käme. Cesare Borgia bezeugte ein bewundernswertes Talent und eine diplomatische Fähigkeit in der Verfolgung dieser Zwecke, hie Freundschaft vortäuschend, dort todbringend. Die Opfer dieser Übungen in der Staatskunst können freilich nicht über ihre Gefühle befragt werden, aber, von einem unbeteiligten Gesichtspunkt aus betrachtet, hätten auch sie Cesare Borgias tatsächliche Geschicklichkeit ganz zweifelsohne bewundert – so war die Zeit! Schließlich schlugen seine Pläne doch fehl, weil er selbst zur Zeit des Todes seines Vaters (1503) krank war. Nachfolger auf dem päpstlichen Thron wurde Julius II., ein hartnäckiger Feind der Borgias. Auf Grund der Ziele Cesare Borgias kann anerkannt werden, daß er sie geschickt verfolgte. Dafür erteilt ihm Machiavelli auch großzügiges Lob. In dem ›Fürsten‹ stellt er ihn als Beispiel für andere hin, die nach Macht streben. Praktiken dieser Art schienen ihm in Übereinstimmung mit dem herrschenden Zeitgeist zu sein. Aber selbst unser 20. Jahrhundert noch hat Führer in der Art Machiavellis gekannt.

Von 1513 bis 1521 hatte Leo X., ein Mitglied der Familie Medici, den päpstlichen Thron inne. Da Machiavelli versuchte, sich bei den Medicis in Gunst zu setzen, finden wir im ›Fürsten‹ die Frage der päpstlichen Autorität mit einigen frommen Flachheiten erledigt. In den ›Diskursen‹ wird das Papst-tum viel kritischer betrachtet. Die Betrachtung ist hier mehr nach moralischen Vorstellungen bestimmt. Machiavelli beleuchtet vom Gesichtspunkt des Verdienstes aus die verschiedenen Typen der Machthaber von den Religionsstiftern an bis zu den Gründern von Tyranneien. Die Funktion der Religion im Staat faßt er rein zweckbestimmt auf. Die Wahrheit oder Unwahrheit eines Glaubens zählt überhaupt nicht, vorausgesetzt nur, daß der Staat durch ihn Zusammenhalt gewinnt. Von solchem Gesichtspunkt aus ist es vollkommen am Platze, Ketzer zu verfolgen. Die Kirche der Zeit selbst wird aus zwei Gründen verurteilt: erstens, weil der üble Lebenswandel vieler ihrer ›Diener‹ das allgemeine Vertrauen zur Religion erschüttert hat, und zweitens, weil die weltlichen und politischen Interessen des Papsttums ein Hindernis für die nationale Einheit Italiens bildeten. Nebenbei mag bemerkt werden, daß dieses vollkommen in Einklang steht mit der Beobachtung, daß einige der politischen Päpste in der Verfolgung ihrer eigenen Ziele mit großem Geschick zu Werke gingen.

In den ›Diskursen‹ erörtert Machiavelli auch die Theorie der Sicherungen und des Gleichgewichts. Alle ›Stände‹ der Gesellschaft sollen verfassungsmäßige Macht besitzen, damit sie gegenseitige Kontrolle auszuüben vermögen. Diese Theorie stammt von Platon und wird im 17. Jahrhundert bei Locke und im 18. bei Montesquieu bedeutsam. Machiavelli hat ebensosehr die Theorien der liberalen politischen Philosophen der Neuzeit wie die Praxis zeitgenössischer Autokraten beeinflußt. ›Zweigleisigkeit‹, oft geübt, sobald sie zweckdienlich erscheint, hat Grenzen, die zu erörtern Machiavelli unterläßt.

Die Bewegung der Renaissance, die Italien während des 15. Jahrhunderts erfaßt hatte, brauchte einige Zeit, um nördlich der Alpen spürbar zu werden. Im Norden erlitten nun die Erneuerungskräfte bedeutsame Veränderungen. Vor allem blieb die neue Betrachtungsweise viel mehr Sache der Gebildeten. In gewissem Sinn ist es hier nicht einmal ganz richtig, von einer ›Renaissance‹ zu sprechen, da es hier nichts gab, was einst bestand und jetzt hätte wiedergeboren werden können. Während im Süden die Überlieferung noch irgendwie Sinn auch für das gemeine Volk hatte, war der Einfluß Roms in den nördlichen Ländern nur zeitweise oder überhaupt nicht vorhanden gewesen. Da dieser nördliche Humanismus keine ebenbürtigen Ausdrucksmöglichkeiten im Künstlerischen finden konnte, blieb er eine weit weniger lustvolle Angelegenheit. Letzten Endes war aber hier der Bruch mit den Ansichten des Mittelalters viel abrupter als in Italien. Viele Humanisten billigten die durch die Reformation verursachte Spaltung nicht. Sie war trotzdem zu erwarten, und wenn überhaupt, dann nur durch die Renaissance des Nordens.

Seit der Renaissance war die Funktion der Religion im Leben des Volkes auf beiden Seiten der Alpen vollkommen unterschieden. In Italien vertrat das Papsttum in einem gewissen Sinn die unmittelbare Verbindung mit der imperialen Vergangenheit. Die Ausübung der Religion selbst war hier mehr eine Sache der Routine, mit der gleichen lässigen Attitüde wie Essen und Trinken. Auch heute noch hat in Italien die Religion diesen fast faden Geschmack, ganz im Gegensatz zu dem, wie der gleiche Glaube anderswo ausgeübt wird. Deswegen war hier eine völlige Loslösung von den überkommenen religiösen Formen ganz unmöglich. Die humanistischen Denker des Nordens dagegen waren Männer, die wahre Anteilnahme für die Religion aufbrachten und für die Mißbräuche, woran sie litt. Ihre polemischen Schriften waren bitter feind gegenüber den verderbten Praktiken der Kurie. Erschwerlich hinzu kam ein Gefühl verletzten nationalen Stolzes, dem die italienischen Prälaten nicht immer gebührend Rechnung trugen.

Der größte der nördlichen Humanisten war Erasmus von Rotterdam (1466 – 1536). Beide Eltern starben vor seinem 20. Lebensjahr, und das scheint der Grund gewesen zu sein, daß er nicht gleich zur Universität ging. Seine Vormünder schickten ihn statt dessen in eine klösterliche Schule, und später trat Erasmus in das Augustinerkloster zu Steyn (bei Gouda) ein. Das Ergebnis dieser frühen Erlebnisse war ein anhaltender Haß gegen den strengen und phantasielosen Scholastizismus, der ihm entgegensprang. 1494 ernannte der Bischof von Cambrai Erasmus zu seinem Sekretär. Dies verhalf ihm zum Ausbruch aus der klösterlichen Enge in Steyn. Wiederholte Reisen nach Paris folgten, aber die philosophische Atmosphäre an der Sorbonne war nicht förderlich für die neuen Ansichten. Denn angesichts der neuen Bewegung hatten die Thomisten und Ockhamisten das Kriegsbeil begraben und machten nun gemeinsame Sache gegen die Humanisten.

Gegen Ende des Jahres 1499 ging Erasmus zu einem kurzen Besuch nach England, wo er Colet und vor allem Morus traf. Nach seiner Rückkehr auf den Kontinent setzte er sein griechisches Studium mit gutem Erfolg fort. Als er Italien 1506 besuchte, machte er seinen Doktor in Turin und fand niemanden, der ihn im Griechischen ausstach. 1516 veröffentlichte er die erste gedruckte Ausgabe des griechischen Neuen Testaments. Von seinen Werken ist am besten das Buch ›*Lob der Narrheit*‹ in der Erinnerung geblieben, eine Satire, die er 1509 im Haus des Thomas Morus in London schrieb. Der latinisierte griechische Titel ist ein Wortspiel mit dem Namen Morus (*moros* ›der Tor‹, der ursprüngliche Titel hieß: ›*Encomium Moriae*‹). In diesem Buch gibt es neben viel Belachenswertem an menschlicher Unzulänglichkeit bittere Angriffe auf das Entwürdigende der religiösen Institutionen und ihre Diener. Trotz seiner ausgesprochenen Kritik setzte er sich, als die Zeit kam, nicht offen für die Reformation ein. Er vertrat aber ebenfalls die wesentlich protestantische Ansicht, daß man in unmittelbarem Verhältnis zu Gott stehe und die Theologie entbehrlich sei. Dennoch ließ er sich nicht in die religiösen Kontroversen der Zeit ziehen. Weit mehr lag ihm an seinem wissenschaftlichen Streben und seinen Veröffentlichungen. Auch er fühlte, daß die Glaubensspaltung ein Unglück sei. Am Ende erklärte sich Erasmus für den Katholizismus, aber da hatte es kein Gewicht mehr. Der Schauplatz gehörte Männern von ganz anderem Schrot und Korn.

Den am längsten anhaltenden Einfluß übte Erasmus auf dem Gebiet der Erziehung aus. Der Humanismus, bis vor kurzem noch der Kern der höheren Bildung überall dort, wo westeuropäisches Denken vorherrscht, verdankt der literarischen und der Lehrtätigkeit des Erasmus außerordentlich viel. Als Verleger hat er die Texte nicht immer mit letzter Kritik überprüft. Er dachte eher an ein breites Publikum als an akademische Spezialisten. Trotzdem schrieb er nicht in der Volkssprache, sondern strebte im Gegenteil eine stärkere Verwendung des Latein an.

Der hervorragende Humanist Englands war Sir Thomas Morus (1478 – 1535). Mit 14 Jahren wurde er nach Oxford geschickt, wo er griechisch zu lernen begann. Das erschien damals als etwas Ungewöhnliches und wurde gewiß vom Vater des jungen Gelehrten mit Argwohn angesehen. Nach seinem griechischen Studium durchlief er eine Phase der Askese und unterwarf sich den strengen Kasteiungen des Karth-äuserordens. 1497 traf er Erasmus bei dessen erstem Besuch in England. Diese neue Begegnung mit der neuen Wissensrichtung stärkte Morus in seiner Vorliebe für das griechische Studium. So verzichtete er schließlich auf die klösterlichen Ideale, zum Teil wohl unter dem Einfluß seines Freundes Erasmus. Er entschloß sich als Jurist, in die Spuren seines Vaters, der Rechtsgelehrter war, zu treten. Im Jahre 1504 finden wir ihn im Parlament, wo er sich als Opponent der Geldforderungen Heinrichs VII. auszeichnete. Der König starb 1509, und Morus widmete sich wieder seinem juristischen Beruf. Aber Heinrich VIII. rief ihn bald ins öffentliche Leben zurück. Er stieg zum höchsten Amt auf, dem des Kanzlers, und ersetzte Wolsey nach dessen Sturz (1529). Er widersetzte sich aber der Ehescheidung des Königs von Katharina von Aragonien und dankte deshalb 1532 ab. Morus forderte zum Überfluß noch das höchste Mißfallen des Königs durch seine Ablehnung der Einladung zur Krönung Anna Boleyns heraus. Als im Jahre 1534 kraft erlassenen Gesetzes der König Oberhaupt der neuen Kirche geworden war, verweigerte Morus den Eid. Er wurde in den Tower geworfen – und auf Grund einer angeblichen Äußerung, daß nämlich das Parlament den König nicht zum Oberhaupt der Kirche machen könne, für schuldig erklärt und enthauptet. Toleranz in politischen Dingen war zu jener Zeit nicht üblich. Morus war ein Schriftsteller von großem Ausmaß, aber die meisten seiner Werke sind heute kaum zu lesen. Sein Ruhm hielt sich durch die politische Phantasie *›Utopia‹*. Dies ist eine spekulativ-gesellschaftliche Theorie, die offensichtlich von Platons *›Staat‹* beeinflußt ist. Der Form nach ist es der Bericht eines schiffbrüchigen Seemanns, der fünf Jahre in der Gemeinschaft jener Insulaner gelebt bat. Wie bei Platon ist auch hier und mit ähnlicher Begründung Nachdruck auf Gemeinbesitz gelegt. Wo, so wird erklärt, das Privateigentum herrscht, kann kein Respekt vor dem gemeinen Wohl aufkommen. Außerdem scheiden sich die Menschen, wenn sie Güter für sich selbst besitzen, in dem Maße, in dem der Reichtum unterschieden ist. Daß alle Menschen in Utopia gleich seien, wird von vornherein angenommen. Daraus wird gefolgert, daß Privateigentum korrumpiert und nicht erlaubt werden darf. Als der Besucher den Bewohnern von Utopia vom Christentum erzählt, spricht es sie vor allem wegen eines kommunistischen Anflugs des Besitzes an.

Die Organisation dieses idealen Staates wird ausführlich beschrieben. Es gibt eine Hauptstadt und 53 andere Städte, alle nach demselben Muster gebaut mit gleichartigen Wohnungen, zu denen jeder Zutritt hat. Wo es keinen Privatbesitz gibt, da gibt es auch keinen Diebstahl. Das Land ist mit Farmen übersät, die alle in gleicher Weise verwaltet werden. Was die Kleidung betrifft, trägt jeder Kleidung vom selben Stoff, abgesehen von der nützlichen Unterscheidung zwischen verheirateten Frauen und Jungfern. Modelaunen sind unbekannt. Die Arbeitstage der Bürger laufen nach demselben Plan ab. Alle arbeiten täglich 6 Stunden und kehren immer abends um acht Uhr heim und stehen um vier in der Frühe wieder auf. Die Wissenschaftler beschränken sich allein auf ihre geistige Arbeit. Diese Gruppe wählt die Regierung. Das Herrschaftssystem ist demnach eine Art repräsentativer Demokratie durch indirekte Wahl. Das Oberhaupt des Staates wird auf Lebenszeit gewählt, falls er seinen Mann stellt; wenn nicht, kann er abgesetzt werden. Auch das gesellschaftliche Leben der Gemeinschaft ist strengen Regeln unterworfen. Die Beziehungen zu fremden Ländern sind auf das wesentliche Minimum beschränkt. Eisen gibt es in Utopia nicht, deshalb muß es importiert werden. Militärische Ausbildung bekommen Männer und Frauen, obzwar Kriege nie geführt werden, ausgenommen bei Selbstverteidigung oder Hilfeleistung für Verbündete oder unterdrückte Nationen. Soweit möglich, wird der Kampf von Söldnern geführt. Vorräte von Edelmetall werden durch den Handel beschafft, um die Söldnertruppen in Kriegszeiten zu bezahlen. Für eigenen Bedarf brauchen die Utopier kein Geld mehr. Ihre Lebensweise ist frei von Bigotterie und Askese. Es gibt jedoch eine kleine Einschränkung: Atheisten, wenn sie auch ihre Ansichten ohne Beeinträchtigung vertreten dürfen, genießen keinen Bürgerstatus und können nicht der Regierung angehören. Für mehr knechtische Arbeiten gibt es Leibeigene, die aus den Reihen der wegen schlimmer Verbrechen Verurteilten oder von Fremden gestellt werden, die geflüchtet sind, um in ihren eigenen Ländern einer Strafe zu entgehen.

Zweifellos wäre das Leben in einem derart gut organisierten Staat wie diesem herzlich reizlos. Das ist ein gemeinsamer Zug aller Idealstaaten. Was indessen höchste Beachtung in Morus' Erörterungen verdient, ist die neue liberale Auffassung über die religiöse Toleranz. Die Reformation hatte die christliche Gemeinschaft Europas aus ihrer selbstgefälligen Haltung gegenüber der Autorität aufgerüttelt, ein Ereignis, das, wie wir wissen, schon Vorläufer hatte, die ebenfalls Toleranz predigten. Als die Reformation zu einer dauernden Spaltung Europas führte, mußte früher oder später die Vorstellung der Toleranz obenan kommen. Die Alternative – vollständige Unterdrükkung und Ausrottung – wurde zwar auch versucht, erwies sich aber als wirkungslos. Im 16. Jahrhundert aber war die Ansicht, daß jedermanns Glaube von jedem ohne Unterschied zu achten sei, noch so ungewöhnlich, daß er die Aufmerksamkeit auf sich zog.

Eines der Ergebnisse der Reformation war, daß die Religion offen, d.h. nicht getarnt, eine politische Angelegenheit, meist auf nationaler Basis, wie in England, wurde. Das konnte selbstverständlich nicht geschehen, solange eine universale Religion vorherrschte. Es war daher ein neuer politischer Zug religiöser Lehnspflicht, der Männer wie Morus dazu brachte, der Reformation ihre Unterstützung zu versagen. Daß sie im wesentlichen mit der Notwendigkeit vieler Reformen einverstanden waren, sahen wir ja schon bei Erasmus. Aber sie mißbilligten Gewalt und Kampf, die das Heraufkommen eines sich völlig lossagenden Bekenntnisses begleiteten. Hierin hatten sie vollkommen recht. In England ist der nationale Charakter der kirchlichen Spaltung sehr klar. Hier paßt die neu errichtete Kirche eng in den Rahmen der Staatsverwaltung hinein. Zudem hatte ja schon Wilhelm der Eroberer auf größerer Selbständigkeit der englischen Kirche bestanden. Die romfeindliche Neigung der neuen Kirche lebt weiter in der Aufrechterhaltung der protestantischen Thronfolge seit Wilhelm von Oranien und in dem (bis vor kurzem) ungeschriebenen Gesetz, daß kein Katholik Präsident der Vereinigten Staaten sein kann.

Wir sahen einen allmählichen Wandel im geistigen Klima schon Jahrhunderte vor Ausbruch der Reformation die alten Ansichten über die kirchliche Vorherrschaft untergraben. Die Ursachen dieses revolutionären Wandels sind verschieden. An der Oberfläche sieht man nur die Empörung gegen die statthalterliche Mittlerstellung des Klerus zwischen Gott und Mensch. Aber dieser lobenswerte Vorgang wäre ohne Hilfe wohl nicht durchgedrungen, hätte die Kirche nicht selbst durch die Mißstände die Aufmerksamkeit auf die Kluft gelenkt zwischen dem, was sie predigte, und dem, was sie praktizierte. Weltlicher Besitz des Klerus und weltliches Gehaben boten

Angriffspunkte genug. Schon Ockham hatte behauptet, daß die Christenheit ohne die ungezügelte Vorherrschaft des Bischofs von Rom bestehen könne. So waren all die Gründe für eine eingehende Reform des christlichen Lebens innerhalb der Kirche vorhanden. Schließlich war es den politischen Mächten zuzuschreiben, daß die Suche nach Reform in ein Schisma mündete.

Die Reformatoren selbst waren geistig den humanistischen Gelehrten unterlegen, die den Grund gelegt hatten. Aber sie sorgten für den revolutionären Schwung, den kritische Denker meist nur schwer aufbringen können. Martin Luther (1483 – 1546) war Augustinermönch und Lehrer der Theologie. Die verderbte Praxis des Verkaufs von Ablaßzetteln verursachte ihm, wie vielen andern, heftigen moralischen Ekel. 1517 trat er vor die Öffentlichkeit durch die Proklamierung der berühmten 95 Thesen. Bei dieser Herausforderung der Kurie dachte er nicht im geringsten daran, eine neue Religion zu gründen. Trotzdem brachte diese ärgerliche Frage das ganze schwerwiegende Problem finanzieller Beiträge an eine fremde Macht ins Spiel. Als aber Luther im Jahre 1520 die päpstliche Exkommunikationsbulle öffentlich verbrannte, war die Angelegenheit keine einfache Reform mehr. Die deutschen Fürsten und Herrscher fingen an, Stellung zu nehmen, und so wurde die Reformation zugleich eine politische Kampfansage der Deutschen gegen die hochentwickelte Macht des Papstes.

Nach dem Reichstag zu Worms im Jahre 1521 lebte Luther zehn Monate lang verborgen und übersetzte das Neue Testament ins Deutsche. Als ein Erzeugnis des Schrifttums bedeutet dies für die Deutschen etwa dasselbe wie die *›Divina Commedia‹* für die Italiener. Auf jeden Fall half diese Übersetzung, die Worte des Evangeliums unter dem Volk zu verbreiten. Daß große Unterschiede zwischen der Lehre Jesu und der bestehenden gesellschaftlichen Ordnung bestanden, wurde jetzt für jeden offensichtlich, der lesen konnte. Es ist großenteils diese neugewonnene Kenntnis der Bibel als einziger Autorität, worauf der Bauernkrieg 1524/25 fußte. Aber Luther war kein demokratischer Reformator und erklärte sich öffentlich gegen diejenigen, die ihren politischen Herren getrotzt hatten. In seiner politischen Denkart blieb er mittelalterlich. Die Folgen des Aufstandes waren beiderseitig heftig und grausam; schließlich wurde dieser brutal unterdrückt. Dieser erfolglose Versuch einer gesellschaftlichen Revolution schwächte den anfänglichen Schwung der protestantischen Religion. Der Ausdruck Protestant stammt von der ›Protestation‹, die die evangelischen Reichsstände auf dem Reichstag zu Speyer (1529) gegen die Beschlüsse der Katholiken und die Haltung des Kaisers erhoben.

Die Reformation verbreitete sich rasch in den Niederlanden, Frankreich, der Schweiz, Schottland, in den skandinavischen Ländern, Polen, Ungarn und im ungarischen Fürstentum Siebenbürgen. Der einflußreichste Reformator nach Luther war Johann Kalvin (1509 – 1564), ein Franzose, der sich in Genf niedergelassen hatte. Schon zu Anfang seiner zwanziger Jahre hatte er sich zur Reformation bekannt und wurde später der geistige Führer des Protestantismus in Frankreich, der Schweiz, den Niederlanden, Schottland, Ungarn und Siebenbürgen. Der Kalvinismus als Lehre ist in seinem Augustinismus radikaler und kompromißloser als Luthers Evangelienlehre. Er ist von puritanischen Idealen durchtränkt und behauptet, daß die Erlösung eine Angelegenheit göttlicher Vorentscheidung (Prädestination) sei. Die römische Kirche hat sich mit gutem Grund von dieser Doktrin distanziert. In der Praxis erscheint sie weniger harmlos als auf den ersten Blick, da jeder sich als einen der Auserwählten betrachten kann.

In der zweiten Hälfte des 16. Jahrhunderts wurde Frankreich von dem Bekenntniskrieg zwischen den protestantischen Hugenotten und den Katholiken zerrissen. Wie in Deutschland waren auch hier die Ursachen nicht nur religiöser, sondern auch wirtschaftlicher Art. Genauer gesagt, waren religiöse wie auch wirtschaftliche Ursachen immer Symptome der allgemeinen Veränderung, die den Übergang vom Mittelalter in die Neuzeit bedeutet. Diese Reformation und ihre puritanische Spielart gehen Hand in Hand mit dem Aufkommen des modernen Handels. In Frankreich war für eine Zeit die religiöse Lage durch das Toleranzedikt von Nantes (1598) bestimmt. Als dieses 1685 zurückgezogen wurde, verließen große Massen der Hugenotten ihr Vaterland unel siedelten sich in England und Deutschland an.

Da der Protestantismus keine universale Religion, sondern überall eine nationale war, benötigte er Schutz von seiten des Staatsoberhauptes, das seinerseits nach der Oberhand in der Landeskirche strebte. Das war Glück im Unglück, da aus Mangel an Machtmitteln, wie sie der römische Klerus besaß, die protestantischen Kirchenmänner – oft ebenso bigott und unduldsam wie irgendwer sonst – nicht so viel schaden konnten. Schließlich sah man ein, daß Religionskriege kostspielig und sinnlos seien, da keine der beiden Parteien stark genug war, die andere auf die Seite zu räumen. Aus dieser negativen Erkenntnis entwickelte sich dann eine religiöse Toleranz.

Auch innerhalb der römischen Kirche selbst entstand um die Mitte des 16. Jahrhunderts eine neue Reformbewegung. Sie gruppierte sich um den Jesuitenorden, der von Ignatius von Loyola (1491 – 1556) gegründet und 1540 offiziell anerkannt wurde. Die Gesellschaft Jesu war auf militärischen Prinzipien aufgebaut. Loyola war früher selbst Soldat gewesen. Die Jesuiten bekämpften die augustinische Lehre, welche die Protestanten angenommen hatten, und betonten vor allem den freien Willen. Ihre praktische Tätigkeit richtete sich auf Missionsarbeit, Erziehung und Ausrottung der Ketzerei. Sie wurden die Hauptorganisatoren der spanischen Inquisition. Während der nördliche Humanismus zu einer neuen Auffassung des Christentums führte, beschäftigten sich die italienischen humanistischen Denker nicht so viel mit der Religion. Der Katholizismus in Italien war, wie auch heute noch, ein Teil des täglichen Lebens, der nicht tief ins Bewußtsein drang.

Von viel größerer Wichtigkeit war im Denken der italienischen Humanisten die neuerliche Betonung der mathematischen Tradition von Pythagoras und Platon. Die zahlenmäßige Struktur der Welt wurde wieder einmal hervorgehoben und die aristotelische Richtung zurückgedrängt. Das war eine der Entwicklungslinien, die im 16. und 17. Jahrhundert zur großartigen Wiedergeburt wissenschaftlicher Forschung führten. Nirgends ist das offensichtlicher als in Theorie und Praxis der italienischen Renaissancearchitektur. Hier war eine unmittelbare Verknüpfung mit den alten klassischen Traditionen, wie sie in den Werken Vitruvs, des römischen Architekten im 1. Jahrhundert n. Chr., niedergelegt waren. Große Wichtigkeit legte man den ›Proportionen‹, den Verhältnissen der verschiedenen Teile eines Gebäudes, bei. Hand in Hand damit ging eine mathematische Theorie des Schönen. Wie Vitruv auf Grund griechischer Quellen gesagt hatte, besteht die Schönheit in der Harmonie der Verhältnisse. Diese Ansicht geht direkt auf pythagoreische Quellen zurück.

Unter den italienischen humanistischen Denkern war Alberti (1404 – 1472) einer der wichtigsten. Nach der Mode der Zeit war dieser Venezianer ein vielseitiger Handwerker. Auf dem Gebiet der Architektur übte er wohl am längsten Einfluß aus; er war aber auch Philosoph, Dichter, Maler und Musiker. Wie eine grundlegende Kenntnis der Harmonie zum Verständnis des Pythagoreismus in der griechischen Philosophie erforderlich ist, so ist gleiches Wissen auch zum Begreifen der Verhältnisse in der Architektur der Renaissance unentbehrlich. Wenn Goethe später von der Architektur als gefrorener Musik sprach, so hätte das für einen Architekten der Renaissance etwas bedeutet, was für seine Kunst buchstäblich zutraf. Die auf den tönenden Saiten gegründete Harmonielehre sorgte für eine vorzügliche Norm in der Kunst und wurde auch so von Männern wie Giorgio und Leonardo ausgelegt. Das Prinzip der Verhältnisse fand man auch im Bau des menschlichen Körpers und in der geregelten Funktion der moralischen Existenz der Menschen. Alles das ist offener und bedachter Pythagoreismus. Nur erhält hier die Mathematik eine weitere Rolle, die auf die wissenschaftliche Erneuerung der nächsten Jahrhunderte großen Einfluß hatte.

Denn sofern sich eine Kunst an Zahlen betätigen kann, wird sie gleich auf eine höhere Ebene gerückt. Das ist am offensichtlichsten bei der Musik, gilt aber auch für die anderen Künste. Es erklärt bis zu einem gewissen Grade auch die Vielseitigkeit der humanistischen Denker der Zeit und insbesondere die Tatsache, daß so viele von ihnen Künstler und Architekten waren. Denn die Mathematik der Verhältnisse sorgte für einen universalen Schlüssel zum Entwurf des Weltalls. Ob eine solche Theorie als gesunde Basis für eine allgemeine Ästhetik betrachtet werden kann, bleibt freilich strittig. Sie hat auf jeden Fall das große Verdienst der Aufstellung fraglos objektiver Kriterien, die völlig frei von Gefühl und Absicht sind.

Das Begreifen der zahlenmäßigen Struktur der Dinge verlieh dem Menschen neue Macht über seine Umgebung. In mancher Beziehung machte es ihn Gott ähnlicher, den die Pythagoreer ja als den obersten Mathematiker ansahen. Wenn also der Mensch bis zu einem gewissen Maße imstande war, seine mathematischen Fähigkeiten auszuüben und zu vergrößern, so näherte er sich dem göttlichen Stand. So rückt auf dem Gebiet der Philosophie wieder eine neuplatonische Tendenz in den Vordergrund. Die Betonung der Macht des Menschen erinnert an den Optimismus der Athener auf dem Gipfel ihrer Macht.

Das war das intellektuelle Klima, in dem die moderne Wissenschaft zu gedeihen begann. Manchmal denkt man, daß die Wissenschaft um die Wende des 16. Jahrhunderts vollauf gerüstet ins Leben sprang wie Athena aus dem Kopfe des Zeus. Nichts kann ferner der Wahrheit sein. Die Wiedergeburt der Wissenschaft ist unmittelbar und bewußt auf die pythagoreische Tradition der Renaissance gegründet. Auch das ist zu betonen, daß es in dieser Tradition keinen Gegensatz zwischen dem Werk des Künstlers und dem des wissenschaftlichen Forschers gab. Beide suchten, jeder nach seiner Weise, nach der Wahrheit, deren Wesen durch Zahlen verstanden war. Diese zahlenmäßigen Muster waren für jeden, der sehen wollte, erkennbar. Die neue Weltschau und ihre Probleme waren allerdings gründlich verschieden von dem Aristotelismus der

Schulen. Sie war antidogmatisch, weil sie keinem Text, sondern nur der Aussage der Wissenschaft von den Zahlen vertraute. Sie mag dabei zu weit gegangen sein. Als Extrem stand hier ein mathematischer Mystizismus, der den Zahlen wie magischen Symbolen vertraute. Die Lehre von den Proportionen kam dadurch, neben anderem, in den späteren Jahrhunderten in schlechten Ruf. Man hatte das Gefühl, daß die pythagoreischen Intervalle dem schöpferischen Genius unnatürliche und erstickende Beschränkungen auferlegten. Diese romantische Reaktion auf Regeln und Kriterien dauert wohl noch in unserer Zeit an. Aber die Rückkehr zu einigen der Prinzipien, welche die Renaissance belebt haben, schenkt klare Möglichkeiten für die nahe Zukunft.

In der Philosophie des 15. und 16. Jahrhunderts sind die Leistungen eigentlich nicht auffallend. Die Ausbreitung neuer Auffassungen aber, die Wirkung gedruckter Bücher und vor allem die erneuerte Kraft der alten pythagoreischen und platonischen Traditionen – das alles ebnete den Weg für die großen philosophischen Systeme des 17. Jahrhunderts.

Im Kielwasser der Erneuerung der antiken Denkungsarten begann die große wissenschaftliche Revolution. Ausgehend von einem mehr oder weniger orthodoxen Pythagoreismus, stürzte sie allmählich die bestehenden Vorstellungen der aristotelischen Physik und Astronomie um und endete damit, hinter die Erscheinungen zu dringen und eine ungemein wichtige Gesamthypothese aufzustellen. Hierbei fühlten sich die Männer, die diese Forschungen entwickelten, in unmittelbarer Nachfolge Platons.

Der erste, der die heliozentrische Theorie des Aristarch wieder erneuerte, war Kopernikus (1473 – 1543). Dieser polnische Astronom deutscher Abstammung ging in seiner Jugend nach Italien, wo er 1500 in Rom Mathematik lehrte. Hier kam er in Verbindung mit dem Pythagoreismus der italienischen Humanisten. Nach einigen Jahren des Studiums an mehreren italienischen Universitäten kehrte er 1505 nach Polen zurück und begann nach 1512 seine kirchenbeamtliche Laufbahn als Domstiftsverwalter in Frauenburg (die Priesterweihe hat er nie empfangen). Seine Arbeit war hauptsächlich administrativ, obzwar er gelegentlich auch Medizin, die er in Italien studiert hatte, praktizierte. In seiner Freizeit beschäftigte er sich mit astronomischen Forschungen. Die heliozentrische Hypothese hatte er während seines Aufenthaltes in Italien kennengelernt. Nun versuchte er, diese Ansichten auch experimentell zu prüfen, soweit es die damaligen Instrumente ermöglichten.

Das Werk, in dem all das reichlich niedergelegt ist, *›De revolutionibus orbium coelestium‹ (›Über die Umdrehungen der Himmelskörper‹)* wurde erst im Jahre seines Todes (1543) veröffentlicht. Seine Theorie war nicht frei von Fraglichem und – hie und da – von vorgefaßten Meinungen, die auf Pythagoras zurückgingen. Daß sich die Planeten ständig im Kreislauf bewegen müssen, schien für Kopernikus eine ausgemachte Sache, da der Kreis ein Symbol der Vollkommenheit ist und da ihm zu einem Himmelskörper einzig eine gleichförmige Bewegung zu passen schien. Innerhalb des Bereiches der gültigen Erfahrungen war die heliozentrische Ansicht mit Kreisbewegung immer noch der epizyklischen Planetenbahn des Ptolemäus weit überlegen. Denn hier, bei Kopernikus, lag eine einfache Hypothese vor, die allein und für sich alle Erscheinungen zu erklären schien.

Die kopernikanische Theorie wurde sowohl von den Lutheranern wie auch von den Katholiken mit heftiger Feindseligkeit empfangen. Man hat ganz richtig erfühlt, daß hier der Anfang einer antidogmatischen Bewegung einsetzte, die, wenn nicht die Religion selbst, doch die autoritären Prinzipien untergraben würde, auf denen die kirchlichen Gebilde beruhten. Daß wissenschaftlicher Fortschritt eher in protestantischen Ländern blühte, ist weniger Tugend als die Unmög- lichkeit zu schärferer Kontrolle der national getrennten und isolierten Kirchen.

Die astronomischen Forschungen wurden von Tycho Brahe (1546 – 1601) fortgeführt, dessen Hauptverdienst in ausgedehnten und genauen Aufzeichnungen planetarischer Bewegungen liegt. Er bezweifelte auch aristotelische Ansichten durch den Nachweis, daß der Raum hinterm Mond nicht frei von Veränderungen ist. Denn ein neuer Stern, der 1572 erschien, zeigte keinen täglichen Abweichungswinkel zur Erdbahn, mußte also ungeheuer weiter entfernt sein als der Mond. Auch bei Kometen wurden Bewegungen hinter der Mondbahn nachgewiesen.

Große Fortschritte wurden von Kepler (1571 – 1630) erreicht, der als junger Mann bei Tycho Brahe gearbeitet hatte. Durch sorgfältiges Studium der Aufzeichnungen und Beobachtungen Brahes fand er, daß die kreisförmigen Bahnen des Kopernikus genauen Wahrnehmungen nicht standhielten. Er erkannte, daß die Bahnen Ellipsen mit der Sonne in einem ihrer Brennpunkte sind. Ferner fand er, daß bei jedem Planeten die in der Zeiteinheit von dem Leitstrahl (Radius Sonne-Planet) bestrichene Fläche konstant ist. Schließlich stellte sich heraus, daß das Verhältnis des Quadrats der Umdrehungszeit zum Kubik der Hauptentfernung von der Sonne für alle Planeten gleich ist. Das sind die drei Keplerschen Gesetze, die einen radikalen Bruch mit dem die Forschungen des Kopernikus noch durchdringenden Pythagoreismus darstellen. Es wurde klar, daß auf kreisförmigen Bahnen nicht mehr zu bestehen war. Vordem war es – schon seit Ptolemäus – Brauch, dort, wo eine einfache, kreisförmige Bahn nicht genau ausreichte, kompliziertere Bahnen mit Hilfe der Epizykel-Bewegungen einzusetzen. Diese Lösung trifft für die Bewegungen des Mondes in bezug auf die Sonne einigermaßen zu. Aber sorgfältigere Beobachtungen wiesen nach, daß kein Epizykel die beobachteten Bahnen genau beschreiben kann. Keplers erstes Gesetz zerhieb diesen gordischen Knoten auf einen Streich. Ebenso zeigte das zweite Gesetz, daß das Kreisen der Planeten in ihren Bahnen nicht einheitlich ist. Wenn sie der Sonne näher sind, kreisen sie schneller als in den ferneren Strecken ihrer Bahn. All das zwang die Menschen anzuerkennen, daß es gefährlich ist, mit vorgefaßten ästhetischen oder mystischen Prinzipien ohne Beachtung der Tatsachen zu operieren. Andererseits wurden die zentralen mathematischen Prinzipien des Pythagoreismus durch Keplers drei Gesetze glänzend bestätigt. Es stellte sich in der Tat heraus, daß die zahlenmäßige Struktur der Erscheinungen den Schlüssel zu ihrem Verständnis liefert. Ähnlicherweise wurde es klar, daß zur sauberen Erklärung von Erscheinungen das Suchen von Verhältnissen notwendig ist, die gewöhnlich nicht allzu offensichtlich sind.

Wenn es aber einerseits gefährlich ist, Erscheinungen zu ignorieren, kann andrerseits ihr blindes Verzeichnen ebenso vergeblich für die Wissenschaft sein wie die wildeste Spekulation. Aristoteles ist dafür ein Spitzenfall. Denn er hatte mit der Feststellung recht, daß, wenn ein Körper nicht ständig gestoßen wird, dieser zum Stehen kommt. Das trifft gewiß auf solche Körper zu, die wir herumstoßen können. Es war aber falsch anzunehmen, daß dasselbe auch für die Sterne gültig sei. Was die Körper veranlaßt, sich zu verlangsamen, wenn sie nicht ständig getrieben werden, ist die Wirkung von Hindernissen. Entfernt man sie, setzt der Körper seine Bewegung fort. In der Praxis können wir freilich nicht alle Hindernisse beseitigen, aber wir können sie verringern und beobachten, daß die Bewegung in dem Maße bleibt, je mehr die Bahn von Hindernissen befreit wurde. Im Grenzfall, wenn ein Körper durch nichts aufgehalten wird, wird er sich weiter frei bewegen. Dieser neue Zugang in die Dynamik wurde von Galilei (1564–1642) herausgearbeitet. In zwei Beziehungen ist die neue Dynamik eine radikale Abweichung vom Aristotelismus. Erstens setzte sie voraus, daß Ruhe nicht der privilegierte Zustand der Körper ist, sondern daß die Bewegung ihnen ebenso natürlich zugehört. Zweitens wies sie nach, daß nicht die kreisförmige Bewegung ›natürlich‹ ist, wie man seither dachte, sondern die geradlinige in dem besonderen Sinne, in dem das Wort gebraucht wurde. Wenn ein Körper in keiner Weise beeinflußt wird, setzt er mit gleicher Geschwindigkeit seine Bewegung geradlinig fort. Eine ähnlich unkritische Stellungnahme gegenüber den Beobachtungen hatte hier das richtige Verständnis der Gesetze fallender Körper verhindert. Es ist tatsächlich wahre Tatsache, daß in der Luft ein fester Körper schneller fällt als ein leichter von gleicher Masse. Hier muß wieder das Hindernis des Mediums, in dem der Körper fällt, in Betracht gezogen werden. Wenn das durchfallene Medium dünner und dünner wird, so fallen alle Körper fast mit derselben Geschwindigkeit, und im leeren Raum ist die Geschwindigkeit genau gleich. Die Beobachtungen an fallenden Körpern zeigten, daß die Geschwindigkeit des Fallens je Sekunde um 9,81 m zunimmt. Da also die Geschwindigkeit nicht gleichförmig, sondern ständig beschleunigt ist, so muß etwas die natürliche Bewegung der Körper beeinflussen. Das ist die von der Erde ausgeübte Kraft der Gravitation.

Diese Entdeckungen waren bedeutend für Galileis Forschungen über den Weg der Geschosse, was von praktisch-militärischem Wert für den Herzog von Toskana, den Patron Galileis, war. Vor allem galt es bei der Dynamik, ein richtiges Experiment durchzuführen. Wenn wir den Weg eines Geschosses beobachten, so können wir uns die Bewegung als aus zwei unabhängigen, getrennten Teilbewegungen zusammengesetzt denken. Eine von ihnen ist horizontal und gleichförmig, die andere aber vertikal und daher dem Gesetz fallender Körper unterworfen. Die vereinigte Bewegung beschreibt die Bahn einer Parabel. Das ist der einfache Fall des Zusammenwirkens gelenkter Quantitäten, die dem Parallelogramm der Kräfte unterliegen. Schnelligkeiten, Beschleunigungen und Kräfte sind Quantitäten, die derart behandelt werden können.

In der Astronomie schloß sich Galilei der heliozentrischen Theorie an und machte eine Reihe wichtiger Entdeckungen. Durch eine Verbesserung des Teleskops, das vor kurzem in Holland erfunden worden war, beobachtete er eine Menge Tatsachen, die ein für allemal die aristotelische Fehlauffassung über die himmlischen Regionen beiseite schoben. Es stellte sich heraus, daß die Milchstraße aus ungeheuer vielen Sternen besteht. Kopernikus hatte gesagt, daß nach seiner Theorie der Planet Venus verschiedene Phasen haben muß, und dies wurde jetzt durch Galileis Teleskop bestätigt. Ähnlich wurden durch das Teleskop die Satelliten des Jupiter entdeckt, und es erwies sich, daß ihre Bewegungen um ihren Planeten herum in Einklang mit Keplers Gesetzen stehen. All diese Entdeckungen stürzten seit langem gepflegte Vorurteile um und ließen die orthodoxen Scholastiker das Teleskop verurteilen, das so rauh ihren dogmatischen Schlummer unterbrochen hatte. Es ist wert, schon im voraus auf etwas sehr Ähnliches, das drei Jahrhunderte später geschah, hinzuweisen. Comte verurteilte das Mikroskop, da es die einfachen Gesetze von den Gasen umstürze. In diesem Sinne haben die Positivisten ein gut Teil mit Aristoteles und seiner unentwegten Oberflächlichkeit bei der physikalischen Beobachtung gemein.

Früher oder später war es für Galilei unvermeidlich, mit der Orthodoxie in die Haare zu geraten. 1616 wurde er in einer geschlossenen Sitzung der Inquisition verurteilt. Aber sein Benehmen schien nicht unterwürfig genug, so daß er 1633 noch einmal vor Gericht gestellt wurde, diesmal öffentlich. Um des Friedens willen zog er seine Lehre zurück und versprach, daß er von nun an auf jeden Gedanken der Erdumdrehung verzichten wolle. Die Legende erzählt, daß er tat, wie ihm befohlen war, aber vor sich hinmurmelte: »Und die Erde bewegt sich doch!« Sein Widerruf war natürlich nur für die Ohren des Gerichts, aber der Inquisition gelang es doch, in Italien die wissenschaftliche Forschung für mehrere Jahrhunderte lahmzulegen.

Der letzte Schritt vorwärts auf dem Gebiet der Dynamik wurde von Isaac Newton (1642 – 1727) gemacht. Die seitherigen Ergebnisse lagen weit zerstreut. Newton war der erste, der die Bemühungen seiner Vorgänger zu überschauen vermochte. In seinen *›Principia Mathematica philosophiae naturalis‹*, 1687 veröffentlicht, begründet er die drei Gesetze der Bewegung und entwickelt dann nach Art der Griechen einen deduktiven Gesamtüberblick der Dynamik. Das erste Gesetz ist eine verallgemeinerte Feststellung des galileischen Prinzips. Alle unbehinderten Körper bewegen sich mit beständiger Geschwindigkeit in einer geraden Linie, also mit einheitlicher Schnelligkeit. Das zweite Gesetz definiert die Kraft als die

Ursache der nichteinheitlichen Bewegung und stellt fest, daß die Kraft proportional dem Produkt aus Masse und Beschleunigung ist. Das dritte Gesetz spricht aus, daß jede Aktion eine gleiche und gegensätzliche Reaktion hervorruft. In der Astronomie brachte er die volle Klärung dessen, wozu Kopernikus und Kepler die ersten Schritte getan hatten. Das universale Gesetz der Gravitation stellt fest, daß zwischen zwei Körpern eine Anziehungskraft besteht, die im Verhältnis zum Produkt ihrer Massen und im umgekehrten Verhältnis zum Quadrat ihrer Entfernung steht. Auf diese Weise konnten die Bewegungen der Planeten, ihrer Satelliten und der Kometen bis in die kleinste Einzelheit berechnet werden. Da jedes Partikel in der Tat alle anderen Partikel beeinflußt, machte es diese Theorie möglich, die von anderen Körpern verursachten Störungen der verschiedenen Bahnen genau zu berechnen. Dazu war seither keine Theorie fähig. Die Keplerschen Gesetze wurden nun bloße Folgen der Newtonschen Theorie. Hier nun schien endlich der mathematische Schlüssel zum Weltall entdeckt. Die letzten Formeln, in denen all diese Tatsachen zusammengefaßt werden können, sind die Differentialgleichungen der Bewegungen, die aller fremden und zufälligen Einzelheiten der konkreten Wirklichkeit, auf die sie sich beziehen, entbehren. Das gleiche gilt für die noch allgemeinere Auffassung Einsteins. Die Relativitätstheorie ist bis heute noch immer umstritten und leidet an inneren Schwierigkeiten. Aber, um auf Newton zurückzukommen, das mathematische Instrument, um Dynamisches auszudrücken, ist die Differentialrechnung, ein Teilgebiet der Infinitesimalrechnung, die unabhängig auch von Leibniz entdeckt wurde. Von dieser Zeit an gehen Mathematik und Physik Hand in Hand.

Auch andere große Entdeckungen wurden im 17. Jahrhundert gemacht. Gilberts Werk über den Magnetismus erschien im Jahre 1700. Um die Jahrhundertmitte entwickelte Huygens die Wellentheorie des Lichts. Harveys Entdeckung des Blutkreislaufs wurde 1628 veröffentlicht. Robert Boyle bereitete (1661) dem mystischen Hokuspokus der Alchemisten ein Ende und kehrte zu der Atomtheorie des Demokrit zurück. Große Fortschritte wurden im Instrumentenbau erzielt, was genauere Beobachtungen ermöglichte und zur Vervollkommnung der Erkenntnisse beitrug. Ungeheurer Aufschwung in Wissenschaft und Technik machte Westeuropa für drei Jahrhunderte führend in der Welt. Mit der wissenschaftlichen Revolution drang der Geist der Griechen noch einmal durch. All das spiegelt sich auch in der Philosophie wider.

Bei ›Rettung der Erscheinungen‹ hatten die Philosophen bislang fast nur den Gesichtspunkt der Rettung diskutiert. Was die Erscheinungen selbst betraf, wurde kaum etwas gesagt. Das hat natürlich schwerwiegende Gründe. Als Reaktion auf die extreme Konzentration nach der rein logischen Seite der Deduktion hin war die Zeit reif dafür, daß etwas über das Beobachtungsmaterial gesagt wurde, ohne das alle empirische Forschung unfruchtbar bleibt. Das alte aristotelische Instrument oder Organon des Syllogismus konnte nicht mehr dem Fortschritt der Wissenschaft dienen. Ein neues Organon schien not zu tun.

Der erste, der dieses Problem klar herausstellte, war Francis Bacon (1561 – 1626). Als Sohn eines Lords und geübt im juristischen Beruf, wuchs Bacon in einer Atmosphäre auf, die ihn für eine Karriere im Dienst der Regierung bestimmte. Schon mit 23 Jahren kam er ins Parlament und wurde später Ratgeber des Herzogs von Essex. Als Essex wegen Hochverrats in Ungnade fiel, stellte Bacon sich auf seiten der Krone, doch gelang es ihm nie mehr, Elisabeths volles Vertrauen wiederzugewinnen. Als aber Jakob I. (1603) auf den Thron kam, wurden Bacons Aussichten hoffnungsvoller. 1617 wurde er in das Staatsamt seines Vaters berufen und ein Jahr darauf zum Lord-Kanzler mit dem Titel Baron von Verulam ernannt. 1620 beschuldigten ihn seine Feinde der Bestechung. Bacon focht die Anzeige nicht an, machte aber geltend, daß seine Urteile nie von Geschenken beeinflußt worden seien. Er wurde zu einer Buße von 40 000 Pfund und zu einer Kerkerstrafe im Tower verurteilt, deren Länge vom König abhing. Auf sein politisches Amt und seinen Sitz im Parlament mußte er natürlich verzichten. Die Geldstrafe wurde nie vollstreckt, und er verbrachte nur 4 Tage in Haft. Sein Ausschluß aus dem öffentlichen Leben aber blieb allerdings in Kraft. So lebte er von nun an zurückgezogen nur noch seinem literarisch-wissenschaftlichen Werk.

Bacon war ein Mann von vielseitigen Interessen, ganz im Stile der Renaissance. Er schrieb über Rechtswissenschaft und Geschichte und wurde durch seine Essays berühmt, eine literarische Form, die Montaigne (1533 – 1592) in Frankreich entwickelt hatte. Auf philosophischem Gebiet ist sein bekanntestes Buch ›*Der Fortschritt der Bildung*‹ englisch geschrieben und 1605 veröffentlicht. Bacon legt hier das Fundament zu seinen späteren Untersuchungen. Wie aus dem Titel des Buches hervorgeht, beschäftigt er sich mit der Erweiterung des Erkenntnisbereiches und mit der Beherrschung der Umwelt des Menschen. In Sachen Religion bezieht er einen etwa ockhamistischen Standpunkt. Glaube und Vernunft sollen sich je mit ihren eigenen Dingen befassen und sich nicht in den Bereich des anderen einmischen. Die einzige Funktion, die der Vernunft in der religiösen Sphäre zugeschrieben wird, besteht darin, Folgerungen zu ziehen aus den Prinzipien, die der Glaube angenommen hat. Was die Beschäftigung mit der Wissenschaft betrifft und was Bacon besonders betont, ist das Bedürfnis nach einer neuen Methode, um die offensichtlich bankrotte Theorie des Syllogismus zu ersetzen. Er tat dies selbst in einer neuen Lesart der Induktion. An sich war der Begriff der Induktion nicht neu; Aristoteles hatte ihn bereits benützt. Aber bisher war die Form, in der die Induktion ausgeübt wurde, nur eine Aufzählung von Fällen. Bacon dachte, er hätte ein weit besseres Verfahren gefunden. Es bestand im Anlegen von Listen all der Dinge, die eine bestimmte Eigenschaft aufwiesen, sowie von Listen über Dinge, die ihrer ermangelten, und schließlich Listen über Dinge, die jene Eigenschaft in wechselndem Grad besaßen. In dieser Weise hoffte er, das Besondere einer Eigenschaft entdecken zu können. Wenn dieses Verfahren der Registrierung je vollständig und erschöpfend sein könnte, so müßten wir notwendigerweise das Ende unseres Forschens erreichen. In Wirklichkeit müssen wir uns aber mit höchst unvollkommenen Listen begnügen und können nur ein paar leise Vermutungen mit ihrer Hilfe wagen.

Das ist, sehr kurz gefaßt, der Kern der Auffassung Bacons über die wissenschaftliche Methode, die er für ein neues Werkzeug der Entdeckung hielt. Der Titel der Abhandlung, in der er die Theorie vorträgt, bestätigt dies: *›Novum Organum‹*, 1620 veröffentlicht. Es sollte den Platz des Organons von Aristoteles einnehmen. Als praktische Methode fand sie bei den Wissenschaftlern wenig Anklang, und als Methodenlehre ist sie falsch, obzwar der Nachdruck, den Bacon auf die Beobachtung legte, ein wertvolles Gegenmittel gegen die Auswüchse des spekulativen Rationalismus war. Die neue Methode geht im Grunde nirgends über Aristoteles hinaus. Sie verläßt sich allein und ganz einfach auf die Klassifikation und auf den Gedanken, daß bei genügender Verfeinerung schon das entsprechende Fach für alles und jedes gefunden werden könnte. Haben wir erst den entsprechenden Platz und mit ihm den richtigen Namen für jede besondere Eigenschaft gefunden, so müssen wir irgendwie ihrer völlig mächtig sein. Diese Auffassung reicht für die statistische Forschung mit genügender Genauigkeit aus. Was aber die Formulierung von Hypothesen betrifft, irrt sich Bacon in der Annahme, daß diese auf die Induktion gegründet sei, die vielmehr mit der Überprüfung von Hypothesen beschäftigt ist. In der Tat muß man schon eine vorherige Hypothese haben, um eine Versuchsreihe durchführen zu können. Aber für die Entdeckung von Hypothesen kann man keine Rezepte geben. Bacon irrt sich vollkommen, wenn er meint, daß es ein Werkzeug für Entdeckungen geben könne, dessen mechanische Anwendung einen befähigte, dem Schoß der Natur neue Geheimnisse zu entreißen. Die Aufstellung von Hypothesen geht nicht im geringsten derart vor sich. Außerdem brachte die Ablehnung des Syllogismus Bacon zur Unterschätzung der Funktion der Deduktion bei wissenschaftlichen Untersuchungen. Besonders gering bewertete er die mathematischen Methoden, die sich gerade zu seiner Zeit zu entwickeln begannen. Die Rolle der Induktion bei der Prüfung von Hypothesen macht nur eine kleine Seite der Methode aus. Ohne die mathematische Deduktion, die von den Hypothesen zu einer konkreten prüfbaren Situation führt, gäbe es kein Wissen, was denn nun zu prüfen wäre.

Bacons Feststellungen über die verschiedenen Arten menschlichen Irrtums ist eine der farbigsten Stellen seiner Philosophie. Wir sind geneigt, sagt er, vier Typen von geistigen Schwächen, die er ›Idole‹ nennt, zu erliegen. Erstens gibt es die ›Idole des Stammes‹, die zu uns gehören, weil wir Menschen sind. Wunschdenken ist ein Beispiel dafür; insbesondere die Erwartung größerer Ordnung in den Naturerscheinungen, als sie in Wirklichkeit besteht. Zweitens die ›Idole der Höhle‹, die Grillen, die jeder hat und die zahllos sind. Ferner die ›Idole des Marktes‹ – Irrtümer, die von der Neigung des Verstandes herrühren, sich von Wortkaskaden übertölpeln zu lassen: ein Irrtum, der insbesondere in der Philosophie im Schwange ist. Schließlich die ›Idole des Theaters‹: jene Irrtümer, die aus Systemen und Schulen des Denkens entstehen. Der Aristotelismus ist Bacons Hauptexempel dafür.

Was sein wissenschaftliches Interesse angeht, mangelte es bei Bacon tatsächlich an Kenntnis aller großen Errungenschaften seiner Zeit. Er wußte nichts über das Werk Keplers (›*Astronomia nova . . .*‹ 1609), ob schon dieses 17 Jahre vor Bacons Tod erschienen war, und ebenso kannte er die hervorragenden Forschungen des Arztes Harvey über den Blutkreislauf nicht, obwohl er dessen Patient war.

Von größerer Bedeutung für den kritischen Empirismus wie auch für die Philosophie im allgemeinen war Thomas Hobbes (1588 – 1679). Obgleich er in mancher Beziehung zur empiristischen Schule gehört, schätzt er die mathematische Methode, was ihn mit Galilei und Descartes verbindet. So die Funktion der Deduktion in der wissenschaftlichen Untersuchung wahrnehmend, hatte er ein viel gesünderes Verständnis für die wissenschaftliche Methode, als Bacon je erreichen konnte.

Hobbes frühes Familienleben war wenig versprechend. Sein Vater war Vikar, aber von wildem und wankelmütigem Geist, der in London, als Hobbes noch Kind war, verschwand. Glücklicherweise war der Bruder des Vikars ein verantwortungsbewußter Mann, der – selbst kinderlos – die Erziehung seines jungen Neffen übernahm. Mit vierzehn Jahren ging Hobbes nach Oxford und studierte die alten Sprachen. Auch die scholastische Logik und die aristotelische Metaphysik waren Teile seines Lehrplanes, erregten aber Hobbes' völliges Mißfallen, das sich sein ganzes Leben über hielt. 1608 wurde er Hauslehrer des Sohns des Fürsten von Devonshire, und zwei Jahre später begleitete er seinen Schüler William Cavendish auf dessen traditioneller Reise durch den Kontinent. Dadurch machte Hobbes die Bekanntschaft vieler führender Männer seiner Zeit. Als sein Herr 1628 starb, ging Hobbes für eine Zeit nach Paris und kehrte dann wieder zurück, um Hauslehrer des Sohnes seines einstigen Schülers zu werden. Mit dem jungen Herzog ging er 1634 ins Ausland und besuchte Frankreich und Italien. In Paris traf er den gelehrten Mersenne und seinen Kreis, 1636 besuchte er Galilei in Florenz. 1637 kam er heim und begann mit der Ausarbeitung der frühen Fassung seiner Staatstheorie. Seine Ansichten über die Souveränität gefielen keiner der Parteien des drohenden Kampfes zwischen Royalisten und Republikanern; so ging Hobbes, der von Natur aus zur Vorsicht neigte, nach Frankreich, wo er von 1640 bis 1651 blieb.

Während dieser Pariser Jahre begegnete er noch einmal dem Kreis von Mersenne und traf auch dessen Freund Descartes. Anfangs stand er freundlich zu den royalistischen Flüchtlingen aus England, inbegriffen den späteren Karl II., überwarf sich dann aber mit jedermann, als er 1651 das Buch ›*Leviathan*‹ veröffentlichte. Seinen royalistischen Freunden mißfiel die wissenschaftliche und kühle Behandlung des Problems der Loyalität, während der französische Klerus Anstoß an seinem Antikatholizismus nahm. So entschloß er sich noch einmal zur Flucht, diesmal in umgekehrter Richtung: zurück nach England. Hier unterwarf er sich Cromwell und zog sich ganz vom politischen Leben zurück. Es war um diese Zeit, daß Hobbes in einen Kampf über die Quadratur des Kreises mit Wallis aus Oxford, seinem Kritiker, verwickelt wurde. Hobbes' Bewunderung für die Mathematik war größer als sein Geschick in dieser Wissenschaft, und der Oxforder Professor gewann daher leicht im Streit. Hobbes setzte indes seine Polemik gegen die Mathematiker bis zum Ende seines Lebens fort.

Nach der Restauration gewann Hobbes noch einmal die Gunst des Königs; er erhielt sogar eine Pension von 100 Pfund jährlich, eine ebenso großzügige Gabe, wie sie sich bald als unzuverlässig erwies. Als aber nach der Pest und dem Großen Feuer das abergläubische Volk eine parlamentarische Untersuchung gegen den Atheismus forderte, wurde sein ›*Leviathan*‹ eine besondere Zielscheibe hämischer Kritik. Seitdem konnte der Verfasser nichts Strittiges über gesellschaftliche oder politische Probleme mehr veröffentlichen, außer im Ausland, wo er während der letzten Jahre seines langen Lebens in höherer Achtung stand als zu Hause.

In der Philosophie legte Hobbes den Grund zu vielem, was später kennzeichnend für die englische empiristische Schule wurde. Sein wichtigstes Werk ist der ›*Leviathan*‹, in dem er seine allgemeinen philosophischen Ansichten auf die Herausarbeitung einer Theorie der Staatenlenkung anwendet. Bevor er sich aber der gesellschaftlichen Problematik zuwendet, gibt er als Einleitung eine ziemlich vollständige Zusammenfassung seiner Philosophie. Der erste Teil ist eine Darstellung des Menschen und der Menschenpsychologie in streng mechanistischen Begriffen, es folgen philosophische Betrachtungen über Sprache und Epistemologie (Erkenntnistheorie). Wie Galilei und Descartes, so denkt auch er, daß alles, was wir auch immer erfahren, durch mechanische Bewegung in Körpern außerhalb unserer verursacht wird, während Sehen, Hören, Riechen usw. nicht den Objekten, sondern nur unserer subjektiven Wahrnehmung angehören. Bei diesem Thema erwähnt er flüchtig, daß die Universitäten noch immer eine rohe Theorie der Emanationen lehren, die sich auf Aristoteles gründet. Schlau fügt er hinzu, daß er die Universitäten nicht ganz allgemein tadle, sondern daß, da er später auf ihren Platz im Staat zu sprechen komme, er von ihren Hauptfehlern und deren Abstellung sprechen müsse, »unter denen einer die Häufigkeit belanglosen Geredes ist«. Er hat eine assoziativ-mechanistische Auffassung von der Psychologie und nimmt eine extrem nominalistische Haltung in bezug auf die Sprache ein. Die Geometrie betrachtet er soweit als die einzige Wissenschaft. Die Funktion der Vernunft ist kennzeichnendes Merkmal für die Beweisführung wie in der Geometrie. Wir müssen von Definitionen ausgehen, aber vorsichtig, um nicht widersprüchliche Begriffe bei ihrer Abfassung zu verwenden. Vernunft ist in diesem Sinne etwas, was durch Übung angeeignet wird und nicht angeboren ist, wie Descartes glaubte. Und dann folgte eine Darstellung der Leidenschaften in Begriffen der Mechanik. Nach dem natürlichen Stand, meint Hobbes, sind alle Menschen gleich und trachten besonders danach, sich auf Kosten der anderen zu erhalten, so daß es einen Zustand des Kriegs aller gegen alle gibt. Um diesem schweren Angstgefühl zu entfliehen, verbinden sich die Menschen miteinander und treten ihre eigene Macht an eine zentrale Autorität ab. Das ist der Gegenstand des zweiten Teils des Buches. Da die Menschen vernünftig und wetteifernd sind, müssen sie zu einer künstlichen Absprache, einer Vereinbarung kommen, wonach sie zustimmen, sich irgendeiner Autorität ihrer Wahl unterzuordnen. Ist einmal eine solche Herrschaft im Amt, besteht kein Recht mehr zur Revolte, da die Beherrschten und nicht die Herrscher durch die Vereinbarung gebunden sind. Nur wenn ein Herrscher es unterläßt, für Schutz zu sorgen, für den er in erster Linie gewählt wurde, kann die Vereinbarung füglich für null und nichtig erklärt werden. Eine Gesellschaft, die auf diese Art Vertrag gegründet wird, ist ein Staat. Er gleicht einem Riesen, einem ›Leviathan‹, wenn auch aus gewöhnlichen Menschen geschaffen. Er ist größer und mächtiger als ein Mensch und deshalb einem Gott ähnlich, obzwar er mit den gewöhnlichen Menschen die Sterblichkeit teilt. Die zentrale Autorität ist der Souverän, er verfügt über absolute Macht in allen Bereichen des Lebens. Der dritte Teil sagt aus, warum es keine universale Kirche geben soll. Hobbes dachte, daß die Kirche eine staatliche Institution sein und der weltlichen Macht unterworfen sein müsse. Im vierten Teil macht er der Kirche von Rom Vorwürfe, daß sie das einzusehen versäumt hat.

Hobbes' Theorie wurde von den politischen Umwälzungen seiner Zeit beeinflußt. Was er über alles verabscheute, waren die bürgerlichen Streitigkeiten. Deshalb neigen seine Ansichten zu einem Frieden um jeden Preis. Seine Ansichten über politische Fragen sind frei von Mystizismus und Aberglauben, neigen aber zu Übervereinfachung der Probleme. Seine Staatsauffassung entsprach daher auch nicht der politischen Situation, in der er lebte.

Die Renaissance brachte allmählich, wie wir sahen, eine starke Betonung der Mathematik. Eine zweite Hauptfrage, welche die Denker der Nach-Renaissance erregte, war die Bedeutung der Methode. Das haben wir bereits bei Bacon und Hobbes bemerkt. Für René Descartes (1596 – 1650) vereinigten sich beide Einflüsse zu einem neuen philosophischen System, das an Großartigkeit denen der Alten nicht nachsteht. Dadurch wird er mit Recht als der Begründer der modernen Philosophie betrachtet.

Descartes' Familie gehörte dem niederen Adel an, sein Vater war Rat im bretonischen Parlament. Von 1604 bis 1612 besuchte er das Jesuiten-Kolleg La Flèche, wo er neben einer guten klassischen Erziehung die beste mathematische Ausbildung seiner Zeit erhielt. Dann ging er nach Paris und begann im Jahr darauf in Poitiers das Rechtsstudium, das er 1616 mit Erfolg beendete. Sein Interesse lag jedoch anderswo. 1618 trat er in die holländische Armee ein, was ihm viel Zeit für mathematische Studien übrigließ. 1619 fing der Dreißigjährige Krieg ernstlich an, und Descartes wechselte, um die Welt zu sehen, in die bayerische Armee über. Im Winter dieses Jahres fand er die führenden Begriffe, die das Wesen seiner Philosophie ausmachen. Diese Neuorientierung beschreibt er in seinem ›*Diskurs über die Methode*‹. An einem ungewöhnlich kalten Tag flüchtete er in eine Hütte und begann, am Kachelofen sich behaglich wärmend, zu meditieren. Am Schluß des Tages zeigte sich ihm klar der Entwurf zu seiner ganzen Philosopie. Bis 1622 blieb er in der Armee, dann kehrte er nach Paris zurück. Im nächsten Jahr besuchte er Italien, wo er sich zwei Jahre aufhielt. Nach Frankreich zurückgekehrt, fand er, daß das Leben zu Hause zuviel Zerstreuung bietet. Da er von Natur aus etwas zurückhaltend veranlagt war, und da er in einer ungestörten Atmosphäre arbeiten wollte, zog er 1628 nach Holland. Der Verkauf seines kleinen Gutes ermöglichte es ihm, unabhängig und behaglich zu leben. Abgesehen von drei kurzen Besuchen in Frankreich blieb er während der nächsten einundzwanzig Jahre in Holland. Nach und nach arbeitete er auf Grund seiner Entdeckung der Methode seine Philosophie aus. Ein wichtiges Werk über die Physik, in dem er die kopernikanische Theorie annahm, wurde von der Veröffentlichung zurückgehalten, als Descartes 1633 Galileis Prozeß vernahm. Er war auf keinen Fall gewillt, in Kontroversen verstrickt zu werden, was ihm als Vergeudung wertvoller Zeit erschien. Zudem war er allem Anschein nach gläubiger Katholik – mit welch doktrinärer Reinheit, das wird wohl für immer unbekannt bleiben. So beschränkte sich Descartes auf die Veröffentlichung einer Sammlung von drei Bänden über die Dioptrik (Lichtbrechungslehre der Linsen), die Meteore und die Geometrie. Der ›*Diskurs*‹, 1637 veröffentlicht, will eine Einleitung in diese drei Abhandlungen sein. Die berühmteste davon ist die Geometrie, wo die Prinzipien der analytischen Geometrie behandelt und angewandt werden. Darauf folgten 1641 die ›*Meditationen*‹ und 1644 die ›*Prinzipien der Philosophie*‹, die er einzig der Prinzessin Elisabeth von der Pfalz, der Tochter des ›Winterkönigs‹, widmete. Für sie schrieb er auch 1649 eine Abhandlung über die große Leidenschaften der Seele.

Im gleichen Jahr nahm Königin Christine von Schweden Anteil an Descartes' Werken und bewog ihn (1649), nach Stockholm zu kommen. Die skandinavische Herrscherin war ein richtiger Renaissance-Charakter. Von starkem Willen und zäh, bestand sie darauf, daß Descartes schon um fünf Uhr früh sie die Philosophie lehrte. Diese wahrhaft unphilosophische Stunde zu nachtschlafender Zeit, dazu während eines schwedischen Winters, war mehr als Descartes ertragen konnte. Er wurde krank und starb im Februar 1650.

Die Methode Descartes' ist letzten Endes das Ergebnis seiner Vertiefung in die Mathematik. Auf dem Gebiet der Geometrie hatte er bereits gezeigt, wie sie zu weittragenden Folgen führen kann. Denn es war möglich, mit der analytischen Methode die Eigenschaften ganzer Arten von Kurven in einfachen Gleichungen zu beschreiben. Descartes glaubte, daß diese auf dem Gebiet der Mathematik so erfolgreiche Methode auch auf andere Gebiete angewandt werden und so den Untersuchenden befähigen könnte, die gleiche Gewißheit wie in der Mathematik zu erreichen. Der ›*Diskurs*‹ will zeigen, welchen Vorschriften wir folgen müssen, um den richtigen Gebrauch von unserem Erkenntnisapparat oder der Vernunft machen zu können. Letzten Endes besteht der wesentliche Unterschied zwischen den verschiedenen Menschen darin, daß manche diesen Apparat bzw. die Vernunft besser gebrauchen als andere. Aber Methode wird erst durch Praxis erworben, was Descartes stillschweigend voraussetzt, denn er will niemandem eine Methode auferlegen, sondern nur zeigen, wie er selbst seine eigene Vernunft gebraucht hat. Der Form nach ist diese Abhandlung eine Selbstbiographie und erzählt von der frühen Unzufriedenheit des Verfassers mit all der nichtüberzeugenden und unscharfen Geschwätzigkeit, die man allenthalben vorfand. Bezüglich der Philosophie sagt er, daß keine Ansicht so scheußlich ist, daß sie nicht von irgend jemand vertreten worden wäre. Die Mathematik beeindruckte ihn wegen der Gewißheit ihrer Deduktionen, aber er konnte bis dahin ihren richtigen Gebrauch nicht erfassen. Daher hörte er mit dem Buchwissen auf, fing an zu reisen und fand, daß Sitten ebenso verschieden sind wie die Meinungen der Philosophen. Schließlich kam er zu dem Schluß, er müsse in sich selbst hineinblicken, um die Wahrheit zu finden. Dann folgt ein Bericht über die Reflexionen, die ihm an dem oben erwähnten Kachelofen kamen.

Nach der Feststellung, daß nur ein Werk, das durch einen einzigen Autor vollständig beendet wurde, einem Zufriedenheit gibt, beschließt er, alles zu verwerfen, was er für wahr zu halten gelehrt und gezwungen worden war. Nur Logik, Geometrie und Algebra überstehen dieses Brandopfer, und aus ihnen zieht er folgende vier Regeln: die erste, nichts anderes als nur klare und deutliche Erkenntnis *(clara et distincta cognitio)* anzunehmen. Zweitens: wir müssen jedes Problem in so viel Teile zerlegen, als zu seiner Lösung erforderlich sind. Drittens müssen die Gedanken einer Ordnung vom Einfachen zum Verwickelten folgen, und wo keine Ordnung ist, müssen wir eine schaffen. Die vierte Regel schreibt vor, daß wir immer alles gründlich überprüfen sollten, daß nichts übersehen wurde. Das ist die Methode, die Descartes anwandte, als er Algebraisches auf Geometrisches übertrug und das schuf, was wir heute analytische Geometrie nennen. Was ihre Anwendung auf die Philosophie betraf, fühlte Descartes, dies müsse verschoben werden, bis er älter und gereifter sei. Mit der Ethik befinden wir uns in einem Dilemma. Sie ist in der Ordnung der Wissenschaften etwas Letztes, aber in unserem Leben müssen wir unmittelbar entscheiden. Daher stellt Descartes einen vorläufigen Kodex des Verhaltens auf, der ihm auf Grund eines pragmatischen Kriteriums die besten Lebensbedingungen sichern wird. Und so entscheidet er sich, an den Gesetzen und Sitten seines Landes festzuhalten und seiner Religion treu zu bleiben.

Übergehend zur Metaphysik führt ihn seine Methode zu systematischem Zweifel. Die Stichhaltigkeit der Sinnesorgane ist ungewiß und muß in Frage gestellt werden. Sogar die Mathematik muß, wenn auch weniger fraglich, beargwöhnt werden, denn Gott könnte uns systematisch irreführen. Letzten Endes ist das einzig Sichere, was selbst ein Zweifler anerkennen muß, sein Zweifeln. Das ist die Basis der grundlegenden kartesianischen Formel: »Ich denke, also bin ich« (cogito, ergo sum). Hier, dachte Descartes, ist der klare und deutliche Ausgangspunkt für die Metaphysik. So, schlußfolgert er, sei er ein denkendes Ding, ganz unabhängig von den

Natursubstanzen, infolgedessen auch vom Körper. Und dann geht er zur Existenz Gottes über, wobei er im wesentlichen den ontologischen Beweis wiederholt. Da Gott wahrhaft und treu sein muß, kann er uns in unsern klaren und deutlichen Erkenntnissen nicht betrügen. Da wir überhaupt eine Vorstellung von Körpern (oder, wie er sagt, von Ausdehnung) haben, müssen sie existieren. Dann folgt ein Entwurf über physikalische Fragen. Alles wird in Begriffen der Ausdehnung und der Bewegung erklärt. Sogar in der Biologie werden sie angewandt. Descartes gibt z.B. eine Darstellung des Blutkreislaufs, der durch das Herz als Heizofen verursacht werde und so das Blut ausdehnt. Das ist natürlich völlig verschieden von den Beobachtungen Harveys und verursachte eine rege Kontroverse zwischen beiden Männern. Um auf den *›Diskurs‹* zurückzukommen, führt diese mechanische Theorie zu der Ansicht, daß die Tiere Automaten ohne Seele seien, was zudem aus der Tatsache gefolgert wird, daß sie nicht sprechen und daher der Vernunft entbehren müssen. Hierdurch wird ferner die Ansicht bekräftigt, daß die Seele des Menschen unabhängig von seinem Körper sei, und das führt weiter zur Unsterblichkeit der Seele. Schließlich spielt der *›Diskurs‹* auf den Prozeß Galileis an und behandelt die Frage, ob das Werk veröffentlicht werden soll oder nicht. Zuletzt kommt er zu dem Schluß, den *›Diskurs‹* mit den drei Abhandlungen, zu denen dieser die Einleitung bilden soll, zu veröffentlichen.

In der Philosophie Descartes' ist in erster Linie die Methode des kritischen Zweifels wichtig. Schließlich führt sie, wie später bei Hume, zu einem durchgängigen Skeptizismus. Aber Descartes vermeidet diese skeptische Schlußwendung durch die klaren und deutlichen Vorstellungen, die er in seiner eigenen geistigen Tätigkeit findet. Allgemeine Begriffe wie Ausdehnung und Bewegung sind, als von der Sinneserfahrung unabhängig, für Descartes angeborene Ideen, und echte Erkenntnis beruht auf solchen erstrangigen Qualitäten. Die Sinneswahrnehmungen bedeuten hingegen zweitrangige Qualitäten wie Farbe, Geschmack, Tastempfindungen usw., die in Wirklichkeit gar nicht in den Dingen enthalten sind. In den

›*Meditationen*‹ erwähnt Descartes das berühmte Beispiel vom Stück Wachs und seine wechselnden Erscheinungen, um dieses näher zu erläutern. Was ständig ist und bleibt, ist die Ausdehnung, und sie ist eine angeborene Idee, die von der Vernunft erkannt wird.

Die kartesianische Philosophie betont also die Gedanken als unanzuzweifelnde Ausgangspunkte, und dies hat seitdem die europäische Philosophie sowohl im rationalistischen wie auch im empiristischen Lager beeinflußt. Das bleibt wahr, auch wenn die Formel »Ich denke, also bin ich« an sich nicht ganz einwandfrei ist. Diese Behauptung ist nämlich nur dann einleuchtend, wenn wir eine verborgene Voraussetzung annehmen, nämlich, daß das Denken ein selbstbewußtes Verfahren sei. Sonst könnten wir ebensogut sagen: ›Ich gehe spazieren, also bin ich‹, denn wenn ich spazierengehe, dann muß ich existieren. Dieser Einwand wurde von Hobbes und Gassendi erhoben. Aber ich könnte auch nur denken, daß ich spazierenginge, ohne wirklich spazierenzugehen, indes ich nicht denken könnte, daß ich denke, wenn ich in der Tat nicht denke. Diese Selbstbeziehung, die angenommen wird, im Vorgang des Denkens vorzukommen, gibt der Formel ihren offensichtlich unbezweifelbaren Charakter. Wird aber das Selbstbewußtsein weggelassen, wie bei Hume, dann fällt das Prinzip. Andererseits bleibt wahr, daß unsere bewußten Erlebnisse eine Gewißheit besitzen, die andere Ereignisse nicht teilen.

Durch die Verschärfung des alten Dualismus zwischen Seele und Materie brachte die kartesianische Philosophie wieder das Problem der Beziehung zwischen Seele und Körper in den Vordergrund. Denn die materiellen und die geistig-seelischen Phänomene scheinen jetzt getrennt und nach eigenen Prinzipien gelenkt abzulaufen. Namentlich ist es unmöglich, auf Grund solcher Ansichten zu behaupten, daß geistige Tätigkeit die physische Welt je beeinflussen könnte. Descartes selbst machte hier eine Ausnahme: die menschliche Seele könne wohl die Richtung der Lebensgeister, nicht aber die Quantität der

Bewegung ändern. Das ist aber nicht mit den Gesetzen der Bewegung zu vereinbaren; deswegen haben es die Anhänger von Descartes fallenlassen und nur aufrechterhalten, daß der Geist den Körper nicht bewegen kann. Diese Ansicht wurde von den Anhängern Descartes', insbesondere von Geulincx (1624 – 1669) und Malebranche (1638 – 1715) entwickelt. Die Theorie wird Occasionalismus genannt, weil nach ihr Gott das Weltall so geordnet hat, daß die materiellen und geistig-seelischen Reihen der Ereignisse parallel miteinander ihre Bahnen laufen und ein Ereignis in der einen Reihe immer ›bei Gelegenheit‹ eines Ereignisses in der anderen Reihe geschieht. Geulincx erfand das Gleichnis der zwei Uhren, um die Theorie zu illustrieren. Wenn wir zwei Uhren haben, die genau gleich gehen, dann können wir auf das eine Ziffernblatt blicken, wenn der Zeiger die Stunde erreicht und gleichzeitig hören, wie die andere sie schlägt. Das könnte uns zu der Aussage verleiten, daß das Schlagen der zweiten Uhr von der ersten verursacht sei. Seele und Körper sind wie diese zwei Uhren, von Gott aufgezogen, damit sie ihre unabhängigen Bahnen parallel miteinander laufen. Der Occasionalismus hat freilich ein paar mißliche Schwierigkeiten zur Folge. Denn so wie wir, um die Zeit zu erfahren, von einer der beiden Uhren absehen können, so scheint es auch möglich zu sein, geistig-seelische Ereignisse ohne weiteres vom Physischen abzuleiten.

Die Erfolgsmöglichkeit einer solchen Versuchsanordnung wird vom Prinzip des Occasionalismus selbst garantiert. So kann eine ganze Theorie von geistigen Erscheinungen in Begriffen rein physikalischer Ereignisse herausgearbeitet werden, wie es denn auch von den Materialisten des 18. Jahrhunderts und in erweiterter Form von der behavioristischen Psychologie des 20. Jahrhunderts versucht wurde. So, weit davon entfernt, die Unabhängigkeit der Seele vom Körper gerettet zu haben, macht der Occasionalismus die Seele letzten Endes zu einem ungeheuren Seienden oder er macht, wenn man so will, den Körper für alle Zeiten überflüssig. Welche These man auch nimmt, sie ist mit den christlichen Prinzipien schlecht zu vereinbaren. So überrascht es nicht, daß Descartes'

Werke einen sicheren Platz auf dem Index fanden. Bestimmt kann der Kartesianismus dem freien Willen keinen Platz einräumen, und letzten Endes trug – zumal in Verbindung mit Newtons Physik – sein starrer Determinismus bei Betrachtung der materiellen Welt (physisch wie biologisch genommen) das Seine bei zur Ausbreitung der materialistischen Auffassungen des 18. und 19. Jahrhunderts.

Der kartesianische Dualismus ist letzten Endes das Ergebnis einer völlig konventionellen Auffassung des Substanzproblems, und zwar im Wortsinne der Scholastik. Die Substanz ist demgemäß die Trägerin von Qualitäten, aber an sich ist sie unabhängig und ständig. Descartes betrachtete Materie und Seele als zwei verschiedene Substanzen, die als für sich selbst ausreichend einander in keiner Weise beeinflussen könnten. Um die Lücke zu überbrücken, ist die occasionalistische Ansicht eingeführt worden. Man kann zum Beispiel jede einzelne Seele als eine selbständige Substanz ansehen. In der gleichen Richtung schuf Leibniz in seiner Lehre von den Monaden eine Theorie der unendlich vielen Substanzen, alle unabhängig voneinander. Andrerseits könnte man auf die parmenidessche Auffassung zurückgehen und behaupten, es gäbe nur eine einzige Substanz. Diesen letzteren Weg ging Spinoza, dessen Theorie vielleicht der bestgegründete und folgerichtige Monismus ist, der je ausgearbeitet wurde.

Baruch, d.i. lateinisch Benedikt, Spinoza (1632–1677) wurde in Amsterdam als Sohn einer jüdischen Familie geboren, deren Vorfahren auf ihre Heimat in Portugal vor noch nicht allzu langer Zeit verzichtet hatten, um einen Platz zu finden, wo sie Gott auf ihre Art anbeten konnten. Denn seit der Austreibung der Moslems aus Spanien und Portugal hatte die Inquisition dort eine Herrschaft religiöser Intoleranz errichtet, die das Leben für die Nichtchristen unerträglich machte. Das reformierte Holland, das selbst im Krieg gegen die spanische Tyrannei lag, bot den Opfern der Verfolgung Zuflucht, und so wurde Amsterdam die Heimat der großen jüdischen Gemeinde. Innerhalb ihrer Grenzen erhielt Spinoza seine erste Erziehung.

Aber für seinen regen Verstand waren die altväterlichen Lehren nicht genug. Durch das Latein konnte er sich mit den Schriften der großen Denker bekanntmachen, die die Erneuerung der Kultur und die Entwicklung der Wissenschaft und Philosophie herbeigeführt hatten. Bald fand er es zur großen Bestürzung der jüdischen Gemeinschaft unmöglich, innerhalb der Grenzen der Orthodoxie zu bleiben. Die reformierten Theologen waren auf ihre Art und Weise ebenfalls unduldsam, und so war vorauszufühlen, daß irgendeine heftig-kritische Ablehnung der Religion die allgemeine Atmosphäre der Toleranz, die damals in Holland herrschte, umwälzen würde. Schließlich wurde Spinoza mit all den Flüchen ihres heiligen Buches aus der Synagoge vertrieben.

Da er von Natur aus ohnehin scheu veranlagt war, wurde er damit völlig isoliert und lebte nunmehr ruhig in einem kleinen Kreis von Freunden, verdiente sein Brot durch Schleifen von Linsen und widmete sich nebenbei philosophischen Meditationen. Trotz seiner zurückgezogenen Lebensweise verbreitete sich rasch sein Ruhm, und bald stand er im Briefwechsel mit vielen einflußreichen Bewunderern. Unter diesen war Leibniz der bedeutendste, und es ist bekannt, daß sich die beiden in Den Haag trafen. Aber Spinoza willigte nie ein, aus seiner Zurückgezogenheit herausgerissen zu werden. 1673 hatte ihm der Kurfürst den Lehrstuhl der Philosophie in Heidelberg angeboten, aber Spinoza lehnte höflich ab. Seine Gründe für die Ablehnung dieser Ehre sind charakteristisch. Erstens sagt er: »Ich glaube, ich würde aufhören, die Philosophie zu fördern, müßte ich mich dem Unterricht der Jugend widmen. Ferner weiß ich nicht, innerhalb welcher Grenzen ich die Freiheit des Philosophierens erhalten müßte, ohne den Anschein zu erwecken, die anerkannte Religion umwälzen zu wollen ... Sie werden deshalb verstehen, daß ich keinerlei Hoffnung auf ein besseres Schicksal hege, sondern mich der Vorlesungen einfach deswegen enthalten will, weil ich die Ruhe hochschätze, die ich auf diese Weise am besten gewinnen kann.«

Spinozas Schrifttum ist nicht umfangreich, aber was es bekundet, ist eine kaum je erreichte gedankliche Ballung und logische Strenge. Seine Ansichten über Gott und Religion waren jedoch derart seiner Zeit voraus, daß er trotz all seiner würdigen ethischen Lehren sowohl in seiner Zeit wie auch in hundert Jahren als ein Ungeheuer an Bosheit verschrien wurde. Sein größtes Werk, die ›*Ethik*‹, hat man für so explosiv gehalten, daß es erst nach seinem Tod veröffentlicht werden konnte. Seine politische Lehre hat viel mit Hobbes gemeinsam, aber trotz vieler Übereinstimmungen, was sie beide in einer gesunden Gesellschaft für wünschenswert hielten, ist die Grundlage der spinozaschen Theorie völlig verschieden. Während Hobbes seine Ansicht in empirischer Weise vorträgt, leitet Spinoza seine Folgerungen von seiner allgemeinen metaphysischen Theorie ab. Um die Kraft der Argumente Spinozas wahrnehmen zu können, muß man sein ganzes philosophisches Werk als eine große Abhandlung betrachten. Zum Teil ist das der Grund, warum Spinozas Schriften weniger unmittelbaren Einfluß übten als die politischen Schriften der empirischen Philosophen. Es muß jedoch erwähnt werden, daß die damals behandelten Probleme sehr lebendig und gegenwärtig waren. Das Schwergewicht der Freiheit in der Politik war indes zu Spinozas Lebzeiten nicht so vordergründig wie es im 19. Jahrhundert wurde.

Spinoza war im Gegensatz zu Hobbes ein Vorkämpfer der Meinungsfreiheit. Es folgt aus seiner Metaphysik und ethischen Theorie, daß ein Staat nur unter solchen Bedingungen heilsam wirken kann. Im ›*Tractatus Theologico-Politicus*‹ wird das mit großem Nachdruck behandelt. Das Buch ist dadurch ungewöhnlich, weil die Themen indirekt durch Bibelkritik angegangen werden. Spinoza beginnt hier etwas, hauptsächlich mit dem Alten Testament, was zwei Jahrhunderte später als liberale Bibelkritik bezeichnet wird. Eine Untersuchung historischer Beispiele aus dieser Quelle führt zum Beweis, daß die Meinungsfreiheit das Wesen der gesellschaftlichen Existenz überhaupt ausmacht. Hierüber finden wir als Schluß eine höchst beachtenswerte Aussage: »Jedoch muß ich bekennen, daß aus solcher Freiheit gewisse Unannehmlichkeiten entstehen können. Aber wer hätte je etwas so weise eingerichtet, daß nichts Übles daraus folgen könnte? Der, der alles durch Gesetz regieren will, wird viel eher Mängel zustandebringen, als sie zu verringern. Was nicht verboten werden kann, muß notgedrungen erlaubt sein, selbst wenn das hie und da Schaden mit sich bringt.‹

Spinoza unterscheidet sich auch dadurch von Hobbes, daß er die Demokratie nicht als die vernunftgemäße Ordnung der Gesellschaft betrachtet. Die vernünftigste Regierung erläßt verständige Verordnungen, wo sie angemessen sind, und enthält sich bei Angelegenheiten des Glaubens und des Unterrichts. Sie wird zustandekommen, wo es eine politisch verantwortliche und privilegierte Klasse auf der Basis des Eigentums gibt. Unter einer solchen Regierung hat man die beste Chance, seine intellektuellen Fähigkeiten im Sinne Spinozas zu erfüllen; und das ist es, in Begriffen seiner Metaphysik, wonach die Menschen von Natur aus trachten. Was die Frage der besten Regierungsart betrifft, mag es wahr sein, daß eine handeltreibende Gemeinschaft, wo die Entschlußkraft von einem gewissen Maß an Freiheit und Sicherheit abhängt, den besten Grund für die Entfaltung einer liberalen Herrschaft bietet. Sein heimatliches Holland illustriert hier Spinozas Auffassung.

Uns der ›*Ethik*‹ zuwendend, folgen wir der historischen Ordnung, in der Spinozas System veröffentlicht wurde, wenn auch der logischen Reihenfolge nach damit begonnen werden müßte. Der Titel des Buchs ist, was den Inhalt angeht, etwas irreführend. Denn es enthält vor allem Spinozas Metaphysik, die wieder die Festlegung eines rationalistischen Entwurfs der wissenschaftlichen Erforschung der Natur in sich birgt. Gerade dies war eines der größten intellektuellen Ereignisse des siebzehnten Jahrhunderts. Darauf folgt eine Zusammenfassung über das Seelenleben, die Psychologie des Willens und die der Leidenschaften und dann erst eine auf dem Vorangehenden fußende ethische Theorie.

Das ganze Werk ist in der Weise Euklids aufgebaut. Wir beginnen mit Definitionen und einer Reihe von Axiomen, und von diesen wird der ganze Kreis der Thesen mit all ihren begleitenden Beweisen, Korollarien (Folgen) und Erklärungen abgeleitet. Diese Art des Philosophierens ist heutzutage nicht mehr recht in Mode und für die Erfolgsphilosophen ein Greuel. Aber im Grunde ist sie nicht so empörend; und richtig aufgefaßt bleibt sie ein Meisterwerk bündiger und klarer Auseinandersetzung.

Der erste Teil behandelt Gott. Sechs Definitionen werden klargestellt, inbegriffen eine der Substanz und, im Einklang mit dem traditionellen Gebrauch der scholastischen Philosophie, eine Definition Gottes. Die Axiome sprechen sieben grundlegende Annahmen aus, die keines weiteren Beweises bedürfen. Von hier aus werden unbekümmert, wie bei Euklid, Folgerungen abgeleitet. Nach der Definition der Substanz muß sie etwas sein, was sich völlig von selbst erklärt. Es wird gezeigt, daß sie unendlich sein muß, sonst würden ihre Begrenzungen Einfluß auf sie haben. So wird bewiesen, daß es nur *eine* solche Substanz geben kann, die sich als die Welt als ein Ganzes herausstellt, und ferner, daß sie mit Gott zusammenfällt. Gott und das Weltall, die Ganzheit aller Dinge, sind ein und dasselbe! Das ist Spinozas berühmte pantheistische Lehre. Es muß betont werden, daß Spinozas Auffassung keine Spur von Mystizismus in sich birgt. Das ganze System fußt auf deduktiver Logik und gründet sich auf Definitionen und Axiomen, alles mit verschwenderischer Erfindung ausgeführt. Es ist vielleicht das hervorragendste Beispiel eines systematischen Gedankengebäudes in der Geschichte der Philosophie.

Die Gleichsetzung Gottes mit der Natur war für die Orthodoxen aller Lager aufs Höchste abstoßend, und doch war sie das Ergebnis einer einfachen deduktiven Beweisführung. Soweit diese Argumentierung wirkt, ist sie einwandfrei; doch wenn gewisse Leute dadurch in ihrem Glauben verletzt wurden, heißt das nur, daß Logik niemals Kotaus vor Gefühlen macht. Wenn Gott und die Substanz in der traditionellen Weise definiert werden, so bietet sich Spinozas Folgerung von selber dar. Spinoza betrachtet unsere menschliche Intelligenz als einen Teil der Intelligenz Gottes. Er besteht mit Descartes auf Klarheit und Deutlichkeit. Denn er sagt: »Der Irrtum ist ein Mangel an klarer Wahrnehmung, was ungenaue, d.h. verstümmelte und verworrene Vorstellungen mit sich bringt.« Wenn wir erst einmal genaue Vorstellungen haben, so erkennen wir unzweifelhaft die Ordnung und Verbindung der Dinge, was dasselbe ist wie die der Vorstellungen. Es ist die Natur des Erkenntnisvermögens, daß es die Dinge nicht als zufällig, sondern als notwendig betrachtet. Je besser wir imstande sind, das zu tun, um so mehr werden wir mit Gott eins; was dasselbe ist, mit der Natur. In diesem Zusammenhang prägte Spinoza den berühmten Satz: »Es ist das Wesen der Erkenntnis, die Dinge von einem gewissen zeitlosen Gesichtspunkt aus wahrzunehmen.« Das ist die klare Folge der Tatsache, daß die Seele die Dinge als notwendig betrachtet.

Der dritte Abschnitt der *›Ethik‹* zeigt uns, wie die Seele an der vollen geistigen Schau des Weltalls verhindert ist, weil die Entfaltung der Leidenschaften dagegen kämpft. Die bewegende Macht hinter allen unseren Tätigkeiten ist der Selbsterhaltungstrieb. Man könnte glauben, daß dieses rein egoistische Prinzip uns zu selbstsüchtigen Zynikern verdammt. Das wäre aber ein völliges Verkennen. Denn beim Suchen nach dem eigenen Vorteil wird sich der Mensch früher oder später nach der Einheit mit Gott sehnen. Und dies vollzieht er, je mehr er die Dinge *›sub specie aeternitatis‹* sieht, d.h. von jenem »zeitlosen Gesichtspunkt aus«, den wir schon erwähnten.

In den zwei letzten Abschnitten finden wir Spinozas Ethik im engeren Sinne. Ein Mensch befindet sich in einem Zustand der Sklaverei, insofern er von äußeren Einflüssen und Ursachen bestimmt ist. Das bezieht sich in der Tat auf alles, was endlich ist. Wenn man aber zur Gemeinschaft mit Gott gelangt, ist man nicht mehr solchen Einflüssen unterworfen, weil das Weltall als Ganzes nicht bedingt ist. Wenn man so mehr und mehr in Einklang mit dem Ganzen kommt, gewinnt man das entsprechende Maß an Freiheit. Denn Freiheit meint Unabhängigkeit, meint Selbstbestimmung, und das gilt nur von Gott. Nur in dieser Weise können wir uns vor Furcht befreien. Gleich Sokrates und Platon hält auch Spinoza Unwissenheit für die Hauptursache alles Bösen, dagegen Wissen im Sinn eines größeren Verständnisses der Welt für die einzige Bedingung, die zu weisem und sinnvollem Tun führt. Aber im Gegensatz zu Sokrates gedenkt er nicht des Todes. »Ein freier Mensch denkt an nichts weniger als an den Tod; seine Weisheit ist nicht Nachdenken über den Tod, sondern über das Leben.« Da das Böse etwas Negatives ist, so kann Gott oder die Natur als ein an nichts mangelndes Ganzes nicht böse sein. Alles ist zum besten eingerichtet in dieser einen und nur allein möglichen Welt. In praktischen Angelegenheiten geziemt es dem Menschen als einem endlichen Lebewesen zu seiner Selbsterhaltung so zu handeln, auf daß er so viel Verbindung mit dem All erlangt, als nur irgend möglich.

Das ist, in großen Zügen, das System Spinozas. Seine Bedeutung für die Wissenschaft des 17. Jahrhunderts liegt in der deterministischen Erklärung des Weltalls als Ganzem. In Wahrheit ist es ein Vorentwurf für eine kommende vereinte Wissenschaft. Ein solches Unterfangen könnte freilich heute nicht mehr als gültig ohne gewisse ernsthafte Bedenken hingenommen werden. In ethischer Beziehung kann zum Beispiel das Böse nicht uneingeschränkt als rein negativ unterstellt werden. Jeder Akt ausschweifender Grausamkeit ist ein positiver und ständiger Makel an der Welt als Ganzem. Nichtsdestoweniger bleibt der Spinozismus eine der ganz großen Leistungen der abendländischen Philosophie. Wenn auch die Strenge seines Tones ein gewisses alttestamentliches Gepräge hat, ist Spinoza einer der großen Versuche, die Welt in der großartigen Weise der Griechen als ein intelligibles Ganzes darzustellen.

Das Problem der Substanz führte, wie wir schon sahen, zu verschiedenen Lösungen. Hatte Spinoza einen extremen Monismus vertreten, so verfällt Leibniz ins Entgegengesetzte und setzt unendlich viele Substanzen voraus. Seine Theorie gründet letztlich auf der Überlegung, daß eine Substanz allein keine Ausdehnung haben kann; Ausdehnung verlangt Mehrfaches und kann nur einer Anhäufung von Substanzen zugehören. Folgerung: unendlich viele Substanzen, jede unausgedehnt und deshalb immateriell. Diese Substanzen heißen Monaden und haben im weiteren Sinne des Wortes die wesentliche Eigenschaft der Seele.

Leibniz (1646 – 1716) wurde in Leipzig, wo sein Vater Universitätsprofessor war, geboren. Schon früh zeigte er Anzeichen eines regen und kritischen Intellekts. Mit 15 Jahren ging er zur Universität, um Philosophie zu studieren. Zwei Jahre später ging er zum Rechtsstudium nach Jena. Mit 20 Jahren wollte er zum Doktor der Rechte an der Universität Leipzig promovieren, wurde aber wegen seiner Jugend abgewiesen. Die Universität Altdorf war toleranter und gönnte ihm nicht nur die Promotion, sondern bot ihm auch einen Lehrstuhl an. Da Leibniz aber manches andere vorhatte, machte er von dem Angebot keinen Gebrauch. 1667 trat er in den diplomatischen Dienst des Joh. Phil. v. Schönborn, des Kurfürsten von Mainz, eines weitsichtigen Politikers, der das Reich aus der Zerstörung des Dreißigjährigen Krieges herausführen wollte. Vor allem war es notwendig, Ludwig XIV. von Frankreich am Eindringen zu hindern.

Mit diesem Vorhaben ging Leibniz 1672 nach Paris und brachte dort fast vier Jahre zu. Der Plan war, den Sonnenkönig dazu zu bewegen, seine Kräfte gegen die Ungläubigen zu richten und Ägypten zu besetzen. Die Mission scheiterte zwar, aber Leibniz traf unterdes viele bedeutende Philosophen und Wissenschaftler seiner Zeit. Malebranche war damals Mode in Paris, wie auch Arnauld, das Haupt der Jansenisten nach Pascal. Auch der holländische Physiker Huygens war unter seinen Bekannten. 1673 ging Leibniz nach London und traf Boyle, den Chemiker, und Oldenburg, den Sekretär der soeben gegründeten königlichen Akademie *(Royal Society)*, deren Mitglied Leibniz wurde. Nach dem Tode seines Gönners (im gleichen Jahr) wurde Leibniz vom Herzog von Braunschweig der Posten eines Bibliothekars in Hannover angeboten. Leibniz nahm an, konnte aber noch weiter im Ausland bleiben. 1675 begann er, wieder in Paris, mit der Arbeit an dem Infinitesimalkalkül, den er unabhängig von der ein wenig früheren Arbeit Newtons entdeckte. Leibniz veröffentlichte in den *Acta Eruditorum* von 1684 seine Theorie, die der heutigen Form näher kommt als Newtons Differentialrechnung. Newtons ›*Principia*‹ erschien drei Jahre später. Es folgte ein langer und unfruchtbarer Streit, anstatt die aufgetauchten wissenschaftlichen Fragen zu behandeln, ergriff man aus nationalistischen Gründen Partei. Als Ergebnis davon blieb die englische Mathematik hundert Jahre zurück, da die Leibnizsche Formelschreibung, auch von den Franzosen angenommen, sich als biegsameres Werkzeug der Analyse erwies. 1676 besuchte Leibniz Spinoza in Den Haag und nahm danach die Bibliothekarstelle in Hannover an, die er bis zum Tode beibehielt. Er verwandte viel Zeit auf die Abfassung einer Geschichte Braunschweigs und trieb im übrigen wissenschaftliche und philosophische Studien. Außerdem arbeitete er Projekte zur Wiederbelebung der europäischen politischen Szene aus. Er versuchte die große religiöse Spaltung zu überbrücken, aber seine Absichten stießen auf taube Ohren. Als Georg von Hannover 1714 König von England geworden war, wurde Leibniz nicht aufgefordert, dem Hof nach London zu folgen, zweifelsohne hauptsächlich wegen der unglücklichen Nachwirkung des Streits über den Kalkül. Verbittert und verlassen blieb er zurück und starb zwei Jahre später.

Die Leibnizsche Philosophie ist nicht leicht wiederzugeben. Erstens ist in seinem Werk vieles fragmentarisch geblieben und oft ohne letzte Durchsicht. Die äußeren Verhältnisse seines Lebens sind hauptsächlich dafür verantwortlich. Sein philosophisches Werk mußte in den seltenen Augenblicken der Muße geschrieben werden und war Unterbrechungen und Verzögerungen unterworfen. Es gibt aber noch einen andern bemerkenswerten Grund, der diese Philosophie manchmal schwer verständlich macht, und das ist ihr doppelter Charakter. Einerseits gibt es eine Metaphysik der Substanz in der Form seiner Theorie der Monaden, andrerseits entwickelte Leibniz eine logische Theorie, die in vielen Beziehungen parallel mit seinen metaphysischen Spekulationen läuft. Für uns ist vielleicht seine Logik wichtiger, aber Leibniz selbst legte gleichen Wert auf beide Aspekte seiner Philosophie. Für ihn schien es fraglos, daß man sich von der einen Sphäre ohne Schwierigkeit in die andere bewegen konnte. Diese Ansicht wird heutzutage im allgemeinen verworfen, zumindest in England. Für die Leibnizsche Metaphysik ist bemerkenswert, daß sie einige wesentliche Züge von der Wissenschaft der Zeit empfing. Die metaphysischen Schriften wurden zu seinen Lebzeiten veröffentlicht. Sie enthalten die Theorie der Monaden, auf der Leibniz' Ruhm als Philosoph etwa zwei Jahrhunderte lang beruhte. Die logischen Werke dagegen blieben unveröffentlicht und wurden bis zum Anfang dieses Jahrhunderts kaum gewürdigt. In den metaphysischen Lehren gab Leibniz, wie schon festgestellt, mittels der Monaden Antwort auf die Frage der Substanz. Mit Spinoza teilt er die Ansicht, daß die Substanzen nicht aufeinander einwirken können. Das hat zur Folge, daß zwei Monaden miteinander in keiner kausalen Verbindung sein können, d.h., es kann zwischen ihnen keine reale Verbindung geben. Das spiegelt sich in dem Ausdruck, die Monaden seien ›fensterlos‹. Wie ist es aber mit der von allen Seiten zugegebenen Tatsache zu vereinbaren, daß die verschiedenen Teile des Alls in kausalen Beziehungen zueinander erscheinen? Die Antwort lag in der Theorie von Geulincx über die zwei Uhren bereit. Man braucht sie nur auf die unendlichen Zahlen der Substanzen auszudehnen und gelangt zum Satz von der prästabilierten Harmonie, nach der jede Monade das ganze Weltall widerspiegelt, und zwar so, daß Gott das Ganze so eingerichtet hatte, daß alle Monaden ihre verschiedenen Bahnen in einem riesenhaften System parallel miteinander, doch unabhängig voneinander, laufen.

Da jede Monade eine Substanz ist, sind sie alle qualitativ voneinander unterschieden. Das bedeutet aber nicht, daß sie verschiedene Positionen einnehmen, da sie keine räumlich-zeitlichen Wesenheiten sind. Raum und Zeit sind Sinneserscheinungen, keine Realitäten. Die hinter ihnen befindliche Realität ist die Errichtung der Monaden. Jede Monade spiegelt das Weltall in einer etwas verschiedenen Weise wider, es gibt keine zwei, die gleich wären. Denn wenn zwei Monaden genau gleich sind, sind sie in Wirklichkeit ein und dieselbe. Das ist der Sinn des Leibnizschen Prinzips der Identität der Unmerklichen. So hätte es keinen Sinn, einfach zu sagen, daß die Monaden ausschließlich in der Position unterschiedlich sein könnten.

Alle Monaden sind verschieden. Wir können sie anordnen, je nach der Klarheit, mit der sie die Welt spiegeln. Jedes Objekt besteht aus einer Anhäufung von Monaden. Auch der menschliche Körper, nur gibt es hier eine dominierende Monade, die durch die Klarheit ihres Widerspiegelns hervorragt. Diese bevorzugte Monade wird in einem besonderen Sinn als die Seele des Menschen bezeichnet, obzwar in einem allgemeineren Sinne alle Monaden Seelen, das heißt unkörperlich, unzerstörbar und daher unsterblich sind. Die dominierende Monade, die Seele, ragt nicht nur durch die größere Klarheit ihrer Vorstellung, sondern auch dadurch hervor, daß sie die Ziele beherbergt, für welche die Monaden in ihrer prästabilierten Harmonie wirken. Alles im Weltall geschieht nach einem zureichenden Grund, aber auch der freie Wille ist gegeben, indem die Ursachen, nach denen ein Mensch handelt, nicht den strengen Zwang logischer Notwendigkeit haben. Auch Gott besitzt diese Art der Freiheit, obzwar er den logischen Gesetzen nicht frei zuwiderhandeln kann. Diese Lehre vom freien Willen, welche Leibniz annehmbar machte, wo Spinoza anstieß, ist etwas befremdlich bei der Konzeption der Monaden, ja steht, wie wir noch sehen werden, tatsächlich in Widerspruch mit ihr.

Was die ewige Frage der Existenz Gottes betrifft, gibt Leibniz eine vollständige Darstellung der uns bekannten metaphysischen Beweise: erstens der ontologische Beweis des Anselm von Canterbury. Dann, als zweiter, eine Variation des Beweises aus der ersten Ursache durch Aristoteles. Der dritte arbeitet mit der notwendigen Wahrheit, von der behauptet wird, sie setzte ein göttliches Bewußtsein voraus, um darin zu bestehen. Und schließlich ergibt sich noch ein Argument aus der prästabilierten Harmonie, das eine Abart des Beweises durch die Zweckmäßigkeit der Welt ist. Kant leugnete kurzum jede Möglichkeit solcher metaphysischer Beweise. Außer Neo-

Thomisten bestehen auch die Theologen nicht mehr auf theoretischer Begründung.

Die Leibnizsche Metaphysik wurde in einem gewissen Grade durch die mit der Hilfe des Mikroskops erreichten Errungenschaften angeregt. Leeuwenhoek (1632 – 1723) hatte die Spermatozoen entdeckt, und es wurde nachgewiesen, daß ein Tropfen Wasser voll von kleinen Organismen ist. Solche Beobachtungen führten zur Vorstellung der Monaden als letzten unausgedehnten metaphysischen Seelenpunkt. Der neue Infinitesimalkalkül schien in dieselbe Richtung zu weisen. Leibniz betonte die organische Natur dieser letzten Bestandteile und unterschied sich dadurch von der mechanistischen Auffassung, wie sie von Galilei und den Kartesianern entwickelt worden war. Das ging nicht ohne Schwierigkeit, führte aber Leibniz zur Entdeckung einer frühen Form des Prinzips von der Erhaltung der Energie und zum Prinzip der kleinsten Aktion. Im allgemeinen folgte aber die Entwicklung der Physik galileischen und kartesianischen Prinzipien.

In seiner logischen Auffassung gab Leibniz viele Hinweise, die seine Metaphysik, wenn nicht einleuchtend, so doch leichter verständlich machen. Beginnen wir mit der Tatsache, daß Leibniz die aristotelische Subjekt-Prädikat-Logik übernahm. Zwei allgemeine logische Prinzipien dienen hier als Grundaxiome. Das erste ist der Satz vom Widerspruch, wonach von zwei sich widersprechenden Behauptungen die eine wahr, die andere falsch sein muß. Das andere ist der schon erwähnte Satz vom zureichenden Grunde, nach dem der jeweilige Stand der Tatsachen aus zureichenden vorhergegangenen Gründen folgt. Wenden wir diese zwei Prinzipien auf analytische Sätze im Sinne von Leibniz an, d.h. auf solche Behauptungen, in denen das Subjekt das Prädikat schon in sich enthält, wie z.B. »alle Metallmünzen sind metallisch«. So wird aus dem Satz vom Widerspruch ersichtlich, daß alle solchen Behauptungen wahr sind, während der Satz vom zureichenden Grunde zu der Ansicht führt, daß alle wahren Behauptungen, zureichend begründet, analytisch sind, obwohl nur Gott sie auf diese Weise betrachten kann. Dem menschlichen Verstand scheinen solche Wahrheiten zufällig zu sein. Hier sehen wir, wie auch bei Spinoza, den Versuch eines Angriffs auf das Idealprogramm der Wissenschaft. Denn was der Wissenschaftler mit seinen Theorien versucht, ist, das Zufällige zu begreifen und so darzustellen, daß es als Folge eines anderen, daher als notwendig erscheint. Gott allein ist im Besitz einer vollkommenen Wissenschaft, und deswegen sieht er alles im Lichte der Notwendigkeit.

Das Nichtaufeinanderwirken der Substanzen ist eine Folge der Tatsache, daß die Lebensgeschichte jedes logischen Subjekts schon in seinem eigenen Begriff enthalten ist. Dies wiederum folgt aus der Tatsache, daß seine Geschichte wahr, infolgedessen analytisch ist. So werden wir gezwungen, die prästabilierte Harmonie zuzugeben. Aber auf ihre Weise ist diese Auffassung genauso streng deterministisch wie Spinozas Theorie. Freier Wille in dem vorher erklärten Sinn hat darin keinen Platz. Was Gott und seine Weltschöpfung betrifft, so führt ihn seine Güte zur Schöpfung der bestmöglichen Welt. Allerdings gibt es noch eine andere leibnizsche Theorie über dieses Thema, in der Gott und die Schöpfung gar keine Rolle spielen. Diese Ansicht scheint durch die aristotelische Theorie der Entelechie, des Strebens von der Möglichkeit zur Wirklichkeit, angeregt zu sein.

Ohne sein Festhalten an der Subjekt-Prädikat-Logik hätte Leibniz mit ein paar seiner Versuche die mathematische Logik ein ganzes Jahrhundert früher in Gang gebracht. Er fühlte die Möglichkeit einer universalen symbolischen Sprache, die Gehirntätigkeit zu Kalkulation vereinfachen würde. Trotz Elektronengehirnen war das vielleicht übereilt, aber er sah viel voraus, was seither Gemeinplatz in der Logik wurde. Vollkommene Sprache – dies ist nur ein anderer Ausdruck für die Hoffnung, daß die Menschen einmal die vollkommene Wissenschaft Gottes besitzen könnten.

Die Beschäftigung mit den klaren und deutlichen Vorstellungen und das konsequente Suchen nach einer vollkommenen universalen Sprache machen die Haupttätigkeit der rationalistischen Philosophie im kartesianischen Sinne aus. Eine radikale Kritik der rationalistischen Auffassung findet sich in den Werken des großen italienischen Philosophen Giambattista Vico (1668 – 1744). Die leibnizsche Konzeption, die jeder gottesfürchtige Christ, Vico einbegriffen, annähme, führt den Italiener zu einer neuen Begründung der Erkenntnistheorie. Danach hat Gott vollkommene Erkenntnis der Welt, weil sie von ihm erschaffen ist. Der Mensch aber, da selbst erschaffen, kennt die Welt nur unvollkommen. Für Vico ist die Bedingung der Erkenntnis einer Sache die Erschaffung dieser Sache. Die Grundformel lautet, daß wir nur das zu kennen fähig sind, was wir tun oder machen können. (Wahrheit ist »Tat-Sache«.)

Zu seinen Lebzeiten und noch fünfzig Jahre nach seinem Tod blieb Vico praktisch unbekannt. Geboren in Neapel als Sohn eines kleinen Buchhändlers, wurde er mit 31 Jahren Professor der Rhetorik an der Universität seiner Vaterstadt. Diese etwas untergeordnete Stellung hatte er bis zu seinem Ruhestand im Jahr 1741 inne. Die meiste Zeit seines Lebens war er arm. Um das ärmliche Brot für sich und seine Familie zu verdienen, mußte er seinem bescheidenen Gehalt durch Privatunterricht nachhelfen.

Die Theorie, daß die Wahrheit eine Handlung sei, führt zu äußerst wichtigen Konsequenzen. Erstens begründet sie, warum mathematische Wahrheiten mit Gewißheit erkannt werden. Weil nämlich die mathematische Wissenschaft vom Menschen durch die Setzung von Regeln abstrakt und freiwillig gemacht ist. Da wir selbst die Mathematik gemacht haben, sind wir imstande, sie zu verstehen. Gleichzeitig ist Vico aber der Meinung, daß die Mathematik uns nicht sonderlich befähigt, die Natur zu erkennen. Die Mathematik ist abstrakt und in mancher Beziehung eine willkürliche Konstruktion der menschlichen Vernunft. Die Natur hingegen wurde von Gott erschaffen und kann daher nur von ihm vollkommen verstanden werden. Wenn der Mensch etwas über die Natur zu wissen wünscht, sollte er nicht so sehr einem mathematischen Verfahren, als vielmehr einem empirischen Vorgang mit Experiment und Beobachtung folgen. Vico sympathisiert viel mehr mit

Bacon als mit Descartes. In seiner Warnung vor dem Gebrauch der Mathematik verfehlte Vico die Rolle zu sehen, welche die Mathematik in der Forschung spielt. Andrerseits muß man zugeben, daß eine Warnung vor zügelloser mathematischer Spekulation, die sich manchmal über die erfahrungsmäßige Forschung hinwegsetzt, wohl angebracht war. Die richtige Stellungnahme liegt irgendwo in der Mitte. Die Ansicht, daß die Mathematik ihre Sicherheit daraus erhält, daß sie gemacht wird, hat viele spätere Denker beeinflußt, wenn sie auch mit der anderen These Vicos, daß die Mathematik etwas Willkürliches sei, nicht einverstanden waren. Die Ansichten des marxistischen Schriftstellers Sorel sowie die Auffassungen Goblots und Meyersons dürfen hier erwähnt werden. Ebenso ist die ähnliche Auffassung der Utilitaristen und der Pragmatisten vom Wesen der Mathematik. Andrerseits empfahl sich die ›Willkürlichkeit der Mathematik‹ den Formalisten, die die Mathematik als ein verzwicktes Spiel behandeln. Es wäre freilich schwer festzustellen, wie weit der Einfluß Vicos in all diesen Fällen ging. Von Marx und Sorel wissen wir, daß sie Vicos Werk studiert haben. Aber Ideen verbreiten sich auch oft unbewußt. Obzwar Vicos Werk nicht in weiten Kreisen gelesen wurde, enthält es nichtsdestowe- niger die Keime mancher Richtungen der Philosophie des 19. Jahrhunderts.

Die andere Folge der Auffassung Vicos bekundet sich in seiner Geschichtsbetrachtung. Wenn die Mathematik vollkommen erkennbar ist, weil sie vom Menschen gemacht, bezieht sie sich doch nicht auf die Realität. Wenn aber die Natur zwar Beziehung zum Realen hat, ist sie doch nicht vollkommen erkennbar, da sie von Gott gemacht wurde. Das Paradox wirkt noch heute. Vico suchte nach einer ›Neuen Wissenschaft‹, die sowohl vollkommen erkennbar und auch von der realen Welt wäre. Diese Wissenschaft fand er in der Geschichte, in der Mensch und Gott zusammenarbeiten – eine völlige Umkehrung der überkommenen Ansicht, da die Kartesianer die Geschichte als unwissenschaftlich abgeschrieben hatten. Die Auffassung, daß die Gesellschaft ihrem Wesen nach besser erkennbar sei als die unbelebte Materie, wurde gegen Ende des

19. Jahrhunderts von dem deutschen Philosophen Dilthey und später von den Soziologen Max Weber und Werner Sombart neu belebt.

Die neue Theorie ist am vollständigsten in seinem Buch ›*Neue Wissenschaft*‹ veröffentlicht worden, dem Vico mehrere Lesarten gab. Für den heutigen Leser ist dieses Buch etwas problematisch, da es eine Mischung verschiedener Bestandteile darstellt, die nicht immer genügend unterschieden sind: Philosophie, empirische Probleme und Geschichte schlechthin. Vico scheint sein Hin- und Hergleiten nicht zu bemerken. – Trotz der Fehler und Dunkelheiten eine fesselnde Theorie!

Was ist nun eigentlich mit der Gleichsetzung von Wahrheit und getanem Ding (Tat-Sache) gemeint? Dieses ziemlich unorthodoxe Prinzip ergibt bei näherer Prüfung ganz richtige Folgerungen erkenntnistheoretischer Art. Denn es ist wahr, daß Tun unser Wissen heben kann. Beispiel: das Verständnis für Musik. Auch für die Forschung gilt ähnliches: ein aktives Wissen davon, was gemacht werden kann, gibt ein sicheres Begreifen der Realität als bloß äußeres, abstraktes Wissen.

Während der Rationalismus vor der Einbildungskraft als einer Quelle des Wirrwarrs zurückschreckt, betont Vico ihre Rolle im Vorgang des entdeckenden Erkennens. Bevor wir zu festen Vorstellungen gelangen, meint er, denken wir in fließend unbestimmten Bildern. Oder richtiger gesagt: das primitive Denken geht in Vorstellungen von Bildern vor sich, während begriffliches Denken die höchste Stufe der Geistigkeit ist. Was die Geschichte, vom Menschen geschaffen, betrifft, so meint Vico, daß der höchste Grad der Erkenntnisgewißheit erreicht werden kann. Er dachte, es sei für den Historiker möglich, die allgemeinen Gesetze des historischen Verlaufs zu entdecken. Vico sagt nicht, daß jede Einzelheit mechanisch vorausgesagt werden kann, doch daß die breiten Umrisse im allgemeinen erkennbar sind.

Vicos geschichtliche Auffassung weist voraus auf die Theorie Hegels. Außerdem ist diese Geschichtsauffassung besser als die rationalistische Geschichtsbetrachtung mit den erfahrungsmäßigen Tatsachen der Geschichte vereinbar. So ist zum Beispiel der Gesellschaftsvertrag, wie er bei Hobbes und später bei Rousseau vorkommt, eine typisch rationalistische Verdrehung: mechanisch, fast mathematisch gesehen. Vicos Theorie aber betrachtet die Gesellschaft als ein natürliches und allmähliches Wachstum der menschlichen Lebewesen, die durch Anhäufung von Überlieferung langsam Formen gemeinschaftlichen Lebens entwickelt. Der Gesellschaftsvertrag hingegen setzt Menschen voraus, die plötzlich feststellen, daß sie vollkommen vernünftig zu denken imstande seien, und die durch eine rationale Entscheidung eine völlig neue Gesellschaft ins Leben zu rufen vermögen.

Was von der Gesellschaft im allgemeinen wahr ist, ist es von der Sprache im besonderen. Die Sprache beginnt, wenn die Menschen bei ihrer gemeinschaftlichen Tätigkeit einander Mitteilung machen wollen. In ihrer primitiven Form besteht sie aus Gebärden und symbolischen Handlungen. Wenn die Sprache deutlich zu lauten beginnt, erleidet sie einen langsamen Wandel von der unmittelbaren und in diesem Sinne natürlichen Verbindung mit den gegebenen Dingen zu vereinbarten Formen, Lautmustern. Sprache beginnt recht eigentlich mit Dichtung. Erst allmählich wird sie wissenschaftlich. Die Grammatiker, die die Grundzüge des sprachlichen Bestands festlegten, befanden sich im Irrtum, als sie sich auch hier auf eine rationalistische Ansicht versteiften und die Sprache als eine bewußte und willkürliche Konstruktion betrachteten. Sprache der Wissenschaft ist ein ander Ding. Von der gewöhnlichen Sprache ausgehend, ist es hier vor allem Aufgabe von Wissenschaft und Philosophie, die sprachlichen Mittel für neue Untersuchungen zu schärfen und neue zu schmieden. Das ist, nebenbei, die eigentliche, die wertvolle Botschaft der kartesianischen Forderung nach klarer und deutlicher Erkenntnis: Vico verkennt dagegen die Bedeutung der rationalistischen Denkweise für die Wissenschaft.

Wir können uns der Sprache in zweifacher Weise nähern. Entweder betrachten wir sie mit Leibniz streng rationalistisch als einen Kalkül, d.h. mit klaren und deutlichen Vorstellungen nach durch und durch anerkannten Rechenregeln. Oder wir fassen die natürlichen Sprachen im Sinne von Vico auf, d.h. wie sie sich als genaues Werkzeug der Mitteilung entwickelt haben, und lehnen jeden Versuch von Regelwerk als unnatürlich ab. Bei dieser Ansicht wird die Funktion der Logik in Wahrheit überflüssig, und das einzige Kriterium, das den Sinn sicherstellt, ist der gültige Sprachgebrauch. Beide Extreme sind falsch. Der Rationalist verfehlt die Richtung, in der die Entwicklung nach einem letzten erreichbaren Ziel vor sich geht, während der grundsätzliche Verzicht auf Regeln jede Möglichkeit des Ausbrechens aus dem engen Gesichtsfeld, in dem wir uns jederzeit befinden, verhindert. Außerdem ist letztere Auffassung im allgemeinen mit der Ansicht verknüpft, daß die gewöhnliche Umgangssprache schon so klar und deutlich sei, wie sie nur sein sollte und könnte – eine allzu übereilte und optimistische Ansicht, die z.B. gar nicht berücksichtigt, wieviel vergangenes philosophisches Vorurteil in der gewöhnlichen Sprache weiterlebt.

Trotz all seiner unorthodoxen Lehren auf soziologischem Gebiet blieb Vico nichtsdestoweniger frommer Katholik. Er versuchte zwar die überkommene Religion seinem System anzupassen. Ob das überhaupt und ohne Widersprüche möglich ist, ist freilich eine andere Frage. Aber Folgerichtigkeit ist nicht die starke Seite Vicos. Seine Bedeutung liegt vielmehr in seinem beinah unheimlichen Vorausahnen des 19. Jahrhunderts und dessen philosophischen Richtungen. In seiner Soziologie entfernt er sich von der rationalistischen Konzeption des Idealstaates und widmet sich der empirischen Aufgabe des Studiums, wie Gesellschaften wachsen und gedeihen. Hier ist er äußerst ursprünglich und durchdenkt zum erstenmal eine echte Theorie der menschlichen Kultur. All das ist wesentlich verbunden mit dem zentralen Begriff seines ganzen Denkens, daß Wahrheit Tun oder, lateinisch ausgedrückt, ›verum factum‹ ist.

DER ENGLISCHE EMPIRISMUS

Im Kielwasser der Reformation entstand in Nordeuropa eine neue Haltung gegenüber Politik und Philosophie. Sie kam auf als Reaktion auf Religionskriege und das Gebundensein an Rom und fand ihren Mittelpunkt in England und Holland. Die schrecklichen Folgen der kirchlichen Spaltung des Kontinents blieben England zum größten Teil erspart. Zwar verfolgten Protestanten und Katholiken einander eine Zeitlang, aber ziemlich lau. Der Puritanismus Cromwells lag sogar mit der Kirche in den Haaren. Aber hier gab es nicht die fürchterlichen Grausamkeiten und vor allem keine ausländischen Heere, die sich eingemischt hätten. Die Holländer erlitten hingegen den ganzen Anprall. In einem langen und verbitterten Kampf gegen das katholische Spanien errangen sie schließlich 1609 die vorläufige Anerkennung ihrer Unabhängigkeit, bis sie 1648 im Westfälischen Frieden bestätigt wurde.

Diese neue Haltung gegenüber den sozialen und geistigen Problemen heißt ›Liberalismus‹. Unter dieser etwas unbestimmten Bezeichnung kann man eine ganze Anzahl von einander abweichenden Arten verstehen. Erstens war der Liberalismus wesentlich protestantisch, doch nicht im engen kalvinischen Sinn. Er war vielmehr eine Fortbildung der protestantischen Ansicht, daß jeder mit Gott auf seine eigene Weise fertig werden müsse. Außerdem verdirbt Bigotterie das Geschäft. Da ferner der Liberalismus ein Erzeugnis des aufsteigenden Mittelstandes war, in dessen Händen sich Handel und Handwerk entwickelt hatten, stemmte er sich auch den eingefleischten Überlieferungen und Vorrechten des Adels und der Fürstenkronen entgegen. Im wesentlichen wurde aber die Toleranz zum Grundton. Im 17. Jahrhundert, als der größte Teil Europas von Bekenntniskämpfen zerrissen und von fanatischen Folterknechten geplagt wurde, war die Holländische Republik ein Asyl für Nichtkonformisten und Freidenker aller Art. Die protestantischen Kirchen errangen nie so große politische Macht, deren sich der Katholizismus während des Mittelalters erfreut hatte. Die Macht des Staates wuchs dadurch bedeutend.

Die Willkürherrschaft der Monarchie wurde von den mittelständigen Kaufleuten, die durch eigene Unternehmungen Besitz und Reichtum errungen hatten, mit wachsendem Unbehagen betrachtet. Die Bewegung ging auf Eigentumsrechte und auf Schmälerung der königlichen Macht. In Verbindung mit der Ableugnung des göttlichen Rechts der Könige entstand das Gefühl, daß die Menschen aus eigener Kraft über ihre Verhältnisse hinauswachsen können. Somit beginnt man den Wert der Erziehung zu betonen.

Die Regierung als solche wurde im allgemeinen mit Argwohn betrachtet, als störend für den sich ausdehnenden Handel und dessen freie Entfaltung hindernd. Indes wurde die Notwendigkeit von Gesetz und Ordnung anerkannt, was die Opposition mäßigte. Seit dieser Zeit saugen die Engländer ihre Lust am Kompromiß mit der Muttermilch ein; Bessermachen gilt ihnen mehr als eine Revolution.

Der Liberalismus des 17. Jahrhunderts war, wie der Name besagt, ein kräftiger Hang zum Freisein. Er löste diejenigen, die ihn ergriffen, aus jeder politischen, religiösen, wirtschaftlichen und geistigen Tyrannei, an denen die absterbende Tradition des Mittelalters noch hing. Ähnlich kämpfte der Liberalismus gegen den blinden Eifer der extremen protestantischen Sekten. Er bestritt den Kirchen die Berechtigung, in Philosophie und Wissenschaft Gesetzgeber zu sein. Nach dem Wiener Kongreß steckte Europa in dem neufeudalen Sumpf der Heiligen Allianz; der frühe Liberalismus aber, von hoffnungsvollen Zielen angefeuert und von grenzenloser Tatkraft getrieben, machte ohne große Rückschläge ungeheure Schritte vorwärts.

In England und Holland war das Wachstum des Liberalismus derart mit den allgemeinen Verhältnissen der Zeit verbunden, daß es sehr wenig Aufhebens verursachte. In anderen

Ländern aber, namentlich in Frankreich und Nordamerika, wirkte er revolutionär auf die Gestaltung der Dinge. Ein Hauptzug liberaler Auffassung war jedoch immer und überall: Achtung vor dem Individualismus.

Die protestantische Theologie hatte die Unzulänglichkeit der weltlichen Behörde, Gesetze in Sachen des Gewissens vorzuschreiben, betont. Der selbe Individualismus durchdrang auch Wirtschaft und Philosophie. In wirtschaftlicher Beziehung bekundete er sich durch das Schlagwort ›laisser faire‹ und, nationalisiert, im Utilitarismus des 19. Jahrhunderts. In der Philosophie stellt der Individualismus die Erkenntnistheorie in den Vordergrund, die seither die Philosophen so sehr beschäftigt. Descartes' berühmte Formel: ›Ich denke, also bin ich‹, ist kennzeichnend für diesen Individualismus, da er jedermann auf seine eigene persönliche Existenz als Quelle der Erkenntnis zurückweist.

Die Doktrin des Individualismus war hauptsächlich rationalistisch, da die Vernunft für das Allerwichtigste gehalten wurde. Das Beherrschtsein von Leidenschaften wurde im allgemeinen als unzivilisiert betrachtet. Im 19. Jahrhundert aber dehnte sich die individualistische Doktrin auch auf die Leidenschaften aus und führte sie, auf dem Gipfel der romantischen Bewegung, zu Philosophien der Macht, die den Eigenwillen des Stärkeren priesen. Dieses Ende seiner Laufbahn steht natürlich im vollen Gegensatz zum Liberalismus, da der Mann des Erfolgs die Leiter zum Erfolg aus Furcht vor dem Wetteifer anderer sogleich zerschlagen muß. Der Liberalismus beeinflußte das intellektuelle Klima der Meinungen überhaupt. So ist es nicht überraschend, daß Denker der verschiedensten philosophischen Richtungen in ihrer politischen Auffassung liberal waren. Spinoza war ebenso liberal wie die englischen empiristischen Philosophen.

Mit dem Aufkommen der industriellen Gesellschaft im 19. Jahrhundert war der Liberalismus eine starke Kraft für die gesellschaftliche Höherentwicklung der elend ausgebeuteten arbeitenden Klassen. Diese Funktion wurde später von den militanteren Kräften der aufkommenden sozialistischen Arbeiterbewegung übernommen. Der Liberalismus blieb im ganzen eine Richtung ohne Dogma. Als politische Macht ist er jetzt leider fast völlig erschöpft. Es ist ein trauriges Urteil über unsere Zeit, daß – vielleicht als Ergebnis der internationalen Katastrophen unseres Jahrhunderts – die meisten Menschen keinen Mut mehr haben, ohne ein starres politisches Bekenntnis ihren eigenen Einsichten nachzuleben. Das philosophische Werk Descartes' brachte zwei große philosophische Strömungen zuwege. Die eine der wiedererweckte Rationalismus, dessen Hauptvertreter im 17. Jahrhundert Spinoza und Leibniz waren. Die andere das, was man gemeinhin englischen Empirismus nennt. Es ist gut, diese Bezeichnungen nicht allzu streng zu nehmen. Eines der großen Hindernisse für das Verständnis philosophischer wie überhaupt wissenschaftlicher Gedanken ist die blinde und überschroffe Klassifizierung der Denker nach Fachschildchen. Immerhin ist die herkömmliche Einteilung nicht willkürlich und weist auf wesentliche Züge der beiden Strömungen hin. Das gilt sogar noch, wenn in der politischen Theorie die englischen Empiriker wesentliche Züge des rationalistischen Denkens zeigen.

Die drei großen Vertreter dieser Strömung, Locke, Berkeley und Hume umfassen roh die ganze Periode vom englischen Bürgerkrieg bis zur französischen Revolution. John Locke (1632 – 1704) erhielt eine streng puritanische Erziehung. Sein Vater kämpfte im Bürgerkrieg auf der Seite des Parlaments. Eine der grundlegenden Thesen Lockes war jedoch die Toleranz. Das ließ ihn schließlich mit beiden Seiten brechen. 1646 ging er zur Westminster-Schule, wo er die traditionelle Grundausbildung in den Klassikern erhielt. Sechs Jahre später zog er nach Oxford, wo er die nächsten fünfzehn Jahre, zuerst als Student und dann als Lehrer des Griechischen und der Philosophie, zubrachte. Der Scholastizismus, der damals noch in Oxford herrschte, lag ihm nicht, er widmete sich lieber wissenschaftlichen Experimenten und der kartesianischen Philosophie. Die offizielle Kirche legte keinen Wert auf einen Menschen seiner toleranten Auffassung, so fing er schließlich noch an, Medizin zu studieren. Um diese Zeit lernte er Boyle kennen, der mit der Akademie der Wissenschaften, die 1668 gegründet worden war, in Verbindung stand. Mittlerweile hatte Locke eine diplomatische Mission zum Kurfürsten von Brandenburg begleitet (1665) und im nächsten Jahr Lord Ashley, den späteren ersten Grafen von Shaftesbury, getroffen. Er wurde Shaftesburys Freund und Sekretär bis 1682. Lockes berühmtestes philosophisches Werk, die *›Abhandlung über den menschlichen Verstand‹*, begann 1671 als Ergebnis einer Reihe von Diskussionen mit Freunden, wobei es klar wurde, daß eine vorherige Festsetzung der Tragweite und des Bereichs menschlicher Erkenntnis not täte. Als Shaftesbury 1675 stürzte, ging Locke ins Ausland und verbrachte die nächsten drei Jahre in Frankreich, wo er viele der führenden Denker kennenlernte. 1675 tauchte Shaftesbury wieder auf der politischen Bühne auf und wurde Lord-Präsident des Staatsrates. Im folgenden Jahr nahm Locke auch seine Stelle als Sekretär des Grafen wieder auf. Shaftesbury versuchte, die Thronbesteigung Jakobs II. zu verhindern und wurde in die erfolglose Monmouth-Verschwörung verwickelt. Schließlich starb er im Exil in Amsterdam 1683. Locke war der Verbindung mit ihm verdächtig und flüchtete im selben Jahr nach Holland. Eine Zeitlang lebte er, um die Auslieferung zu vermeiden, unter falschem Namen. Um diese Zeit beendete er die *›Abhandlung‹*. Der gleichen Zeit gehören sein *›Brief über die Toleranz‹* und *›Zwei Aufsätze über die Regierung‹* an. 1688 wurde Wilhelm von Oranien englischer König, und Locke kehrte kurz danach heim. Die *›Abhandlung‹* wurde 1690 veröffentlicht, und Locke verbrachte die meisten seiner letzten Jahre mit der Vorbereitung späterer Ausgaben seiner Wecke und mit Kontroversen, die sein Werk nach sich zog.

Die *Abhandlung*‘ liefert den ersten offenen Versuch einer Abgrenzung des Verstandes und der Untersuchungen, die wir vorzunehmen imstande sind. Während die Rationalisten stillschweigend angenommen hatten, daß vollkommenes Wissen letzten Endes erreichbar sei, war die neue Auffassung weniger optimistisch, wie denn der Rationalismus im großen ganzen eine optimistische Lehre, damit zugleich unkritisch, ist. Die erkenntnistheoretische Untersuchung Lockes ist hingegen die Begründung einer kritischen Philosophie, die in doppeltem Sinn empirisch ist. Erstens urteilt sie nicht wie die Rationalisten im voraus über das Erkennen und zweitens betont sie die Sinneserfahrung. Diese Auffassung bedeutet daher nicht nur den Beginn der empirischen Richtung, welche dann von Berkeley, Hume und J. S. Mill fortgesetzt wurde, sondern war auch der Ausgangspunkt der kritischen Philosophie Kants. Lockes ›*Abhandlung*‹ beabsichtigt eher alte Vorurteile und Voreingenommenheiten wegzufegen als ein neues System zu gründen. Seine Aufgabe sieht er bescheidener als das Werk der Meister wie das des »unvergleichlichen Herrn Newton«. Er fühlt: »Es ist Lohnes genug, als Kärrner beim Einebnen zu helfen und etwas vom Schutt, der den Weg der Erkenntnis versperrt, wegzuräumen.«

Der erste Schritt in diesem neuen Programm war, die Erkenntnis streng auf die Erfahrung zu gründen, was bedeutete, daß die ›angeborenen Ideen‹ bei Descartes und Leibniz abgelehnt werden müssen. Daß wir von Geburt aus manches Angeborene besitzen, das sich zu entwickeln vermag und uns befähigt, gewisse Dinge zu erlernen, wird von allen Seiten zugegeben. Das will aber nicht heißen, daß der naturhafte, un gelenkte Verstand ›schlafende Inhalte‹ besitze. Wenn dem so wäre, könnten wir niemals zwischen ihnen und jener Erkenntnis, die echt und unzweifelhaft aus Erfahrung stammt, unterscheiden. Sonst müßten wir sagen, daß *alle* Erkenntnis angeboren ist – genau das, was, wenn wir uns entsinnen, in Platons ›*Menon*‹ als die sokratische Lehre von der Anamnesis, der Erinnerung, dargestellt wird.

Der Geist, nach Locke, beginnt dagegen wie ein unbeschriebenes Blatt. Was ihm die geistigen Inhalte liefert, ist die Erfahrung. Diese Inhalte nennt Locke Ideen, der Ausdruck in einem sehr weiten Sinn gebraucht. Diese Vorstellungen oder Ideen werden entsprechend ihren Objekten in zwei Arten aufgeteilt. Erstens in Vorstellungen der Sinneswahrnehmung, die aus der Beobachtung der Außenwelt durch unsere Sinnesorgane stammen. Die andere Art bilden die Vorstellungen der Reflexion, die aus der Selbstbeobachtung des Geistes oder der Vernunft herrühren. Soweit enthält die Lehre nichts Neues. Daß es im Geiste nichts gibt, was nicht durch die Sinnesorgane hineingekommen wäre, war eine alte scholastische Formel, und Leibniz fügte später hinzu »nichts, außer dem Geist selbst«. Was doch neu und charakteristisch für den Empirismus ist, ist die Behauptung, daß die Sinne die einzige Quelle der Erkenntnis seien. So können wir im Denken und Überlegen nie über die Grenzen dessen hinausgehen, was wir durch Sinneserfahrung und Reflexion gesammelt haben.

Locke teilt die Vorstellungen oder Ideen ferner in einfache und zusammengesetzte auf. Er gibt aber kein klares Kriterium für die einfachen; er nennt Vorstellungen schlechthin einfach, wenn sie nicht in Teile gebrochen werden können. Das reicht als Erklärung nicht aus, außerdem ist er im Gebrauch des Ausdruckes nicht folgerichtig. Doch ist klar, was er damit beabsichtigt. Wenn es nur Vorstellungen der Sinneserfahrung und der Reflexion gibt, dann muß es möglich sein zu zeigen, wie die geistigen Inhalte aus diesen beiden aufgebaut werden oder anders, wie die zusammengesetzten Vorstellungen aus der Verknüpfung der einfachen entstehen. Die zusammengesetzten Vorstellungen sind weiter in Substanzen, Modi und Verhältnisse aufgeteilt. Die Substanzen sind zusammengesetzte Ideen von Dingen, die an sich existieren können, während die Modi von Substanzen abhängen. Die Verhältnisse sind, wie Locke selbst einsah, gar keine wirklich komplexen Ideen. Sie bilden eine besondere Klasse und entstehen aus der geistigen Tätigkeit des Vergleichens. Nehmen wir zum Beispiel den Fall der Kausalität. Diese Idee des Verhältnisses folgt auf die Beobachtung der Veränderung. Der Begriff der notwendigen Verbindung wird nach Locke auf eine apriorische Annahme gegründet und fußt nicht in der Erfahrung. Hume betont später diesen zweiten Standpunkt, Kant den ersten.

Für Locke bedeutet der Ausdruck, dieses oder jenes zu wissen, daß man dessen gewiß ist. Hierin folgt er bloß der rationalistischen Tradition. Der Gebrauch des Wortes ›wissen‹

geht auf Platon und Sokrates zurück. Was wir nun nach Locke wissen, sind Ideen (Vorstellungen), und von ihnen wird gesagt, daß sie die Welt vertreten oder repräsentieren. Diese repräsentative Theorie der Erkenntnis reißt Locke freilich weit über den Empirismus hinaus, den er doch so sehr vertritt. Wenn aber alles, was wir wissen, nur Vorstellungen sind, wie sollen wir wissen, ob sie der Welt der Dinge entsprechen oder nicht! Jedenfalls führt diese Auffassung der Erkenntnis Locke zur Ansicht, daß die Wörter die Vorstellungen vertreten wie die Vorstellungen die Dinge. Nur gibt es den Unterschied, daß Wörter konventionelle Zeichen sind in einem Sinn, wie die Vorstellungen es nicht sind. Da die Erfahrung uns nur einzelne konkrete Vorstellungen liefert, so ist es die Tätigkeit des Geistes selbst, der allgemeine abstrakte Vorstellungen erzeugt. Lockes Ansicht über den Ursprung der Sprache, die in der ›*Abhandlung*‹ nebenbei zum Ausdruck kommt, teilt mit Vico die Einsicht in die Rolle der Metapher.

Eine der Hauptschwierigkeiten der Erkenntnistheorie von Lockes ist, wie er sich mit dem Irrtum abfindet. Die Form des Problems ist genau die gleiche wie im ›*Theaitetos*‹, wenn wir Lockes unbeschriebenes Blatt für Platons Vogelkäfig und Lockes Vorstellungen für Platons Vögel setzen. Es sieht dann so aus, daß wir auf Grund dieser Theorie nie irren können, obzwar Locke im allgemeinen sich nicht um solche Probleme kümmert. Er ist in der Behandlung nicht systematisch, und oft hört er zu argumentieren auf, wenn Schwierigkeiten entstehen.

In Sachen Theologie nahm Locke die traditionelle Teilung der Wahrheit in rationale und geoffenbarte an und blieb immer ein frommer, wenn auch unabhängig gläubiger Christ. Was er über alles verabscheute, war ›Enthusiasmus‹ im ursprünglichen griechischen Sinn des Wortes. Es bedeutet den Zustand, in dem man von göttlicher Eingebung ›besessen‹ ist – ein Zustand, wie er ziemlich kennzeichnend für die religiösen Führer im 16. und 17. Jahrhundert war. Ihr Fanatismus, so fühlte Locke, war sowohl für die Vernunft wie für die Offenbarung verderblich, und diese Auffasung wurde von den Grausamkeiten des religiösen Krieges in großem Maße unterstützt. Kurz, Locke setzte in der Tat die Vernunft zuerst, in diesem der allgemeinen philosophischen Auffassung seiner Zeit folgend.

Dieselbe Mischung von Vernunft und stückweiser Empirie findet sich in Lockes politischer Theorie. Diese wird in den zwei Aufsätzen über die Regierung, geschrieben 1689 bis 1690, behandelt. Der erste ist eine Widerlegung der Flugschrift Sir Robert Filmers mit dem Titel ›*Patriarcha*‹, die eine extreme Formulierung der göttlichen Rechte der Könige (des Gottesgnadentums) enthielt. Die Theorie ist auf das Vererbungsprinzip gegründet, das Locke ohne Schwierigkeit zerschmettert, obzwar, mit Verlaub, das Prinzip als solches nicht unbedingt der menschlichen Vernunft widerspricht. Es ist sogar im wirtschaftlichen Bereich tatsächlich weithin gültig.

Der zweite Aufsatz entwickelt Lockes eigene Theorie. Er denkt wie Hobbes, daß die Menschen, bevor es eine bürgerliche Ordnung gab, in einem Naturzustand nur nach Naturgesetzen lebten. All das ist traditioneller Scholastizismus. Lockes Ansicht über den Ursprung der Regierung gründet sich, wie auch bei Hobbes, auf die rationalistische Lehre vom Gesellschaftsvertrag. In ihrer Fassung war diese Ansicht ein Fortschritt gegenüber den Verteidigern des Gottesgnadentums, obzwar sie gegen Vicos Theorie minderwertiger war. Als Hauptmotiv stand für Locke hinter dem Gesellschaftsvertrag der Schutz des Eigentums. Auf Grund solcher Bindungen verzichten die Menschen auf das Recht, als alleinige Verteidiger ihrer eigenen Angelegenheiten zu handeln. Dieses Recht ist so an die Regierung abgetreten. Da in einer Monarchie der König selbst in Streitigkeiten verwickelt werden kann, verlangt der Grundsatz, daß niemand Richter in eigener Sache sein sollte, eine von der Exekutive unabhängige Justiz. Die Gewaltenteilung wurde später ja bis ins einzelne und hervorragend von Montesquieu behandelt. Bei Locke finden wir den ersten großartigen Versuch hierüber. Besonders ausführlich beschäftigt er sich mit der über die gesetzgebende Macht des Parlaments gesetzten exekutiven Macht des Königs. Die gesetzgebende Körperschaft, so meint Locke, muß – als einzig verantwortlich der Gemeinschaft, deren Vertreterin sie ist – höchste Instanz sein. Was aber ist zu tun, wenn sich Exekutive und Gesetzgeber in den Haaren liegen? Offensichtlich muß in solchen Fällen die Exekutive zur Unterwerfung gezwungen werden. Das war in der Tat Karl I. widerfahren, dessen autoritäre Art zur Heraufbeschwörung des Bürgerkriegs beitrug.

Nun bleibt die Frage offen, wie sich zu entscheiden, wenn gegen einen störrischen Herrscher rechtmäßig Gewalt anzuwenden wäre. In praxi wird gewöhnlich danach entschieden, ob die fragliche Angelegenheit Erfolg hat oder nicht. Obzwar sich Locke dieser Tatsache vage bewußt ist, richtet sich seine eigene Ansicht nach der allgemeinen rationalistischen Tendenz der politischen Denkart seiner Zeit. Man nahm eben an, daß jeder vernünftige Mensch wisse, was Recht sei. Hier schwebt wieder einmal die Lehre vom Naturrecht im Hintergrund. Und auch hier spielt die dritte, die richterliche Macht, eine besondere Rolle. Locke selbst behandelt zwar die Justiz nicht als eine Gewalt für sich. Wo immer aber die Gewaltenteilung durchgeführt wurde, erhielt die Justiz einen völlig unabhängigen Status. Auf diese Weise bilden die drei Gewalten ein System gegenseitiger Kontrolle und des Gleichgewichts, das bestrebt ist, die Entstehung unumschränkter Gewalt zu verhindern; das ist Kern und Wesen des politischen Liberalismus.

Im heutigen England verringern Festigkeit der Parteistrukturen und die vom Kabinett abgetretene Macht die Kluft zwischen Exekutive und Gesetzgebung. Das hervorragendste Beispiel für die Gewaltenteilung, so wie sie Locke aufgefaßt hat, besteht in den USA, wo Präsident und Kongreß unabhängig voneinander handeln. Was den Staat im allgemeinen betrifft, ist seine Macht seit Lockes Zeiten zuungunsten des einzelnen ins Ungeheuerliche gewachsen.

Obzwar Locke unter den Denkern weder der tiefste noch der ursprünglichste ist, übte sein Werk einen starken und anhaltenden Einfluß sowohl auf die Philosophie wie auch auf die Politik aus. Philosophisch steht er am Anfang des neuen Empirismus, der dann von Berkeley und Hume, später von Bentham und John Stuart Mill gedanklich weiterentwickelt wurde. Die französischen Enzyklopädisten des 18. Jahrhunderts, mit Ausnahme Rousseaus und seiner Anhänger, waren wesentlich von Locke beeinflußt. Auch der Marxismus verdankt dort, wo er wissenschaftlich ernst zu nehmen ist, dem Einfluß Lockes sehr viel.

Politisch war Lockes Lehre die Zusammenfassung der damals in England tatsächlich vorhandenen Zustände. Keine große Umwälzung war zu erwarten. In Amerika und Frankreich war der Fall anders. In diesen Ländern führte der Liberalismus lockescher Art zu einer revolutionären Bewegung. In Amerika wurde der Liberalismus nationales Ideal und in der Verfassung niedergelegt. Ideale pflegen nicht immer treu beachtet zu werden, aber der Frühliberalismus Amerikas hat sich im Prinzip doch fast unverändert fortgesetzt.

Seltsam genug ist der ungeheure Erfolg Lockes mit dem unwiderstehlichen Sieg Newtons eng verbunden. Die newtonsche Physik rechnete ein für allemal mit der Autorität des Aristoteles ab. Ähnlich leugnete die politische Theorie Lockes, obzwar kaum neu, das göttliche Recht der Könige und suchte auf Grund des den modernen Verhältnissen angepaßten Naturrechts der Scholastik eine neue Staatslehre zu begründen. Die wissenschaftliche Stimmung dieser Bemühungen spiegelt sich in der Einflußnahme auf die folgenden Geschehnisse. Allein schon der Wortlaut der Unabhängigkeitserklärung trägt ihren Stempel. Als Franklin Jeffersons Ausdruck ›geheiligt und unleugbar‹ mit ›selbstevident‹ in dem Satz ›wir halten diese Wahrheiten für selbstevident‹ änderte, klang Lockes philosophische Sprache durch.

In Frankreich war sein Einfluß noch stärker. Die veraltete politische Tyrannei des ›ancien régime‹ stand in leidvollem und offensichtlichem Kontrast zu den liberalen Anschauungen Englands. Außerdem hatten auf dem Gebiet der Wissenschaft die Newtonschen Begriffe die alte kartesianische Weltansicht vertrieben. Auch in der Wirtschaft wurde die englische Politik des Freihandels, zwar teilweise mißverstanden, von den Franzosen sehr bewundert. Während des ganzen 18. Jahrhunderts herrschte in Frankreich eine anglophile Auffassung, die vor allem auf den Einfluß Lockes zurückzuführen ist. Mit der Philosophie von Locke zeigt sich zum erstenmal die spätere Spaltung der modernen europäischen Philosophie. Die kontinentale Philosophie ist im allgemeinen von systembildender Art. Ihre Beweisführung ist apriorisch und interessiert sich in ihrem Schwung oft nicht für die Einzelheiten. Die englische Philosophie andrerseits folgt viel strenger der empirischen Forschungsmethode. Sie beschäftigt sich mit einer Unzahl von Einzelheiten, Stückchen für Stückchen, und wenn sie zu allgemeinen Prinzipien fortschreitet, stellt sie sie auf die Probe unmittelbarer Evidenz. Bei solchen Unterschieden der Auffassung zerkrümelt ein apriorisches System, das an sich folgerichtig ist, wenn seine Grundlehren gelockert werden. Die empirische Philosophie hingegen, auf beobachtete Tatsachen gegründet, stürzt nicht zusammen, wenn sich einige Stellen als irrtümlich erweisen sollten. Der Unterschied ist der zweier Pyramiden, von denen die eine auf dem Kopf steht. Die empirische Pyramide steht fest auf ihrer Basis und fällt nicht um, wenn auch hie und da eine Platte abrutscht. Die apriorische hingegen steht auf dem Kopf und kippt um, wenn man nur danach schielt.

In der Ethik sind die praktischen Ergebnisse dieser Methode noch offenbarer. Eine Theorie des Guten als strenges System kann verheerende Wirkung haben, wenn ein sturer Despot sich einbildet, Werkzeug der ›Vorsehung‹ zu sein, um es zu handhaben. Eine utilitaristische Ethik dagegen kann man zwar verachten: sie schmeckt ja nach ›Glücksverlangen‹. Doch tut einer ihrer Anhänger vielleicht mehr für die Menschheit als ein himmelblauer Idealist. Mit den verschiedenen Ansichten in der Ethik gibt es auch in der Politik entsprechend verschiedene Auffassungen. Liberale nach lockescher Art haben keine Vorliebe für abstrakte Neuerungen. Jede Sache muß in freier Aussprache nach Vor- und Nachteil behandelt werden. Dieser zerstückelnde, abtastende und eher antisystematische als unsystematische Zug englischer Verwaltungskunst und sozialer

Praxis ist etwas, was den vom Festland Kommenden oft so lästig dünkt.

Die utilitaristischen Nachfolger des lockeschen Liberalismus befürworteten eine Ethik aufgeklärten Selbstinteresses. Diese Auffasung rief vielleicht nicht immer edelste Gefühle hervor; aber sie verzichtete auf die sozusagen ›heroischen Greuel‹, die im Namen erhabener Systeme begangen wurden, die wohl würdigere Ziele hatten, aber vergaßen, daß Menschen keine Abstraktionen sind.

Ein ernster Fehler bleibt in der lockeschen Theorie übrig: seine Auffassung von den abstrakten Ideen. Die lockesche Erkenntnistheorie versucht nämlich vergeblich, mit dem Problem der Universalien fertig zu werden. Die Schwierigkeit liegt darin, daß, wenn wir die spezifischen Fälle als gesondert betrachten, letzten Endes nichts übrigbleibt. Locke gibt als Beispiel die Idee eines Dreiecks, das ›weder schiefwinklig noch rechtwinklig, weder gleichschenklig, gleichwinklig noch ungleichseitig, sondern alles in einem und keines davon‹ sein muß. Die Kritik der Theorie der abstrakten Ideen ist der Ausgangspunkt für die Philosophie von George Berkeley.

George Berkeley (1685 – 1753), von anglo-irischer Abstammung, wurde in Irland geboren. Mit 15 Jahren ging er ins Trinity-College, Dublin, wo die neuen Lehren Newtons und die Philosophie Lockes neben den traditionellen Fächern gerade in Schwung kamen. 1707 erhielt er einen Lehrstuhl. In den folgenden sechs Jahren veröffentlichte er die Werke, auf denen sein Ruf als Philosoph sich gründet.

Vor seinem dreißigsten Lebensjahr war er schon berühmt; danach widmete er seine Kraft anderen Angelegenheiten. Von 1713 bis 1721 machte Berkeley Reisen nach England und auf den Kontinent. 1724 wurde er Dekan von Derrey. 1732 zog er nach London. Zwei Jahre später wurde er Bischof von Cloyne; diese Stellung behielt er bis zu seinem Tode. 1752 besuchte er Oxford, wo er zu Anfang des nächsten Jahres starb.

Die Grundthesis der Philosophie Berkeleys ist, daß sein und wahrgenommen werden dasselbe sei. Diese Formel schien ihm derart selbstevident, daß er seinen weniger überzeugten Zeitgenossen nicht erklären konnte, was er damit wollte. Denn diese Formel steht auf den ersten Blick mit dem nüchternen Menschenverstand auf Kriegsfuß. Niemand denkt normalerweise, was sie zu verlangen scheint, daß Objekte, die er wahrnimmt, in seinem Geist sind. Der springende Punkt, den Berkeley unter allem andern berührt, ist, daß vom empirischen Gesichtspunkt aus, den Locke wohl gepredigt, aber nicht immer folgerichtig ausgeübt hat, etwas mit der Idee des Objekts irrtümlich ist. Ob aber Berkeleys eigene Theorie letzten Endes ein sicheres Mittel gegen Schwierigkeiten sei, ist freilich eine andere Frage. Allerdings muß daran erinnert werden, daß uns Berkeley nicht mit esoterischen Rätseln mystifizieren will, sondern gewisse Unstimmigkeiten bei Locke zu tilgen sucht. Das gelingt ihm vollkommen. Innere und äußere Welt nach Lockes Erkenntnistheorie zu unterscheiden – unmöglich; im selben Atem Ideenlehre und eine ›repräsentative‹ Erkenntnistheorie – ebenso unmöglich. Eine ähnliche Schwierigkeit finden wir später bei Kant.

Das erste Werk, in dem Berkeley die Theorie der abstrakten Ideen kritisiert, war der ›*Essay über eine Neue Theorie der Gesichtswahrnehmung*‹. Berkeley beginnt mit der Behandlung einiger Schwierigkeiten bei der Wahrnehmung. Insbesondere gibt er eine richtige Lösung für das scheinbare Rätsel, daß wir die Dinge in ihrer richtigen Lage sehen, obwohl ihr Bild auf der Netzhaut verkehrt steht. Die Frage war damals Gesellschaftsspiel, und Berkeley wies nach, daß ein einfacher Trugschluß vorliegt. Wir sehen mit unsern Augen und nicht von hinten her wie auf einen Bildschirm. Leichtfertiges Gleiten von der geometrischen Optik in die Sprache der visuellen Wahrnehmung ist Ursache des Mißverständnisses. Berkeley entwickelt dann eine Theorie der Wahrnehmung, die einen radikalen Unterschied macht zwischen den verschiedenen Arten der Sinneswahrnehmung.

Visuelle Wahrnehmungen, sagt er, stammen nicht von äußeren Dingen, sondern sind einfach Ideen im Geiste. Tastempfindungen rühren wohl von physischen Objekten her, aber nur als Ideen einer Sinneswahrnehmung befinden sie sich im Geiste. Diese Unterscheidung wird in Berkeleys späterem Werk abgelehnt, demgemäß sind alle Ideen der Wahrnehmung nur im Geist. Die Ursache, warum die Sinnesorgane so voneinander getrennt sind, liegt darin, daß alle Wahrnehmungen besonderer Art sind. Auch das erklärt Berkeleys Ablehnung dessen, was er ›Materialismus‹ nennt. Denn die Materie ist einfach ein metaphysischer Träger von Qualitäten, welch letztere allein die Erlebnisse, die seelische Inhalte sind, zustande bringen. Die bloße Materie kann nicht erfahren werden und ist daher nur eine müßige Abstraktion. Dasselbe gilt für die abstrakten Ideen Lockes. Wenn man zum Beispiel all die besonderen Eigenschaften eines Dreiecks wegläßt, so bleibt letzten Endes nichts übrig, und über das Nichts kann keine Erfahrung gemacht werden.

In der Abhandlung ›*Prinzipien der menschlichen Erkenntnis*‹ (1710, ein Jahr später als der ›*Essay*‹) bekräftigt Berkeley seine Grundthese ohne Modifizierung oder Kompromiß: »Sein ist wahrgenommen werden.« Das ist das letzte Ergebnis des lockeschen Empirismus, wenn man ihn ernst nimmt. Von etwas als einem Seienden zu sprechen hat nur bei und durch Erfahrung oder Erlebnis Sinn, und daher ist sein und wahrgenommen werden ein und dasselbe. Von diesem Gesichtspunkt aus hat es gar keinen Sinn, von einer ›unerfahrenen Erfahrung‹ oder einer ›nicht wahrgenommenen Idee‹ zu sprechen, wie die phenomenalistischen Erkenntnistheoretiker unserer Zeit es tun. Was die abstrakten Ideen betrifft, so müßten sie, wenn sie überhaupt möglich wären, irgendein Reales vertreten, das aber nicht erfahrbar ist, was ein grober Widerspruch zum lockeschen Empirismus wäre. Vom empirischen Standpunkt aus ist die Realität gleichbedeutend mit dem, was erfahren werden kann.

Wie aber läßt sich dann das Universalienproblem lösen? Berkeley weist darauf hin, daß Lockes sogenannte abstrakte Ideen nichts als allgemeine Namen sind. Diese aber beziehen sich nicht auf irgendein Ding, sondern je auf eine Gruppe von Dingen. So bedeutet das Wort ›Dreieck‹ alle Dreiecke, aber es bezieht sich auf keine Abstraktion. Die Schwierigkeit einer Theorie der abstrakten Ideen ist in der Tat nicht ohne Bezug auf das, was wir in Verbindung mit den sokratischen Formen erörtert haben. Auch sie sind irgendwie völlig ohne jede besondere Bestimmung und deswegen einer anderen Welt angehörend als der unseren, obzwar man sie erkennen zu können glaubte.

Berkeley lehnt aber nicht nur die abstrakten Ideen ab, sondern die lockesche Unterscheidung zwischen Objekt und Idee überhaupt, und das heißt die ganze Erkenntnistheorie, die sich aus ihr ergibt. Bei Locke findet sich schon der Vorgeschmack einer Unterscheidung zwischen den Dingen an sich und den Erscheinungen, die später von Kant getroffen wurde. Berkeley lehnt erstere als unvereinbar mit dem lockeschen Empirismus ab. Das ist das Wesen des (subjektiven) Idealismus Berkeleys. Alles, was wir in Wirklichkeit wissen und worüber wir sprechen, ist bloß seelischer Inhalt. Mit seiner vertretenden oder ›repräsentativen‹ Erkenntnistheorie hielt Locke dafür, daß Wörter bloße Zeichen für Ideen sind. Jeder Idee entspricht ihr Wort und umgekehrt. Diese irrtümliche Ansicht ist für die Theorie der abstrakten Ideen verantwortlich. So, denkt Locke, lockt das Wort die Idee hervor; Verständigung von Mensch zu Mensch beruht darauf.

Berkeley hat es nicht schwer nachzuweisen, daß diese Sprachauffassung irrig ist. Denn was wir verstehen, wenn wir jemandem zuhören, ist mehr die allgemeine Richtung seiner Rede, als eine Reihe von Wortbedeutungen, die auseinandergefallen wären wie Perlen und dann wieder zum Rosenkranz aufgereiht. Man könnte hinzufügen, daß die Schwierigkeit mit der Ideenvertretung immer wieder aufstößt. Wie soll man den Ideen Namen beimessen? Das würde verlangen, daß eine bestimmte Idee ohne Worte in jemandes Geist gegenwärtig war und dann erst benamst wurde. Aber auch so wäre unmöglich einzusehen, wie das Entsprechen zustande gebracht werden könnte, da die Idee selbst nach der Theorie ja nicht wörtlich ist. Die lockesche Sprachauffassung ist also äußerst unzulänglich.

Wir haben gesehen, daß man eine Darstellung des berkeleyschen Idealismus geben kann, die ihn weniger überraschend macht, als er zuerst schien. Einige seiner Folgerungen sind allerdings weniger überzeugend. So er scheint es ihm unausweichlich, daß, wenn eine Wahrnehmung erfolgt, es auch Geister oder Seelen geben muß, die damit befaßt sind. Nun, ein Geist, der Ideen besitzt, ist nicht das Objekt seiner eigenen Erfahrung; seine Existenz besteht also nicht im Wahrgenommenwerden, sondern im Wahrnehmen. Diese Auffassung von ›Geist‹ ist jedoch unvereinbar mit Berkeleys eigener Auffassung. Denn bei Prüfung des Falles finden wir, daß ein so aufgefaßter Geist genau die Art abstrakter Idee ist, die Berkeley bei Locke kritisierte. Eine besondere Antwort erheischt die Frage, was mit dem Geist geschieht, wenn er inaktiv ist. Wenn Existenz entweder Wahrnehmung bedeutet, wie im Fall der aktiven Geister, oder aber Wahrgenommenwerden, wie im Falle der Ideen, dann muß der inaktive Geist eine Idee im ständig tätigen Geist Gottes sein. Dieser ›philosophische‹ Gott wird so eingeführt, um einer theoretischen Schwierigkeit abzuhelfen. Seine Aufgabe ist lediglich, die ununterbrochene Existenz der Geister sicherzustellen und ebenso die der physischen Objekte – eine etwas allzu freie Art, die Frage dem nüchternen Menschenverstand näherzubringen. Dieser Teil der berkeleyschen Lehre ist der wenigst wertvolle und philosophisch der wenigst interessante.

Es ist erwähnenswert, daß Berkeley mit der Formel ›sein‹ gleich ›wahrgenommen werden‹ nicht meint, daß sie experimentell entscheidbar wäre. Was er tatsächlich behauptet, ist, daß wir nur sorgfältig zu beobachten brauchen, wie wir unser Vokabular richtig benützen, um zu sehen, daß seine Formel offensichtlich wahr ist. So ist das, was er hier tut, ohne metaphysische Bedeutung, vielmehr nur die Festlegung, wie gewisse Worte zu benutzen sind. Sofern wir uns zum synonymen Gebrauch von ›Existenz‹ und ›Wahrgenommenwerden‹ entscheiden können, ist kein Platz für Zweifel. Aber Berkeley denkt nicht nur daran, wie wir diese Worte benützen sollten, sondern daß wir sie im guten Sprachgebrauch schon wirklich so benützen. Daß dies keine gänzlich unglaubhafte Ansicht ist, haben wir, mühselig genug, dargetan. Nichts destoweniger fühlt man, daß diese Sprechweise keineswegs so angemessen ist wie Berkeley meint.

Da ist vor allem die Tatsache, daß er zu einer metaphysischen Theorie von Geist und Gott geführt wird, die ganz außerhalb seiner übrigen Philosophie liegt. Außerdem hat Berkeleys Auffassung eine philosophische Schwäche, die zur Kritik herausfordert. Das ist um so bemerkenswerter, weil Berkeley selbst diese Art des Irrtums in Verbindung mit der Gesichtswahrnehmung beleuchtet hat. Wie wir erwähnten, hatte er mit Recht darauf bestanden, daß ein Mensch mit seinen Augen schaut, aber sie nicht anschaut. Ähnlich könnte man leicht sagen, daß der Mensch mit seinem Geist wahrnimmt, aber doch nicht während der Wahrnehmung über seinem Geist, um ihn zu beobachten, schwebt. Wie wir unsere Augen nicht beobachten, beobachten wir auch nicht unseren Geist. Und wie wir nicht sagen können, wir sähen, was auf der Retina ist, ebenso können wir nicht sagen, daß wir wahrnehmen, was im Geist ist. Dies zeigt letzten Endes, daß der Ausdruck »im Geist« viel Nachdenken verlangt, aber sich bei Berkeley nicht findet.

Was diese Kritik zeigt, ist, daß es gute Gründe für die Ablehnung der berkeleyschen Ausdrucksweise gäbe, und es scheint klar, daß seine Formulierung irreführend ist. Er hat es ja selbst für die Aufgabe des Philosophen gehalten, irreführenden Wortlaut zu entwirren. In der Einleitung der ›*Prinzipien*‹ drückt er es so aus: »Im Grunde genommen neige ich dem Gedanken zu, daß der weitaus größere Teil, wenn nicht alle Schwierigkeiten, die bis jetzt die Philosophen verlustiert und den Weg zur Erkenntnis verstopft haben, gänzlich uns selber zu verdanken sind. Wir wirbeln zuerst einen Staub auf und beklagen uns dann, daß wir nicht sehen können.«

Das andere philosophische Hauptwerk Berkeleys ist der ›*Dialog zwischen Hylas und Philonous*‹, der kein neues Material beibringt, sondern nur in der lesbareren Form des Dialogs die Ansichten seiner früheren Schriften wiederholt.

Lockes Ideenlehre bietet einigen Stoff zu ernsthafter Kritik. Wenn der Geist nur Sinneseindrücke kennt, so kann, wie Berkeleys Kritik nachweist, keine Unterscheidung zwischen erstrangigen und zweitrangigen Qualitäten gemacht werden. Eine gründliche Kritik muß allerdings noch weitergehen als Berkeley, der noch die Existenz erkennender Geister zugab. Es war Hume, der den lockeschen Empirismus zu seinem logischen Schluß führte. Schließlich ist es die Verstiegenheit der skeptischen Weltanschauung, in die der Weg mündete, welche zur Aufdeckung der Fehler der Ausgangsposition führte.

David Hume (1711 – 1776) wurde in Edinburgh geboren, wo er die Universität schon im Alter von 12 Jahren besuchte. Nach Beendigung des üblichen Studiums der ›Freien Künste‹ verließ er die Universität, bevor er 16 Jahre alt war, und beschäftigte sich eine Zeitlang mit der Rechtswissenschaft. Aber sein wahres Interesse galt der Philosophie, und er beschloß, sich ihr ausdrücklich zu widmen. Nach dem kurzen Abenteuer kaufmännischer Tätigkeit ging Hume 1734 nach Frankreich, wo er drei Jahre blieb. Da er keine großen Mittel zur Verfügung hatte, mußte er sich nach der Decke strecken. Doch war er gewillt, Einschränkungen zu ertragen, um völlig seinen literarischen Plänen leben zu können.

Während seines Aufenthaltes in Frankreich schrieb er sein berühmtestes Werk, die *›Abhandlung über die menschliche Natur‹*. Mit 26 Jahren hatte er das Buch beendet, mit dem später sein philosophischer Ruhm begründet wurde. Die Abhandlung wurde in London kurz nach Humes Rückkehr veröffentlicht. Ohne viel Erfolg. Das Buch trägt Zeichen der Jugend des Autors, nicht so sehr im philosophischen Inhalt als im freien und ungestümen Ton. Die unverhüllte Ablehnung der herkömmlichen religiösen Ansichten trug nicht bei, seine Popularität zu fördern. Aus ähnlichen Gründen konnte Hume 1744 den philosophischen Lehrstuhl an der Universität Edinburgh nicht erlangen. 1746 trat er in den Dienst des Generals St. Clair, mit dem er im folgenden Jahr in diplomatischer

Mission nach Österreich und Italien ging. Dieser Dienst ermöglichte ihm, genügend Geld auf die Seite zu legen, um 1748 auszuscheiden und sich seinem eigenen Werk zu widmen. Innerhalb eines Zeitraumes von fünfzehn Jahren veröffentlichte er dann viele Werke über Erkenntnistheorie, Ethik, Politik und (als Krönung) ›*Die Geschichte Englands*‹, die ihm Ruhm und Geld einbrachte. 1763 ging er noch einmal nach Frankreich, dieses Mal als Sekretär des englischen Botschafters. Zwei Jahre später wurde er Botschaftssekretär und nach der Abberufung des Botschafters Geschäftsträger bis zur Ernennung des neuen Botschafters im selben Jahr. 1766 kehrte er heim und wurde Staatssekretär im Außenministerium; diese Stelle hatte er noch zwei Jahre bis zur Ruhesetzung, 1769, inne. Seine letzten Jahre verbrachte er in Edinburgh.

Wie es in der Einführung der ›*Abhandlung*‹ heißt, hält Hume alle Forschung in einem gewissen Maße durch etwas gelenkt, was er die Wissenschaft vom Menschen nennt. Im Gegensatz zu Locke und Berkeley beschäftigt sich Hume nicht nur mit dem Klären des Grundes, er hält auch das System im Auge, das später aufgerichtet werden soll. Und dies ist eine Wissenschaft vom Menschen. Der Versuch eines neuen Systems erinnert infolge der Verbindung Humes mit französischen Denkern, die noch vom Kartesianismus beherrscht waren, an den Einfluß des kontinentalen Rationalismus. Allerdings wurde Hume von der geplanten Wissenschaft vom Menschen zu Untersuchungen über die menschliche Natur im allgemeinen und zur Beschäftigung mit Bereich und Grenzen des geistigen Rüstzeugs des Menschen im besonderen geführt.

Hume nimmt die Grundthese der lockeschen Theorie der Wahrnehmung an und hat auf Grund dieser Auffassung keine Schwierigkeit in der Kritik der berkeleyschen Theorie des Geistes oder des Selbst. Denn alles, was wir bei der Sinneserfahrung wahrnehmen, sind Eindrücke, von denen keiner die Vorstellung der persönlichen Identität hervorbringen kann. Berkeley hatte in der Tat geahnt, daß seine Behandlung der Seele als einer Substanz seinem System recht gekünstelt aufgepfropft sei. Er konnte nicht zugeben, daß wir eine ›Idee‹ davon zu haben vermögen, deswegen schlug er vor, daß wir eine ›Vorstellung‹ von der Seele besitzen. Was aber solche ›Vorstellungen‹ sein sollen, wird nie erklärt. Aber was er auch sagen könnte, es untergräbt auf alle Fälle seine eigene Theorie der Vorstellungen oder Ideenlehre.

Humes Beweisführung gründet auf einer Anzahl allgemeiner Annahmen, die seine ganze Erkenntnistheorie durchziehen. Im Grunde stimmt er mit der lockeschen Theorie der Vorstellungen überein, obzwar seine Terminologie unterschiedlich ist. Hume spricht von Eindrücken und Ideen als dem Inhalt unserer Wahrnehmungen. Diese Unterscheidung entspricht aber nicht der lockeschen Einteilung in Vorstellungen der Wahrnehmung und die der Reflexion, sondern durchschneidet sie kreuz und quer.

Ein Eindruck kann nach Hume sowohl aus Sinneserfahrung wie auch aus anderen Tätigkeiten, etwa des Gedächtnisses, zustande kommen. Die Eindrücke erzeugen Vorstellungen, die sich von der Sinneswahrnehmung dadurch unterscheiden, daß sie nicht von gleicher Lebendigkeit sind. Die Vorstellungen sind blasse Abdrücke der Eindrücke, welch letztere den ersteren in der Sinneserfahrung vorausgegangen sein müssen. Auf jeden Fall achtet der Geist auf die Vorstellungen in ihm, sobald er denkt. Der Ausdruck ›Vorstellung‹ ist hier im buchstäblichen Sinne des griechischen Wortes ›Idee‹ zu verstehen. Das Denken ist für Hume ein Denken in Bildern oder eine ›Einbildung‹, um das ursprünglich lateinische Wort ›Imagination‹ zu gebrauchen, welches dasselbe ausdrückt. Insgesamt werden alle Erfahrungen, ob sie aus Sinneseindrücken oder aus der Einbildung stammen, Wahrnehmungen genannt.

Mehrere wichtige Anmerkungen sind hier zu machen. Hume folgt Locke in der Ansicht, daß die Eindrücke getrennt und unterschiedlich sind. So hält es Hume für möglich, eine zusammengesetzte Erfahrung auf die einzelnen Eindrücke zurückzuführen. Daraus folgt, daß die einfachen Eindrücke die Baustoffe für alle Erfahrungen sind und daher getrennt vorgestellt werden können. Ferner folgt, daß nur das, was wir uns im Denken vorstellen können, Gegenstand einer möglichen

Erfahrung sein kann, da ja die Vorstellungen blasse Abdrücke der Eindrücke sind. Darüber hinaus müssen wir aus demselben Grund folgern, daß, was nicht vorgestellt, auch nicht erfahren werden kann. So ist der Bereich der möglichen Einbildungen von gleichem Umfang wie der der möglichen Erfahrungen. Es ist wesentlich, das vor Augen zu halten, wenn wir Humes Argumente verstehen wollen. Denn er fordert uns ständig auf, uns dieses oder jenes vorzustellen, und indem er uns wie sich selbst das zu tun für unfähig hält, will er behaupten, daß der angenommene Sachverhalt kein Gegenstand der Erfahrung sein kann. Die Erfahrung besteht also in einer Aufeinanderfolge von Wahrnehmungen.

Jenseits dieser Aufeinanderfolge kann keine andere Verbindung zwischen den Wahrnehmungen je stattfinden. Hierin liegt der tiefe Unterschied zwischen kartesianischem Rationalismus und dem Empirismus Lockes und seiner Anhänger. Die Rationalisten glauben, daß enge und wesentliche Verbindungen zwischen den Dingen bestehen, und behaupten, daß diese erkannt werden können. Hume hingegen leugnet, daß es solche Verbindungen gibt, oder besser gesagt behauptet, daß, wenn es auch solche gäbe, wir sie gewiß niemals erkennen könnten. Alles, was wir erkennen können, sind Aufeinanderfolgen von Eindrücken oder Vorstellungen, und deswegen ist es müßig, sich über die Frage Gedanken zu machen, ob es noch andere, tiefere Verbindungen gibt oder nicht.

Im Lichte dieser allgemeinen Züge der humeschen Erkenntnistheorie können wir jetzt näher die besonderen Argumente ins Auge fassen, die im Mittelpunkt seiner Philosophie stehen. Beginnen wir mit der Frage der persönlichen Identität, die in der ›*Abhandlung*‹ gegen Ende des ersten Buches ›*Vom Erkennen*‹ behandelt wird. Hume geht von der Feststellung aus: »Es gibt Philosophen, die sich einbilden, wir seien uns jeden Augenblick darüber bewußt, was wir unser ›Ich‹ nennen: daß wir also seine Existenz und sein Fortbestehen in dieser Existenz fühlen und uns über die Evidenz der Beweisführung hinaus, sowohl über seine vollkommene Identität wie auch über seine Ungeteiltheit, völlig sicher sind«. Aber die Erfahrung zeigt, daß keiner der Gründe, auf denen das Ich zu beruhen unterstellt wird, der Prüfung standhält: »Unglücklicherweise stehen all diese positiven Behauptungen zu genau der gleichen Erfahrung in Gegensatz, die für jene gefordert wird: auch haben wir in der so erklärten Weise nicht die geringste Vorstellung von einem ›Ich‹. Denn aus welchem Eindruck könnte diese Vorstellung abgeleitet werden?« Es wird uns gezeigt, daß sich kein solcher Eindruck finden läßt, und also kann es keine Vorstellung eines Ich geben.

Es ergibt sich auch noch die weitere Schwierigkeit, daß wir nicht sehen können, wie unsere einzelnen Wahrnehmungen auf das Ich bezogen sind. Und hier sagt Hume, in seiner charakteristischen Weise argumentierend, über die Wahrnehmungen: ». . . all diese sind verschieden und können getrennt betrachtet werden, wie sie auch getrennt existieren können, sie brauchen auch in ihrer Existenz von nichts gestützt zu werden. Wie denn gehören sie also zum Ich und wie denn sind sie mit ihm verbunden? Wenn ich für meinen Teil am tiefsten in das eindringe, was ich mein ›Ich‹ nenne, so stolpere ich immer auf diese oder jene Einzelwahrnehmungen, auf warm oder kalt, hell oder dunkel, Liebe oder Haß, Schmerz oder Lust. Nie kann ich mein ›Ich‹ allein und ohne eine Wahrnehmung erfassen, und nie kann ich etwas anderes als nur die Wahrnehmung beobachten.« Ein wenig später fügt er hinzu: »Wenn jemand nach ernsthafter und unvoreingenommener Überlegung glaubt, daß er eine andere Vorstellung von seinem ›Ich‹ hat, muß ich gestehen, daß ich mit ihm nicht weiter debattieren kann. Alles, was ich zugeben kann, ist, daß er ebenso wie ich recht haben kann, und daß wir uns in dieser Einzelheit unterscheiden.« Hume betrachtet aber solche Menschen als verschrobene Leute und stellt ferner fest, »ich kann die Behauptung riskieren, daß der Rest der Menschheit nichts anderes als ein Bündel oder ein Haufen verschiedener Wahrnehmungen ist, die mit großer Geschwindigkeit einander folgen und sich in ständigem Strömen und Bewegen befinden«.

»Der Geist ist eine Art Theater, wo verschiedene Wahrnehmungen hintereinander erscheinen.« Aber dies wird eingeschränkt: »Der Vergleich mit dem Theater darf uns nicht irreführen. Nur die aufeinanderfolgenden Wahrnehmungen bilden den Geist: auch haben wir nicht die geringste Vorstellung von dem Schauplatz, wo diese Szenen dargestellt werden, noch vom Stoff, woraus er besteht.« Der Grund, warum die Menschen irrtümlicherweise an die persönliche Identität glauben, ist der, daß man gern eine Aufeinanderfolge von Vorstellungen mit der Vorstellung der Identität selbst durcheinanderwirft, welch letztere man aus etwas eine Zeitlang Gleich-Bleibendem herleitet. So wird man zur Vorstellung einer ›Seele‹, eines ›Ich‹, einer ›Substanz‹ geführt, um das Wandelbare, welches in der Tat in unseren aufeinanderfolgenden Erfahrungen besteht, zu verhüllen. »So ist die Kontroverse über die Identität kein bloßer Wortstreit, denn wenn wir in einem unrichtigen Sinne den veränderlichen Objekten Identität beimessen, so beschränkt sich unser Irrtum nicht nur auf den Ausdruck, sondern wird gewöhnlich von einer Fiktion begleitet: von etwas Unveränderlichem, Mysteriösem und Unerklärbarem, zumindest von der Neigung zu solchen Fiktionen.« Dann zeigt uns Hume, wie dieser Hang arbeitet, und gibt in den Begriffen seiner Assoziationspsychologie eine Darstellung, wie das, was als Vorstellung persönlicher Identität gilt, sich wirklich einschaltet.

Auf das Prinzip der Assoziation werden wir zurückkommen. Für die langen Zitate aus Hume ist die Eleganz seines Stils Entschuldigung genug. Außerdem gibt es in der Tat keine bessere und klarere Art, die Dinge darzustellen, als die von Hume selbst. Dieser Umstand hat in England ein wertvolles Vorbild für philosophische Werke geschaffen; wenn auch Humes Vollkommenheit vielleicht nie erreicht wurde.

Die andere Hauptfrage, die wir ins Auge fassen müssen, ist Humes Theorie der Kausalität. Die Rationalisten glauben, daß die Verknüpfung von Ursache und Wirkung ein wesentlicher Zug in der Natur der Dinge sei. Wie wir z.B. bei Spinoza sahen, war es möglich, bei genügender Betrachtung der Dinge, auf deduktive Weise zu zeigen, daß alle Erscheinungen das sein müssen, was sie sind, obzwar im allgemeinen zugegeben wird, daß Gott allein die Phänomene so sehen kann. Nach Humes Theorie können solche kausalen Verknüpfungen nicht erkannt werden. Die Quelle unserer fehlerhaften Ansicht über die Natur dieser Verknüpfung liegt in der Neigung, den Gliedern gewisser Vorstellungsreihen die Notwendigkeit einer Verbindung zuzuschreiben. Die Verknüpfung von Ideen entsteht nämlich aus der Assoziation dreier Beziehungen: der Ähnlichkeit, des Zusammenhangs in Raum und Zeit und der Ursache und Wirkung. Sie nennt er ›philosophische Beziehungen‹, insofern sie eine Rolle im Vergleich von Vorstellungen spielen. In gewissem Sinn entsprechen sie den lockeschen Reflexionsvorstellungen, die, wie wir sahen, entstehen, wenn der Geist seine eigenen Inhalte vergleicht. Ähnlichkeit kommt bis zu einem gewissen Grad bei allen Fällen philosophischer Beziehungen vor, da ohne sie ein Vergleich nicht möglich wäre. Hume unterscheidet sieben Arten solcher Beziehungen: Ähnlichkeit, Identität, räumliche und zeitliche Beziehungen, numerische, Grade der Qualität, des Gegensatzes und der Verursachung. Von diesen zieht er die Identität, die räumlichen und zeitlichen Beziehungen und die Verursachung heraus, da die übrigen vier, wie schon gezeigt wurde, nur von den verglichenen Vorstellungen abhängen. Die numerischen Verhältnisse in einer gegebenen geometrischen Figur zum Beispiel hängen nur von der Vorstellung dieser Figur ab. Nur diese vier Beziehungen, wird erklärt, bringen Erkenntnis und Gewißheit hervor. Aber im Fall der Identität, der raum-zeitlichen Beziehungen und der Kausalität, bei denen wir keine abstrakten Urteile fällen können, müssen wir uns auf die Sinneserfahrung stützen. Die Kausalität ist die einzige Beziehung von den dreien, die eine echte Funktion beim Urteilen besitzt, da die anderen beiden von ihr abhängen. Die Identität eines Objektes muß auf irgendein kausales Prinzip zurückgeführt werden und ähnlich die raum-zeitlichen Beziehungen. Es ist bemerkenswert, wie Hume oft versehentlich in alltägliche Wendungen verfällt, wenn er von ›Objekten‹ (Gegenständen) spricht, wo doch seine eigene Theorie in all ihrer Strenge ihn verpflichten sollte, nur von Vorstellungen zu sprechen.

Dann gibt Hume eine psychologische Darlegung, wie die Kausalbeziehung aus der Erfahrung entsteht. Die häufige Verbindung zweier Objekte der Sinneswahrnehmung bewirkt eine Denkgewohnheit, die uns dazu bringt, die beiden Vorstellungen zu assoziieren, welche die Sinneseindrücke in uns erzeugen. Wenn diese Gewohnheit stark genug wird, so wird die bloße Erscheinung des einen Objekts, durch die Sinne empfunden, sofort die Assoziation beider Vorstellungen hervorrufen. Darin liegt gar nichts Unvermeidliches, kein Unentrinnbares – Kausalität ist eben nur eine Gewohnheit des Geistes.

Humes Erörterung ist allerdings nicht ganz folgerichtig, da vorher gesagt wurde, daß die Assoziation selbst aus der Kausalität entstehe, während hier die Kausalität aus dem Begriff eben dieser Assoziation erklärt wird. Die Erklärung geistiger Gewohnheiten durch das Prinzip der Assoziation ist nichtsdestoweniger psychologisch fruchtbar und übt immer noch beträchtlichen Einfluß aus. Nun ist es gewiß wahr, daß die Notwendigkeit der Verbindung zwischen Ursache und Wirkung, wie sie im Rationalismus verlangt wird, nicht aus Humes Erkenntnistheorie entwickelt werden kann. Denn wie sehr wir auch ständigen und regelmäßigen Verknüpfungen gegenübergestellt werden, wir können auf keiner Stufe sagen, daß der Eindruck der Notwendigkeit sich über die Aufeinanderfolge der Eindrücke gestellt habe. Es ist also nicht möglich, daß es eine Vorstellung der Notwendigkeit geben sollte. Wir sind durch Erfahrung so daran gewöhnt, Wirkungen aus ihren mehrfachen Ursachen folgen zu sehen, daß wir schließlich glauben, daß es so sein muß. Dieser letzte Schritt ist's, der keine Rechtfertigung finden kann, wenn wir den Empirismus Humes annehmen.

Hume beendet die Behandlung der Kausalität mit einigen ›Regeln, nach denen Ursachen und Wirkungen beurteilt werden können‹. Damit nimmt er um hundert Jahre die Richtschnur von J. S. Mill über die Induktion vorweg. Bevor Hume diese Regeln aufstellt, erinnert er an einige Hauptzüge der Kausalität. »Jedes kann jedes erzeugen«, sagt er, indem er uns daran erinnert, daß es keine ›notwendigen Verbindungen‹ gibt. Er stellt acht Regeln fest. Die erste besagt, daß Ursache und Wirkung sich in Raum und Zeit berühren müssen; die zweite, daß die Ursache der Wirkung vorausgehen muß; die dritte, daß es ständige Verknüpfung zwischen Ursache und Wirkung geben muß. Dann folgen die übrigen Regeln, die Mills Richtschnur vorahnen. In Regel vier sagt man uns, daß dieselbe Ursache immer dieselbe Wirkung erzeugt, was aus der Erfahrung stamme. Aus dieser folgt die fünfte Regel, daß, wo mehrere Ursachen dieselbe Wirkung haben, diese aus etwas Gemeinsamem herrühren müsse. Ähnlich zieht das die sechste Regel nach, daß ein Unterschied in der Wirkung auch einen Unterschied in der Ursache zeigt. Die übrigen zwei Regeln brauchen wir hier nicht zu erwähnen.

Das Ergebnis der Erkenntnistheorie Humes ist Skepsis. Wir sahen schon früher, daß die Skeptiker der Antike den metaphysischen Systemschöpfern gegenüberstanden. Der Begriff Skeptiker darf nicht in dem später entwickelten volkstümlichen Sinn verstanden werden, der ein ständiges In-der-Schwebe-Halten bedeutet. Die alten Griechen meinten damit einfach einen, der mit Vorsicht Untersuchungen anstellt. Wo die Systemschaffer fühlten, sie hätten die richtige Antwort gefunden, waren die Skeptiker weniger sicher und setzten das Suchen fort. Die Philosophie Humes ist in diesem Sinne skeptisch. Denn wie die Skeptiker, so kommt auch er zu der Folgerung, daß gewisse Dinge, die wir im Alltag als gesichert annehmen, in keiner Weise bestätigt werden können.

Was die von Locke entwickelte Ideenlehre betrifft, zeigt uns Humes Weiterbildung mit unbarmherziger Hartnäckigkeit, wohin die Theorie uns letzten Endes führt. Weiter kann man nicht gehen. Wenn wir meinen, daß man im allgemeinen über die Kausalität nicht so denkt wie Hume, dann muß ein Neubeginn gemacht werden. Es ist ziemlich klar, daß weder die Wissenschaftler noch der Durchschnittsmensch von der Kausalität behaupten, sie bestehe bloß in ständiger Verknüpfung. Humes Antwort wäre gewesen, daß alle sich irren, wenn sie anders denken. Aber hier geht die Ablehnung der rationalistischen These vielleicht etwas zu weit. Ziel ist doch der Nachweis kausaler Beziehungen in den Begriffen eines deduktiven Systems, wonach Wirkungen aus Ursachen folgen, wie der Folgesatz eines gültigen Beweises aus den Prämissen, d.h. mit Notwendigkeit. Aber Humes Kritik bleibt gültig für die Prämissen selbst. Gegen sie sollten wir in der Tat eine untersuchende oder skeptische Haltung behaupten.

Erinnern wir uns, daß Humes ursprünglichstes Interesse dem Wissen vom Menschen galt. Hier schafft die skeptische Auffassung eine radikale Änderung auf dem Gebiet der Ethik und der Religion. Denn wenn wir erst einmal zeigen, daß wir ›notwendige Verknüpfungen‹ der Vorstellungen nicht erkennen können, so ist die Kraft moralischer Ansprüche ebenfalls unter graben, auf jeden Fall da, wo ethische Prinzipien durch rationale Beweise gerechtfertigt werden sollen. Die Begründung der Ethik wird jetzt keineswegs stärker als Humes Kausalität selbst. In der Praxis läßt das uns nach Humes eigener Darlegung klar die freie Wahl, jede Ansicht zu vertreten, die wir wollen, selbst wenn wir sie nicht rechtfertigen können.

AUFKLÄRUNG UND ROMANTIK

Einer der hervorragendsten Wesenszüge der englischen empiristischen Bewegung war ihre im allgemeinen tolerante Haltung gegenüber denen, die vielleicht anderen Sinnes waren. So bestand Locke darauf, daß die Toleranz ohne Einschränkung und sogar auf die ›Papisten‹ auszudehnen sei; und obgleich Hume sich über die Religion im allgemeinen und über den Katholizismus im besonderen lustig machte, widersetzte er sich stets auch jenem ›Enthusiasmus‹, der immer die Vorbedingung für die Unterdrückung ist. Diese allgemein aufgeklärte Haltung kennzeichnete das englische Geistesklima der Zeit. Während des 18. Jahrhunderts faßte sie denn auch in Frankreich und später in Deutschland Fuß. Diese Bewegung, die später von den Deutschen ›Aufklärung‹ genannt wurde, war nicht unverbrüchlich an die Auffassung einer bestimmten philosophischen Schule gebunden. Sie war vielmehr das Ergebnis der blutigen und unentschiedenen Religionskriege des 16. und 17. Jahrhunderts. Das Prinzip der religiösen Toleranz wirkte schon, wie wir wissen, ebenso stark bei Locke wie bei Spinoza. Diese neue Auffassung in Dingen des Glaubens hatte zugleich weitreichende politische Konsequenzen. Denn sie war auf allen Gebieten mit der Opposition gegen jede unumschränkte Autorität verbunden. Das Gottesgnadentum der Könige verträgt sich eben schlecht mit freier Wahl der religiösen Ansichten. In England war der politische Kampf vor der Wende zum 17. Jahrhundert auf den Höhepunkt gekommen. Die Verfassung, die daraus entsprang, war zwar in Wirklichkeit nicht demokratisch, aber dennoch frei von den schlimmsten Übergriffen, die anderswo die Vorherrschaft des privilegierten Adels kennzeichnete. Daher gab es hier keine blutigen Umwälzungen. In Frankreich lag der Fall ganz anders. Hier trugen die Kräfte der Aufklärung sehr viel zur Vorbereitung der Revolution von 1789 bei. In Deutschland hingegen blieb die

Aufklärung allzusehr Sache geistiger Erneuerung. Seit dem Dreißigjährigen Krieg, aus dem sich Deutschland nur allmählich erholte, war es kulturell von Frankreich beherrscht. Erst durch das Emporkommen Preußens unter Friedrich dem Großen und im Laufe der literarischen Erweckung in der zweiten Hälfte des 18. Jahrhunderts fing Deutschland an, sich aus den Fesseln der französischen Kultur zu befreien. Ferner war die Aufklärung mit der Verbreitung wissenschaftlicher Erkenntnisse verbunden. Während in der Vergangenheit die Autorität des Aristoteles und der Kirche für selbstverständlich galt, wurde es jetzt Mode, den Wissenschaften zu folgen. Wie auf dem Gebiet der Religion der Protestantismus den Gedanken aufgeworfen hatte, jeder müsse sich auf sein eigenes Urteil verlassen, so schaute man jetzt ebenso selbständig auf wissenschaftlichem Gebiet auf die Natur. Nicht länger traute man blind den Weisungen derer, die auf veralteten Doktrinen bestanden. Die wissenschaftlichen Entdeckungen fingen so an, das Leben des Abendlandes von Grund aus umzugestalten.

Während in Frankreich das alte System schließlich durch die Revolution zerschmettert wurde, herrschten im Deutschland* des 18. Jahrhunderts – bis auf Ausnahmen – ›wohlwollende‹ absolute Herrscher. Meinungsfreiheit gab es zwar bis zu einem gewissen Grade, sie war aber auf keinen Fall unbehindert (s. Schiller, Schubart usw.). Preußen war trotz seines militärischen Charakters vielleicht das beste Beispiel für ein Land, wo eine Art Liberalismus, jedenfalls auf intellektuellem Gebiet, zu wachsen begann. Friedrich der Große (1740 – 1786) sprach von sich selbst als dem ersten Diener des Staates; und wenn auch absoluter Herrscher, übte er doch eine ungemein große Toleranz in religiösen und weltanschaulichen Angelegenheiten aus. In sein nach französischem Muster erbautes und eingerichtetes Lustschloß Sanssouci in Potsdam lud er nicht nur den gefeierten französischen Schriftsteller und Philoso-

**Von hier an bis einschließlich Lessing ist die kurze Darstellung der deutschen Aufklärung vom Übersetzer hinzugefügt.*

phen Voltaire ein, sondern u.a. auch den Materialisten Lamettrie. Seine Leitidee ist bis heute ein geflügeltes Wort in ganz Deutschland: »Jeder soll nach seiner Fasson selig werden.« Und wenn er auch deutsche Literatur überhaupt und insbesondere den größten Dichter der deutschen Aufklärung, den etwas älteren Zeitgenossen Lessing, nicht anerkannte und philosophisch keine ursprünglichen Ideen besaß, so sicherte ihm doch seine beharrliche Toleranz und sein politisches Format bei den Zeitgenossen Beliebtheit und in den nachkommenden Generationen Anerkennung und Verehrung.

Schon Christian Thomasius (1655 – 1728) war Vertreter der frühen deutschen Aufklärung mit seinem Kampf gegen die Vorurteile und die Hexenprozesse, wie auch mit der Berufung auf die Vernunft. Sein Hauptwerk hat folgenden Titel: *»Einleitung zu der Vernunftslehre« (1691).*

Moses Mendelssohn (1729 – 1786) förderte besonders die Verbreitung der Grundideen der Aufklärung. Anerkennung erreichte er aber mit seiner *›Abhandlung über die Evidenz in den metaphysischen Wissenschaften‹* (1764) auch bei der Berliner Akademie der Wissenschaften. Getreu den Gedanken der Aufklärung kämpfte er auch für die Gleichberechtigung der Juden. In Verteidigung Lessings gegen Jacobi schrieb er kurz vor seinem Tod das Werk: *›Moses Mendelssohn an die Freunde Lessings‹*.

Die deutsche Aufklärung war viel mehr Angelegenheit der Dichter und Schriftsteller als der Philosophen. Und wenn auch der größte deutsche Philosoph des Jahrhunderts, Immanuel Kant – wie wir später sehen werden –, sich für die allgemeinen Ideen der Aufklärung und, nebenbei, für die Französische Revolution begeisterte und u.a. auch ein Büchlein mit dem Titel *›Was ist Aufklärung?‹* schrieb, so bedeutet seine Philosophie nur zum Teil den deutlichen Sieg der Aufklärung mit ihrer nachdrücklichen Betonung der Vernunftsevidenz; andererseits jedoch ragt die kantsche Philosophie schon weit über den geschichtlichen und philosophischen Rahmen der

Aufklärung durch ihre großangelegte Kritik der Vernunft hinaus.

Noch weniger als Kant ist der andere große deutsche Zeitgenosse, Johann Wolfgang von Goethe (1749 – 1832), als Vertreter der Aufklärung zu nennen. Er war zwar in religiösen und weltanschaulichen Angelegenheiten großzügig, tolerant und politisch zu einem universal menschlichen Horizont gelangt, teilte aber den allgemeinen naiven Optimismus der Aufklärer in bezug auf die Möglichkeiten der Vernunft nicht. Wenn auch ein hervorragender Denker, nicht nur ein großer Dichter, liegt sein Lebenswerk wie das von Friedrich Schiller (1759 – 1805) noch mehr außerhalb der Aufklärung wie das von Kant. Diese beiden größten deutschen Dichter beschäftigten sich zwar auch mit der Philosophie – Goethes Lieblingslektüre war die *›Ethik‹* von Spinoza, und Schiller *(›Briefe über die ästhetische Erziehung‹)* begeisterte sich für die Philosophie von Kant –, ihr Schaffen ist jedoch derart literarisch bestimmt, daß eine Würdigung ihrer Gedanken nicht so sehr der Geschichte der Philosophie als der der Literatur angehört.

Die größte deutsche geistige Persönlichkeit, die ausgesprochen innerhalb der Grenzen der Aufklärung stand, war – wie schon angedeutet – Gotthold Ephraim Lessing (1729 – 1781). Als Kritiker, insbesondere aber als Dichter, übte er zu seinen Lebzeiten im guten Sinne der Aufklärer einen ungemein großen Einfluß aus. Seine dramatische Dichtung *›Nathan der Weise‹* (1779) wirkt auch heute noch modern und ist das bedeutendste literarische Werk der deutschen Aufklärung. Dies und die *›Erziehung des Menschengeschlechts‹* (1780) stellen das typische Humanitätsideal der Aufklärung dar: Toleranz gegen Andersdenkende, Nächstenliebe und Vernunftsevidenz.

Die Aufklärung war im Grunde die Höherbewertung unabhängiger intellektueller Tätigkeit, die, ganz buchstäblich, die ›Verbreitung des Lichtes‹ dort, wo bisher Dunkelheit geherrscht hatte, bezweckte. Sie wurde zwar mit einer gewissen Begeisterung und mit Elan betrieben, war aber doch keine Lebensauffassung, die starke Leidenschaften begünstigte. Bald begann denn auch eine von Grund auf entgegengesetzte Richtung sich bemerkbar zu machen: die viel leidenschaftlichere Romantik.

Die Romantik hat zur Aufklärung Beziehungen, wie sie entfernt an die dionysische Haltung als Gegensatz zur apollonischen erinnern. Ihre Wurzeln führen auf die etwas idealisierte Betrachtung des antiken Griechenlands zurück, die mit der Renaissance aufgekommen war. Im Frankreich des 18. Jahrhunderts schlug diese Gegenwirkung zu einem Kult der Gefühlsamkeit, die eine Reaktion auf die recht kühle Objektivität der rationalistischen Denker war. Während das rationalistische politische Denken seit Hobbes nach gesellschaftlicher und politischer Stabilität gestrebt hatte, zogen die Romantiker vor, ›gefährlich zu leben‹. Statt nach Sicherheit trachteten sie nach Abenteuer. Daher stammt auch der idealisierte Begriff des armen Bauern, der auf einem Flecken ein spärliches Brot gewinnt, dafür aber frei und unverdorben vom Leben der Städter ist. Als eine besondere Tugend galt die Verbundenheit mit der Natur. Der Industrialismus wurde von der Frühromantik verflucht; es ist ja auch wahr, daß die industrielle Revolution viel Häßliches bewirkte. Später gestaltete unter dem Einfluß von Marx das Industrieproletariat seine eigene romantische Auffassung. Die Mißstände der Fabrikarbeiter wurden seitdem verbessert; das romantische Bild des ›Arbeiters‹ lebt jedoch noch immer in der Politik fort.

In Verbindung mit der Romantik findet sich auch eine Wiederbelebung des Nationalismus. Die Aufklärung war eine Macht, die keine politischen Grenzen als solche kannte, wenn sie auch in Ländern wie Italien und Spanien neben dem Katholizismus nicht aufblühen konnte. Die Romantik hingegen verschärfte die nationalen Gegensätze und förderte die mystische Betrachtung der Nation. Das ist eine der unerwarteten Folgen des ›*Leviathan*‹ von Hobbes. Die Nation wurde als eine vergrößerte Person, mit eigenem Willen versehen, betrachtet. Diesem neuen Nationalismus gelang es, die Kräfte zu beherrschen, die die Revolution von 1789 auslösten. England genoß den Vorteil natürlicher Grenzen, die es unangreifbar erscheinen ließen. So entwickelte sich unter weit milderen Verhältnissen ein gesünderer Sinn für das Nationale. Die junge französische Republik, überall von feindlichen Herrschern umgeben, konnte nicht eine so selbstbewußte Haltung entwickeln. Noch weniger konnten es die Deutschen, deren Länder von den kaiserlichen Heeren Napoleons besetzt waren. Ein großer Ausbruch nationalen Gefühls befeuerte den Befreiungskrieg des Jahres 1813, und Preußen wurde nun zum Sammelpunkt des deutschen Nationalismus. Es ist interessant zu bemerken, daß ein paar große deutsche Dichter voraussahen, daß das zu Schwierigkeiten führen müsse.

Philosophisch übte die Romantik in zwei entgegengesetzten Richtungen Einfluß aus. Erstens die Überbetonung der Vernunft und in Verbindung damit die fromme Hoffnung, daß die noch intensivere Anwendung unserer Vernunft auf die vorhandenen Probleme all unsere Schwierigkeiten beseitigen werde. Diese Art von romantischem Rationalismus, der den Denkern des 17. Jahrhunderts völlig fremd war, spielt in den Werken der deutschen Idealisten und später in der Philosophie von Marx eine Rolle. Auch die Utilitarier haben einen Anflug davon, indem sie den Menschen für unbeschränkt erziehbar halten, was ganz offensichtlich falsch ist. Die utopischen Vorstellungen überhaupt, ob rein intellektueller Beschaffenheit oder gesellschaftlichen Charakters, sind typische Produkte des romantischen Rationalismus. Aber zweitens ist auch die Unterschätzung der Vernunft gleicherweise eine Erscheinungsform der Romantik. Die irrationalistische Haltung, deren offenkundigste Abart vielleicht der Existentialismus ist, bedeutet irgendwie eine Revolte gegen die immer mehr werdenden Eingriffe der industriellen Gesellschaft auf das Individuum.

Die Romantik fand Anhang vor allem unter den Dichtern. Der berühmteste Romantiker ist wohl Byron (†1824). Bei ihm sind all die Bestandteile der Romantik vorhanden: Auflehnung, Herausforderung, Verachtung des Herkömmlichen, Kühnheit und edle Taten. Auf dem Felde von Missolunghi für die griechische Freiheit zu sterben, war die größte romantische Geste aller Zeiten. Die spätromantische Dichtung in Deutschland und der Romantismus Frankreichs ließen sich von ihm beeinflussen. Der russische Dichter Lermontow betrachtete sich bewußt als seinen Schüler. Auch Italien hatte einen großen romantischen Dichter, Leopardi, voll schwermütiger Zerrissenheit, dessen Werke den hoffnungslosen Zustand Italiens in der ersten Hälfte des 19. Jahrhunderts widerspiegeln.

Das hervorragendste Dokument der Aufklärungszeit ist die ›*Große Enzyklopädie*‹, die von einer Gruppe von Schriftstellern und Wissenschaftlern in Frankreich verfaßt wurde. Sie kehrten Religion und Metaphysik ganz bewußt den Rücken und sahen in der Wissenschaft die neue intellektuelle Triebkraft. Durch die Zusammenfassung aller wissenschaftlichen Erkenntnisse ihrer Zeit hofften die Verfasser, ein mächtiges Instrument im Kampf gegen den Obskurantismus der herkömmlichen Autoritäten zu schaffen. Die meisten der berühmten Schriftsteller und Wissenschaftler des 18. Jahrhunderts in Frankreich trugen zu dieser Unternehmung bei. Zwei von ihnen verdienen besondere Erwähnung. D'Alembert (1717 – 1783) ist vielleicht als Mathematiker am meisten bekannt, war aber auch ein Mann von breitem philosophischem und literarischem Interesse. U. a. schrieb er die Einführung der ›Enzyklopädie‹. Wer aber die größte verlegerische Verantwortung trug, war der Materialist Diderot (1713 – 1784), ein Schriftsteller auf vielen Gebieten und ein besonders lebensfroh veranlagter Mensch, der alle Formen der Religion ablehnte und ein aufrichtiger Atheist war.

Der größte Geist der französischen Aufklärung, sowohl als Philosoph wie als Schriftsteller, war jedoch Voltaire (1694 –

1778), der die ›Enzyklopädie‹ tatkräftig unterstützte. Im Gegensatz zu Diderot war er kein Atheist, sondern Deist. Er sagte sogar, wenn es keinen Gott gäbe, müßten wir ihn erfinden. Voltaire war freilich verbissen ablehnend gegenüber dem institutionierten Christentum, glaubte aber an eine unbegreifliche übernatürliche Macht. In seiner berühmten Satire ›*Candide oder der Optimismus*‹ spöttelt er über die leibnizsche Ansicht, daß unsere Welt die bestmögliche aller Welten sei.

Neben Diderot gab es in der französischen Aufklärung noch eine ganze Schar von Materialisten. Der bekannteste von ihnen war der schon erwähnte Lamettrie, dessen Hauptwerk bezeichnend den Namen ›*L'homme machine*‹ (›Der Maschinenmensch‹) trägt. Den kartesianischen Dualismus ablehnend, gaben er und die Materialisten nur eine Substanz, die Materie, zu. Das Wesen der Materie ist die ewige Bewegung. So brauchten sie keinen ›ersten Beweger‹, und darum wurde Gott das, was Laplace später auf die Anfrage Napoleons, warum er Gott in seiner Kosmologie nicht aufgenommen habe, antwortete: »Ich habe diese Hypothese nicht nötig.« Nach der materialistischen Auffassung ist das Seelenleben eine besondere Funktion der Materie. Diese Theorie hat Beziehungen zu der leibnizschen Konzeption der Monaden, wenn sie auch im Gegensatz zu der unendlichen Anzahl der Monaden nur *eine* Substanz zuläßt. Nichtsdestoweniger ist die Betrachtung der Monaden als ›Seelen‹ irgendwie ähnlich der Vorstellung der Materie, die gelegentlich eine Art Geistesfunktion hat.

Auf Grund einer solchen Theorie nahmen die Materialisten eine offene atheistische Stellung ein. Religion in all ihren Formen wird als eine verderbliche und geflissentliche Verfälschung betrachtet, die von Herrschern und dem Klerus für ihre eigenen Zwecke verbreitet und aufrechterhalten wird, da es so leichter ist, eine Kontrolle über die Ungebildeten auszuüben. Marx und Engels bezeichneten im ›Kommunistischen Manifest‹ (1848) die Religion als ›Opium fürs Volk‹. Die Materialisten wünschten der Menschheit den Weg der Wissenschaft und Vernunft zu weisen, der zu einer Art irdischen

Paradieses führe. Diese Auffassung teilten sie mit den Enzyklopädisten, und wieder wurde der utopische Sozialismus eines Marx von den Enzyklopädisten inspiriert. In dieser Beziehung waren sie einer romantischen Illusion unterworfen. Einerseits bedeutet zwar jede Aufklärung eine ungeheuer große Hilfe beim Finden geeigneter Lösungen menschlicher Probleme und Schwierigkeiten, andrerseits können aber, das ist offensichtlich, letzte und ewige Lösungen aller Probleme auf dieser Welt nicht erreicht werden.

Einer der Hauptvertreter der Romantik war Jean Jacques Rousseau (1712–1778). Im strengen Sinne des Wortes war er, ausgenommen vielleicht seine politischen und pädagogischen Werke, kein Philosoph. Durch diese Schriften und andere literarische Tätigkeit von großem Umfang beeinflußte er sehr stark die spätere Romantik. Über sein Leben erzählt Rousseau selbst in seinen ›*Confessions*‹, obzwar die Lebensgeschichte durch ›dichterische Freiheit‹ etwas entstellt ist. In Genf in einer kalvinischen Familie geboren, verlor er früh seine Eltern und wurde bei einer Tante erzogen. Mit 12 Jahren verließ er die Schule und versuchte verschiedene Berufe, doch keiner gefiel ihm. Als Sechzehnjähriger lief er von zu Hause weg. In Turin bekannte er sich zum Katholizismus, einem Glauben, dem er eine Zeitlang klüglich treublieb.

Erst 1750 wurde Rousseau als Schriftsteller bekannt. In diesem Jahre schrieb die Akademie von Dijon einen Preis aus für den besten Essay über das Thema, ob Kunst und Wissenschaft die Menschheit gefördert hätten. Rousseau erhielt den Preis für seine glänzend formulierte Verneinung der Frage. Die Kultur, behauptete er, impfe den Menschen unnatürliche Wünsche ein, durch die sie versklavt werden. Er gab Sparta vor Athen den Vorzug. Die Wissenschaften verdammte er, weil sie aus niedrigen Motiven hervorgegangen seien. Der kultivierte Mensch sei korrupt, und nur der ›edle Wilde‹ sei wirklich im Besitz der Tugend. Diese Ansichten wurden in dem ›*Diskurs über die Ungleichheit*‹ (1754) weitergeführt. Voltaire, dem ein

Exemplar zugeschickt wurde, antwortete sarkastisch: »Ich habe Ihr neues Werk, welches sich gegen die Menschheit richtet, bekommen und danke Ihnen dafür. Noch nie ist auf so gelungene Weise versucht worden, uns alle dumm zu machen. Beim Lesen Ihres Werkes möchte man am liebsten auf allen vieren kriechen. Da ich es mir aber vor mehr als sechzig Jahren abgewöhnt habe, fühle ich mich zu meinem Bedauern unfähig, diese Gewohnheit wieder aufzunehmen. Ebensowenig kann ich wegen des Studiums der Wilden nach Kanada fahren, da meine Leiden ... der Hilfe eines europäischen Arztes unbedingt bedürfen, und ferner, weil dort der Krieg tobt, und schließlich, weil unser schlechtes Beispiel auch die Wilden schon zu ähnlich schlechten Menschen gemacht hat, wie wir es sind.«

1754 folgte Rousseau, nun berühmt, einer Einladung seiner Vaterstadt Genf und trat zum Kalvinismus zurück, um die Staatsbürgerschaft zu erhalten. 1762 erschien ›*Émile*‹, ein Werk über die Erziehung, und ›*Der Gesellschaftsvertrag*‹, der seine politische Theorie enthält. Beide Werke wurden verdammt, das erste wegen seiner Neigung zur natürlichen Religion, was keiner der religiösen Institutionen gefiel; und das zweite wegen seiner demokratischen Einstellung. Rousseau flüchtete zuerst nach Neuchâtel, das damals preußisch war, später nach England, wo er Hume traf, der ihm seine Hilfe anbot, und wo Rousseau sogar eine Pension von Georg III. erhielt. Schließlich stritt er sich mit jedermann und fiel in Verfolgungswahn. Er kehrte nach Paris zurück, wo er seine letzten Jahre in Dürftigkeit und Elend verbrachte.

Rousseaus Verteidigung des Gefühls gegen die Vernunft wurde eine der mächtigsten Einflußquellen bei der Gestaltung der romantischen Bewegung. Unter anderem gab sie der protestantischen Theologie eine neue Richtung, die sich von der thomistischen Lehre sehr unterschied. Letztere blieb ja, wenigstens der Form nach, der antiken Tradition treu. Die neue protestantische Auffassung sieht von den Beweisen der Existenz Gottes ab und behauptet, daß das Wissen darum aus dem

Herzen selbst, unabhängig von der Vernunft, hervorquillt. Ähnlich war Rousseaus Ethik der Meinung, daß unsere natürlichen Gefühle in die gute Richtung weisen, während uns die Vernunft irreführt. Diese romantische Lehre ist freilich Platon, Aristoteles, auch der Scholastik rundweg entgegengesetzt. Sie ist eine äußerst gefährliche Theorie, weil sie völlig willkürlich ist und jede Tat, vorausgesetzt, daß sie einen emotionalen Hintergrund hat, buchstäblich deckt. Die ausführliche Darlegung der natürlichen Religion nimmt ein selbständiges Kapitel im ›*Émile*‹ in Anspruch und wird als ›Das Glaubensbekenntnis eines savoyardischen Vikars‹ dargestellt. Die neue Erlebnis-Theologie, die von Rousseau herstammt, ist in gewissem Sinn unangreifbar. Denn sie löst – wie schon bei Ockham in der Theologie des 14. Jahrhunderts, so auch in der protestantischen Theologie etwa eines Schleiermachers, der schon unter Rousseaus Einfluß steht – von Anfang an die Bindung an die Vernunft.

Mit einer ganz anderen Feder wurde der Gesellschaftsvertrag geschrieben. Hier steht Rousseau theoretisch am höchsten. Durch die Übertragung aller Rechte an die Gemeinschaft als Ganzes verliert der einzelne all seine Freiheiten. Rousseau sorgt zwar für ein paar Bürgschaften, wonach er gewisse natürliche Rechte behält. Aber diese hängen immer von der fraglichen Voraussetzung ab, daß der Souverän solche Rechte in der Tat immer achten wird. Das Staatsoberhaupt ist keiner höheren Autorität unterworfen, und so ist sein Wille der ›allgemeine Wille‹, eine Art Sammelurteil, das denen, die anderer Meinung, anderen Willens sind, auferlegt werden kann.

Alles hängt davon ab, wie dieser allgemeine Wille gedeutet wird. Es scheint, daß private Reibungen vermieden, gesunder Eigennutz aller zugelassen sein soll. Ein Staat dieses Musters müßte eigentlich alle Privatorganisationen, welcher Art auch immer, verbieten, insbesondere die mit politischen und wirtschaftlichen Zwecken. So sind hier eigentlich alle Züge eines totalitären Systems beisammen; und obzwar Rousseau das nicht ganz außer acht gelassen zu haben scheint, unterläßt er zu zeigen, wie diese Konsequenz vermieden werden könnte. Was seine Berufungen auf die Demokratie betrifft, muß bedacht werden, daß er den alten Stadtstaat und nicht das Repräsentativsystem im Auge hat. Das Buch wurde natürlich von denen, die sich zuerst seiner Auffassung widersetzten, und später auch von den Führern der Revolution, die sie begünstigten, mißverstanden.

Die nachkartesianische Entwicklung der europäischen Philosophie nahm, wie wir sahen, zwei verschiedene Richtungen. Einerseits die verschiedenen rationalistischen Systeme der kontinentalen Philosophie, andererseits der englische Empirismus. Beide sind subjektivistisch, da sie sich nach persönlicher Erfahrung richten. Locke hatte es sich zur Aufgabe gemacht, eine einleitende Untersuchung durchzuführen, um den Bereich des menschlichen Geistes festzustellen. Humes Auffassung war, daß wir Gewohnheiten entwickeln, die uns die Dinge so sehen lassen, als ob sie in kausaler Verbindung stünden. Humes Auslegung des Kausalitätsbegriffs erweckte Kant aus seinem dogmatischen Schlummer, wie er selbst bezeugt. Indem er der ›Gewohnheit‹, von der Hume spricht, den Rang eines rationalen Prinzips gibt, schlägt Kant leicht Humes Problem aus dem Feld, gerät aber selbst mit eigenen Schwierigkeiten in die Klemme.

Immanuel Kant (1724 – 1804) wurde in Königsberg geboren, und während seines ganzen Lebens entfernte er sich nie weit von seiner Vaterstadt. Von Kind auf erhielt er eine pietistisch gefärbte Erziehung, die seine Lebensweise und auch seine ethischen Schriften beeinflußte. Kant studierte an der Universität Königsberg, zuerst Theologie, dann Philosophie, für die er seine wirkliche Fähigkeiten entdeckte. Einige Jahre lang, bis 1755, verdiente er sein Brot als Hauslehrer bei Landadligen. Danach erhielt er eine Dozentur für Physik und Mathematik in Königsberg. Erst 1770 bekam er den Lehrstuhl für Logik und Metaphysik, den er bis zu seinem Tode beibehielt. Obzwar nicht ausgesprochen asketisch, führte Kant doch ein sehr diszipliniertes und arbeitsames Leben. Er war so genau in seiner Lebensweise, daß seine Mitbürger angeblich ihre Uhren nach seinem Vorbeikommen richteten. Er war nicht robust, doch entging er Krankheiten durch seine geregelte Lebensweise. Dabei war er ein brillanter Gesprächspartner, und seine Anwesenheit bei geselligen Zusammenkünften war immer willkommen. Er selbst lud später, als es ihm wirtschaftlich schon besser ging, zum Mittagessen Gäste ein, aber nie weniger als drei und nie mehr als neun, damit – wie er selbst zu sagen pflegte – die Zahl der Eingeladenen nie weniger als die der Grazien und nie mehr als die der Musen sei. Politisch war er im besten Sinn der Aufklärung liberal, und in Fragen der Religion behielt er eine Art unorthodoxer protestantischer Auffassung bei. Er begrüßte die Französische Revolution und bevorzugte republikanische Grundsätze. Durch seine großen philosophischen Werke erlangte er wohl Ruhm, aber keine Reichtümer. In den letzten Jahren nahmen seine geistigen Kräfte ab, aber die Königsberger waren stolz auf ihn, und als er starb, wurde ihm ein pomphaftes Begräbnis bereitet, eine Auszeichnung, die nur sehr wenigen Philosophen zuteil wird.

Kants Werke umfassen ein weites Feld der Gebiete, über welche er einmal gelesen hat. Weniges davon ist heute noch von Interesse, ausgenommen eine kosmogonische Theorie auf Grund der Newtonschen Physik, eine Auffassung, die später unabhängig von Kant von Laplace übernommen und nach dem Stand der Wissenschaft auch bewiesen wurde. Was uns aber hier besonders angeht, ist Kants kritische Philosophie. Das kritische Problem war zuerst von Locke behandelt worden, der die Grundlagen zu klären beabsichtigte. Aber der Lauf der Erörterungen führt nach Locke unvermeidlich zu Humes Skeptizismus. Kant verursachte nun – wie er selbst sagt – eine kopernikanische Wendung auf diesem Gebiet. Denn statt zu versuchen, wie es Hume getan hatte, die Begriffe durch die Erfahrung zu erklären, wagte Kant umgekehrt die Erklärung der Erfahrung durch die Begriffe. In gewissem Sinn können wir sagen, daß die kantsche Philosophie das Gleichgewicht zwischen zwei einseitigen Auffassungen, dem englischen Empirismus einerseits und den angeborenen Ideen des kartesianischen Rationalismus andrerseits, einhält. Die kantsche Theorie ist schwer und verwickelt und in vielen Beziehungen fraglich. Nichtsdestoweniger müssen wir versuchen, einen Umriß davon zu erfassen, wenn wir ihren großen Einfluß auf die spätere Philosophie verstehen wollen.

Mit Hume und den Empiristen zusammen vertrat Kant die Ansicht, daß alle Erkenntnis in der Tat aus der Erfahrung entsteht, aber abweichend von ihnen fügte er zu dieser Auffassung eine wichtige Bemerkung hinzu. Wir müssen zwischen dem unterscheiden, was in der Tat Erkenntnis erzeugt und der Form, die eine solche Erkenntnis annimmt. So kommt zwar die Erkenntnis durch die Erfahrung zustande, aber sie stammt nicht allein aus ihr. Wir können es auch so ausdrücken, daß die Sinneserfahrung zwar notwendig, aber nicht ausreichend für die Erkenntnis ist. Die Form, die die Erkenntnis annimmt oder die Kategorien des Erkenntnisapparates, die das Rohmaterial der Erfahrung zur Erkenntnis verwandeln, stammen nach Kant nicht aus der Erfahrung. Obzwar Kant das nicht ausdrücklich sagt, ist es offensichtlich, daß diese Kategorien im Sinne Descartes' angeboren sind.

Die allgemeinen Begriffe der Vernunft, welche die Erfahrung in Erkenntnis verwandeln, nennt Kant nach Aristoteles' Ausdruck – wie wir schon sahen – Kategorien. Da die Erkenntnis einen Satzcharakter besitzt, müssen diese Kategorien mit der Form von Sätzen verknüpft werden. Bevor wir zeigen, wie Kant die Kategorien ableitet, müssen wir die Einteilung der Sätze als höchst wichtig ins Auge fassen. Hierin folgt Kant Leibniz als Anhänger der traditionellen Subjekt-Prädikat-Logik des Aristoteles. Er glaubte also, daß die Logik vollkommen und kaum noch zu verbessern sei. Sonach gibt es Sätze, bei denen das Prädikat im Subjekt schon enthalten ist, und andere, wo dieses nicht gilt. »Alle Körper haben Ausdehnung« ist ein Satz nach der ersten Form, weil die Ausdehnung in der Definition ›Körper‹ inbegriffen ist. Solche Sätze werden analytisch genannt, sie erläutern nur die Wörter (die Subjekte). Aber der Satz »Alle Körper haben Gewicht« ist von der zweiten Form. Der Begriff ›Körper‹ schließt den Besitz des Gewichthabens nicht ohne weiteres ein. Dieser Satz ist synthetisch, und als solcher kann er ohne Selbstwiderspruch geleugnet werden. In Verbindung mit dieser Unterscheidung zwischen den Sätzen oder Urteilen (und die zwei können hier im selben Sinn gebraucht werden) führt Kant noch eine Einteilung ein. Die Erkenntnis, die im Prinzip von der Erfahrung unabhängig ist, wird von Kant ›a priori‹ (das ›Vorherige‹, d.h. das der Erfahrung Vorausgehende) genannt. Alle Urteile oder Sätze aber, die aus der Erfahrung ihre Gültigkeit haben, werden als ›a posteriori‹ genannt (d.h. das ›Spätere‹, das nach oder aus der Erfahrung Kommende). Wichtig ist hier, daß sich diese zwei Einteilungen miteinander kreuzen. Das ist genau der Punkt, wo Kant den Schwierigkeiten der Empiristen wie Hume, der diese doppelte Aufteilung für identisch gehalten hätte, entgehen konnte. Die analytischen Sätze würden bei Hume gleich mit den Sätzen *a priori* und die synthetischen mit den Sätzen *a posteriori* sein. Auch Kant stimmt dem zu, nämlich daß die analytischen Urteile im allgemeinen a priori und die synthetischen a posteriori sind, nur besteht er darauf, daß es auch synthetische Urteile gibt, die zugleich auch a priori sind. Das Ziel der ›*Kritik der reinen Vernunft*‹ ist, zu ermitteln, wie synthetische Urteile a priori möglich sind*. Für Kant steckt hier die Möglichkeit einer reinen Mathematik, weil, nach seiner Ansicht, die mathematischen Sätze oder Urteile synthetisch und a priori zugleich sind. Das Beispiel, das er hier erörtert, das Addieren von fünf und sieben, stammt zweifelsohne aus Platons ›*Theaitetos*‹, wo dieselben Zahlen gebraucht werden. Der Satz 5 + 7 = 12 ist a priori, da er nicht aus der Erfahrung stammt, aber er ist auch synthetisch, da der Begriff von zwölf nicht in den Begriffen von fünf, sieben und dem des Addierens enthalten ist. Aus diesem Grund behauptet Kant, daß die Mathematik a priori und synthetisch ist.

Ein anderes wichtiges Beispiel ist das Kausalitätsprinzip. Die Humesche Auffassung stieß auf das Hindernis der not-

**Die Darstellung des Hauptwerkes von Kant wurde für den deutschen Leser vom Übersetzer erweitert.*

wendigen Verbindung zwischen Ursache und Wirkung, die nach der Theorie von Sinneseindruck und Vorstellung unmöglich ist. Für Kant ist die Kausalität a priori synthetisch beschaffen. Die a priorische Beschaffenheit betont die humesche These, daß sie nicht aus der Erfahrung stammen kann, nur, statt sie als eine äußerlich bedingte Gewohnheit zu bezeichnen, behandelt sie Kant als Prinzip der Erkenntnis. Sie ist synthetisch, da sie ohne einen ausgesprochenen Selbstwiderspruch geleugnet werden kann. Nichtsdestoweniger ist sie ein a priori-synthetisches Prinzip, ohne das – wie wir bald sehen werden – Erkenntnis unmöglich ist.

Aber nicht nur in der Mathematik gibt es synthetische Urteile a priori, sondern auch in der traditionellen Metaphysik. Die Hauptproblematik Kants ist also der Nachweis, ob und wie synthetische Urteile a priori in der Mathematik und in der Metaphysik möglich sind. Schließlich gelangt er zur Schlußfolgerung, daß synthetische Urteile a priori, d.h. Urteile, die zwar den Bereich unserer Erkenntnis erweitern und bereichern (sie sind ja synthetisch) und trotzdem nicht aus Erfahrung stammen (sie sind ja a priori), nur in der Mathematik, nicht aber in der traditionellen Metaphysik möglich sind. Das bedeutet also – wie wir noch eingehender sehen werden – nichts Geringeres als die Rechtfertigung der Mathematik als Wissenschaft und zugleich die Ablehnung der traditionellen Metaphysik als Wissenschaft. Da liegt die hervorragende Bedeutung Kants nicht nur rein philosophisch, sondern auch theologisch, wie auch allgemein kulturhistorisch. Dies ist der kritische Aspekt, die kritische Tendenz in Kants Philosophie. Sie müssen von dem idealistischen Aspekt und der idealistischen Tendenz unterschieden werden. Das letztere, der erkenntnistheoretische Idealismus Kants, kann heutzutage schon leicht abgelehnt werden; seine kritische Tendenz bzw. sein Kritizismus wird aber von den meisten Philosophen, nicht nur des 19. Jahrhunderts, sondern auch der Gegenwart, als ein aktuelles Problem der Philosophie, über das sich kein Philosoph ohne Gefahr des Dogmatismus seiner Denkungsart hinwegsetzen kann, anerkannt.

Wenden wir uns jetzt der kantischen Lehre von den Kategorien zu. Wie wir schon erwähnt haben, müssen sie in der Form von Sätzen oder Urteilen gesucht werden. Kant glaubte, daß er eine Methode für die Ableitung aller Kategorien gefunden hätte. Vor allem unterschied er gewisse traditionelle formale Züge der Sätze. Es sind: Quantität, Qualität, Verhältnis und Modalität. Mit den Einzelheiten der aus diesen vier Bestimmungen des Satzes abgeleiteten Kategorien (insgesamt zwölf) wollen wir uns hier nicht befassen. Es sei nur bemerkt, daß die kantische Tafel der Kategorien nicht so vollständig ist, wie er glaubte, da sie von einem etwas engen logischen Gesichtspunkt ausgeht. Die Vorstellung allgemeiner Begriffe, die nicht aus Erfahrung stammen und doch auf dem Gebiet der Erfahrung wirken, ist immer noch von philosophischem Interesse. Sie stellen eine Antwort auf das humesche Problem dar, auch wenn man nicht die kantische Auffassung annehmen kann.

Nach der Aufstellung der Liste der Kategorien aus formalen Überlegun genzeigt Kant ferner, daß es ohne die Kategorien unmöglich ist, überhaupt eine mitteilbare Erfahrung zu haben. Bevor nämlich die Eindrücke durch die Sinnesorgane zur Erkenntnis werden, müssen sie in irgendeiner Weise von der Tätigkeit der Vernunft organisiert oder vereint werden. Damit sind wir zum erkenntnistheoretischen Problem gelangt. Um Kants Auffassung erklären zu können, müssen wir uns über seine Begriffe oder Termini klar sein. Der Erkenntnisprozeß enthält nach Kant einerseits die Sinnesorgane, die nur den Anstoß der von außen herkommenden Erfahrung empfangen, und andererseits das Erkennen, das diese Elemente der Wahrnehmung zusammenknüpft. Das Erkennen oder der Verstand ist von der Vernunft zu unterscheiden. Hegel sagte später, daß die Vernunft das ist, was die Menschen vereint, und das Erkennen oder der Verstand das, was sie voneinander trennt. Wir sind der Meinung, daß die Menschen insofern gleich sind, sofern sie alle Vernunft haben, aber ungleich in bezug auf das Erkennen, da dies eine aktive Intelligenz bedeutet, bezüglich derer die Menschen bekanntermaßen ungleich sind.

Um Erfahrungen der Art zu haben, daß sie in Urteilen formuliert werden können, muß es das geben, was Kant die Einheit der Apperzeption nennt. Also reichen Humes isolierte Eindrücke allein nicht zur Erkenntnis aus, so rasch sie auch einander folgen. Statt des Stakkatos der empiristischen Sinneserfahrung setzt Kant eine Art Kontinuität voraus. Nach Kant ist Erfahrung über etwas Ewiges ohne das Räderwerk der Kategorien unmöglich. Sie in Gang zu setzen, ist also eine notwendige Vorbedingung für solche Erfahrungen. Das allein reicht freilich nicht aus, da auch die Sinnesorgane ihre Rolle spielen müssen. Aber auch die Kategorien haben mitzusprechen. Was Kant somit zu leugnen scheint, ist die Möglichkeit der reinen Erfahrung als ein bloß passives Empfangen von Eindrücken, außer wir hätten es in der Tat mit unausdrückbaren Strömen des Bewußtseins zu tun.

Was Raum und Zeit betrifft, werden sie als die subjektive a priorische Form der Anschauung betrachtet. Ihre Behandlung ist bei Kant ziemlich kompliziert, und seine Argumente sind im Grunde genommen nicht sehr überzeugend. Der Kern der ganzen Theorie scheint zu sein, daß ohne diese a priorischen, subjektiven Formen der Anschauung (Raum und Zeit) keine Erfahrung möglich ist. Hierin sind Raum und Zeit irgendwie den Kategorien ähnlich. Die Erfahrung wird so von a priorischen Begriffen (Kategorien) und von a priorischen Formen der Anschauung (Raum und Zeit) gestaltet. Was aber weiterhin Erfahrung entstehen läßt, wird auch von Dingen außerhalb der geistigen Apparats bedingt. Diese Quellen der Erfahrung nennt Kant ›Dinge an sich‹ oder ›Noumena‹ im Gesensatz zu den Erscheinungen oder ›Phänomena‹. Nach der kantischen Theorie ist es unmöglich, Erfahrungen über die Dinge an sich zu haben, da alle Erfahrung durch das Zusammenwirken von Raum, Zeit und den Kategorien erfolgt. Bestenfalls können wir aus der vorausgesetzten äußeren Quelle der Eindrücke schließen, daß es solche Dinge gibt. Streng genommen ist auch dies nicht erlaubt, da wir keine unabhängige Möglichkeit haben, solche Quellen festzustellen, und selbst wenn wir sie hätten, könnten wir immer noch nicht sagen, daß unsere Sinneseindrücke von ihnen verursacht würden. Denn wenn wir von Verursachung sprechen, befinden wir uns schon innerhalb der Fangschnüre a priorischer Begriffe, die im Verstandesbereich wirken. Hier sind wir wieder bei der Schwierigkeit, die schon Locke hatte. Denn wie Locke auf Grund seiner eigenen Theorie nicht von einer Außenwelt sprechen kann, aus der die Ideen oder Vorstellungen der Wahrnehmung stammen sollen, so ist auch Kant nicht berechtigt, über die Noumena (Dinge an sich) als Quelle der Phänomena (Erscheinungen) zu sprechen.

Das Ding an sich, als etwas, das sich außerhalb von Raum und Zeit befindet, ist ein metaphysisches Gerät, welches sicherstellte, daß man trotz der ziemlich subjektiven Erkenntnistheorie imstande wäre, Skepsis zu vermeiden und ein Erfahrungsfeld zu sichern, das wenigstens ›intersubjektiv‹ (für alle Menschen) galt. Kant wird zu dieser Ansicht gezwungen, weil er die unabhängige (objektive) Existenz des Raumes und der Zeit nicht zuläßt. Werden diese zwei (Raum und Zeit) von der Liste der a priorischen Begriffe entfernt, so werden die Dinge an sich sofort überflüssig. Die Grenzen der a priorischen Begriffe oder Kategorien sind die des Erfahrungsfeldes. Wenn wir weitergehen, so werden wir in eine fruchtlose Metaphysik und ›Dialektik‹ verwickelt, welch letztere für Kant einen abfälligen Beigeschmack hat.

Eine der bekanntesten Stellen der ›*Kritik der reinen Vernunft*‹ befaßt sich mit den ›*Antinomien*‹ (Widersprüchen), die dann entstehen, wenn die subjektiven Formen der Anschauung (Raum und Zeit) und die subjektiven Kategorien außerhalb des Bereiches der Erfahrung angewandt werden. Jede dieser Antinomien enthält eine These und eine Antithese, wie z. B. die erste Antinomie. Die These lautet: »Die Welt hat einen Anfang in der Zeit und ist dem Raume nach begrenzt.« Die Antithese behauptet das Gegenteil: »Die Welt hat keinen Anfang in der Zeit, sondern ist zeitlich wie räumlich unendlich.«

Bei Gelegenheit der vierten Antinomie über die Existenz oder Nicht-Existenz eines notwendigen (absoluten) Wesens kritisiert Kant alle möglichen Gottesbeweise scharf und lehnt sie als außerhalb der Erkennbarkeit liegend ab. Für die einzig mögliche vernünftige Theologie hält Kant schließlich diejenige, die sich auf moralische Gesetze gründet. Die ›*Kritik der reinen Vernunft*‹ beschäftigt sich nur mit einer der drei Hauptfragen, die sich uns aufdrängen. Das Werk stellt die Grenzen der Erkenntnis fest. Es bleiben aber noch der Wille und das, was Kant Urteilskraft nennt. Ersterer fällt in den Bereich der Ethik und wird in der ›*Kritik der praktischen Vernunft*‹ behandelt. Die Urteilskraft ist in dem Sinn verstanden, daß sie Ziele und Zwecke einschätzt. Das wird in dem ästhetischen Werk ›*Kritik der Urteilskraft*‹ erörtert, welches wir hier nicht untersuchen wollen. Wir müssen aber wenigstens die ethische Theorie Kants kurz ins Auge fassen, wie sie in der ›Kritik der praktischen Vernunft‹ und in der ›*Grundlegung zur Metaphysik der Sitten*‹ dargestellt wird.

Der Wille wird in dem Sinne praktisch genannt, wie die Handlung dem theoretischen Prozeß der Erkenntnis gegenübersteht. Die zwei Wörter theoretisch und praktisch müssen hier in ihrem ursprünglichen griechischen Sinn, d.h. in Verbindung mit ›Sehen‹ und ›Tun‹ verstanden werden. Die Grundfrage der praktischen Vernunft ist diese: »Wie sollen wir handeln?« Auch hier führt Kant etwas Revolutionäres ein. Denn wenn bis jetzt angenommen worden war, daß der Wille von äußeren Einflüssen gelenkt wird, setzt Kant voraus, daß der Wille seine eigenen Gesetze hat. In diesem Sinne kann der Wille als autonom bezeichnet werden. Aber ein solches moralisches Gesetz kann offensichtlich nicht aus konkreten Geboten bestehen. Es kann uns nicht sagen, wie wir in einem gegebenen Fall handeln sollen. Denn genau das ist es, was wir (nach dem Prinzip der Autonomie) vermeiden müssen. Was übrigbleibt, ist daher ein rein formales Prinzip, bar jedes empirischen Inhalts. Das nennt Kant den *kategorischen Imperativ.* Hier haben wir wieder eine gemischte Vorstellung, die im praktischen Gebrauch der Vernunft dem a priorischen synthetischen Sinn des theoretischen Gebrauchs entspricht. In der traditionellen Logik schließen sich die kategorischen und imperativen Modi gegenseitig aus. Kant glaubt aber, daß gewisse Feststellungen, die das ›du sollst‹ beinhalten, bedingungslos sein können, und diese nennt er ›kategorische Imperative‹. Das höchste Prinzip aller Ethik findet sich so in dem folgenden kategorischen Imperativ: »Handle nach derjenigen Maxime, durch die du zugleich wollen kannst, daß sie allgemeines Gesetz werde.« Diese reichlich strenge Forderung ist nichts weiter als die hochtrabende Formulierung des Spruches, daß wir andern tun sollten, wie wir wollen, daß sie uns täten – ein allgemeines Prinzip, das die Berechtigung zur Widerlegung gegnerischer Einwände verwirft.

Der kategorische Imperativ ist also in der kantischen Ethik ein formales Prinzip. Als solches kann er nicht zum Bereich der theoretischen Vernunft gehören, da sich diese nur mit Phänomenen beschäftigt. Daraus folgert Kant, daß der gute Wille, der von diesem kategorischen Imperativ bestimmt ist, noumenal – außerhalb des Erfahrungsbereichs der Phänomene – sein muß. Hier sehen wir endlich, welche Funktion das Noumenon hat. Die Phänomene entsprechen den Kategorien, insbesondere der Kategorie von Ursache und Wirkung (der Kausalität). Die Noumena hingegen sind nicht solchen Beschränkungen (d.h. der Kausalität) unterworfen, und so bringt Kant es zustande, dem Dilemma zwischen freiem Willen und Determinismus zu entgehen. Sofern der Mensch der phänomenalen oder Erscheinungswelt angehört, wird er von ihren Gesetzen bestimmt. Aber als moralisch Handelnder ist er noumenal, d.h. nicht den Kategorien und vor allem nicht der Kausalität unterworfen, besitzt er freien Willen. Die Lösung ist genial genug, wenn sie auch, natürlich, mit der Vorstellung des Noumenon, d.h. des Dinges an sich, steht und fällt. In der kantischen Ethik verspürt man einen leicht abstoßenden Zug kalvinistischer Rechtschaffenheit. Denn das einzige, was unsere Handlungen befeuern sollte, sind die richtigen Grundsätze. Gerade hierin nun liegt ein Hindernis für die moralische Handlung, wenn man das gerne tut, was man ethisch verpflichtet ist zu tun. Zum Beispiel: ich mag meinen Nachbarn gern leiden und bin daher geneigt, ihm zu helfen, wenn er sich in

Not befindet; so zu handeln ist nach dem kantischen Prinzip nicht halb so lobenswert, als wenn man dieselbe liebevolle Tätigkeit für einen andern ausführt, der ganz und gar gräßlich ist. Unser Tun soll demnach nicht aus Lust, sondern nach Grundsätzen erfolgen. Der gute Wille als Antrieb zählt allein als bedingungslos gut.

Was die ethische Funktion des Dinges an sich betrifft, ergeben sich noch weitere Konsequenzen. In der *›Kritik der reinen Vernunft‹* wies Kant – wie wir schon sahen – nach, daß es im Bereich der theoretischen Vernunft unmöglich ist, die Existenz Gottes zu beweisen. Aber die praktische Vernunft fördert spekulativ den Glauben an Gott. In praktischer Beziehung sind wir daran gebunden, die Vorstellung Gottes vorauszusetzen, da ohne dieses Postulat es keine echte moralische Tätigkeit geben könne. Daß Gott existiert, kann nicht als theoretische Wahrheit erkannt werden, aber auf praktischem Grund legt es sich als Glaube auf. Nichtsdestoweniger erlaubte es die kantische Ethik ihm nicht, einem religiösen Dogma zu folgen. Denn, wie wir sehen, ist das moralische Gesetz in Wirklichkeit wichtig. Die Sonderdogmen der verschiedenen Religionen werden fälschlich als gottgegeben ausgelegt. Obzwar Kant das Christentum als die einzige Religion betrachtete, die tatsächlich dem moralischen Gesetz entspricht, trugen seine Ansichten über die Religion ihm die Mißbilligung der preußischen Regierung ein.

Gleich radikal für seine Zeit waren Kants Ansichten über Frieden und internationale Zusammenarbeit, die er in der Abhandlung *›Zum ewigen Frieden‹* 1795 veröffentlichte. Das Repräsentativsystem und ein Weltbund freier Staaten sind zwei der leitenden Gedanken. Es täte uns gut, uns auch in der heutigen Zeit daran zu erinnern.

Die Philosophie Kants lieferte, wie wir sahen, eine Art Antwort auf Humes Problem, aber nur um den Preis der Einführung des Noumenon. Kants Nachfolger in der Reihe der deutschen Idealisten zögerten nicht, die Schwäche dieser

Auffassung nachzuweisen, obzwar ihre eigenen Vorstellungen in der Erkenntnistheorie ebenfalls fragwürdig waren.

Die eine Möglichkeit, den Dualismus zu vermeiden, war von den Materialisten gezeigt worden, nach denen der Geist eine Begleiterscheinung gewisser Formen des materiellen Organismus ist. Die andere Möglichkeit ist das Gegenteil, d.h. die Betrachtung der äußeren Welt als in gewissem Sinn ein Produkt des Geistes. Kant war durch das Setzen der Noumena nicht gewillt gewesen, diesen letzten Schritt zu tun; Fichte tat ihn entschlossen.

Fichte wurde in armen Verhältnissen geboren, konnte aber mit Hilfe eines großzügigen Gönners studieren. Anfangs war er Hauslehrer, 1793 Professor in Jena. Seine Ansichten über die Religion mißfielen jedoch den geistlichen Behörden (›Atheismusstreit‹ 1799). Fichte ging nach Berlin und trat dort in den Staatsdienst. Im Jahre 1808 hielt er seine berühmten ›*Reden an die deutsche Nation*‹, in denen er die Deutschen aufrief, Napoleon zu widerstehen. In diesen Reden übersteigert er einen gewissen Nationalismus: »Charakter haben und deutsch sein«, sagt er, »ist zweifellos ein und dasselbe.« Als 1810 die Universität von Berlin gegründet worden war, wurde Fichte Professor und behielt diese Position bis zu seinem Tode bei.

In seinem politischen Denken sah Fichte marxistische Thesen einer sozialistischen Wirtschaft mit Staatskontrolle der Produktion und der Verteilung voraus. Philosophisch ist uns seine Lehre vom ›Ich‹ wichtiger, durch die er den kantischen Dualismus überwinden wollte. Die Erfahrungswelt ist nichts anderes als eine unbewußte Projektion des Ich, die er das Nicht-Ich nennt. Da diese Projektion unbewußt ist, werden wir, sagt Fichte, in dem Gedanken irregeführt, eine äußere Welt stünde uns gegenüber. Die Dinge an sich können für uns nicht bestehen, da wir nur die Erscheinungen kennen. Von den Noumena zu reden, ist ein Selbstwiderspruch. Die Projektion indes ist nicht nur unbewußt, sondern auch bedingungslos. Da sie nicht erfahren wird, wird sie auch nicht durch die Kategorie der Kausalität bestimmt.

Diese ziemlich phantastische Lehre vermeidet wirklich die dualistischen Schwierigkeiten. Sie ist, wie wir sehen werden, eine Vorläuferin des Hegelianismus. Eine der Folgen einer solchen Theorie ist, daß es anscheinend möglich ist, die Welt aus dem Ich herauszudröseln. Das wurde zuerst von Schelling versucht, dessen Naturphilosophie später Hegel inspirierte.

Schelling war wie Hegel und Hölderlin schwäbischer Abstammung. Alle drei gehörten zur berühmtesten ›Promotion‹ des Tübinger ›Stifts‹. Beachtlich ist, daß er sich gern im Kreis romantischer Dichter bewegte, wo er u.a. August Schlegel kennenlernte und dessen später geschiedene Frau, die er, obwohl 12 Jahre jünger, heiratete.

Mit nicht einmal 23 Jahren wurde er schon Professor in Jena. Und er war noch nicht ganz 25 Jahre alt, als er seine *›Naturphilosophie‹* schrieb, in der er eine a priorische Auffassung der Natur zu begründen versucht. Er glaubt, daß es möglich sei, solche Ideen von sehr allgemeinen Prinzipien, die nicht empirisch sind, abzuleiten. In diesem Versuch findet sich ein Anflug von spinozaschem Rationalismus, verknüpft mit Fichtes Vorstellung der Aktivität. Seine Methode wurde später von Hegel übernommen. Für die modernen Leser sind solche Spekulationen über wissenschaftliche Themen fast unverständlich. Das Ganze ist ein leerer Wortschwall. Unter anderem trug dieses Werk viel dazu bei, daß später die idealistische Philosophie in schlechten Ruf geriet.

Es ist allerdings bemerkenswert, daß später Schelling selbst diese Art des Philosophierens ablehnte. Schellings Interesse bewegte sich nach der frühen Phase zum religiösen Mystizismus. Er überwarf sich öfters mit Hegel, dessen Naturphilosophie er angriff. Ob Schelling gewahr wurde oder nicht, daß er damit auch seine eigene Naturphilosophie traf, ist schwer abzuschätzen.

Bei Fichte sowohl wie auch bei Schelling finden wir Ansätze, die Hegel später als die sog. dialektische Methode benützte. Bei Fichte sahen wir, wie das Ich mit der Aufgabe, das Nicht-Ich zu überwinden, konfrontiert wird. In Schellings Naturphilosophie gibt es einen Begriff der polaren Gegensätze und ihrer Einheit, der die Dialektik noch klarer vorausahnt. Die Quelle der Dialektik geht aber auf Kants Tafel der Kategorien zurück, wo er erklärt, daß die dritte Kategorie jeder Gruppe eine Kombination der ersten und der ihr gegenüberstehenden zweiten ist. So sind z.B. die Kategorien der Quantität in der ersten Gruppe: Einheit, und ihr Gegensatz: Vielheit, und als Verbindung beider die Allheit, die eine Vielfalt von Einheiten umschließt.

Die deutsche idealistische Philosophie erhielt ihre letzte und systematische Form bei Hegel. Er übernahm Hinweise von Fichte und dem frühen Schelling, und er baute ein philosophisches System auf, das bei all seinen Irrtümern immer noch fesselnd und lehrreich ist. Außerdem übte der Hegelianismus einen weitgespannten Einfluß auf eine ganze Generation von Denkern nicht nur in Deutschland, sondern später ebenso in England aus. Frankreich war im allgemeinen für die Hegelsche Philosophie nicht zugänglich, vielleicht wegen der großen Dunkelheit des Urtextes, die eine ebenbürtige Übersetzung in das besonders klare Französisch verhindert. Die Philosophie Hegels lebt heutzutage insbesondere im dialektischen Materialismus von Marx und Engels fort, der ebenfalls die Unhaltbarkeit seiner Philosophie klar erweist.

Hegel wurde in Stuttgart geboren und studierte in Tübingen gleichzeitig mit Schelling. Einige Jahre war er Hauslehrer und schloß sich dann 1801 Schelling in Jena an. Hier beendete er am Vorabend der Schlacht von Jena seine ›*Phänomenologie des Geistes*‹. Er verließ Jena, bevor die siegreichen Franzosen einmarschierten, und war dann ein paar Jahre lang als Herausgeber und später als Direktor eines Gymnasiums in Nürnberg tätig, wo er seine ›*Wissenschaft der Logik*‹ schrieb. 1816 wurde er Professor in Heidelberg und schuf dort seine ›*Enzyklopädie der philosophischen Wissenschaften*‹. Schließlich wurde er 1818 auf den Lehrstuhl der Philosophie nach Berlin berufen, wo er blieb. Er bewunderte Preußen von Herzen, und dort wurde dann seine Lehre sozusagen zur Staatsphilosophie erhoben.

Hegels Schriften sind von allen Werken in der Geschichte der Philosophie die am schwersten verständlichen. Das rührt nicht nur von den behandelten Themen, sondern auch von dem schwerfälligen Stil des Verfassers her. Um zu verstehen, was Hegel bezwecken wollte, müssen wir uns an die kantische Unterscheidung zwischen theoretischer und praktischer Vernunft erinnern. So kann die Hegelsche Philosophie als das Bestehen auf dem Primat der praktischen Vernunft im ursprünglichen Sinne des Wortes beschrieben werden. Aus diesem Grunde wird bei ihm die Geschichte und der geschichtliche Charakter aller menschlichen Bestrebungen so sehr betont. Was die dialektische Methode betrifft, die schon Wurzeln bei Kant, Fichte und Schelling hat, stammt ihre Annehmbarkeit für Hegel zweifellos aus der Einsicht der hin- und herschwankenden Entwicklung historischer Bewegungen. Noch genauer gesagt, scheint schon das Wachsen der vorsokratischen Philosophie, wie wir schon früher erwähnten, diese Entwicklungstendenz zu zeigen. Hegel hebt diese Methode in den Rang eines Prinzips zur Deutung der Geschichte. Nun, sofern es um den dialektischen Prozeß zweier gegensätzlicher Forderungen geht, ist eine Kompromißlösung recht nützlich. Hegel versucht jedoch zu zeigen, wie sich die Geschichte durch ihre verschiedenen Stufen auf Grund dieses Prinzips entfalten mußte. Es ist überflüssig zu sagen, daß dies nur durch Verdrehung der Tatsachen möglich ist. Die Logik des Zusammenhangs historischer Geschehnisse zu erkennen ist ein ganz anderes Ding, als die Geschichte aus einem solchen Prinzip abzuleiten. Schellings Kritik an der Naturphilosophie (daß sich keine empirischen Tatsachen aus a priorischen Prinzipien ableiten lassen) kann hier ebensogut angewendet werden.

Die dialektische Methode erinnert in mancher Beziehung an das sokratische Streben nach der Form des Guten. Ihr entspricht, was Hegel die ›Absolute Idee‹ nennt. Die sokratische Dialektik zerstört Sonderhypothesen und stößt vor zur Gestalt des Guten, Hegels Dialektik zur Absoluten Idee. Der

Vorgang wird recht und schlecht in der ›Logik‹ erklärt. Es muß aber vor Augen gehalten werden, daß Logik für Hegel schlechthin synonym mit Metaphysik ist. So finden wir hierunter eine Zusammenfassung der Kategorien durch den dialektischen Stufengang von Thesis, Antithesis und Synthesis. Diese Doktrin wurde offensichtlich von der kantischen Behandlung der Kategorien inspiriert, wo der Ausgangspunkt die Einheit ist. Danach geht Hegel seinen eigenen Weg und spinnt einen langen und ziemlich willkürlichen Faden der Kategorien, bis er die Absolute Idee erreicht, womit wir wieder, im Kreis geführt, zur Einheit zurückgelangt sind. Hegel betrachtet das als Bürgschaft für Vollständigkeit und richtigen Beweis. Die Absolute Idee stellt sich in der Tat als das höchste Vorbild einer Einheit heraus, in der alle Differenzen hinuntergeschluckt sind.

Die dialektische Methode verkündet also, daß das Absolute, in welchem das Fortschreiten zu Ende kommt, die einzige Realität ist. Hier vor allem ist Hegel von Spinoza beeinflußt. Auch nach Hegel ist nur das Ganze wahr. Alles Einzelne kann nur zum Teil wahr sein. Die Definition der Absoluten Idee ist bei Hegel hoffnungslos dunkel. Der Kern ist jedoch ganz einfach: die Absolute Idee ist für Hegel die, welche sich selbst denkt.

Das ist typische Metaphysik, die in mancher Beziehung dem Gott des Aristoteles entspricht: eine ferne, unbekannte Wesenheit, in ihren eigenen Gedanken eingehüllt. In anderer Beziehung erinnert die Absolute Idee an Spinozas Gott, der mit dem Weltall identisch ist. Wie Spinoza, so lehnt auch Hegel jede Form des Dualismus ab. Fichte folgend geht er vom Geistigen aus, und deswegen spricht er in den Begriffen der Idee.

Diese allgemeine metaphysische Idee wird von Hegel auch auf die Geschichte angewandt. Daß sie hier auf gewisse Erscheinungsformen paßt, überrascht nicht, da Hegel die dialektische Methode ja gerade aus der Geschichte abgeleitet hat. Aber, wie wir schon früher sagten, die Betrachtung einzelner Geschehnisse kann nicht in dieser a priorischen Weise vorgenommen werden. Das Fortschreiten zum Absoluten in der Geschichte gibt andrerseits Anlaß zu recht grober nationalistischer Propaganda. Es stellt sich so dar, als hätte die Geschichte ihre äußerste Stufe im preußischen Staat zur Zeit Hegels erreicht. Zu diesem Schluß gelangt Hegel in seiner *›Philosophie der Geschichte‹*. Heute kommt einem da der große Dialektiker ein wenig übereilt in seiner Deduktion vor.

Dasselbe Beweisschema führt Hegel zur Begünstigung eines Staates, der auf totalitäre Art und Weise organisiert ist. Die Entwicklung des Geistes in der Geschichte ist nach Hegel vor allem Aufgabe der Deutschen. Denn sie allein haben die universale Bedeutung der Freiheit begriffen. Nun ist die Freiheit kein negativer Begriff, sondern muß irgendwie an einen Gesetzeskodex gebunden sein. Darin können wir mit Hegel übereinstimmen. Daraus folgt jedoch nicht, was Hegel tatsächlich zu denken scheint, daß, wo es Gesetze gibt, auch Freiheit sei. Wenn dem so wäre, würde ›Freiheit‹ synonym mit ›Gehorsam gegenüber dem Gesetz‹ sein. Doch steckt auch bei Hegel ein wertvoller Hinweis im Begriff der Freiheit. Sie bedeutet ihm viel eher das Erkennen der Welt, wie sie ist, als Illusionen nachzujagen; anders ausgedrückt: das Begreifen des Wirkens der Notwendigkeit – ein Gedanke, den, wie wir sahen, schon Heraklit erahnte. Wenn es aber um die einzelnen Gesetze Preußens geht, scheint kein Grund vorhanden, warum sie logisch notwendig sein sollten. Das zu behaupten, wozu Hegel bereit ist, bedeutet: dem hilflosen Bürger einen blinden Gehorsam gegenüber den Verordnungen seines Landes aufzuerlegen. Die Freiheit *dieses* Bürgers ist: tun, was ihm gesagt wird.

Die dialektische Methode wurde noch von einem anderen Faktor inspiriert, der aus der Beobachtung der Geschichte stammt. Denn sie legt Wert auf den Kampf entgegengesetzter Kräfte. Wie Heraklit, schätzt auch Hegel den Kampf. Er geht sogar so weit zu behaupten, Krieg sei moralisch dem Frieden überlegen. Wenn die Nationen keinen Feind zu bekämpfen haben, werden sie moralisch schwach und dekadent. Hier denkt Hegel offensichtlich an Heraklits Spruch, der Krieg sei der Vater aller Dinge. Er lehnt die kantische Konzeption einer weltumfassenden Konföderation ab und ist Gegner der Heiligen Allianz, die aus dem Wiener Kongreß hervorging. Hegels Behandlung von Politik und Geschichte wird durch sein einseitiges Interesse für die politische Geschichte verdreht. Hier mangelt ihm der Weitblick eines Vico, der die Bedeutung von Kunst und Wissenschaft richtig einschätzte. Nur durch diese enge politische Auffassung konnte Hegel zu der Folgerung gelangen, daß äußere Feinde wesentlich seien für die moralische Gesundheit einer Nation. Die Ansicht, daß die Streitfragen zwischen den Nationen durch Krieg gelöst werden können, setzt voraus, daß kein Vertrag zwischen ihnen möglich ist und daß sie in den gegenseitigen Beziehungen in einem Urzustand bleiben müssen, bei dem nur noch die rohe Macht zählt. Da zeigte Kant eine viel größere Einsicht als Hegel. Denn unsere Zeit hat bewiesen, daß der Krieg letzten Endes zu allgemeiner Vernichtung führt. Das nun würde in der Tat auf ein dialektisches Ziel hinauslaufen, das auch dem orthodoxesten Hegelianer genügen müßte.

Als guter Lutheraner proklamiert Hegel natürlich die Suprematie des Staates über die Kirche, denn das sichert den nationalen Charakter der kirchlichen Organisation. Zur römischen Kirche steht Hegel in Gegensatz, weil sie, was ihr Hauptverdienst ausmacht, eine internationale Körperschaft ist. Gleicherweise wird – eigentlich im Widerspruch zur eigenen Lehre – keine unabhängige Organisation innerhalb der Gesellschaft geduldet. Es ist bemerkenswert, daß die offizielle marxistische Doktrin hierin viel vom Hegelianismus beibehalten hat. Wenn ein plulatelistischer Verein unter diesem System nicht ohne die Verherrlichung der sozialistischen Revolution arbeiten kann, werden sich seine Mitglieder eines Tages schroff darum betrogen sehen, auch nur Briefmarken oder irgend sonst etwas zu sammeln.

Hegels politische Theorie ist auch in einer anderen wichtigen Beziehung mit seiner Metaphysik unvereinbar. Eine vollständige Anwendung seiner eigenen dialektischen Methode hätte ihn sehen lassen müssen, daß kein Grund zur Verhinderung einer Organisation der Nationen untereinander, etwa im Sinne Kants, gegeben ist. So aber scheint das Absolutum der Politik das preußische Königtum zu sein. Die Folgerung seiner Beweisführung ist freilich ein Trug. Daß es Leute gab, die ehrlich an diese These glaubten, soll nicht geleugnet werden. Während aber der Glaube an solche Dinge für manche bequem sein mag, ist es unredlich zu behaupten, diese Thesen seien Diktate der Vernunft. Durch diese Methode kann man für jedes Vorurteil und jeden Greuel falsche Entschuldigungen finden. Das alles ist ein wenig allzu bequem.

Kehren wir jetzt zur Dialektik zurück, die wirklich die zentrale Vorstellung des hegelschen Systems ist. Wir bemerkten schon früher, wie der dialektische Gang drei Stufen umfaßt: Zuerst eine Behauptung, der eine Gegenbehauptung entgegengesetzt wird, und schließlich werden die beiden zum Ausgleich vereint; die Synthesis nun kann wieder neue Thesis werden, und der ganze dialektische Prozeß beginnt von neuem, und so geht es weiter, bis wir endlich das ganze Weltall begreifen. Das will sagen, daß die volle Bedeutung von irgend etwas allein aus der Betrachtung all seiner möglichen Verbindungen entsteht, und das heißt, daß man es in den Zusammenhang der ganzen Welt stellt.

Es erheben sich hier verschiedene Bemerkungen. Die erste bezieht sich auf den historischen Inhalt der Dialektik. Es ist vollkommen wahr, daß es Fälle gibt, bei denen unversöhnliche Forderungen irgendwie durch Kompromiß einander angepaßt werden. Ich kann zum Beispiel sagen, daß ich nicht gewillt bin, Einkommensteuer zu zahlen. Das Finanzamt wird dann natürlich Gegenmaßnahmen ergreifen. Schließlich kommen wir zu einer Art vermittelnder Lösung, wobei beide zufriedengestellt werden. Dabei gibt es nichts Mysteriöses. Es muß jedoch beachtet werden, daß der Kompromiß nicht aus zwei sich Widersprechenden, sondern nur aus zwei Gegensätzlichen hervorgeht. Dieser logische Umstand verlangt Erläuterung. Zwei Feststellungen sind *widersprechend*, wenn die Wahrheit der einen die Irrtümlichkeit der anderen zur Folge hat und umgekehrt. Zwei *gegensätzliche* Feststellungen hingegen können beide irrtümlich, aber nicht beide wahr sein. Was die Dialektik im Falle der wahren historischen Situation walten läßt, ist die Tatsache, daß aus gegensätzlichen Behauptungen oder Situationen oft irgendeine Vereinbarung erreicht werden kann. Natürlich, wenn die Parteien nicht genügend Geduld zur Ausarbeitung eines annehmbaren Plans haben, so neigt das Spiel dazu, drastischer zu werden, und schließlich gewinnt die stärkere Partei, und die schwächere bleibt auf der Strecke. In solchen Fällen können möglicherweise gegensätzliche Forderungen hinterher sich als widersprechend erweisen. Aber nur nach dem Ereignis: denn es ist nicht unvermeidlich, daß es eintreten muß. Bei gegensätzlichen Ansichten über das Steuerzahlen ist weder der Bürger noch die Behörde gezwungen, einander zu massakrieren.

Zweitens kann eingewandt werden, daß die intellektuelle Entwicklung einen ähnlichen Verlauf nimmt. Dieser Aspekt der Dialektik geht auf die Wechselwirkung von Frage und Antwort in den Dialogen Platons zurück. Genauso arbeitet der Geist, wenn er einem Problem gegenübergestellt wird. Hier ist ein Kompromiß möglich, unabhängig davon, ob die gegenübergestellten Behauptungen widersprechend oder nur gegensätzlich sind. So sind Heraklits Feststellung, daß sich alles bewegt, und die von Parmenides, daß sich nichts bewegt, Gegensätze. Aber man kann gegen Heraklits Ansicht einfach einwenden, daß einige Dinge sich nicht bewegen, in welchem Fall beide Feststellungen widersprechend sind. In beiden Fällen kann jedoch der Kompromiß erreicht werden, daß manche Dinge sich bewegen und manche nicht.

Das offenbart einen wichtigen Unterschied, den Hegel nicht erkannt hat. Widerspruch ist etwas, was nur in Gesprächen vorkommt. Ein Mensch kann einem anderen widersprechen; oder vielleicht besser gesagt, eine Behauptung kann einer andern widersprechen. Aber in der Alltagswelt der Tatsachen gibt es keinen Widerspruch. Eine Tatsache kann nicht einer anderen widersprechend sein, was für einen Gesichtspunkt man auch immer im Verhältnis zwischen Sprache und Welt einnimmt. So sind Armut und Reichtum nicht sich widersprechend, sondern nur unterschiedlich. Da Hegel die Welt geistig betrachtet, neigt er dazu, diesen grundlegenden Unterschied zu übersehen. Ferner ist, wieder von diesem Gesichtspunkt aus, leicht einzusehen, warum die dialektische Methode nicht nur als Werkzeug der Erkenntnistheorie, sondern auch unmittelbar zur Beschreibung der Welt verwandt wird. Hegel gibt also seiner Methode nicht nur einen erkenntnistheoretischen, sondern auch einen ontologischen Status. Auf dieser Basis versucht Hegel, seine Dialektik der Natur zu entfalten. Schellings Einwand dagegen haben wir schon erwähnt. Diese Art von Unsinn wurde von den Marxisten weithin übernommen, mit der Abwandlung freilich, daß sie die hegelsche Einseitigkeit für den Geist durch die materialistischen Grundbegriffe Ludwig Feuerbachs ersetzt haben.

Ein anderes seltsames Vorurteil, das aus der dialektischen Methode stammt, ist Hegels Vorliebe für die Zahl drei. Alles scheint diese Dreiheit aufzuweisen, wie ja die Dialektik selbst aus ihren drei Stufen, Thesis, Antithesis und Synthesis, besteht. Bei jeder Einteilung setzt Hegel drei Teile. In seiner Geschichtsbetrachtung zum Beispiel erkennt er die orientalische Welt, die der Griechen und Römer und schließlich die der Germanen. Die übrigen scheinen für ihn nicht zu zählen. Das mag angehen wegen der Symmetrie, ist aber nicht allzu überzeugend als Methode der historischen Analyse. Gekünstelt ist auch die Einteilung der ›*Enzyklopädie*‹ nach den drei Stufen des Geistes: Logik (Geist-sein), Naturphilosophie (Selbst-Entfremdung), Philosophie des Geistes (seine Rückkehr zu sich selbst). Dieses Denken ist derart verkehrt, daß sogar, wer Hegel hochschätzt, es nicht mehr zu verteidigen sucht.

Nach diesen kritischen Bemerkungen dürfen wir aber nicht übersehen, was an Hegels Philosophie wertvoll ist. Vor allem muß bezüglich der Dialektik zugegeben werden, daß Hegel hier eine beträchtliche Einsicht in die Tätigkeit des Geistes bekundet. Denn oft geht der Geist in dialektischer Weise vor.

Als Beitrag zur Psychologie des geistigen Wachstums stellt die Dialektik häufig Muster scharfsinniger Beobachtung dar. Ferner betont auch der Hegelianismus die Bedeutung der Geschichte wie schon Vico ein Jahrhundert zuvor. Bezüglich der historischen Situation spürte Hegel, das Absolute liege zur Hand. So war es für ihn selbstverständlich, ein philosophisches System aufzubauen, das den Geschehnissen folgt. Er drückte das höchst bildhaft im Vorwort zur ›*Philosophie des Rechts*‹ aus: »Die Eule Minervas beginnt ihren Flug erst, wenn die Abenddämmerung einbricht.«

Auch die Hegelsche Philosophie ist erfüllt von einem Haupt-Satz, der die ganze Geschichte der Philosophie durchzieht. Er heißt: kein Teil der Welt kann außer im Rahmen des Alls als eines Ganzen verstanden werden. Das Ganze ist die einzige Realität. Das galt schon bei den Vorsokratikern.

Das Interessante ist nun, daß die idealistischen Systeme in einer Beziehung die wissenschaftlichen Bestrebungen richtig darstellen. Das Programm der Wissenschaft sorgt für einen stets sich ausbreitenden Aufschwung des systematischen Verständnisses der Natur. Im Prinzip geht diese Entwicklung nie zu Ende. Aber eine wissenschaftliche Theorie duldet keine Ausnahme, ihre Kraft muß universal sein. So kann gesagt werden, daß das idealistische System eine Art platonischer Idee der Wissenschaft als eines Ganzen oder (im Sinne von Leibniz) eine göttliche Wissenschaft ist. Hier bezieht sich alles auf alles, das ist wahr, nicht aber die Behauptung, daß sich die Dinge in der Verbindung mit anderen Dingen ändern. Es ist auch falsch, das ganze Ding als ein beendetes aufzuzeigen, es ist ja ein besonderer Zug der wissenschaftlichen Untersuchung, daß es für sie nie ein Ende geben kann. Die hegelsche Auffassung steht jedenfalls in gar keiner Beziehung zu dem wissenschaftlichen Optimismus des späteren 19. Jahrhunderts, wo jeder dachte, daß jedes Problem zu lösen sei. Schließlich erwies sich dies als eine Illusion, was man leicht hätte voraussagen können. Nun wäre es recht müßig, an einer göttlichen Wissenschaft herumflicken zu wollen. Was immer gesagt werden könnte, unsere Welt gehört keiner ›göttlichen‹

Wissenschaft zu, und andere Welten als die unsrige gehen uns nichts an. Das idealistische System ist also eine Fehlkonzeption. Tatsache ist, daß man etwas über ein Objekt wissen kann, ohne alles darüber zu wissen; man kann ein Wort vernünftig benutzen, ohne das ganze Wörterbuch auswendig zu wissen. Hegel aber besteht auf der Ansicht, daß ein Klötzchen aus einem Zusammensetzspiel keinen Sinn hat, ehe nicht das ganze Spiel fertig ist. Der Empirist ist im Gegenteil der Meinung, daß jedes Stück einen Sinn für sich besitzt. Hätte es keinen, so könnte man gar nicht mit dem Zusammensetzen beginnen.

Die Kritik der logischen Lehre des Systems hat wichtige Folgen für die Ethik. Wenn die logische Theorie einwandfrei ist, muß es auch die darauf aufgebaute ethische Theorie sein. Ob die Logik aber tatsächlich einwandfrei ist, bleibt eine offene Frage.

Hier stehen Hegelianismus und Lockes Liberalismus einander diametral gegenüber. Für Hegel ist der Staat an sich gut, und die Bürger als solche zählen nicht, sondern nur als Diener der Herrlichkeit des Ganzen. Der Liberalismus geht vom andern Ende aus und betrachtet den Staat als dienendes Mittel zum Besten der Bürger. Der idealistische Standpunkt erzeugt Intoleranz, Rücksichtslosigkeit, Tyrannei. Die liberale Auffassung hingegen fördert Toleranz, Rücksicht und Kompromiß.

Hegels Idealismus ist letzten Endes ein Versuch, die Welt als ein System zu betrachten. Obzwar die Betonung bei ihm auf dem Geist liegt, ist doch der Hegelianismus im Ziel nicht im geringsten subjektivistisch. Er kann als objektiver Idealismus bezeichnet werden. Wir haben schon gesehen, wie das dialektische System später von Schelling kritisiert wurde. Das ist philosophisch der Ausgangspunkt des heftigen antihegelianischen Ausbruchs Sören Kierkegaards, des dänischen Philosophen. Sein Werk hatte damals wenig Einfluß, es wurde aber rund fünfzig Jahre später die Quelle der sog. existentialistischen Bewegung.

Kierkegaard (1813 – 1855) wurde in Kopenhagen geboren, wo er mit siebzehn Jahren das Universitätsstudium begann.

Sein Vater war als junger Mann in die Hauptstadt gekommen, hatte sein Bauerngut gegen ein Geschäft vertauscht und war äußerst erfolgreich gewesen. Der Sohn brauchte also nicht um sein Brot zu kämpfen. Von seinem Vater erbte Kierkegaard lebhaften Witz, Klugheit und die Neigung zum Grübeln. 1841 wurde er Doktor der Theologie. Mittlerweile hatte er sich mit einem Mädchen verlobt, das ihm nicht reif genug für seine theologische Mission schien. Jedenfalls löste er sein Verlöbnis auf und ging nach Beendigung seiner Studien nach Berlin, wo Schelling lehrte. Seither widmete er sich theologischen und philosophischen Spekulationen, während die einstige Braut höchst vernünftigerweise einen andern heiratete.

Aber wenden wir uns noch einmal der Kritik zu, die Schelling gegen Hegels System richtete. Schelling unterschied zwischen negativer und positiver Philosophie. Erstere beschäftigte sich mit Begriffen oder Universalien oder auch Essenzen, um den scholastischen Ausdruck zu gebrauchen. Sie betrachtet also das ›Was‹ der Dinge. Die positive Philosophie hingegen bezieht sich auf die wirkliche Existenz oder auf das ›Daß‹ der Dinge, d.h. darauf, ›*daß* sie existieren‹. Der frühere Schelling war ›negativ‹, seine späteren Werke ›positiv‹ in diesem Sinn des Wortes. Seine Hauptkritik gegen Hegel richtete sich also dahin, daß er in der negativen Sphäre steckengeblieben sei und dennoch den Anspruch erhebe, die positive Welt der Tatsachen zu erschließen. Auf dieser Kritik beruht der sog. ›Existentialismus‹.

Aber das ist nur ein logischer Einwand gegen Hegel. Mindestens ebenso wichtig ist Kierkegaards gefühlsmäßiger Einwand. Der Hegelianismus ist eine reichlich trockene und theoretische Angelegenheit und läßt nur wenig oder gar keinen Spielraum für die Leidenschaften der Seele. Das ist überhaupt das Kennzeichen der ganzen deutschen idealistischen Philosophie. Nicht einmal Schellings spätere Spekulationen sind davon frei. Die Aufklärung war geneigt, die Leidenschaften mit Mißtrauen zu betrachten. Kierkegaard versuchte, sie philosophisch wieder achtbar zu machen. Das steht in Einklang mit der Romantik der Dichter und stellt sich jener Ethik entgegen, die das Gute mit Wissen und das Böse mit Unwissenheit gleichsetzt. Durch das Abtrennen des Willens von der Vernunft versucht der Existentialismus in echt ockhamistischer Weise unsere Aufmerksamkeit auf das Bedürfnis zu lenken, das der Mensch hat, zu wählen und zu handeln, und zwar nicht aus philosophischer Reflexion, sondern aus der Ursprünglichkeit des Willens. Das ermöglicht ihm auf einmal, für den Glauben auf höchst einfache Weise Raum zu schaffen, denn jetzt ist die Annahme eines religiösen Glaubens ein freier Willensentscheid.

Die existentialistische Auffassung wird manchmal dahin ausgedrückt, daß die Existenz der Essenz vorausgehe, mit anderen Worten: wir erkennen zuerst, *daß* ein Ding ist, und erst nachträglich, *was* es ist. Oder auch, daß das Einzelne vor das Allgemeine, Aristoteles vor Platon gesetzt wird. Kierkegaard setzt den Willen vor die Vernunft. Die Wissenschaft, die sich damit beschäftigt, was allgemein ist, kann sich auf die Dinge nur von außen her beziehen. Im Gegensatz dazu betrachtet Kierkegaard das ›existentielle‹ Denken als eines, das die Situationen von innen her begreift. Im Falle des Menschen glaubt er, daß wir das Wichtige übersehen, wenn wir ihn nur wissenschaftlich zu erfassen streben. Die Gefühle eines einzelnen Menschen können nur existentiell verstanden werden.

Für Kierkegaard sind die ethischen Theorien zu rationalistisch, um die Menschen sich nach ihnen richten zu lassen. Das Wesen der moralischen Haltung des Einzelnen wird von diesen Theorien nicht gebührend erfaßt. Außerdem ist es immer leicht, Ausnahmen, Sonderfälle zu finden, die die ethische Regel brechen. So drängt Kierkegaard, unser Leben eher auf religiöse als auf ethische Grundsätze zu stellen. Alles das ist augustinische Tradition im protestantischen Kleid. Der Mensch ist nur Gott und seinen Befehlen verantwortlich. An diesem Verhältnis kann kein anderer etwas ändern. Für Kierkegaard ist also die Religion eine Sache existentiellen Denkens, da es aus der Seele kommt.

Kierkegaard war ein inbrünstiger Christ; aber seine Auffassung mußte ihn trotzdem oder vielleicht gerade deshalb in

Konflikt mit dem starren Institutionalismus der dänischen Staatskirche bringen. Er lehnte die rationalistische Theologie, wie sie sich großangelegt in der Scholastik ausgedrückt hatte, ab. Die Existenz Gottes kann nur existentiell begriffen werden; kein Argument, das sich im Reich der Essenzen bewegt, kann sie beweisen. So trennt Kierkegaard, wie wir schon früher sagten, den Glauben von der Vernunft.

Die Kritik an Hegel, von der Kierkegaards Reflexionen ausgehen, ist im großen und ganzen gesund. Die existentialistische Philosophie jedoch, die aus ihr entstand, ist es nicht halb so sehr. Durch die Einschränkung des Bereichs der Vernunft steht sie jeder Absurdität offen.

Auch tut es gut, zu bedenken, daß die Unterschätzung der Vernunft ebenso gefährlich sein kann wie ihre Überschätzung. Hegel schätzte sie zu hoch ein und verfiel damit dem Irrtum, daß die Vernunft das Weltall hervorbringen könnte. Kierkegaard geht ins andere Extrem und behauptet eigentlich, daß die Vernunft nicht imstande sei, uns beim Begreifen des Besonderen, das in Wirklichkeit allein wissenswert ist, zu helfen. Eine solche Auffassung leugnet allen Wert der Wissenschaft und steht völlig im Einklang mit der Romantik. Obzwar Kierkegaard romantische Lebenshaltung, die nach ihm allein durch die Unberechenbarkeiten äußerer Einflüsse bestimmt ist, wild verdammt, ist er selbst durch und durch Romantiker. Das Prinzip selbst, das zur existentiellen Denkungsart führt, ist letzten Endes nichts als eine verworrene romantische Eingebung.

Die existentialistische Ablehnung Hegels war im Grunde die Weigerung, zuzugeben, daß objektive Welterkenntnis zu einem System ausreicht. Obzwar Kierkegaard sich nicht ausdrücklich mit dieser Problematik beschäftigt, setzt sein Existentialismus doch eine subjektivistische Erkenntnistheorie – im Gegensatz zur objektiv-idealistischen Auffassung Hegels – voraus; er betonte: »Die Subjektivität ist die Wahrheit.«

Eine völlig unterschiedliche Ablehnung Hegels erhebt sich, wenn man auf einen etwas verfeinerten kantschen Dualismus zurückgreift. Diesen Weg geht Schopenhauer.

Arthur Schopenhauer (1788 – 1860) war der Sohn eines Danziger Kaufmanns, der Voltaire bewunderte und England hochschätzte. Als 1793 die freie Stadt Danzig von Preußen besetzt wurde, zog die Familie nach Hamburg. 1797 wurde das neunjährige Kind Schopenhauer nach Paris gebracht, wo es während eines zweijährigen Aufenthaltes seine Muttersprache fast vergaß. 1803 kam er nach England und für etwa sechs Monate in ein Internat. Das genügte, ihm die englischen Schulen zu verleiden, sich aber die englische Sprache doch anzueignen. In späteren Jahren las er regelmäßig die ›Times‹. Als er nach Hamburg zurückgekehrt war, machte er einen schwachen Versuch zu einer kaufmännischen Laufbahn, die er aber nach dem Tode seines Vaters gleich wieder aufgab. Seine sozusagen ›kultursnobistische‹ Mutter zog jetzt nach Weimar, wo sie bald einen literarischen Salon einrichtete und viele der großen Dichter und Schriftsteller, auch Goethe, empfing. Der junge Schopenhauer machte sich über den Snobismus und die literarischen Ambitionen seiner Mutter nur lustig. Kein Wunder, daß die lebhafte Mutter die mürrische und kritische Neigung ihres Sohnes nicht mochte. So erhielt Schopenhauer schon im Alter von einundzwanzig einen Teil seines Erbes, und Mutter und Sohn entfremdeten sich immer mehr.

Das Erbe ermöglichte ihm, zur Universität zu gehen. Er begann 1809 in Göttingen, wo er zum erstenmal mit der Philosophie Kants in Berührung kam. 1811 zog er nach Berlin und studierte dort hauptsächlich Naturwissenschaften. Er hörte einige Vorlesungen Fichtes, verachtete aber dessen Philosophie. Als 1813 der Befreiungskrieg ausbrach, beendete er seine Studien, aber die Ereignisse erweckten in ihm keine dauernde Begeisterung. In den folgenden Jahren kam er näher mit Goethe in Weimar in Berührung, wo er Studien über die indische Mystik begann. Goethe erkannte das Genie des jungen Schopenhauer und prophezeite ihm öffentlich eine große literarische Laufbahn. 1819 begann Schopenhauer mit Vorlesungen als Privatdozent an der Universität Berlin. Er war von seinem Talent so voll überzeugt, daß er dachte, es sei unehrlich, diese Tatsache vor dem Teil der Menschheit, die solches noch nicht wahrgenommen hatte, zu verbergen. Dementsprechend hielt er seine Vorlesungen zur selben Zeit wie Hegel. Als es ihm jedoch nicht gelang, die Hegelianer zu überzeugen, gab er seine Vorlesungen auf und zog nach Frankfurt am Main, wo er den Rest seiner Tage verbrachte. Als Mensch war er dünkelhaft, unfreundlich und durch und durch eitel. Der große Ruhm, nach dem ihn verlangte, kam erst gegen Ende seines Lebens.

Schopenhauer fand schon früh seinen festen philosophischen Standpunkt. Sein Hauptwerk ›*Die Welt als Wille und Vorstellung*‹ erschien 1819, als der Autor eben dreißig Jahre alt war. Anfangs blieb es vollkommen unbeachtet. Es enthält eine Art abgewandelter kantischer Theorie, die das Ding an sich geflissentlich in Geltung läßt. Im Gegensatz zu Kant stellt aber Schopenhauer das Ding an sich dem Willen gleich. Demnach besteht die Erfahrungswelt, wie auch bei Kant, aus Phänomenen oder Erscheinungen. Was diese Phänomene verursacht, ist aber nicht das unbekannte Noumenon, sondern der noumenale Wille. Das paßt sich ganz eng den orthodox kantischen Ansichten an. Wir sahen schon, daß Kant den Willen auf der Seite der Noumena betrachtet. »Übe ich meinen Willen, übe ich in der Erfahrungswelt meinen Körper.« Hier sei nebenbei bemerkt, daß es Kant nicht eigentlich gelang, über den Occasionalismus hinauszukommen, denn es kann, wie wir sahen, kein kausales Verhältnis zwischen den Noumena und den Phänomena geben. Schopenhauer jedenfalls betrachtet den Körper als eine Erscheinung, deren Realität im Willen liegt. Wie bei Kant, liegt auch nach Schopenhauer die noumenale Welt jenseits von Raum und Zeit und den Kategorien. Der Wille als Noumenon ist ihnen ebenfalls nicht unterworfen. Daher ist er zeitlos und unräumlich, was seine Einheit bedingt. Sofern ich wirklich bin, das heißt in bezug auf meinen Willen, bin ich nicht verschieden, nicht abgetrennt, das wäre eine bloße phänomenale Illusion. Im Gegenteil, mein Wille ist in Wirklichkeit der eine universale Wille.

Schopenhauer betrachtet diesen Willen als das durch und durch Böse und macht ihn für das Leid, das unvermeidlich unser Leben begleitet, verantwortlich. Überdies ist das Wissen für ihn kein Weg zur Freiheit, wie für Hegel, sondern vielmehr eine Quelle des Leidens. So entfaltet Schopenhauer anstelle des Optimismus der rationalistisch-idealistischen Systeme eine düstere Auffassung, in der es keinen Platz für das Glück gibt. Was das Geschlechtsleben betrifft, ist auch das eine böse Angelegenheit, da die Zeugung bloß neue Opfer des Leids hervorbringt. In Verbindung damit liegt Schopenhauers Frauenhaß, da er die Beteiligung der Frau an der Fortpflanzung für gezielter als die des Mannes hält.

Es gibt keinen logischen Grund, warum Kants Erkenntnislehre derart pessimistisch belastet werden sollte. Schopenhauer selbst war nach seiner Veranlagung für das Glück untauglich, und deswegen behauptet er, Glück sei nicht zu erlangen. Am Ende seines Lebens gewann sein Werk größere Anerkennung, seine geldliche Lage besserte sich leicht, und beides heiterte ihn, trotz seiner Theorie, etwas auf. Doch kann nicht gesagt werden, daß ein rationalistisch übertriebenes Vertrauen an das Gutsein dieser Welt ganz richtig wäre. Während Denker wie Spinoza das Böse (wenigstens theoretisch) nicht beachteten, ging Schopenhauer ins andere Extrem und sah in nichts etwas Gutes.

Die Lösung für diesen unseligen Stand der Dinge muß nach Schoperhauer in den Mythen des Buddhismus gesucht werden. Was uns Leid verursacht, ist nur unser Wille. Durch Einschläfern des Willens können wir schließlich das Nirwana, das Nichts, erlangen. Der mystische Schwebezustand läßt uns durch den Schleier der Maya, der aus Illusionen besteht, schauen. So können wir dahin gelangen, die Welt als Einheit zu sehen, und den Willen zu überwinden. Aber hier führt die Erkenntnis der Einheit uns nicht zur Gottesgemeinschaft wie in der abendländischen Mystik, z.B. bei Meister Eckart; oder zur Versenkung in eine pantheistische Welt wie bei Spinoza. Im Gegenteil, die Einsicht in das Ganze und das Mitgefühl mit seinen Leiden bieten uns die Flucht ins Nichts.

Gegen die rationalistischen Lehren der hegelschen Schule betont die Philosophie Schopenhauers die Bedeutung des Willens. Diese Ansicht wurde von vielen späteren Philosophen übernommen, die sonst recht wenig mit ihm gemein haben. Wir finden sie bei Nietzsche ebenso wie bei den Pragmatisten. Auch der Existentialismus versteift sich auf den Willen als Gegenpol zur Vernunft. Was aber den Mystizismus der Schopenhauerschen Lehre betrifft, so liegt er ziemlich außerhalb der Hauptströmungen der abendländischen Philosophie.

Wenn Schopenhauers Philosophie letztlich nach einer Flucht aus dieser Welt und ihrem Kampfe sucht, so geht Nietzsche (1844 – 1900) den gegensätzlichen Weg. Es ist nicht leicht, den Inhalt seines Denkens zusammenzufassen. Er ist im gewöhnlichen Wortsinn kein Philosoph und hinterließ auch keine systematische Zusammenfassung seiner Ansichten. Er könnte vielleicht als aristokratischer Humanist im buchstäblichen Sinn des Worts bezeichnet werden. Was er vor allen Dingen zu fördern suchte, war die Herrschaft des Besten, d.h. des Gesündesten und des Stärksten an Wesenskraft. Das bedeutet eine gewisse Betonung der Unempfindlichkeit dem Elend gegenüber, was schon Kampfstellung gegen den herkömmlichen Sittenkodex, wenn auch nicht unbedingt gegen den tatsächlichen Brauch, bedeutet. Durch das Hinstarren auf diese Merkmale, aber ohne Blick für das gedankliche Ganze, sahen viele in Nietzsche den Propheten der politischen Tyranneien unserer Zeit. Es mag sein, daß einige der Tyrannen Anregungen aus Nietzsche geschöpft haben, es wäre aber unrichtig, ihn für Untaten jener verantwortlich zu machen, die ihn höchstens oberflächlich verstanden haben. Nietzsche hätte sich den politischen Geschehnissen in seinem Land erbittert entgegengestellt, hätte er lange genug gelebt, um Augenzeuge zu sein.

Nietzsches Vater war protestantischer Pfarrer. Das bedeutet einen häuslichen Hintergrund von Frömmigkeit und Rechtschaffenheit, von dem noch eine Spur in dem stark moralischen Ton der Werke Nietzsches nachklingt, sogar in ihren rebellischsten Ausbrüchen. Schon früh erwies er sich als ein glänzender Gelehrter, mit 24 Jahren bereits wurde er Professor der klassischen Philologie an der Universität Basel. Bald darauf brach der Deutsch-Französische Krieg aus. Da Nietzsche schon schweizerischer Staatsbürger war, mußte er mit dem Sanitätsdienst vorliebnehmen. An Ruhr erkrankt, wurde er entlassen und kehrte nach Basel zurück. Er erfreute sich nie der besten Gesundheit und erholte sich nie vom Kriegsdienst. Insbesondere quälte ihn eine immer mehr zunehmende Augenkrankheit. Das war auch der Grund, daß er 1879, durch ein bescheidenes Ruhegehalt von jährlich 3000 Franken leidlich gesichert, auf seinen Lehrstuhl verzichten mußte. Die nächsten zehn Jahre verbrachte er zum Teil in der Schweiz (Sils Maria im Engadin) und zum Teil in Italien (Turin). Seine literarische Tätigkeit setzte er meistens in völliger Einsamkeit und ohne Anerkennung fort. Im Jahre 1889 wurde er infolge einer früheren venerischen Infektion geisteskrank (schizophren) und verblieb bis zu seinem Tod in diesem Zustand.

Nietzsches Werk ist in erster Linie durch die Ideale des vorsokratischen Griechenlands, insbesondere Spartas, angeregt. In seinem ersten größeren Werk ›*Die Geburt der Tragödie aus dem Geiste der Musik*‹ (1872) trifft er die berühmte Unterscheidung zwischen dem apollonischen und dem dionysischen Ausdruck der griechischen Seele. Der dunkle und leidenschaftliche dionysische Zug ist mit der Erkenntnis des wahrhaft Tragischen in der Existenz des Menschen verbunden. Das olympische Pantheon hingegen ist eine heitere ungetrübte Schau, welche die starre Freudlosigkeit des menschlichen Lebens ausgleicht. Das Olympische entspringt der apollonischen Ader der Seele, und man kann die griechische Tragödie als die apollonische Vergeistigung dionysischer Triebe und Begierden verstehen. Aristoteles hatte, wie wir sahen, ähnliche Ansichten hierüber.

Im Gegensatz zu Aristoteles aber sieht Nietzsche in der Tragödie nicht die Reinigung der Gefühle, sondern eine positive Bejahung des Lebens. Während Schopenhauer zu einer pessimistischen Folgerung gelangt, nimmt Nietzsche eine optimistische Stellung ein, die, wie er glaubt, durch richtige Deutung der griechischen Tragödie zu belegen ist. Doch muß bemerkt werden, daß sein Optimismus nicht der landläufige ist. Er ist vielmehr eine Art grimmiger Hinnahme der harten und grausamen Gegebenheiten des Lebens. Wie Schopenhauer, so betont auch er den Primat des Willens; er geht aber weiter und betrachtet den starken Willen als das hervorragende Kennzeichen des guten Menschen, während Schopenhauer im Willen die Quelle alles Bösen gesehen hatte.

Nietzsche unterscheidet zwischen zwei Arten von Menschen und ihrer Moralität. Es sind Herren und Sklaven. Seine ethische Theorie auf Grund dieser Unterscheidung wird in dem Werk ›*Jenseits von Gut und Böse*‹ (1886) vorgetragen. Einerseits gibt es die Herrenmoral, wo ›gut‹ Unabhängigkeit, Großzügigkeit, Selbstvertrauen und ähnliches in sich schließt; kurz all die Tugenden, die zum aristotelischen Mann von Seelengröße gehören. Die entgegengesetzten Mängel sind Unterwürfigkeit, Furchtsamkeit, Gemeinheit usw., und sie sind schlecht. Der Gegensatz zwischen Gut und Böse ist im großen und ganzen der zwischen edel und verächtlich. Der Sklavenmoral gegenüber heißt Herrenmoral: Schrecken erregen. Jede furchterregende Tat ist für den Sklaven ›böse‹. Die Moral des Helden, des Übermenschen, steht völlig jenseits von Gut und Böse.

Im ›*Also sprach Zarathustra*‹ (1883 – 1885) waren diese Lehren schon in Form einer ethischen Offenbarung ausgedrückt, die den Stil der Bibel nachahmt. Nietzsche war ein großer Schriftsteller und Dichter, und seine Werke schmecken mehr nach dichterischer Prosa als nach objektiver Philosophie.

Was Nietzsche über alles verabscheute, war die Vermassung, die mit der neuen Technik emporwuchs. Für ihn ist die richtige Funktion der Gesellschaft das Saatbeet für das Wohl der wenigen Großen, die das aristokratische Ideal verwirklichen. Leid, das dadurch dem niederen Volk zugefügt wird, scheint ihn nicht zu kümmern. Der Staat, den er sich vorstellt, hat vieles gemein mit dem Idealstaat der platonschen ›*Republik*‹. Die traditionellen Religionen betrachtete er für nichts weiter als Stützen der Sklavenmoral. Der freie Mensch muß nach ihm erkennen, daß Gott tot ist; wonach wir streben sollten, ist nicht Gott, sondern eine höhere Menschenart. Das Hauptbeispiel für die Sklavenmoral sieht er im Christentum. Denn es zeugt von Kleinmut, auf besseres Leben im Jenseits zu hoffen. Tugenden wie Demut und Mitleid hält er für Knechtssinn. Wegen der späteren Neigung Richard Wagners zur christlichen Mystik griff Nietzsche den Tondichter an, den er früher als bewunderten Freund geschätzt hatte. Sein Herrenkult war begleitet von einem heftigen Antifeminismus, der die orientalische Behandlung der Frauen als bewegliches Gut anpries. Darin können wir die Widerspiegelung von Nietzsches Unfähigkeit, mit dem schönen Geschlecht fertig zu werden, erblicken.

In dieser ethischen Auffassung stecken viele nützliche Beobachtungen der verschiedenen Menschenarten und ihrer Weise, das Leben zu meistern. Was aber weniger überzeugt, ist die Vorstellung der totalen Gleichgültigkeit gegenüber den Leiden der vielen im Interesse nur weniger.

UTILITARISMUS UND WAS DANN KAM

Wir müssen jetzt ein Jahrhundert zurückgehen und einen anderen Faden der Schilderung aufnehmen. Die idealistische Philosophie und ihre Kritik entstanden in einer Welt, deren materielle Verhältnisse sich grundlegend veränderten. Dieser Wandel war die Folge der industriellen Revolution, die im England des 18. Jahrhunderts zustande kam. Zuerst ging die Einführung der Maschinen nur sehr allmählich vor sich. Große Fortschritte wurden bei der Verbesserung von Webmaschinen gemacht; die Erzeugung der Webwaren nahm beträchtlich zu. Der wichtigste Schritt aber war die Vervollkommnung der Dampfmaschine, die für eine grenzenlose Kraftquelle zum Antrieb der Maschinen in den neuen Betrieben sorgte, die in großer Zahl zunahmen. Die beste Art der Dampferzeugung war die durch kohlengeheizte Dampfkessel. Das bedeutete eine mächtige Zunahme der Kohlenförderung, freilich meist unter äußerst rohen und harten Bedingungen. In der Tat waren, menschlich betrachtet, die frühen Tage der Industrialisierung eine durch und durch grauenhafte Periode.

Im Laufe des 18. Jahrhunderts erreichte in England das ›Gehege‹-Wesen, d.h. die Überführung von Gemeindegut in umfriedigten Privatbesitz seinen Höhepunkt. Jahrhundertelang kam dieses Verfahren dem Adel zu nutze. Das schuf Schwierigkeiten für die Landbevölkerung, deren Unterhalt zu einem guten Teil von diesen Gemeindegütern abhing. Aber erst im 18. Jahrhundert verursachte dieser Eingriff in den Gemeinbesitz der Landbevölkerung für breite Massen eine Entwurzelung und trieb sie in die Städte auf Suche nach neuen Lebensmöglichkeiten. Diese Leute wurden dann von den neuen Fabriken aufgesogen. Schlecht bezahlt und ausgebeutet, ließen sie sich in den ärmsten Stadtvierteln und am Stadtrand nieder, wo sich dann im 19. Jahrhundert die riesengroßen

Slums bildeten. Die Entdeckung der Maschinen wurde zunächst mit erheblichem Argwohn von jenen betrachtet, die all die Geschicklichkeiten ihrer Handarbeit gefährdet sahen. Diese Furcht ist noch heute nicht ganz unbekannt; die Einführung elektronisch gelenkter Maschinen wird oft noch von den Gewerkschaften mit großem Verdacht angesehen, so wie einst die Webmaschinen. Allerdings haben sich hierin die Pessimisten noch stets geirrt. Statt eines Niedergangs des Lebensstandards erlebten die Industrieländer der Welt ein allmähliches Emporkommen des Reichtums und des Komforts aller. Es muß jedoch zugegeben werden, daß das Elend des frühindustriellen Proletariats in England ganz erheblich war. Ein Teil des schlimmsten Übels war der Unwissenheit zu verdanken, das ergab neue Probleme, die niemand richtig zu handhaben wußte. Der auf Handarbeit und Bauernbesitz gegründete alte Liberalismus war nicht geschmeidig genug, mit den großen neuen Problemen einer industriellen Gesellschaft fertig zu werden. Reformen kamen langsam, aber behoben schließlich doch die früher gemachten Fehler. Wo sich der Industrialismus erst später entwickelte, wie auf dem Kontinent, waren die Schwierigkeiten weniger ernst, weil nun die Probleme schon besser erfaßt und begriffen wurden.

Während des frühen 19. Jahrhunderts begann zunehmend eine Wechselwirkung zwischen Wissenschaft und Technik. In mancher Hinsicht hat es das freilich immer gegeben. Aber vom Beginn der Industrialisierung an entstand durch die systematische Anwendung der wissenschaftlichen Entdeckungen bei Entwurf und Erzeugung der technischen Einrichtungen ein immer zunehmender materieller Fortschritt. Die Dampfmaschine war die Quelle der neuen Macht. Die erste Hälfte des Jahrhunderts erlebte eine vollständige wissenschaftliche Durchleuchtung der aufgeworfenen Fragen. Und die neue Wissenschaft der Thermodynamik lehrte die Ingenieure den Bau immer wirksamerer Maschinen.

Gleichzeitig begann die Dampfmaschine, alle anderen Formen der Treibkraft auf dem Gebiet des Verkehrs zu verdrängen. Um die Mitte des Jahrhunderts entstand in Europa und

Nordamerika ein ganzes Eisenbahnnetz, und die Segelschiffe wurden durch Dampfschiffe ersetzt. All die Erneuerungen bewirkten einen Wandel auch in der Lebensweise und den Ansichten der Menschen. Alles in allem scheint der Mensch ein konservatives Lebewesen zu sein. Aber die technischen Errungenschaften drängten dazu, seine politische Weisheit zu überrunden. Es bildete sich eine Gleichgewichtsstörung zwischen Technik und Politik, an der wir heute noch kranken.

Die Entwicklung der industriellen Produktion gab auch den wirtschaftlichen Fragen Auftrieb. Die Wirtschaftslehre der Neuzeit geht als selbständige Wissenschaft zurück auf Adam Smith (1723 – 1790), Professor der Philosophie und Landsmann David Humes. Seine ethischen Schriften sind im Geiste Humes verfaßt, sind aber im ganzen weniger wichtig als sein ökonomisches Werk. Seinen Ruhm verdankt er einer Abhandlung mit dem Titel *›Der Reichtum der Nationen‹* (1776). In diesem Buch wurde zum erstenmal der Versuch gemacht, die verschiedenen Bedingungen für das Wirtschaftsleben eines Landes zu begreifen. Insbesondere wird das wichtige Problem der Arbeitsteilung herausgestellt. Smith zeigt umständlich auf, wie die Produktion industrieller Güter wächst, wenn die Herstellung verteilt und jeweils von spezialisierten Arbeitern ausgeführt wird. Er nimmt ein besonderes Beispiel aus dem Gebiet der Nadelerzeugung, und seine Folgerungen gehen zweifellos auf wirkliche Beobachtungen der Produktion zurück. Auf jeden Fall wird seitdem sein Prinzip der Arbeitsteilung im großen durchgeführt und hat sich vollkommen bestätigt. Es gibt dabei freilich auch menschliche Probleme, die in Betracht gezogen werden müssen, denn wenn die spezialisierte Produktion so bruchstückhaft ist, daß das Interesse des Menschen an seiner Arbeit zum großen Teil verlorengeht, so leidet schließlich der Arbeiter darunter. Diese Schwierigkeit, die zur Zeit von Smith noch nicht voll und ganz verstanden wurde, ist eines der größten Probleme der modernen Industrie geworden und entwürdigt den an der Maschine arbeitenden Menschen.

Die politische Ökonomie blieb lange Zeit eine besondere englische Angelegenheit. Die Physiokraten in Frankreich des 18. Jahrhunderts waren wohl ebenfalls an ökonomischen Problemen interessiert, ihre Schriften übten aber nicht denselben Einfluß aus wie das Buch von Adam Smith, das die Bibel der klassischen Ökonomie wurde. Der nächste wichtige Beitrag war David Ricardos Werttheorie (1817), die Marx übernahm.

Auf philosophischem Gebiet brachte das Aufkommen des Industrialismus eine gewisse Betonung der Utilität, des Nützlichkeitswertes, mit sich, dem die Romantiker sich heftig widersetzten. Aber diese etwas lederne Philosophie erwies sich schließlich bei der Behebung sozialer Mißstände als weitaus fruchtbarer als die ganze romantische Entrüstung darüber. Die Veränderungen, die diese utilitarische Philosophie hervorbringen wollte, gingen nur stückweise vor sich und bezweckten beileibe keine Revolution. Ganz anders war es mit der weit mehr emotionellen Doktrin von Marx, die auf ihre eigene Art und Weise viel von dem kompromißlosen Idealismus hegelscher Herkunft aufweist. Hier ist das Ziel ein völliger Umsturz der bestehenden Ordnung mit gewaltsamen Mitteln.

Das große menschliche Problem der industriellen Gesellschaft enthüllte sich nicht sogleich all denen, die nicht die Unwürdigkeiten zu erdulden hatten, die diese Gesellschaft dem industriellen Proletariat auferlegte. Erst die Revolution von 1848 begann, diese Tatsachen zur Kenntnis der ganzen Gesellschaft zu bringen. In den Werken von Dickens in England und später von Zola in Frankreich kamen diese Probleme ans Licht und förderten eine größere Kenntnisnahme der Situation.

Eines der großen Heilmittel für alle sozialen Übel wurde in der Schaffung einer für alle gleichen Erziehung gesehen. Hier sahen die Reformer wahrscheinlich nicht ganz richtig. Dadurch, daß jedem Lesen, Schreiben und Rechnen gelehrt wird, lassen die sozialen Probleme sich nicht beseitigen. Auch ist es nicht wahr, daß diese zweifellos bemerkenswerten Geschicklichkeiten für das Arbeiten einer industriellen Gesellschaft ganz wesentlich wären. Ein beträchtlicher Teil der spezialisierten Routine-Arbeit kann – im Prinzip – auch vom Analphabeten geleistet werden. Aber die Erziehung kann indirekt zur Lösung gewisser Probleme beitragen, da sie bisweilen Menschen, die Schwierigkeiten durchzustehen haben, Wege zur Besserung ihres Schicksals suchen läßt. Es ist aber klar, daß der bloße Unterricht selbst nicht unbedingt zu solchen Ergebnissen führt. Im Gegenteil, es könnten die Menschen zum Glauben gebracht werden, daß die bestehende Ordnung gerade so ist, wie sie sein muß. Belehrungen der Art sind zuweilen ganz wirksam. Nichtsdestoweniger haben die Reformer mit ihrer Meinung recht, daß gewisse Probleme nicht gelöst werden können, wenn nicht genügend Verständnis für das vorhanden ist, was auf dem Spiel steht: und das verlangt wirklich ein gewisses Maß an Erziehung.

Der Utilitarismus erhielt seinen Namen von einer ethischen Lehre, die insbesondere auf Hutcheson zurückgeht, der ihn schon im Jahre 1725 erläuterte. Die Lehre bedeutet kurz, daß das Gute Lust und das Schlechte Schmerz ist. Der bestmögliche Zustand ist daher der, bei dem die Lust den Schmerz am meisten überragt. Diese Auffassung war von Bentham angenommen worden; sie wurde später als Utilitarismus bekannt.

Jeremy Bentham (1748 – 1832) interessierte sich vor allem für die Rechtswissenschaft, wo seine Hauptanregungen von Helvetius und Beccaria stammten. Die Ethik bedeutete für Bentham die Grundlage zur bestmöglichen Förderung der Verhältnisse. Er war der Leiter der sog. ›Philosophischen Radikalen‹. Diese beschäftigten sich mit Sozialreformen und Erziehungsproblemen und standen allgemein der Autorität der Kirche und den Privilegien der herrschenden Schicht der Gesellschaft feindlich gegenüber. In seinen späteren Jahren wurde Bentham bei aller Zurückhaltung ein aggressiver Atheist. Er beschäftigte sich viel mit Fragen der Erziehung und teilte mit den Radikalen höchstes Vertrauen in die Unbegrenztheit ihrer Wirkung als Heilmittel. Es ist vielleicht nötig, daran zu erinnern, daß es zu seiner Zeit in England nur zwei Universitäten gab und daß auf diesen beiden nur Anglikaner zugelassen waren, eine lächerliche Bestimmung, die erst in der zweiten Hälfte des 19. Jahrhunderts aufgehoben wurde. Bentham war bestrebt, Gelegenheiten zum Universitätsstudium auch für diejenigen zu schaffen, die die strengen und engen Forderungen der bestehenden Hochschulen nicht erfüllten. Er gehörte zu der Gruppe, die 1825 das University College in London gründete. Hier hatten die Studenten keine Auskunft über ihre Religion zu gewärtigen, ihr College besaß noch nicht einmal eine Kapelle. Bentham selbst hatte zu dieser Zeit völlig mit der Kirche gebrochen. Er bestimmte, daß nach seinem Tod sein Skelett, schicklich bekleidet und mit seiner Maske in Wachs vorm Gesicht, im College bleiben sollte. Das hier gezeigte Bild wurde danach aufgenommen. In einem Schaukasten ist – zum ewigen Gedächtnis – der tote Mitgründer zu sehen.

Benthams Philosophie ist auf zwei leitende Ideen, die aus dem frühen 18. Jahrhundert stammen, gegründet. Erstens die Assoziation, die letzten Endes auf Humes Theorie der Kausalität zurückgeht; bei Bentham bildet sie die Grundlage für den psychologischen Mechanismus. Damit schuf er eine deterministische Psychologie. Die Theorie der bedingten Reflexe wurde später von Pawlow auf eine ähnliche Assoziationspsychologie gegründet.

Die zweite Idee des Utilitarismus ist, was schon erwähnt wurde, die Maxime des größten Glückes. Sie wird mit der Psychologie verknüpft, insofern als nach Bentham die Menschen das größtmögliche Glück für sich zu erringen streben. Glück wird hier der Lust gleichgesetzt. Die Funktion des Gesetzes soll Sicherung geben, daß niemand in seinem Streben nach dem Maximum der Lust andere darin stört. Dadurch kann das größte Glück der meisten erreicht werden. Das war bei aller Verschiedenheit das gemeinsame Ziel aller Utilitaristen. Bei den liberalen Ökonomisten diente diese Ansicht zur Rechtfertigung des Prinzips des ›laisser faire‹. ›Freihandel‹ war die Lösung. Größtes Glück der Gesellschaft, so wurde geschlossen, sei durch freien und ungehinderten Verfolg des Glücks jedes einzelnen gesichert.

Das Gesetz wird also als Bürgschaft betrachtet, daß jeder sein eigenes Ziel ohne Schaden für die anderen verfolgen kann. Die Aufgabe der Strafe ist nicht Rache, sondern Vorbeugung von Verbrechen. Für Vergehen Strafe! Diese aber nicht, wie damals in England (und anderswo) üblich, auf grausame Art. Bentham war auch gegen die wahllose Verhängung von Todesurteilen, die damals recht oft und auch bei Kleinigkeiten leichthin ausgesprochen wurden.

Zwei große Schlußfolgerungen hat die utilitaristische Ethik: erstens scheint klar, daß in mancher Beziehung alle Menschen einen gleich starken Drang nach dem Glück haben; infolgedessen sollten alle sich gleicher Rechte und Möglichkeiten erfreuen. Diese Auffassung war damals ziemlich neu und bildete den Kern des Reformprogramms der Radikalen. Die zweite Folgerung hieß, daß das größte Glück nur erreicht werden kann, wenn die Verhältnisse stabil bleiben. So waren Gleichheit und Sicherheit die alles andere umstoßenden Tendenzen. Der Freiheit dagegen maß Bentham wenig Bedeutung bei. Sie schien ihm – wie die Menschenrechte – recht metaphysisch und romantisch zu sein. Politisch gab er mehr dem wohlwollenden Despotismus als der Demokratie den Vorzug. Hier nun erweist sich eine der Schwierigkeiten des Utilitarismus. Denn offensichtlich gibt es keine Bürgschaft dafür, daß der Gesetzgeber in der Tat wohlwollend ist. Nach seiner eigenen psychologischen Theorie hieß das ja, daß die Gesetzgeber immer mit äußerster Voraussicht und vollkommenem Wissen handeln. Aber ist dem wirklich so? In der praktischen Politik kann diese Schwierigkeit nicht ein für allemal behoben werden. Das beste, was man tun kann, ist, Vorsorge zu treffen, daß die Gesetzgeber nie über so viel Macht auf einmal verfügen.

In seiner gesellschaftlichen Kritik bewegt sich Bentham im Einklang mit dem Materialismus des 18. Jahrhunderts und sieht viel von dem voraus, was Marx einmal unterbauen wird. Er glaubt, daß die herrschende Ansicht vom Opfer ein geflissentlicher Schwindel der herrschenden Klasse ist, um die erworbenen Privilegien zu verteidigen. Sie erwartet von den anderen Opfer, bringt aber selbst keine. Gegen all dieses richtet Bentham seinen Utilitarismus.

Während Bentham zeit seines Lebens der intellektuelle Führer der Radikalen blieb, war James Mill (1773 – 1836) die treibende Kraft im Hintergrund. Er teilte in der Ethik Benthams utilitaristische Ansichten und verachtete die Romantiker. Er dachte, daß die Menschen in politischen Dingen durch Beweise überzeugt werden könnten. Auch er bekundet einen übermäßigen Glauben an die Erziehung. Der Hauptkämpfer dieser vorgefaßten Ideen war aber James Mills Sohn: John Stuart Mill (1806 – 1873), der die pädagogischen Doktrinen seines Vaters unerbittlich über sich hatte. »Ich war nie ein Kind«, beklagte er sich später, »ich spielte nie Kricket.« Statt dessen lernte er schon mit 3 Jahren griechisch, um (mit allem übrigen) bald ein Frühreifer zu werden. Dieses schlimme Erlebnis führte, verständlicherweise, knapp vor seinem 21. Jahr zu einem Nervenzusammenbruch. In den 30er Jahren beteiligte sich Mill lebhaft an der Bewegung der Reform des Parlaments, aber bemühte sich nicht um die Übernahme der Führung, die sein Vater und vor ihm Bentham innegehabt hatten. Von 1865 bis 1868 war er Mitglied des Parlaments für Westminster, drängte auf allgemeines Wahlrecht und verfolgte einen im allgemeinen liberalen und antiimperialistischen Kurs nach Art Benthams.

In seiner Philosophie lebt J. S. Mill fast völlig aus zweiter Hand. Das Buch, das seinen Ruhm am festesten gründete, ist seine Logik (1843). Seine Untersuchungen der Induktion waren damals neu. Sie wird von Regeln bestimmt, die an einige der kausalen Verbindungen bei Hume erinnern. Eines der ständigen Probleme der induktiven Logik ist das Auffinden einer Rechtfertigung für die induktive Beweisführung. Mill vertritt die Ansicht, daß das, was dazu berechtigt, die beobachtete Beständigkeit der Natur ist, die selbst höchste Induktion ist. Das dreht aber die ganze Argumentierung im Kreise – ein Umstand, der ihn nicht im mindesten zu stören schien. Hier taucht aber ein noch weit allgemeineres Problem auf, das die Logiker bis heute immer wieder verwirrt. Die Schwierigkeit liegt, kurz, darin, daß man irgendwie das Gefühl hat, die Induktion sei letzten Endes doch nicht so unanfechtbar, wie sie sein sollte, weshalb sie gerechtfertigt werden müsse. Das Dilemma liegt nun aber darin, daß die Rechtfertigung selbst schon die Geltung einer deduktiven Logik voraussetzt. Rechtfertigung kann niemals induktiv sein. Der einzige Ausweg aus dem Dilemma scheint zu sein, daß man die Induktion als gänzlich andere Methode nicht an deduktive Sätze bindet.

Mills Auffassung der utilitaristischen Ethik wird in einem Essay unter dem Titel ›*Utilitarismus*‹ (1863) zusammengefaßt. Da gibt es wenig, was über Bentham hinausgeht. Wie Epikur, der als der erste Utilitarier angesehen werden könnte, schätzt auch Mill letzten Endes bestimmte Lustgefühle höher als andre. Es gelingt ihm aber nicht, genügend zu erklären, was unter qualitativ wertvollerer Lust gegenüber der bloß quantitativ unterschiedlichen Lust gemeint sei. Das überrascht nicht, da der Begriff des größten Glücks und die Wertstufung, die damit verbunden ist, die Qualität an sich schon hinter die Quantität treten läßt.

Beim Versuch einer Beweisführung für die utilitaristische Auffassung, daß die Menschen tatsächlich nach Lust trachten, begeht Mill einen groben Fehler. »Der einzige Beweis für die Sichtbarkeit eines Objekts ist die Tatsache, daß die Menschen es wirklich sehen. Der einzige Beweis für die Hörbarkeit eines Tons, daß sie ihn hören: und so weiter auch für die übrigen Quellen unserer Sinneserfahrungen. Ganz ähnlich wird mir klar, daß die einzig mögliche Evidenz eines Wünschenswerten ist, daß die Menschen es auch wirklich wünschen.« Das ist lediglich eine Wortspielerei mit der Ähnlichkeit von Wörtern, hinter denen sich aber ein logischer Unterschied verbirgt. Man sagt von etwas, es sei sichtbar, wenn es gesehen werden kann.

Im Falle des Wünschenswerten ist eine Zweideutigkeit vorhanden. Wenn ich von irgend etwas behaupte, es sei wünschenswert, so kann ich damit einfach sagen, daß ich selbst es in der Tat wünsche. Um auch in bezug auf andere so sprechen zu können, muß ich freilich annehmen, daß ihr Gefallen und Mißfallen im großen und ganzen dasselbe ist wie das meine. In diesem Sinne zu sagen, das Wünschenswerte sei erwünscht, ist trivial. Es gibt aber noch einen anderen Sinn, wonach wir von etwas sagen können, es sei wünschenswert: wenn wir nämlich behaupten, daß ehrlich zu sein wünschenswert ist. Diese Beziehung bedeutet, daß wir ehrlich sein sollen, d.h., es wird eine ethische Feststellung getroffen. Mills Argument ist daher sicher anfechtbar, da die Analogie zwischen dem Sichtbaren und dem Wünschenswerten oberflächlich ist. Bereits Hume hat ja nachgewiesen, daß ein ›soll‹ nicht aus einem ›ist‹ abgeleitet werden kann.

Auf jeden Fall ist es leicht, Gegenbeispiele zu geben, die das Prinzip zu Fall bringen. Abgesehen von dem trivialen Sinn, wonach Lust definiert wird als etwas, was begehrt wird, ist es gar nicht allgemein wahr, daß das, was ich begehre, Lust ist, obgleich die Befriedigung einer Begierde uns wirklich immer Lust verursacht. Außerdem gibt es Fälle, wo ich etwas begehre, was gar keine direkte Bedeutung für mein Leben hat außer der Tatsache, daß ich eben diesen Wunsch habe. Man kann z.B. wünschen, daß ein gewisses Pferd das Rennen gewinnt, ohne eine wirkliche Wette einzugehen. Das utilitaristische Prinzip steht also einer Anzahl ernsthafter Einwände offen. Nichtsdestoweniger kann die utilitaristische Ethik die Quelle tatsächlicher sozialer Anstrengungen sein. Denn was sie als ethische Doktrin verkündet, ist, daß das Gute im größten Glück der Mehrzahl aller Menschen liegt. Diese These kann aufrechterhalten werden, ganz unabhängig davon, ob die Menschen wirklich auch immer so handeln, daß dieses universale Glück gefördert wird. Die Funktion des Gesetzes wäre, dafür zu sorgen, daß das größte Glück auch erreicht wird. Ähnlich ist dann das Objekt der Reform nicht so sehr die Erreichung idealer wie die wirksamer Institutionen, die den Bürgern auch tatsächlich ein gewisses Maß an Glück verschaffen – eine wahrhaft demokratische Lehre.

Im Gegensatz zu Bentham war Mill ein leidenschaftlicher Verfechter der Freiheit. Die beste Darstellung seiner Ansichten hierüber ist seine berühmte Abhandlung ›*Über die Freiheit*‹ (1859). Er hatte sie zusammen mit Harriet Taylor geschrieben, die er nach dem Tod ihres Mannes (1851) geheiratet hatte. In diesem Werk verteidigt er kräftig die Meinungsfreiheit und schlägt eine Beschneidung des Rechts des Staates zu Eingriffen in das Leben der Bürger vor und bekämpft besonders die Ansprüche des Christentums, Inbegriff alles Guten zu sein.

Eines der Probleme, die sich gegen die Wende des 18. Jahrhunderts bemerkbar machten, war die rasche Zunahme der Bevölkerung, die zum Teil eine Folge der erhöhten Produktion, zum Teil der medizinischen Errungenschaften – Impfung, Minderung der Sterblichkeit usw. – war. Mit dieser Frage beschäftigte sich Thomas Malthus (1766 – 1834), der Volkswirtschaftslehrer, Freund der Radikalen und noch dazu anglikanischer Pfarrer war. In seinem berühmten ›*Essay über die Einwohnerzahl*‹ (1797) stellte er die Theorie auf, daß die Zunahme der Bevölkerung schneller als die Entwicklung der Lebensmittelerzeugung vor sich gehe. Während die Bevölkerung in geometrischer Reihe zunehme, wachse die Lebensmittelproduktion nur arithmetisch. Der Zunahme der Bevölkerung müsse also eine Grenze gesetzt werden, oder man steure einer ungeheuren Hungersnot zu. Auf die Frage, wie denn diese Begrenzung verwirklicht werden soll, nimmt Malthus eine konventionell christliche Haltung ein. Die Menschen müßten zur ›Enthaltsamkeit‹ erzogen werden, das würde die Bevölkerungszahl niederhalten. Malthus selbst, verheiratet, war zu seinem Teil hervorragend erfolgreich in der Anwendung seiner Theorie: innerhalb von vier Jahren Ehe hatte er immerhin nur drei Kinder.

Trotzdem muß heute festgestellt werden, daß seine Vorschläge nicht halb so wirksam sind, wie es wünschenswert wäre. Condorcet hatte da weit bessere Ansichten. Während Malthus ›Enthaltsamkeit‹ predigte, hatte Condorcet schon vor ihm Geburtenkontrolle in unserem Sinne vorgeschlagen. Malthus selbst hielt grollend diese Lösung für ›Sünde‹. Er betrachtete die künstliche Geburtenkontrolle als etwas, was mit der Prostitution auf gleicher Stufe stünde.

Die Radikalen waren über das Problem geteilter Meinung. Bentham hatte sich einmal für Malthus ausgesprochen, während die beiden Mill der Ansicht Condorcets zuneigten. Der junge J. S. Mill war im Alter von achtzehn schon einmal wegen Verteilung von Flugblättern über die Geburtenkontrolle in einem Arbeiterviertel eingesperrt worden. Kein Wunder, daß für ihn die Freiheit ein besonderes Anliegen wurde.

Der ›*Essay über die Bevölkerungszahl*‹ war nichtsdestoweniger ein wichtiger Beitrag zur politischen Ökonomie und darüber hinaus auch auf anderen Gebieten. Insbesondere leitete Darwin (1809 – 1882) in seinem berühmten Werk ›*Die Entstehung der Arten*‹ (1859) das Prinzip der natürlichen Zuchtwahl und den Begriff des Kampfes ums Dasein davon ab. Er wandte das malthussche Prinzip auf den ganzen Bereich der Tiere und Pflanzen an, in deren Fall jedoch von einer künstlichen Vergrößerung des Lebensmittelvorrates oder von einer weisen Enthaltsamkeit des Geschlechtslebens nicht die Rede sein kann. In freiem Kampf wird hier der Sieg demjenigen zuteil, der sich der Umgebung am besten anzupassen vermag. Das ist Darwins Lehre vom Überleben der Tauglichsten. Sie inspirierte später das politische Denken der Diktaturen des 20. Jahrhunderts. Es ist jedoch gänzlich unwahrscheinlich, daß Darwin selbst eine solche Deutung seiner Theorie zugelassen hätte. Er war Liberaler und unterstützte die Radikalen und ihr Reformprogramm.

Das andere, weniger ursprüngliche Werk Darwins ist die Evolutionstheorie. Sie geht, wie wir schon sahen, auf Anaximander zurück. Darwins Beitrag besteht in der ungeheuer reichen Sammlung von Einzeltatsachen auf Grund eigener fleißiger Naturbeobachtung. Erst die Darwinsche Theorie brachte Entwicklungsgedanken in die Arena der öffentlichen Meinung. Sie stieß auf den hartnäckigen Widerstand der überlieferten religiösen Schöpfungsgeschichten. Das führte zu einem erbitterten Kampf zwischen den darwinisten und den orthodoxen Christen aller Bekenntnisse.

Einer der größten Vorkämpfer im darwinistischen Lager war T. H. Huxley, der große Biologe. Auf dem Höhepunkt des Kampfes stießen beiderseits die Leidenschaften über die Frage, ob Mensch und höhere Menschenaffen einen gemeinsamen Vorfahren hätten, heftig zusammen. Ich meinerseits neige zur Ansicht, daß das vielmehr für die Menschenaffen beleidigend sei. Doch stört die Frage heute kaum noch irgendwen.

Von den Radikalen führte ein anderer Weg direkt zum Sozialismus und zu Marx. David Ricardo (1772 – 1823), der ein Freund von Bentham und James Mill war, veröffentlichte 1817 seine ›*Prinzipien der politischen Ökonomie und der Besteuerung*‹. In dieser Abhandlung stellte Ricardo seine sog. Werttheorie auf, wonach der Tauschwert einer Ware einfach von der zu ihrer Herstellung aufgewendeten Arbeit abhänge. Das veranlaßte Thomas Hodgskin 1825, die Auffassung zu verfechten, daß die Arbeit ein Recht auf den Genuß der von ihr erzeugten Werte habe. Wenn dem Kapitalisten oder dem Gutsbesitzer Zins aus dem Ertrag zuflöße, sei das reiner Raub.

Gleichzeitig fanden die Arbeiter einen Befürworter ihrer Angelegenheit in Robert Owen, der in seinen eigenen Textilfabriken in New Lanark ganz neue Grundsätze der Arbeiterbehandlung einführte. Er war ein Mensch von hoher ethischer Auffassung und vertrat die Ansicht, daß die damals übliche unmenschliche Ausbeutung der Arbeiter falsch sei. Sein Beispiel bewies, daß ein Geschäft auch dann mit Gewinn laufen kann, wenn die Arbeiter mit anständigem Lohn bezahlt und nicht übertrieben belastet werden. Owen war die treibende Kraft hinter dem ersten Gesetz in England, das die Fabrikarbeit regelte, obwohl seine Vorschläge bei weitem nicht erreichten, was er erwartet hatte. Die Anhänger Owens bezeichneten sich 1827 zum erstenmal als ›Sozialisten‹.

Den Radikalen gefiel Owens Lehre auf keinen Fall, da sie die über kommenen Eigentumsvorstellungen umzustürzen schien. Die Liberalen neigten eher zu freiem Wettbewerb und den dabei erzielten Preisen. Die Bewegung, die mit Owen als Anführer ihren Aufschwung nahm, brachte das kooperative System (Konsumgenossenschaften) zustande und förderte die sich bildenden Gewerkschaften. Dem Bedarf nach philosophischer Begründung kamen aber all diese Tendenzen noch nicht entgegen. Owen selbst war vor allem Praktiker mit einem brennenden Glauben an seine einzige führende Idee. Es blieb Karl Marx überlassen, den Sozialismus auch philosophisch zu begründen. Dabei stützte er sich im Wirtschaftstheoretischen auf die Werttheorie Ricardos, in seiner materialistischen Auffassung auf die Philosophie Ludwig Feuerbachs und in der philosophischen Methode auf die hegelsche Dialektik. So war der Utilitarismus ein Sprungbrett zu Theorien, die sich letzten Endes als bei weitem einflußreicher erwiesen.

Die Stadt Trier an der Mosel war im Lauf ihrer Geschichte besonders fruchtbar an Heiligen. Sie ist nicht nur die Geburtsstadt von Ambrosius, sondern auch die von Karl Marx (1818–1883). Was das Heiligsein betrifft, war Marx zweifellos der erfolgreichere, und es ist auch recht, daß dem so ist. Denn er ist der Gründer einer Bewegung, die ihn geheiligt hat, während sein Mitbürger und heiliger Kollege nur ein nachfahrender Anhänger des Glaubensbekenntnisses eines anderen war.

Marx stammte aus einer jüdischen Familie, die zum Protestantismus übergetreten war. Während seiner Studienzeit wurde er stark von dem damals modischen Hegelianismus beeinflußt. Seine Tätigkeit als Journalist kam zu einem jähen Ende, als die preußischen Behörden 1843 die *›Rheinische Zeitung‹* verboten. Dann ging Marx nach Frankreich und machte dort mit den führenden französischen Journalisten Bekanntschaft. In Paris traf er auch Friedrich Engels, dessen Vater

Fabriken in Deutschland und in Manchester besaß. Engels leitete letztere und war dadurch imstande, Marx in die Probleme der Arbeit und der Industrie in England einzuführen. Am Vorabend der Revolution von 1848 veröffentlichten Marx und Engels das *›Manifest der Kommunistischen Partei‹*. Marx war in die Revolution sowohl in Frankreich als auch in Deutschland aktiv verwickelt. Die preußische Regierung verbannte ihn 1849, und er flüchtete nach London. Dort blieb er – mit Ausnahme einiger kurzer Reisen in die Heimat – bis zum Ende seines Lebens. Marx und seine Familie lebten hauptsächlich aus der Unterstützung von Engels. Trotz der Armut setzte aber Marx seine Studien fort, schrieb mit Eifer und ebnete den Weg für die sozialistische Revolution, die er für kurz bevorstehend hielt.

Marx' Denken wurde von drei Einflüssen geformt. Vor allem durch seine Verbindung mit den philosophischen Radikalen. Wie diese widersetzte er sich der Romantik und entwickelte eine sozialistische Theorie, die den Anspruch erhebt, wissenschaftlich zu sein. Von Ricardo nahm er, wie gesagt, die Werttheorie der Arbeit an, nur gab er ihr eine andere Richtung. Ricardo und Malthus hatten von der stillschweigenden Voraussetzung aus argumentiert, daß die bestehende Gesellschaftsordnung unveränderlich sei. Marx hingegen vertrat den Gesichtspunkt des Arbeiters, dessen Arbeitskraft vom kapitalistischen Arbeitgeber benutzt wird. Der arbeitende Mensch schafft Werte weit über den Wert seiner Entlohnung hinaus, und dieser Mehrwert fließt dem Kapitalisten zu. Dadurch wird die Arbeit ausgebeutet. Aber das ist keine individuelle Angelegenheit. Denn die industrielle Produktion verlangt die Verwendung von großen Menschenmassen und riesigen Einrichtungen. Die Ausbeutung muß daher als ein Produktionssystem und die menschlichen Beziehungen dazu als die der Arbeiterklasse und der Kapitalistenklasse als ganzes verstanden werden.

Das führt uns zur zweiten Strömung der Marxschen Denkungsart: zu seinem Hegelianismus. Denn was für Hegel wie auch für Marx mehr zählte als das Individuum, das war das ganze System. Das ganze Wirtschaftssystem muß angepackt werden, nicht einzelne Beschwerden. In dieser Beziehung widersprach Marx durchaus dem Liberalismus der Radikalen und ihren Reformen. Die marxistische Doktrin ist sehr eng mit philosophischen Theorien, die hauptsächlich hegelianisch sind, verknüpft. Das mag sehr wohl der Grund sein, warum der Marxismus in England nie populär war, wo doch die Engländer überhaupt nicht viel von Philosophie halten.

Auch die marxistische Betrachtung der historisch gewordenen Gesellschaftsentwicklung stammt von Hegel. Die evolutionäre Auffassung steht in Verbindung mit der Dialektik, die Marx unverändert von Hegel übernimmt. Der historische Prozeß schreitet in dialektischer Form fort. Daher ist die marxistische Interpretation in der Methode durchaus hegelianisch, obwohl die treibende Kraft in beiden Fällen verschieden aufgefaßt wird. Bei Hegel besteht der Verlauf der Geschichte in einer allmählichen Selbstverwirklichung des Geistes, der nach dem Absoluten strebt. Marx ersetzt den Geist durch Produktionsweisen und das Absolutum durch die klassenlose Gesellschaft. Jede Produktionsweise entwickelt im Lauf der Zeit innere Spannungen zwischen den verschiedenen gesellschaftlichen Klassen, die mit ihr in Verbindung stehen. Diese ›Widersprüche‹, wie Marx sie nennt, werden in einer höheren Synthese aufgelöst. Die Form der dialektischen Auseinandersetzung ist der Klassenkampf. Dieser endet, wenn im Sozialismus die klassenlose Gesellschaft verwirklicht wird. Ist dies einmal erreicht, so gibt es nichts mehr zu kämpfen, und der dialektische Prozeß kann schlafen gehen. Für Hegel war das Paradies auf Erden der preußische Staat, für Marx ist es die klassenlose Gesellschaft. Beide leiten die Entwicklung der Geschichte von einer metaphysischen Theorie ab. Die gegen Hegel gerichtete Kritik kann auch unverändert gegen Marx angewandt werden. Insofern die Beobachtungen von Marx eine kluge Einschätzung gewisser historischer Ereignisse zeigen, wie sie in der Tat vorgekommen sind, verlangen sie keine besondere Logik, aus der sie angeblich abgeleitet sind.

Während so die marxistische Auffassung in der Methode hegelianisch ist, verwirft sie Hegels Bestehen auf der geistigen Natur der Welt. Marx sagte, daß Hegel von oben nach unten gekehrt werden müsse, und das tat er denn auch durch Übernahme der materialistischen Doktrinen des 18. Jahrhunderts sowie Ludwig Feuerbachs. Aber auch hier verändert Marx die übernommene Theorie. Im Grund ist seine Geschichtsbetrachtung nicht mechanisch. Was Marx will, ist vielmehr eine Doktrin der Aktivität, die auf Vico zurückgeht. In seinen ›*Elf Thesen über Feuerbach*‹ (1845) drückt er das in seinem berühmten Spruch folgendermaßen aus: »Die Philosophen haben die Welt nur verschieden *interpretiert*; es kommt darauf an, sie zu *verändern.*« Das erinnert an Vicos Formel und läßt manche Formen des späteren Pragmatismus ahnen. Wahrheit ist für ihn keine Sache der Kontemplation, sondern etwas, was durch die Tat zu beweisen ist. Kontemplative Haltung deckt sich für Marx mit bourgeoisem Individualismus, den er weidlich verabscheut. Sein eigener praktischer Materialismus gehört der sozialistischen klassenlosen Gesellschaft. Marx versucht also, die Lehre der Aktivität, die von der idealistischen Schule im allgemeinen und von Hegel im besonderen entwickelt worden war, für den Materialismus einzufangen. Die mechanistischen Doktrinen hatten die Aktivität verpaßt und dem Idealismus überlassen. Vicos Einfluß war vielleicht nicht ganz bewußt, obzwar Marx die ›*Scienza Nuova*‹ gewiß kannte. Seine eigene Theorie bezeichnete Marx als dialektischen Materialismus und betont dadurch das Evolutionäre, d.h. das hegelianische Element in ihr.

Aus alledem ist ersichtlich, was für ein äußerst gekünsteltes Ding die marxistische Lehre ist. Die Theorie des dialektischen Materialismus ist ein philosophisches System, für das seine Anhänger weltweite Geltung beanspruchen. Es führte zu philosophischen Spekulationen hegelianischer Art über Probleme, die den empirischen Forschungen der exakten Naturwissenschaft hätten überlassen werden sollen. Das früheste Beispiel findet sich in Engels' ›*Anti-Dühring*‹, in dem er die

Ansichten des deutschen Philosophen kritisiert. Aber langatmige dialektische Erklärungen, warum das Wasser kocht, Begriffe vom Wandel des Quantitativen ins Qualitative sowie Widersprüche, Negationen und Gegennegationen sind kein Deut befriedigender als die hegelsche Naturphilosophie selbst. Es ist wirklich nicht damit getan, die traditionelle Naturwissenschaft der Verfolgung bourgeoiser Ideale zu zeihen.

Marx hat höchstwahrscheinlich recht, daß die allgemeinen wissenschaftlichen Interessen einer Gesellschaft in gewissem Grade die sozialen Interessen ihrer herrschenden Gruppe widerspiegeln. So könnte behauptet werden, daß die Erneuerung der Astronomie in der Renaissance die Ausdehnung des Handels gefördert und die Macht des aufkommenden Mittelstandes vergrößert hat. Aber in zwei wesentlichen Beziehungen ist diese Meinung ungenau. Erstens ist klar, daß die Lösung einzelner Probleme des wissenschaftlichen Bereichs in keinerlei Verbindung mit irgendeinem gesellschaftlichen Druck zu stehen braucht. Das führt uns zu der zweiten Schwäche in der dialektischen materialistischen Auffassung: daß sie verfehlt, wissenschaftliches Bemühen als unabhängige Kraft anzuerkennen. Natürlich leugnet niemand, daß bedeutsame Bande zwischen wissenschaftlicher Forschung und Vorgängen in der Gesellschaft bestehen. Nichtsdestoweniger ist im Laufe der Zeit die wissenschaftliche Tätigkeit bis zu einer gewissen Grenze autonom geworden. Das gilt von allen Formen der ungebundenen, unvoreingenommenen Forschung. Einerseits hat also der dialektische Materialismus recht, wenn er auf die Bedeutung der wirtschaftlichen Einflüsse bei der Gestaltung des Lebens einer Gesellschaft hinweist, andrerseits ist die Überbetonung des wirtschaftlichen Faktors als einzig Wichtiges zweifellos falsch.

Auf dem gesellschaftlichen Gebiet selbst verursacht dies ein paar recht seltsame Folgen. Denn wenn einer nicht mit der marxistischen Doktrin einiggeht, wird er nicht für fortschrittlich gehalten. Der Ausdruck, der jenen vorbehalten ist, die von der neuen Offenbarung nicht befallen wurden, ist das Wort

›reaktionär‹. Der dialektische Prozeß sichert nun zu, daß ein solcher zu gegebener Zeit ausgeschaltet werde, da letzten Endes der Fortschritt gewinnen müsse. Das ist also die logische Grundlage für ein gewaltsames Wegschaffen nonkonformistischer Elemente. Und das gibt der politischen Philosophie des Marxismus einen stark messianistischen Anflug. Der Stifter eines früheren Glaubensbekenntnisses hatte es ja so ausgedrückt: »Wer nicht mit mir ist, der ist wider mich.« Das ist offensichtlich kein Urgrund einer demokratischen Auffassung.

Alles das weist auf die Tatsache hin, daß Marx nicht nur ein politischer Theoretiker, sondern auch ein Agitator und ein revolutionärer Flugschriftenschreiber war. Der Ton seiner Schriften ist oft der der Entrüstung und ethischer Rechtschaffenheit, der ganz unlogisch scheinen würde, falls die Dialektik wirklich ihre unvermeidliche Bahn laufen sollte. Wenn der Staat, nach Marx und Engels, wie auch später nach Lenin, am Absterben ist, so ist es sinnlos, so viel Aufhebens vor dem Eintreten des Ereignisses zu machen. Aber jenes ferne historische Ziel, so wunderbar in der Theorie, ist denen, die hier und jetzt leiden, ein armseliger Trost. Allerdings scheint dieser Aspekt der Theorie hauptsächlich eine Widerspiegelung der verzweifelten Lage der Arbeiterklasse im 19. Jahrhundert zu sein. Die marxsche Doktrin kommt mindestens in einer Beziehung dem Pragmatismus gefährlich nahe. Denn es sieht so aus, als ob wir die Wahrheit zugunsten wirtschaftlich bedingter Vorurteile abschafften. Aber wir müssen auch feststellen, daß auch die marxistische Theorie eine bloße Widerspiegelung gewisser sozialer Verhältnisse zu einer bestimmten Zeit ist. Jedoch macht der Marxismus hier stillschweigend eine Ausnahme zu seinen eigenen Gunsten. Denn er behauptet, daß die wirtschaftliche Erklärung der Geschichte aus der dialektisch materialistischen Schau die einzig wahre Betrachtungsweise sei.

In seinen Voraussagen über die dialektische Entwicklung der Geschichte war Marx nicht durchaus erfolgreich. Er prophezeite genau, daß das System des freien Wettbewerbs schließlich zur Bildung von Monopolen führe. Das ist eigentlich schon aus der gewohnten Wirtschaftslehre ziemlich ersichtlich. Aber Marx machte einen Fehler mit der Annahme, daß die Reichen reicher und die Armen ärmer würden, bis dieser dialektische ›Widerspruch‹ so stark werde, daß er die Revolution hervorbringe. Das trat nicht im geringsten ein. Die industriellen Länder der Welt schufen im Gegenteil Methoden der Regelung, welche die Heftigkeit des wirtschaftlichen Kampfes milderten, die Willkür freier Unternehmungen wirtschaftlich begrenzten und eine soziale Wohlfahrt einführten. Als die Revolution doch kam, kam sie nicht in dem industrialisierten Westen Europas, wie Marx es vorhergesagt hatte, sondern im landwirtschaftlichen Rußland.

Die marxistische Philosophie ist das letzte große System, welches das 19. Jahrhundert schuf. Ihr großer Einfluß, ihr Ansprechendes ist in erster Linie der religiösen Inbrunst ihrer utopischen Prophezeiungen sowie dem revolutionären Schwung ihres Rufs zur Tat (zur ›Aktion!‹) zu verdanken. Ihre letzten gedanklichen Grundlagen sind aber, wie wir zu zeigen versuchten, weder ganz so einfach noch ganz so neu, wie oft geglaubt wird. Die wirtschaftliche Deutung der Geschichte ist nur eine jener allgemeinen Geschichtstheorien, die letztlich von Hegel herrühren. Insbesondere ist die marxsche Doktrin der ›Widersprüche‹ unmittelbar Hegel abgeborgt und unterliegt den gleichen Schwierigkeiten. Im Marxismus schuf eine Philosophie schwerwiegende politische Probleme der Zeit. Ein nicht kleiner Teil der Welt wird heute von Staaten regiert, die ihr Vertrauen in die marxistische Lehre setzen. Die Möglichkeit der Koexistenz schließt aber eine gewisse Lockerung der weltanschaulichen Bindungen beiderseits in sich.

In Frankreich fand die philosophische Bewegung der Enzyklopädisten einen Nachfolger in Auguste Comte (1798 – 1857). Wie die philosophischen Radikalen, teilte auch er den Respekt vor den Naturwissenschaften, widersetzte auch er sich der Kirche. Comte begründete eine umfassende Klassifizierung der Wissenschaften, ausgehend von der Mathematik und in der Gesellschaftswissenschaft gipfelnd, die er als erster ›Soziologie‹ nennt. Ähnlich wie seine englischen Zeitgenossen war auch er gegen die Metaphysik, doch er wie sie wußten wenig von dem deutschen Idealismus. Da er darauf bestand, daß wir damit beginnen müssen, was uns unmittelbar aus der Erfahrung zuwächst, aber uns enthalten müssen, hinter die Phänomene gehen zu wollen, so nannte er seine Philosophie ›positiv‹. Von diesem Ursprung leitet der Positivismus seinen Namen ab.

Comte wurde in der alten Universitätsstadt Montpellier geboren. Er war der Sohn einer sehr angesehenen konservativen Beamtenfamilie. Sein Vater war Monarchist und strenger Katholik, aber Comte wuchs bald aus dem engen Gesichtskreis des väterlichen Heimes heraus. Von der polytechnischen Hochschule in Paris wurde er wegen Beteiligung an einer Studentenrevolte gegen einen Professor relegiert. Das hinderte ihn später, einen akademischen Lehrstuhl zu erhalten. Im Alter von 26 Jahren veröffentlichte er den ersten Entwurf des Positivismus; von 1830 an erschien sein ›*Lehrbuch der positiven Philosophie*‹ in sechs Bänden. Während der letzten zehn Jahre seines Lebens widmete er der Ausarbeitung einer positivistischen Religion viel Zeit, die an die Stelle der kirchlichen Bekenntnisse treten sollte. Statt Gott erkannte dieses neue Evangelium die Menschheit als das Höchste an. Sein ganzes Leben lang war Comte gebrechlich und litt unter wiederkehrenden Depressionen, die ihn an den Rand des Selbstmordes trieben. Er verdiente sein ärmliches Brot durch Privatstunden und erhielt Spenden von Freunden und Verehrern, unter ihnen J. S. Mill. Comte verhielt sich jedoch, so scheint es, recht ungeduldig gegen Menschen, die ihn nicht ständig als Genie anerkannten. Das führte schließlich zu einer Abkühlung der Freundschaft mit Mill.

Comtes Philosophie zeigt gewisse Ähnlichkeiten mit der von Vico, dessen Werk Comte studiert hatte. Von Vico übernahm er den Begriff des Primates der Geschichte in den menschlichen Angelegenheiten sowie die Konzeption der verschiedenen Stadien in der historischen Entwicklung der menschlichen Gesellschaft. Vico selbst hatte diese Beobachtung der griechischen Mythologie entnommen. Nach Comtes Auffassung durchläuft die Gesellschaft drei Stadien: das theologische, das metaphysische und schließlich das letzte, das er das positive nennt und durch das der historische Prozeß zu seinem richtigen ›happy end‹ gelangt. Vico war hierin realistischer und erkannte, daß die Gesellschaft auch wieder in die Stadien neuer Barbarei zurückfallen kann. Die dunklen Zeiten nach dem Zerfall der römischen Welt sind ein Beispiel dafür. Oder vielleicht auch unsere Zeit. Um auf Comte zurückzukommen, so wird (nach ihm) das positive Stadium von einer rationalen exakten Wissenschaft bestimmt. Das ist Comtes berühmte Theorie von der Dreiheit der Entwicklung. Die Behauptung einer Ähnlichkeit mit Hegel ist oberflächlich, da die Entwicklung aus dem einen Stadium in das andere nicht dialektisch geschieht, und die Rolle der Zahl drei völlig zufällig ist. Was Comte mit Hegel gemeinsam hat, ist die optimistische Ansicht eines letzten Stadiums der Vervollkommnung, die der historische Prozeß erreichen werde. Marx hatte, wie wir sahen, ähnliche Gedanken. Bei beiden ist es ein allgemeines Symptom für den Optimismus des 19. Jahrhunderts, mit dem parallel auch ein philosophischer Pessimismus läuft.

Die positivistische Theorie behauptet, daß alle Wissenschaften diese drei Stadien durchlaufen müssen. Die einzige Wissenschaft, die schon alle Hürden übersprungen hat, ist die Mathematik. In der Physik jedoch gibt es noch reichlich viel metaphysische Begriffe, obzwar man hoffen kann, daß das positive Stadium auch hier nicht weit entfernt ist. Wir werden noch sehen, wie innerhalb von fünfzig Jahren eine positive Auffassung der Mechanik durch Mach zustande kam. Comte versucht vor allem, alle Wissenschaften in eine umfassende logische Ordnung einzugliedern. Mit diesem Bestreben erweist er sich als getreuer Anhänger der Enzyklopädisten. Die Idee einer solchen Ordnung ist freilich schon alt und reicht bis auf Aristoteles zurück. Jede Wissenschaft in dieser Hierarchie trägt zum Verständnis der ihr folgenden bei, nicht aber derer, die vorausgehen. So gelangen wir zu Comtes logischer Reihe der Wissenschaften, die mit der Mathematik anfängt und der dann Astronomie, Physik, Chemie, Biologie und Soziologie der Reihe nach folgen.

Wichtig ist die letztgenannte Wissenschaft. Comte selbst prägte ja das Wort Soziologie für das, was Hume eine ›Wissenschaft vom Menschen‹ genannt hätte. Nach Comte ist diese Wissenschaft erst noch zu schaffen; er selbst betrachtet sich als ihren Gründer. Logisch gesehen ist zwar die Soziologie die letzte und die komplizierteste in der Reihe, aber im Tatsächlichen sind wir alle mit der uns umgebenden gesellschaftlichen Welt, mit der Welt, in der wir leben, besser vertraut als mit den Axiomen der reinen Mathematik. Das bringt uns noch einmal auf das Primat des Geschichtlichen, den wir schon bei Vico sahen. Denn des Menschen gesellschaftliche Existenz ist der Prozeß der Geschichte.

Das positive Stadium der gesellschaftlichen Existenz, das Comtes Einbildungskraft anfeuerte, zeigt die gemeinsamen Nachteile aller utopischen Systeme. Es gibt dabei einen auffallenden Zug idealistischen Einflusses im Denken Comtes; wenn wir auch nicht klarsehen, woher er kam. Innerhalb jedes der drei Entwicklungsstadien gibt es eine stufenweis einende Tendenz, die sich wieder durch drei Phasen bewegt. So sehen wir z.B. innerhalb des theologischen Stadiums anfangs den Animismus, in dem der primitive Mensch allen wahrgenommenen Erscheinungen göttliche Art zumißt. Von hier gehen wir weiter zum Polytheismus und Monotheismus. Die Tendenz zielt auf immer größere Einigung. In den Naturwissenschaften bedeutet dies, daß wir die Vielfalt der Phänomene unter ein einziges Gesetz stellen möchten, und in der Gesellschaft geht das Ziel weg vom Einzelnen zur Menschheit als Ganzem. Das hat in der Tat etwas hegelianisches an sich. Die Menschheit wird im positiven Stadium durch die moralische Autorität einer wissenschaftlichen Elite gelenkt. Die exekutive Macht wird Fachleuten anvertraut. Das Ganze ist dem

Idealstaat der ›*Republik*‹ Platons bei näherem Hinsehen nicht unähnlich.

In ethischer Beziehung verlangt das System, daß der einzelne seine eigenen Wünsche zugunsten des Fortschritts der Menschheit unterdrückt. Der Ausschluß privater Interessen, das Einstehen für die ›Sache‹, charakterisiert auch die politische Theorie des Marxismus. Wie zu erwarten, erkannte der Positivismus die Möglichkeit einer introspektiven Psychologie nicht. Sie wurde sogar ausdrücklich geleugnet, und zwar mit der Begründung, es sei für den Erkenntnisprozeß unmöglich, sich selbst zu erkennen. Wenn das heißen soll, daß bei einem Erkenntnisvorgang es im allgemeinen nicht wahr ist, daß der Erkenner sein eigenes Erkennen erkennt, so können wir die Ansicht gelten lassen. Nichtsdestoweniger mißdeutet der Positivismus, indem er die Hypothese überhaupt als metaphysisch nicht zuläßt, die Beschaffenheit der klärenden Auseinandersetzung.

Eine vom Positivismus völlig verschiedene Auffassung bekundet die Philosophie des Amerikaners C. S. Peirce (1839 – 1914). Während Comte die Hypothese als metaphysisch abgelehnt hatte, bemühte sich Peirce im Gegenteil nachzuweisen, daß das Aufstellen von Hypothesen eine wesentliche Tätigkeit eigener Logik darstelle. Das Werk von Peirce ist umfangreich und fragmentarisch. Oft schlägt er sich mit schweren Problemen und neuen Ansichten herum. So ist es nicht leicht, eine klare Übersicht über seinen Standpunkt zu gewinnen. Es ist aber zweifellos, daß er einer der ursprünglichsten Geister des späten 19. Jahrhunderts und gewiß der größte und typischste amerikanische Denker war, den es je gab.

Peirce wurde in Cambridge (Massachusetts) geboren. Sein Vater war Professor der Mathematik an der Harvard-Universität, wo Peirce selbst studierte. Außer ein paar Jahren Vorlesungen erlangte Peirce nie ein dauerndes akademisches Amt. Er hatte einen Posten im staatlichen Vermessungsamt inne und schrieb neben geodätischen Arbeiten eine Flut von Aufsätzen über die entferntesten philosophischen Themen. Sein Scheitern, eine Professur zu erhalten, war irgendwie Folge seiner Mißachtung den Forderungen der Gesellschaft gegenüber, in der er lebte. Außerdem erkannten nur ganz wenige Freunde und Wissenschaftler sein Talent, und kein einziger verstand ihn ganz. Es ist kennzeichnend für ihn, daß ihn das Fehlen von Anerkennung nicht verbitterte. Während der letzten fünfundzwanzig Jahre seines Lebens war er von Armut und Krankheit bedrängt, aber er arbeitete weiter bis zum Ende.

Peirce wird im allgemeinen als der Begründer des Pragmatismus betrachtet. Zu Unrecht. Denn der gegenwärtige Pragmatismus stammt nicht vom richtigen Peirce ab, sondern von dem, den William James sich vorstellte. Das Mißverständnis entstand aus mehreren Ursachen. Vor allem daher, daß Peirces Ansichten sich erst in seinen späteren Werken klärten, während James von den früheren Werken ausging. Peirce versuchte, den ihm von James beigemessenen Pragmatismus zu verleugnen. Deshalb bezeichnete er seine eigene Philosophie als ›Pragmatizismus‹ und hoffte, daß durch diese ungeschickte Wortneubildung die Aufmerksamkeit auf den Unterschied gelenkt werde.

Die Lehre des Pragmatismus wurde in einigen früheren Schriften von Peirce aufgestellt, und zwar in einer Form, welche die von James gezogene Folgerung erlaubte. Peirce verknüpft die Bestimmung der Wahrheit mit einer allgemeinen Erörterung über Forschung und ihre Motive. Sie entsteht aus einer Art Unzufriedenheit oder Unbehagen, und als ihr Ziel erklärt er das Erreichen eines Zustands der Ruhe, in dem die beunruhigenden Einflüsse verscheucht sind. Erreichtes Gleichgewicht dient der Erkenntnis und ist die Wahrheit. Aber man kann nie vor neuer Störung sicher sein, nie, ob wir keinen Fehler begangen haben. Diese allgemeine Theorie der Forschung wird – deshalb – von Peirce ›Fallibilismus‹ (Fehlbarkeit) genannt. Schließlich ist, sagt er, Wahrheit die Meinung, auf die die Gemeinschaft sich einigt. Als bare Münze genommen, ist das freilich absurd. Denn wenn wir alle glaubten, daß zwei mal zwei fünf ausmacht, und wenn im selben Augenblick die Erde unterginge, bliebe doch unsere Rechentorheit fehlerhaft. Es möchte zwar weise von mir sein, im Falle solcher törichten Annahmen meiner Nachbarn ihnen vorzutäuschen, ich teile ihre Ansichten; das aber steht auf einem anderen Blatt. Peirces Feststellung muß also im Zusammenhang mit dem ›Fallibilismus‹ gesehen werden.

Was die Beschaffenheit jeder einzelnen Wahrheit betrifft, besteht Peirce darauf, daß jede Behauptung, die beansprucht, wahr zu sein, praktische Konsequenzen haben muß. Der Sinn jeder Behauptung besteht danach in diesen praktischen Konsequenzen. In dieser Form nahm James den Pragmatismus an. Es ist aber zu sagen, daß Peirces Ansicht weit eher auf der Linie der Formel ›verum factum‹ von Vico liegt. Wahrheit ist nur das, was man auf Grund seiner Feststellungen auch verwirklichen kann. Der Pragmatismus, den James aus den Ideen Peirces gezogen hat, erinnert uns an die Formel des Protagoras, daß der Mensch das Maß aller Dinge sei, ganz im Gegensatz zur Absicht von Peirce selbst, die besser durch Vicos Theorie ausgedrückt werden kann.

Zur Diskussion über die Logik der Hypothese liefert Peirce einen grundlegenden Beitrag. Es war von einigen Philosophen verschiedentlich angenommen worden, die Hypothesen wären entweder Ergebnis der Deduktion, wozu die Rationalisten wohl neigen, oder der Induktion, wie die Empiristen glauben. Peirce sah, daß keine der beiden Ansichten zutreffend ist. Die Hypothesen sind nach ihm Folgen eines dritten, von Grund auf verschiedenen logischen Verfahrens, das Peirce farbig ›Abduktion‹ nennt. Das bedeutet: die versuchsmäßige Annahme einer Hypothese, weil sie manche besondere Erscheinung rettet. Daß die Erscheinung tatsächlich auch gerettet wird, ist natürlich Sache der Deduktion, aber nicht die Annahme einer Hypothese.

Wie sein Vater, war auch Peirce ein vorzüglicher Mathematiker, und er machte viele wichtige Entdeckungen auf dem

Gebiet der symbolischen Logik. Unter anderem erfand er die Methode der Tabellen für die Wahrheitszeichen, um die Wahrheitswerte zusammengesetzter Formeln zu bestimmen, eine Neuerung, die von späteren Logikern viel gebraucht wurde. Ebenso ist ihm eine neue Logik der Relation zu verdanken.

Peirce schätzte bei der Beweisführung Diagramme hoch ein, aber die Regeln für dieses Verfahren sind ziemlich verwikkelt, so daß die Idee keinen großen Anklang gefunden zu haben scheint. Er betont die Bedeutung der Konstruktion beim Aufbau eines mathematischen Beweises. Ähnliche Ansichten finden sich bei Goblot und Meyerson wieder.

Peirce hatte viel Verständnis, nicht nur für die Mathematik und die Naturwissenschaften seinerzeit, sondern auch für die Geschichte der Wissenschaften und der Philosophie. Er meinte, die Naturwissenschaft müsse sich auf eine metaphysische Basis realistischer Art aufbauen. Daher arbeitete er eine eigene Metaphysik aus, wobei er sich auf den Realismus von Duns Scotus stützte. Er war ferner der Meinung, daß Pragmatismus und scholastischer Realismus Hand in Hand gehen. Ob dem so sei oder nicht, es beweist, daß der Pragmatismus peircescher Prägung wenig mit dem von James zu tun hat.

Zu seinen Lebzeiten hatte Peirce nur wenig Einfluß. Was den Pragmatismus zu einer einflußreichen Philosophie machte, war die Interpretation durch William James (1842–1910). Das gefiel Peirce keinesfalls, wie wir schon erwähnten. Seine Lehre ist in der Tat weit subtiler als der Pragmatismus eines James. Die Gedankengänge Peirces beginnen erst in jüngster Zeit richtig eingeschätzt zu werden.

James war ein unerschütterlicher Protestant aus New England. Das wirkte sich auch auf sein Denken aus, obzwar er Freidenker und allen Formen der orthodoxen Theologie gegenüber skeptisch eingestellt war. Im Gegensatz zu Peirce hatte er eine lange und hervorragende akademische Laufbahn an der Harvard, wo er Professor für Psychologie war. Seine

›*Prinzipien der Psychologie*‹, 1890 erschienen, stellen auch heute noch eine der besten Zusammenfassungen des Gegenstandes dar. Die Philosophie kam für ihn erst in zweiter Linie, trotzdem gilt er als der führende Philosoph in Amerika. Als Mensch war er freundlich und großzügig und im Gegensatz zu seinem schriftstellernden Bruder Henry streng demokratisch eingestellt. Im Vergleich zur Philosophie von Peirce ist sein Denken weniger tiefgründig; aber durch seine Persönlichkeit und seine Stellung übte er auf die Philosophie, insbesondere in Amerika, einen unvergleichbar größeren Einfluß aus.

Die philosophische Bedeutung von James ist zweifach. Die erste liegt, wie eben gesagt, in der Verbreitung des Pragmatismus. Die andere Hauptrichtung seines Denkens steht in Verbindung mit einer Doktrin, die er radikalen Empirismus nannte. Dieser wurde zuerst 1904 in einem Aufsatz ›*Existiert das ›Bewußtsein‹ überhaupt?*‹ aufgestellt. James will hier nachweisen, daß der traditionelle Dualismus von Subjekt-Objekt ein Hindernis für eine richtige erkenntnistheoretische Auffassung sei. Nach James muß die Vorstellung verworfen werden, daß das eigene Bewußtsein etwas den Objekten der materiellen Welt Entgegengesetztes sei. Das Subjekt-Objekt-Denken der Erkenntnis scheint ihm eine gekünstelte rationalistische Verdrehung zu sein, die keinesfalls empirisch ist. Denn wir können in Wirklichkeit nicht darüber hinaus, was James ›reine Erfahrung‹ nennt. Sie wird als die konkrete Fülle des Lebens gegenüber einer Folge abstrakter Reflexionen darüber aufgefaßt. Der Erkenntnisprozeß wird so zu einer Relation zwischen verschiedenen Teilen der reinen Erfahrung. James arbeitete seine Theorie nicht bis zur letzten Glätte aus. Erst seine Anhänger ersetzten die alten dualistischen Theorien durch einen ›neutralen Monismus‹, der lehrt, daß es in der Welt nur einen einzigen Grundstoff gebe. Für James ist eigentlich die reine Erfahrung der Stoff, woraus alles besteht. Hier wird der radikale Empirismus von James durch seinen Pragmatismus verderbt, der nur anerkennt, was praktische Beziehung zum menschlichen Leben hat. Nur was erfahren werden kann, kann Bedeutung haben. Der englische Zeitgenosse von James, F. C. S. Schiller, der zu einer ähnlichen Auffassung kam, nannte seine eigene Theorie ›Humanismus‹. Die Schwierigkeit dieser Lehre liegt darin, daß ihr Bereich für die Wissenschaft (und den gesunden Menschenverstand ebenfalls) zu eng ist. Der Untersuchende muß sich nämlich als Teil einer Welt betrachten, die fortwährend über seinen Gesichtskreis hinauswächst. Hat auch James mit seiner Kritik der alten dualistischen Theorien von Seele und Stoff recht, so kann seine These von der reinen Erfahrung dennoch nicht gestützt werden.

Zur alten Streitfrage zwischen Rationalismus und Empirismus sei eine von James herrührende Unterscheidung angeführt. Danach streben die rationalistischen Lehren nach der Hervorhebung des Seelischen auf Kosten des Materiellen. Sie sind optimistisch eingestellt und trachten nach Einheit, aber indem sie die Reflexion begünstigen und die Erfahrung vernachlässigen. Die empiristischen Theorien hingegen beschäftigen sich weit mehr mit der materiellen Welt. Sie sind pessimistisch, nehmen die Isoliertheit in der Welt wahr und geben gegenüber dem Nachdenken dem Experiment den Vorzug. Natürlich darf die Unterscheidung nicht zu weit getrieben werden. Die pragmatistische Lehre liegt bestimmt auf der empiristischen Seite der Alternative. In einer Abhandlung unter dem Titel *›Pragmatismus‹* (1907) erklärt James seine Theorie und weist darauf hin, daß sie zwei Seiten habe. Einerseits ist der Pragmatismus eine Methode, die James mit der empiristischen Haltung identifiziert. Diese Methode läuft darauf hinaus, daß Unterscheidungen, die zu keinen praktischen Verschiedenheiten führen, sinnlos seien. Damit geht ein Verzicht auf ›endgültig‹ abgeschlossene Endurteile einher. Dieser Punkt stammt geradewegs von Peirce und könnte jedem empiristischen Denker empfohlen werden. Ginge es nicht um mehr, so hätte James vollkommen recht mit der Behauptung, der Pragmatismus sei nur ein neuer Name für recht alte Denkungsweisen. Aus solch verehrenswerten Grundsätzen gleitet James leider langsam in weit mehr Fragwürdiges ab. Die pragmatistische Methode führt ihn zu der Ansicht, daß wissenschaftliche Theorien viel eher Instrumente für zukünftige Untersuchungen als endgültig annehmbare Antworten auf die Fragen nach der Natur seien. Von hier ist nur noch ein Schritt zu der pragmatistischen Definition der Wahrheit als dem, was fruchtbare Folgen hat. Die sog. instrumentalistische Auffassung der Wahrheit durch Dewey läuft fast auf dasselbe hinaus.

Hier wird der Pragmatismus selbst zu einer metaphysischen Doktrin höchst zweifelhafter Art, und es ist verständlich, daß Peirce sich heftig davon abwandte. Abgesehen von den Schwierigkeiten, hier und jetzt festzustellen, zu welchen Konsequenzen eine gegebene Ansicht führt, würde diese Auffassung erlauben, einfach das als wahr anzunehmen, was man will. Bis zu einem gewissen Grade scheint James diese Schwierigkeit wahrgenommen zu haben, indem er einem die Freiheit zubilligt, dem Glauben anzuhängen, der zum Glück führt. Der persönliche Glaube ist ein gutes Beispiel. Nur empfindet der Religiöse nicht im geringsten in dieser Weise. Niemand hegt Glauben in der Erwartung einer Zufriedenheit, die er erzeugen werde, sondern umgekehrt: weil man glaubt, ist man glücklich.

Vom ersten Anfang der griechischen Philosophie an war die Mathematik Gegenstand eines besonderen Interesses der Denker. Die Errungenschaften der letzten zweihundert Jahre bringen das höchst überzeugend ans Licht. Der von Leibniz und Newton formulierte infinitesimale Kalkül führte im 18. Jahrhundert zu einem großen Aufschwung mathematischer Neuerungen. Es fehlte jedoch eine entsprechende logische Begründung der Mathematik. Die mathematische Analysis legte in jenen Tagen großen Wert auf den Begriff der ›unendlich Kleinen‹, der Infinitesimalen. Das unendlich Kleine wurde für eine Quantität nicht ohne Größe und doch nicht endlich, sondern als ›verschwindend‹ klein erklärt. Es wurde angenommen, daß sich solche Quantitäten an der Bildung der Differentialkoeffizienten und Integrale beteiligen. Wahrhaftig: dieses Infinitesimale ist eins der verschimmeltsten Skelette im mathematischen Glaskasten! Es geht auf die ähnliche Entität der Pythagoreer zurück. Wir sahen, wie Zeno die pythagoreische Doktrin deutete. Auch in der Neuzeit kamen die Beanstandungen der Theorie der unendlich Kleinen von Philosophen. Berkele war wohl der erste, der auf die Schwierigkeiten hinwies. Und auch bei Hegel finden sich ein paar Seitentriebe. Aber die Mathematiker hörten zunächst nicht auf die Warnungen. Sie fuhren fort, ihre Wissenschaft zu entwikkeln, und es ist gut, daß sie es taten. Es ist nämlich eine eigenartige Tatsache bei Entstehen und Wachen jeder neuen Disziplin, daß zu viel Strenge, zu früh angewandt, die Einbildungskraft und den Erfindungsgeist hemmt. Eine gewisse Freiheit vor Verengung und Formalismus pflegt die Entwicklung auf den frühen Stufen zu fördern, selbst wenn das Risiko mancher Irrtümer eingeschlossen ist.

Aber dann kommt eine Zeit der Strenge. Im Anfang des 19. Jahrhunderts arbeitete der französische Mathematiker Cauchy eine systematische Theorie der Grenzwerte aus. Das machte in Verbindung mit dem späteren Werk des Deutschen Weierstrass es möglich, von den unendlich Kleinen abzugehen. Die allgemeinen Probleme der Kontinuität und der unendlichen Reihen, die dahinterstecken, wurden das erste Mal von Georg Cantor untersucht.

Das zahlenmäßig Unendliche hatte seit Zenos Zeiten und seinen Paradoxen immer wieder Kummer gemacht. Wenn wir uns an den Wettlauf zwischen Achilles und der Schildkröte erinnern, so um auf einen der vielen kniffligen Punkte dieses Wettbewerbs hinzuweisen: für jeden Platz, den Achilles erreicht, gibt es einen andern, den die Schildkröte einnimmt. Das heißt: die zwei Läufer erreichen zu jeder Zeit eine gleiche Anzahl von Stationen. Nur legt Achilles offensichtlich eine größere Strecke zurück. Das scheint dem nüchternen Menschenverstand zu widersprechen, daß das Ganze größer ist als der Teil. Wenn wir uns aber mit den unendlichen Mengen befassen, dann ist das nicht mehr so. Um ein einfaches Beispiel zu nehmen: die Reihe der positiven ganzen Zahlen, die eine unendliche Menge ausmachen, hat ungerade und gerade Zahlen. Alle ungeraden Zahlen weggenommen, könnte man meinen, die übriggebliebenen Zahlen machten genau die Hälfte der betrachteten Reihe aus. Erstaunlicherweise bleiben aber ebensoviel gerade Zahlen übrig wie es Zahlen insgesamt beim Beginn gab. Dieser überraschende Schluß kann leicht bewiesen werden. Zuerst schreiben wir die natürliche Zahlenreihe untereinander und daneben (im Diagramm links) eine Reihe der Zahlen, die sich durch Verdoppelung jeder Zahl ergeben. Für jede Zahl in der ersten Reihe gibt es eine entsprechende Zahl in der anderen Reihe. Die zwei Reihen haben die gleiche Zahl der Glieder.

Im Falle von unendlichen Mengen enthält deswegen der Teil ebensoviel Glieder wie die ganze Menge. Das ist die Eigenschaft, durch die Cantor eine unendliche Menge bestimmt.

Auf dieser Basis entwickelte Cantor seine Theorie der unendlichen Zahlen. Insbesondere zeigte er, daß es unendliche Zahlen verschiedener Größen gibt; doch darf man dabei nicht an unsere gewöhnlichen Zahlen denken. Er wies z.B. nach, daß die Zahl der Dezimalbrüche in einem höheren Grade als die Zahl der natürlichen, d.h. der positiven ganzen Zahlen unendlich ist. Dieses sogenannte diagonale Verfahren wurde später auch in der symbolischen Logik von Bedeutung.

Eine andere grundlegende Frage begann die Logiker gegen Ende des 19. Jahrhunderts zu beschäftigen. Schon von frühester Zeit an war es der Ehrgeiz der Mathematiker, ihre ganze Wissenschaft als ein System von Deduktionen aus einem einzigen Ausgangspunkt – oder wenigstens aus so wenig wie nur möglich – aufzuzeigen. Es ist dies ja eines der Merkmale der sokratesschen ›Form des Guten‹. Auch die ›*Elemente*‹ des Euklid bringen ein Beispiel dafür bei, so mangelhaft die euklidsche Behandlungsweise dabei auch ist.

Im Fall Arithmetik hat der italienische Mathematiker Peano einen schmalen Satz von Postulaten, aus denen alles Weitere sich ergibt, aufgestellt. Fünf Grundfeststellungen zusammen bestimmen die Art der Reihen, wobei die natürliche Zahlenreihe nur ein Beispiel ist. Kurz, die Postulate stellen fest, daß der Nachfolger jeder Zahl wieder eine Zahl ist, und daß jede Zahl nur einen – und zwar nur jeweils einen einzigen – Nachfolger hat. Die Reihe beginnt mit Null, zwar eine Zahl, aber selbst kein Nachfolger irgendeiner Zahl. Schließlich stehen wir vor dem Prinzip der mathematischen Induktion, mittels welcher die allen Zahlen der Reihe zugehörigen allgemeinen Eigenschaften festgestellt werden. Dieses Prinzip lautet: so eine gegebene Eigenschaft irgendeiner Zahl ›n‹ zugleich ihrem Nachfolger sowie der Zahl Null zugehört, so gehört sie auch zu jeder anderen Zahl der Reihe.

Seit Peano entstand ein neugewecktes Interesse an den Fragen einer Begründung der Mathematik. Da gibt es zwei entgegengesetzte Schulen. Die Formalisten einerseits, die hauptsächlich nach Folgerichtigkeit streben, und die Intuitionisten andererseits, die mehr positivistisch eingestellt sind und fordern, daß man imstande sein solle, gerade das klarzulegen, worüber man eben spricht.

Ein gemeinsamer Zug dieser mathematischen Entwicklungen ist ihr Interessantsein für den Logiker. Hier scheinen in der Tat Logik und Mathematik an den Randgebieten miteinander zu verschmelzen. Seit Kants Zeiten, der die Logik als vollendet betrachtet hatte, geschahen auf dem Gebiet der Logik große Veränderungen. Insbesondere wurden neue Formen der Behandlung logischer Argumente mittels mathematischer Formeln entwickelt. Das erste System dieser neuen Behandlungsweise der Logik ist dem Deutschen Gottlob Frege (1848 – 1925) zu verdanken, dessen Werk allerdings zwanzig Jahre lang vollständig ignoriert wurde, bis ich 1903 die allgemeine Aufmerksamkeit darauf lenkte. In seinem eigenen Vaterland blieb er noch lange ein obskurer Mathematikprofessor. Erst in jüngster Zeit wurde seine Bedeutung auch als Philosoph erkannt.

Freges mathematische Logik geht bis 1879 zurück. Im Jahre 1884 veröffentlichte er seine Begründung der Arithmetik, worin die neue Methode zu einer radikaleren Behandlung des peanoschen Problems angewandt wird. Die Axiome Peanos erwiesen sich bei aller Schärfe nichtsdestoweniger vom logischen Gesichtspunkt aus als ungenügend. Denn es schien ziemlich willkürlich, daß gerade diese und nicht andere Feststellungen die Basis der Mathematik bilden sollten. Peano selbst gelangte nie dazu, das wahrzunehmen. Um aber das Problem in der allgemeinsten Form zu lösen, ging Frege ans Werk.

Frege wollte zeigen, daß die Axiome Peanos die logische Folge seines symbolischen Systems sind. Das würde mit einem Schlag den Einwand der Willkürlichkeit ausräumen und dartun, daß die reine Mathematik bloß eine Verlängerung der Logik ist. Insbesondere wäre es notwendig, eine gewisse logische Definition der Zahl selbst abzuleiten. Die Vorstellung der Zurückführung der Mathematik auf die Logik ergab sich ganz klar aus Peanos Axiomen. Denn sie beschränken den wesentlichen Wortgebrauch der Mathematik auf die zwei Begriffe ›Zahl‹ und ›Folgeglied‹. Der zweite ist ein allgemeiner logischer Begriff; um unseren Wortgebrauch vollständig in logische Begriffe zu verwandeln, brauchen wir nur dem ersten ebenfalls eine logische Deutung zu geben. Das tat Frege, indem er die Zahl mittels rein logischer Begriffe bestimmte. Seine Definition ist fast dieselbe, wie Whitehead und ich sie in unserem gemeinsamen Werk ›*Principia Mathematica*‹ gegeben haben. Hier wird festgestellt, daß eine Zahl die Klasse aller Klassen ist, die einer gegebenen Klasse ähnlich sind. So ist jede Klasse von drei Gegenständen ein Fall oder Beispiel der Zahl drei, die selbst die Klasse aller solcher Klassen ist. Was nun die Zahl im allgemeinen betrifft, so ist sie die Klasse aller einzelnen Zahlen und stellt sich so als eine Klasse der dritten Ordnung heraus.

Ein vielleicht unerwarteter Zug, der aus dieser Definition folgt, ist, daß Zahlen nicht addiert werden können. Man kann zwar eine Dreiheit von Äpfeln und ein Paar Birnen addieren und so fünf Stück Früchte erhalten, man kann aber nie die Klasse aller Dreiheiten zur Klasse aller Paare addieren. Das ist aber, wie wir schon sahen, letzten Endes keine so ganz neue Entdeckung. Schon Platon hatte gesagt, daß die Zahlen nicht addiert werden können.

Seine Behandlungsweise der Mathematik führte Frege zur Formulierung des Unterschiedes zwischen Sinn und Beziehung eines Satzes. Das war erforderlich zur deutlichen Erklärung der Tatsache, daß Gleichungen keinerlei bloße leere Wiederholungen enthalten. Die zwei Seiten einer Gleichung haben wohl eine gemeinsame Beziehung, aber verschiedenen Sinngehalt.

Freges System der symbolischen Logik (oder Logistik oder auch der mathematischen bzw. algebraischen Logik) konnte keinen großen Einfluß erlangen, zum Teil zweifellos wegen seiner verwickelten Bezeichnungen. Der in den ›*Principia Mathematica*‹ gebrauchte Symbolismus verdankt dem von Peano manches, nur erwies er sich als anwendbarer. Seither kam eine ganze Anzahl von Bezeichnungen auf dem Gebiet der mathematischen oder symbolischen Logik (oder Logistik) in Gebrauch. Eines der elegantesten Bezeichnungssysteme war von der berühmten polnischen Schule der Logiker entwickelt worden, die während des letzten Krieges zerstreut wurde. Ebenfalls sind beträchtliche Verbesserungen bezüglich der Vereinfachung der Bezeichnung, wie auch der Anzahl der grundlegenden Axiome des Systems erreicht worden. Der amerikanische Logiker Sheffer führte eine einzige logische Konstante ein, mit deren Begriffen diejenigen des Satzkalküls definiert werden konnten. Mit der Hilfe dieser neuen logischen Konstante war es möglich, das System der symbolischen oder mathematischen Logik auf ein einziges Axiom zu gründen. Aber alles das geht schon ins äußerst Fachwissenschaftliche hinein und kann hier nicht eingehender erklärt werden.

Die mathematische Logik ist, rein formell betrachtet, nicht mehr Sache der Philosophen als solche. Sie wird von Mathematikern gehandhabt, wenn sie auch eine sehr spezielle Art der Mathematik darstellt. Für den Philosophen sind diese Probleme hauptsächlich wegen mancher paradoxen Folgerungen beachtenswert, die beim Aufbau eines solchen symbolischen Systems entstehen.

Ein solches Paradoxon entstand z.B. in Verbindung mit der Definition der Zahl in den ›*Principia Mathematica*‹. Der Begriff ›Klasse aller Klassen‹ war schuld daran. Denn die Klasse aller Klassen ist offensichtlich selbst eine Klasse und gehört deswegen der Klasse aller Klassen an; so enthält sie sich selbst als eines ihrer Glieder. Es gibt natürlich auch viele andere Klassen, die diese Eigenschaft nicht besitzen. Die Klasse der Wähler genießt selbst nicht den Vorzug allgemeiner Wählbarkeit. Das Paradoxon wächst an, wenn wir die Klasse all der Klassen betrachten, die nicht Glieder ihrer selbst sind.

Die Frage ist, ob diese Klasse ein Glied ihrer selbst ist oder nicht. Wenn wir voraussetzen, daß sie ein Glied ihrer selbst sei, dann ist sie kein Fall einer Klasse, die sich selbst einschließt. Um aber ein Glied ihrer selbst zu sein, muß sie von der Art sein, wie sie an erster Stelle betrachtet wurde, d.h. kein Glied ihrer selbst. Wenn wir aber annehmen, daß die betreffende Klasse kein Glied ihrer selbst ist, dann stellt sie keinen Fall einer Klasse dar, die sich selbst nicht einschließt. Um aber kein Glied ihrer selbst zu sein, muß sie eine der Klassen in der Klasse sein, die ursprünglich zur Frage stand, und so ist sie doch ein Glied ihrer selbst. In jedem der Fälle gelangen wir zu einem Selbstwiderspruch.

Die Schwierigkeit kann beseitigt werden, wenn wir davon ausgehen, daß Klassen nicht auf gleichem Fuß wie die Klassen von Klassen behandelt werden dürfen, wie man auch normalerweise nicht von Menschen auf derselben Ebene wie von den Nationen zu sprechen pflegt. Dann wird offensichtlich, daß wir über die Klassen, die ihre eigenen Glieder sind, nicht so ohne weiteres, wie wir es bei Aufstellung des Paradoxes getan haben, sprechen sollten. Die Schwierigkeiten mit den Paradoxen wurden auf verschiedene Weise angepackt, aber es ist bis jetzt noch keine Vereinbarung darüber erreicht worden, wie sie aus der Welt geschafft werden könnten. Mittlerweile aber hat dieses Problem manchen mathematisch eingestellten Philosophen wieder einmal das große Bedürfnis klargemacht, die Art und Weise, wie Sätze konstruiert und Worte benutzt werden, genauestens zu überprüfen.

DIE GEGENWART

Bei der Betrachtung der Philosophie der letzten siebzig, achtzig Jahre sehen wir uns außergewöhnlichen Schwierigkeiten gegenüber. Wir stehen nämlich den verschiedenen Auffassungen noch so nahe, daß es nicht leicht ist, sie mit entsprechendem Abstand und genügender Gelassenheit zu betrachten. Die Denker der frühen Vergangenheit haben die kritische Prüfung der späteren Generationen zu bestehen gehabt. Mit der Zeit erfolgt ein allmähliches Aussieben, welches die Aufgabe der Auswahl erleichtert. Es ist wirklich sehr selten, daß ein unbeträchtlicher Denker für längere Zeit ein Maß des Ruhmes bewahrt, das sein Werk nicht verdient, während es durchaus vorkommt, daß bedeutende Männer ungerecht dem Vergessen anheimfallen.

Bei den neueren Denkern ist die Wahl noch schwieriger, die Glücksfälle eines ausgewogenen Urteils noch geringer. Während für die Vergangenheit möglich ist, die Phasen der Entwicklung vollständig zu übersehen, ist uns die Gegenwart noch viel zu nahe, um die Fäden der Geschichte mit gleicher Zuverlässigkeit entwirren zu können. Es kann nicht anders sein, und es ist vergleichsweise leicht, nach dem Ereignis klug zu sein und die philosophische Entwicklung zu verstehen. Es wäre aber eine hegelianische Illusion, sich einzubilden, daß die Bedeutung zeitgenössischer Veränderungen in allen ihren Besonderheiten erschlossen werden könnte. Das Beste, was erreicht werden kann, ist, ein paar allgemeine Tendenzen, die sich mit früheren Auffassungen verknüpfen lassen, wahrzunehmen.

Das späte 19. Jahrhundert wird durch eine Anzahl neuer Errungenschaften gekennzeichnet, welche die intellektuelle Atmosphäre unserer Zeit beeinflußt haben. Da ist vor allem der Bruch mit der alten Lebensweise, die noch in der vorindustriellen Ära wurzelte. Das ungeheure Wachstum der Macht der Technik machte das Leben komplizierter, als es zuvor war.

All das spiegelt sich auch in der intellektuellen Sphäre wider. Während es einst für eine einzige Person möglich war, mehrere Disziplinen zu meistern, wird es für jeden immer schwieriger, auch nur ein einziges Gebiet vollkommen zu umfassen. Das Auseinanderbrechen der intellektuellen Tätigkeit in immer engere Spezialgebiete beschwor in unserer Zeit einen rechten Wirrwarr des Sprachgebrauchs herauf. Dieser ungesunde Stand der Dinge ist das Ereignis gewisser Veränderungen, die mit dem Anwachsen der heutigen industriellen Gesellschaft Hand in Hand gehen. Die Forderungen der Spezialisierung zwingen die jungen Leute aus Mangel an Zeit zur Entwicklung eines breiteren geistigen Horizonts in enge Bahnen. Als Ergebnis alles dessen besteht oft die Schwierigkeit für die ausgebildeten Fachleute, mit anderen Fachleuten in ein verständnisvolles Verhältnis zu kommen.

Das 19. Jahrhundert brachte aber noch eine andere babylonische Sprachverwirrung. Denn in diesem Jahrhundert ging etwas unter und starb endgültig, was seit undenklicher Zeit als das allgemeine Mittel des Umgangs unter den Gebildeten aller Nationen gedient hatte. Das Latein war die Sprache der Gelehrten, der Denker und der Wissenschaftler aus der Zeit von Cicero bis zur Renaissance gewesen. Gauß schrieb noch im frühen 19. Jahrhundert sein berühmtes Werk über die gekrümmten Flächen in lateinischer Sprache, aber das war damals schon etwas Außergewöhnliches. Heutzutage muß der Wissenschaftler auf fast jedem Gebiet imstande sein, mit zwei oder drei Fremdsprachen fertig zu werden, wenn er Zugang zu den Arbeiten haben will, die auf seinem Spezialgebiet in anderen Ländern verfaßt werden.

Ein anderes Kennzeichen des intellektuellen Lebens im 19. Jahrhundert ist der Bruch zwischen den künstlerischen und wissenschaftlichen Bestrebungen. Das war ein rückläufiger Schritt im Vergleich zu dem Geist, den die Humanisten der Renaissance entfalteten. Während die früheren Denker Wissenschaft und Kunst im Lichte des einen allgemeinen Prinzips der Harmonie und der Proportion betrieben hatten, erzeugte das 19. Jahrhundert unter dem Ansturm der Romantik eine heftige Reaktion gegen die übermäßige Beanspruchung des Menschen durch den wissenschaftlichen Fortschritt. Die Haltung der Wissenschaft mit ihren Laboratorien und Experimenten schien den Geist der Freiheit und des Abenteuers, den der Künstler verlangt, zu ersticken. Die Ansicht, daß die experimentelle Betrachtungsweise die Geheimnisse der Natur nicht offenbare, wurde, seltsam genug, schon von Goethe zum Ausdruck gebracht – höchstwahrscheinlich in einer seiner romantischen Stimmungen. Auf jeden Fall wird (in ›*Faust*‹ I) der erwähnte Gegensatz von rumpelkammerlichem Laboratorium und Künstlerklause farbig beschrieben.

Gleichzeitig entwickelte sich eine gewisse Trennung zwischen Naturwissenschaft und Philosophie. Im 17. und frühen 18. Jahrhundert waren die bedeutenden Philosophen auch auf wissenschaftlichen Gebieten mehr als bloße Dilettanten. Es war zum großen Teil Ergebnis der deutschen idealistischen Philosophie, daß diese Weite der philosophischen Schau im Lauf des 19. Jahrhunderts, auf jeden Fall in England und Deutschland, verschwand. In Frankreich war, wie wir schon sagten, die Philosophie dem deutschen Idealismus gegenüber ziemlich immun, einfach deswegen, weil ihrer Sprache diese Art von Spekulation nicht entspricht. Infolgedessen wurde Frankreich nicht in gleichem Maße vom Riß zwischen Wissenschaft und Philosophie beeinflußt. Dieser Bruch setzte sich sonst im allgemeinen weiter fort. Wissenschaftler und Philosophen ignorieren zwar einander nicht völlig. Man kann aber sagen, daß oft der eine nicht recht versteht, was der andere tut. Der Ausflug heutiger Wissenschaftler ins Gebiet der Philosophie ist oft nicht glücklicher, als es der Ausbruch der idealistischen Philosophen in entgegengesetzter Richtung war.

Im Bereich der Politik ist das 19. Jahrhundert in Europa eine Ära der Verschärfung nationaler Differenzen. Das vorangehende Jahrhundert war hierin nicht von gleicher Heftigkeit. Während des Krieges zwischen Frankreich und England war es z.B. für den englischen Adel möglich, die Wintermonate an den Küsten des Mittelmeeres, als wären sie ihre eigenen, zu verbringen. Das Kriegshandwerk war bei allem Greuel im großen und ganzen doch noch eine halbwegs ritterliche Angelegenheit. Nicht aber mehr in den großen nationalen Kriegen der letzten hundert Jahre. Der Krieg wurde, wie vieles sonst noch, hochgesteigert zur letzten, heftigsten Wirksamkeit. Was bis jetzt die Welt vor dem äußersten Untergang gerettet hat, ist der Umstand, daß die Machthaber für die Kriegsapparatur unzuständig sind. Aber überlaßt die Zügel einem Archimedes unserer Tage, dessen Kriegsgerät eher atomar als ballistisch ist – und wir können von heute auf morgen ausgelöscht sein.

Natürlich konnte das späte 19. Jahrhundert all diese Veränderungen nicht voraussehen. Im Gegenteil, es herrschte damals eine Art wissenschaftlicher Optimismus vor, der die Menschen glauben ließ, daß das Himmelreich auf Erden im Begriff stünde, auszubrechen. Die von Wissenschaft und Technik verwirklichten Fortschritte machten es glaubhaft, daß die Lösung aller Probleme nahe zur Hand sei. Die Newtonsche Physik war das Instrument, das diese Aufgabe vollenden sollte. Die Entdeckungen der folgenden Generationen versetzte dann aber denen, die da glaubten, es sei wissenschaftlich nichts mehr zu tun, als die wohl bekannten Prinzipien dieser Physik auf die speziellen Fälle anzuwenden, einen groben Schock. In unserer eigenen Zeit haben die Entdeckungen über die Struktur des Atoms den selbstgefälligen Ausblick, der sich an der Jahrhundertwende auftat, aufs äußerste erschüttert.

Nichtsdestoweniger blieb etwas von diesem wissenschaftlichen Optimismus auch in unserer Gegenwart. Der Bereich der wissenschaftlichen und technischen Umgestaltung der Welt scheint wirklich grenzenlos zu sein. Gleichzeitig nimmt der Verdacht auch unter den Experten selbst zu, daß die schöne neue Welt vielleicht doch nicht ganz so segensreich sein könnte, wie es sich manche übereifrigen Verteidiger einzubilden scheinen. Daß die Unterschiede zwischen den Menschen in hohem Grade beseitigt werden können, ist ein unglücklicher Gemeinplatz, den zu beobachten wir zu unserer eigenen Zeit reichlich Gelegenheit hatten. Das könnte vielleicht die menschliche Gesellschaft zu einer wirksameren und stabileren Maschine formen, es würde aber gewiß das Ende aller intellektuellen Bestrebungen, sowohl in der Wissenschaft als auch sonst überall, bedeuten. Im Grunde ist diese Art von Traum eine hegelianische Illusion. Sie nimmt an, daß es etwas Letztes gebe, was erreicht werden könnte, und daß Forschung ein Vorgang ist, der einmal zu Ende kommt. Das ist aber eine unrichtige Ansicht; es scheint im Gegenteil klar, daß die Forschung grenzenlos ist. Vielleicht wird uns dieser Umstand einmal vor den Zielen bewahren, die gewisse Utopisten sich von Zeit zu Zeit erträumen.

Der unendlich weite Bereich wissenschaftlicher Tätigkeit wirft neue gesellschaftliche Probleme ethischen Charakters auf. An sich sind die Entdeckungen und Erfindungen der Wissenschaftler ethisch neutral. Die Macht aber, die sie uns verleihen, kann zum Guten oder zum Bösen gewandt werden. Als Problem ist das in Wirklichkeit nicht neu. Was die Rückwirkung der Wissenschaft heutzutage gefährlicher macht, ist die fürchterliche Wirkungskraft der jetzt schon zur Verfügung stehenden Vernichtungsmittel. Ein anderer Unterschied scheint in der Unscheidbarkeit der heutigen wissenschaftlichen Machtquellen und ihrer Überwachung zu liegen, falls ihr Gebrauch zu zerstörerischen Zwecken zur Frage steht. Wir haben wirklich einen langen Weg seit der Zeit der Griechen zurückgelegt. Eines der verruchtesten Verbrechen, das ein Grieche im Krieg begehen konnte, war das Niederhacken von Olivenbäumen.

Nach all diesen Warnungen sollten wir uns doch vielleicht auch daran erinnern, daß es eine mißliche Sache ist, einen geeigneten Standpunkt zur Betrachtung der eigenen Zeit zu finden. Außerdem hat es in der ganzen Geschichte unserer Kultur noch nie einen Fall gegeben, wo nicht Menschen von Einsicht und Unternehmungsgeist schließlich doch noch die

Dinge zurechtgerückt hätten, auch wenn alles vollkommen verloren schien.

Die Reaktion der Wissenschaft gegen die Philosophie ist in letzter Analyse ein Ergebnis des Positivismus von Comte. Wir sahen ja, daß Comte bestrebt war, das Aufstellen von Hypothesen auszuschalten. Naturvorgänge sollten beschrieben, nicht aber erklärt werden. Diese positivistische Forderung, innerhalb der Grenzen der Erfahrung und ihrer Beschreibung zu bleiben, war bewußt eine Berufung auf Kant. Nach Gründen für die Erscheinungen suchen und vorgeben, man gäbe Erklärungen, kommt dem Hinüberspielen ins ›Noumenale‹, in den kantschen ›Begriff ohne Gegenstand‹, des nur Gedachten, gleich. Und die kantsche Erkenntnistheorie macht ja, wie wir sahen, die Kategorien der Erklärung zur Vorbedingung der Erfahrung überhaupt. In der positivistischen Auffassung dagegen wird die Erklärung für unwissenschaftlich erklärt, weil sie vermeintlich über die Erfahrung hinausgeht. Es kann demnach nicht gesagt werden, daß die positivistischen Wissenschaftler Kant allzu gut verstanden hätten.

Der bekannteste Vertreter der Richtung ist Ernst Mach (1838–1916), dessen ›*Wissenschaft der Mechanik*‹ eine positivistische Betrachtungsweise der Mechanik bietet. Er ist dabei eifrig bestrebt, die scholastische Terminologie, die in einem gewissen Ausmaß in die newtonsche Physik eingedrungen war, zu vermeiden. Begriffe wie ›Kraft‹ werden hier fraglich. Die Kraft ist nicht etwas, was man sehen könnte. Alles, was wir sagen können, ist, daß die Körper sich auf gewisse Weise bewegen. Deswegen eliminiert Mach die Kraft und bestimmt sie in Begriffen der rein kinematischen Auffassung der Beschleunigung.

Die Positivisten haben aber unrecht, wenn sie glauben, daß gar nichts erklärt werden könne. Denn wenn wir wirklich auf alle Hypothesen verzichteten, wie sollten wir dann Wissenschaft betreiben? Was als Möglichkeit übrigbliebe, wäre die baconsche Klassifizierung; und diese führt uns, wie wir sahen, nicht sehr weit. Die bloße Tatsache also, daß die Wissenschaft doch weitergeht, entlarvt den Positivismus als unwahr. Die freimütigste Kritik der positivistischen Lehre findet sich bei Meyerson (1859 – 1933), dessen Erkenntnistheorie ursprünglich im Prinzip, wenn auch nicht in den Einzelheiten, kantianisch ist.

Indem die positivistischen Philosophen versuchten, einen wissenschaftlichen Ersatz dafür, was sie geringschätzend ›Metaphysik‹ nannten, zu finden, gerieten sie selbst oft in ihre eigenen metaphysischen Schwierigkeiten. Was nämlich die Bedeutung wissenschaftlicher Feststellungen betrifft, streben diese danach, zugunsten einer Art mathematischen Rituals beiseite geschoben zu werden. Diese, wenn auch nicht durchaus, aber doch weitverbreitete Ansicht erinnert merkwürdig an die Zahlenmystik der Pythagoreer und ihrer Nachfolger zur Zeit der Spätrenaissance.

In der Philosophie selbst erzeugten diese allgemeinen Strömungen eine Bewegung: Los von der Wissenschaft! Das ist wahr, nicht nur in bezug auf das Wiederaufleben idealistischer Neigungen auf dem Kontinent, sondern auch bezüglich der zum großen Teil linguistischen Philosophie Englands. Was letztere betrifft, ist es schlechthin wahr, daß es nicht Aufgabe der Philosophie ist, Entdeckungen zu machen, sondern die verschiedenen Aussagen, d.h. die Ausdrucksweise (das Sprachliche) gegeneinander abzuwägen. Auf jeden Fall ist das eines der Dinge, die die Philosophie immer getan hat. Klar bleibt jedoch, daß verschiedene philosophische Ansichten den Fortschritt der wissenschaftlichen Forschung in unterschiedlichen Graden teils fördern, teils hindern.

Was die eigentliche Philosophie betrifft, zu der wir jetzt zurückkehren, wurde der Schauplatz England im späteren 19. Jahrhundert von dem herübergebrachten kontinentalen Idealismus beherrscht. In England kommt der Regen aus Irland und der Idealismus aus Deutschland. Der frühere Vertreter des Idealismus hier war jedoch durchaus nicht hegelianisch eingestellt. F. H. Bradley (1846 – 1924), der in Oxford studierte und schrieb, arbeitete eine kritische Ablehnung des Materialismus aus und bezweckte ein Absolutum zu erreichen, das mehr an Spinozas Gott oder Natur als an Hegels absolute Idee erinnerte. Seine dialektische Methode ist kein Prinzip des organischen Wachstums, was sie bei Hegel sein will, sondern vielmehr eine Waffe der Auseinandersetzung und gedanklichen Entwicklung wie bei Platon und seinen eleatischen Vorgängern. Bradley ist in der Tat bemüht, sich dem reichlich intellektualistischen Monismus Hegels zu widersetzen, der nach einem Gleichsetzen von Wissen und Sein tendiert und letztlich auf Sokrates und die Pythagoreer zurückgeht. Bradley versucht, ›unter‹ dem rationalen Denken und seinen Kategorien zu bleiben und zum bloßen Gefühl und zum Erlebnis zu gelangen. Auf dieser Stufe können wir von Realität sprechen. Der Gedanke selbst ist immer eine Art Verfälschung dessen, was wirklich ist. Er bringt bloße Erscheinungen zustande, weil er das Wirkliche durch ein Überlagern von Klassifikationen und Verbindungen verzerrt. Bradley glaubt also, daß man beim Denkprozeß unvermeidlich in Widersprüche verwickelt wird. Seine Lehre legt er in dem Buch ›*Erscheinung und Wirklichkeit*‹ dar.

Das Leitmotiv bei Bradleys Angriff auf das Denken liegt in der Betonung, daß dieses notwendigerweise beziehungsbedingt sei; und Beziehungen verwickeln uns, wie er zu zeigen versucht, in Widersprüche. Um diese seltsame Stellungnahme zu begründen, macht Bradley Gebrauch vom Dritten-Mann-Argument, wie es im platonschen ›*Parmenides*‹ gegen Sokrates' Theorie der Beteiligung (an den Ideen) benützt worden war. Da Qualitäten und Beziehungen einerseits unterschiedlich und andrerseits untrennbar sind, sollten wir imstande sein, bei jeder gegebenen Qualität den Teil, der streng qualitativ ist, von dem, der Ansatzpunkte zu Beziehungsverbindungen liefert, zu unterscheiden. Aber wir können nicht zwischen verschiedenen Teilen einer Qualität unterscheiden. Und selbst wenn wir's könnten, stünden wir vor dem Problem der Wiederverknüpfung der beiden Teile. Das bringt aber eine neue Beziehung mit sich, und das Dritte-Mann-Argument kommt zur Geltung.

Die Sphäre des Denkens und damit die Wissenschaft leidet also unter Widerspruch und gehört daher mehr der Erscheinung als der Realität an. Durch einen merkwürdigen Umweg stößt Bradley hier zur selben Schlußfolgerung vor wie Hume, nur auf recht verschiedener Basis. Wie Hume, so lehnt auch er die Vorstellung des Selbst ab, weil es Beziehungen mit sich bringt. Was den Gott der traditionellen Religion angeht, muß auch Er als Erscheinung genau aus demselben Grund abgewiesen werden.

Eine andere Form des Idealismus, die irgendwie vom Hegelianismus abstammt, findet sich in der Philosophie von Benedetto Croce (1866 bis 1952), obwohl hier der unmittelbare Einfluß Vicos vielleicht eher in Betracht kommt. Croce war kein Universitätslehrer. Er erfreute sich während seines ganzen langen Lebens wirtschaftlicher Unabhängigkeit. Infolge seines internationalen Ruhmes überlebte er die faschistische Ära, ohne übermäßig belästigt worden zu sein. Seit Kriegsende hatte er mehrfach Ämter in der italienischen Regierung inne.

Er schrieb zahlreiche Bücher über Geschichte und Literatur und gründete 1905 die literarische Zeitschrift ›*La Critica*‹, deren Herausgeberschaft er ununterbrochen beibehielt. Charakteristisch für seine philosophische Stellungnahme ist die Betonung der Ästhetik. Sie beruht auf der konkreten Erfahrung, wie sehr der Geist beim Betrachten von Kunstwerken einbezogen ist.

Mit Hegel, dessen Monismus einfach keinen Raum für die erkenntnistheoretischen Schwierigkeiten des englischen Empirismus, nicht einmal für die der kantschen Lehre freiläßt, teilt Croce die Ansicht, daß die Wirklichkeit geistig beschaffen sei. Obzwar schon Hegel durch seine Betonung der Dialektik darauf bestanden hatte, daß der geistige Prozeß die aktive Überwindung von Hindernissen mit sich bringe, scheint Croce hier geradewegs auf die ›verum factum‹-Gleichung Vicos zurückzugehen. Auf jeden Fall nimmt er einige der Hauptschwächen des Hegelianismus wahr. Eine von ihnen ist die

Anwendung der Dialektik auf die Natur; die Mysterien-Krämerei mit den dreifachen Einteilungen eine andere. Croce behält zwar den Begriff der Entwicklung bei, aber akzeptiert nicht die hegelianische Auffassung. Statt des dialektischen Fortschreitens nimmt er eine modifizierte Form der vicoschen Theorie der Phasen an. Vico hatte gemeint, diese Entwicklungen seien zyklisch, so daß schließlich alles zum Ausgangspunkt zurückgelange, eine Ansicht, die, wie wir sahen, auf Empedokles zurückgeht. Croce hält indessen diese Veränderungen für progressiv, insofern der Geist, wenn er zu seiner Anfangsstufe zurückkehrt, in dem Prozeß neue Einsichten erworben habe.

Trotz seiner Ablehnung Hegels muß bemerkt werden, daß Croce ziemlich viel Dialektik in seinen Schriften beibehält. In dem Buch z.B., spricht er in Ausdrücken, die einen beinahe an Hegels Logik erinnern: »Das enge Band zwischen Irrtum und Wahrheit entsteht, weil ein reiner und völliger Irrtum unfaßbar ist; und weil er unfaßbar ist, existiert er nicht. Der Irrtum spricht mit zwei Stimmen: Die eine behauptet das Falsche, aber die andere leugnet es; und das ist ein Zusammenprall von Ja und Nein, der Widerspruch heißt.« Dieses Zitat soll uns auch dazu dienen, den Punkt zu unterstreichen, daß für Croce der Geist mit der Realität gleich ist. Es gibt nichts in der Welt, was im Prinzip nicht entdeckt werden könnte. Was auch immer unfaßbar ist, kann nicht existieren, und infolgedessen ist alles, was existiert, auch faßbar. Bradley dachte ganz ähnlich: »Was sein kann und sein muß, ist.« Schließlich ist hegelscher Einfluß auch dafür verantwortlich, daß Vico von Croce dargestellt wird als ein Rationalist des 19. Jahrhunderts, obgleich er in Wirklichkeit ein Platoniker im 17. Jahrhundert war.

In Frankreich übte der einflußreichste Philosoph des späten 19. und frühen 20. Jahrhunderts seine Reaktion auf die Wissenschaft ganz anders aus. Henri Bergson (1859 – 1941) gehört der irrationalistischen Richtung, die auf Rousseau und die romantische Bewegung zurückgeht, an. Wie die Pragmatisten betont auch Bergson das Tun über alles. Darin spiegelt sich, auch bei ihm, eine gewisse Ungeduld gegenüber der sorgfältigen und leidenschaftslosen Ausübung der Vernunft in Philosophie und wissenschaftlicher Forschung wider. Einer der Hauptwesenszüge des rationalistischen Denkens ist das Streben nach Genauigkeit. Der Kartesianismus zeugt davon. Indem wir vor allem die flüchtige Bewegung des Erlebnisses durch die Sprache einzufangen versuchen, scheinen wir den Fluß der Realität aufzuhalten und durch ein blasses statisches verbales Bild zu ersetzen. Da ist also das alte Problem von Heraklit und Parmenides. Was Bergson zu tun versucht, ist, die Realität des Flusses im Erlebnis aufrechtzuerhalten gegenüber der Verballhornung durch die steifen Formen der Vernunft und ihrer Abbildungen von der Welt.

Die Philosophie Bergsons kehrt im Gegensatz zu dem idealistischen und materialistischen Monismus des 19. Jahrhunderts zu einer dualistischen Weltauffassung zurück. Diese Zweiteilung des Weltalls ist allerdings nicht das, was die früheren dualistischen Theorien darstellten. Einer der Bestandteile ist die Materie (wie bei Descartes); der andere ist eine Art lebenskräftigen Prinzips, das sich von der geistigen Beschaffenheit der Welt des Rationalisten wohl unterscheidet. Diese zwei großen Kräfte, die lebendige einerseits und die materielle andererseits, liegen in ständigem Kampf, wobei der aktive Impuls, der Schwung des Lebens, die von der unbelebten Materie ihm in den Weg gestellten Hindernisse zu überwinden sucht. In diesem Prozeß wird zwar die Lebenskraft bis zu einem gewissen Grad von den materiellen Bedingungen, unter denen sie wirkt, geformt, behält aber nichtsdestoweniger den grundlegenden Charakter ihrer Handlungsfreiheit bei. Bergson verwirft die herkömmlichen Theorien wegen ihrer rationalistischen Tendenz, die das Aufkommen irgendeines von Grund auf Neuen nicht erlaubt. Nun scheint das Spätere doch irgendwie im Früheren enthalten oder durch dieses vorbestimmt zu sein. Demgemäß scheint die Handlungsfreiheit, die

Bergson der Lebenskraft beimißt, doch wesentlich beeinträchtigt. Nach ihm schafft die Evolution ursprünglich Neues, sie ist im buchstäblichen Sinne schöpferisch. Diese Lehre wird in seinem bekanntesten Werk *›Schöpferische Entwicklung‹* vorgetragen. Die Art des Evolutionsprozesses, wie Bergson ihn voraussetzt, ist unmittelbare Analogie zum künstlerischen Schaffen. Gerade wie der Künstler von einer Art schöpferischen Dranges bewegt wird, so wirkt auch die Lebenskraft in der Natur. Evolutionäre Veränderungen geschehen durch ständige schöpferische Antriebe, die gewisse ganz neue Gestaltungen bezwecken. Im Menschen hat der Evolutionsprozeß den tierischen Instinkt zugunsten des Intellekts zurückgedrängt. Bergson betrachtet das als halbes Unglück, wie vor ihm schon Rousseau ganz und gar. Der Intellekt des Menschen neigt dazu, den Instinkt zu ersticken, und beraubt ihn so seiner Freiheit. Denn der Intellekt zwingt der Welt seinen eigenen begrifflichen Zwang, seine Nöte auf und liefert so ein verzerrtes Bild von ihr. Das alles ist in der Tat weit, weit ab von der rationalistischen Lehre, die im Intellekt eine befreiende Kraft sah.

Die höchste Form des Instinkts ist die Intuition – eine Art geistiger Aktivität in unmittelbarem Einklang mit der Welt. Während der Intellekt das Erlebnis verdreht, erfaßt die Intuition es so, wie es ist. Der Kummer mit dem Intellekt liegt nach Bergson darin, daß er nur dem Unterbrochensein (Diskontinuität) der materiellen Welt angepaßt ist. Diese Ansicht ist offenbar mit Vorstellungen von der Sprache als einer Trägerin von Begriffen dieser Diskontinuität verknüpft. Das Leben ist aber etwas Ununterbrochenes, ein Kontinuum, und das kann der Intellekt nicht verstehen. Hier müssen wir, so scheint es, uns auf die Intuition zurückziehen. Der Unterschied zwischen Intellekt und Intuition ist nach Bergson verbunden mit dem ähnlichen Unterschied zwischen Raum und Zeit. Der Intellekt, der die Welt zerstückelt oder analysiert, handelt in einer zeitlosen, traumähnlichen Weise. Um jetzt von unserer früheren Unterscheidung zwischen dem Theoretischen und dem

Praktischen im etymologischen Sinn der Wörter Gebrauch zu machen, ist der Intellekt theoretisch. Er sieht die Welt in einer geometrischen Weise, da es für ihn nur Raum, aber keine Zeit gibt. Das Leben aber ist eine praktische Angelegenheit, die in der Zeit fließt, und hier nun kommt die Intuition zur Geltung. Die vom Intellekt bewirkte räumliche Zergliederung hat natürlich Sinn, bildet aber ein Hindernis für richtiges Verstehen des Lebens. Die Zeit der Physik ist keine echte Zeit, sondern vielmehr eine Art räumlicher Metapher; die wirkliche Zeit der Intuition nennt Bergson ›Dauer‹ *(durée)*. Was dies sein soll, ist allerdings nicht leicht zu erklären. Man könnte vermuten, daß diese Vorstellung ähnlich der der existentiellen Erkenntnis bei Kierkegaard und in modifizierter Form auch bei einigen späteren Existentialisten ist.

Bergsons Theorie der Zeit ist eng verbunden mit seiner Wertung des Gedächtnisses. Durch das Gedächtnis ermöglicht das Bewußtsein eine Art Verbindung zwischen Vergangenheit und Gegenwart. Die Vergangenheit ist nicht mehr tätig, sobald die Gegenwart aktiv ist. Dadurch übernimmt er allerdings genau die mathematische Zeit, die er zugunsten seiner ›Dauer‹ auszutilgen bemüht ist. Um der Feststellung über die Aktivität einen Sinn zu geben, müssen Vergangenheit und Gegenwart getrennt sein. Zudem herrscht noch ein wahrer Wirrwarr durch die doppelte Bedeutung des Wortes Gedächtnis. Darunter versteht man zuweilen die geistige Tätigkeit des Erinnerns hier und jetzt, und manchmal auch das vergangene Ereignis selbst, das so in Erinnerung kommt. Durch die Verwechslung der geistigen Tätigkeit mit ihrem Objekt wird Bergson zum Verwirren von Vergangenheit und Gegenwart geführt.

Es liegt auf der Linie der antirationalistischen Neigung des bergsonschen Denkens, daß er die Ansichten, die er uns annehmen lassen möchte, nicht mit genügenden Gründen, guten oder schlechten, unterbaut. Statt dessen verläßt er sich auf den reichlich poetischen Stil seiner verdeutlichenden Beispiele, die zwar recht farbig und gefällig sind, aber den Leser nicht unbedingt überzeugen. Das ist ganz allgemein eine Schwierigkeit mit jenen Maximen, die den Bereich der Vernunft beschneiden wollen. Denn von ›Gründen‹ für eine Annahme zu plädieren, bedeutet schon, sich im Rationalen zu bewegen. Die bergsonsche Theorie kann vielleicht am besten als ein psychologisches und nicht als ein logisches Erlebnis betrachtet werden. In diesem Sinne läuft sie mit gewissen Strömungen auf dem Gebiet der Psychologie gleich. Ähnliches gilt für den Existentialismus. Die große neue Richtung auf dem Gebiet der Psychologie war die Psychoanalyse. Bevor wir uns aber kurz auf ihre Betrachtung einlassen, müssen wir noch eine andere Richtung der Psychologie erwähnen, die der Psychoanalyse in vielen Beziehungen entgegengesetzt ist, nämlich jene Auffassung, die allgemein Behaviorismus (engl. *behaviour* = Verhalten, Benehmen) genannt wird.

Die behavioristische Schule der Psychologie ist ein Ableger des Positivismus. Sie leugnet die anscheinend okkulten Gegebenheiten der alten introspektiven Psychologie und setzt sich für die offenkundige Verhaltensweise (›behaviour‹) ein. Nur das zählt, was man an den Menschen beobachtet. Diese Auffassung neigt so zu Materialismus und Positivismus. Am berühmtesten ist auf diesem Gebiet das Werk des russischen Physiologen Pawlow über die bedingten Reflexe. Jedermann hörte schon von Pawlow und seinen speichelabsondernden Hunden. Das Experiment besteht im großen und ganzen darin, daß dem Tier das Futter unter gleichzeitigen Zeichen (z.B. an der Leinwand) gereicht wird. Nach einiger Zeit genügt allein schon das Zeichen, um die physiologischen Effekte, die sonst mit dem Hinreichen des Futters zu erwarten sind, hervorzurufen. Der Speichel beginnt z.B. beim bloßen Zeigen des Zeichens zu fließen. Diese Art der Reaktion wurde ›bedingter Reflex‹ genannt.

Was diese Experimente zeigen wollen, ist, daß die konkrete, beobachtbare Situation gewisse engverknüpfte Ereignisse aufdeckt, die bis zu einem gewissen Grade durch erzwungene Angewöhnung verändert werden können. Hier nun benützt die Erklärung die Assoziationspsychologie in recht herkömmlicher, humescher Weise. Man darf hinzufügen, daß es durchaus nicht notwendig zu sein scheint, so okkulte Entitäten wie das Denken zu bemühen; alles, was gesagt werden kann, wird erfüllt durch die beobachtbaren Zusammenhänge. Wie von Pawlows Hunden wird auch von uns Menschen angenommen, daß wir in größerem Maße Speichel absondern als Gedanken.

Ganz entgegengesetzte Wege findet man in den psychologischen Lehren, die mit dem Namen von Sigmund Freud (1856–1939) verbunden sind. Von einem fast rein biologischen Gesichtspunkt ausgehend, gelangte Freud schließlich zu einer Psychologie, die verborgene Entitäten in Fülle umfaßt. Von zentraler Bedeutung für seine Theorie ist die Vorstellung des Unbewußten, das von Natur aus nicht unmittelbar zu beobachten ist. Lassen wir die Frage beiseite, wie weit die Theorie zutrifft, so muß auch hier festgestellt werden, daß sie bis zu einem gewissen Grade eine recht ansprechende wissenschaftliche Hypothese darstellt. Diejenigen, die sie aus einem positivistischen Vorurteil heraus von vornherein verdammen, verstehen die Funktion der Hypothese als einer wissenschaftlichen Methode nicht. Aber zurück zu Freud: die Theorie des Unbewußten und sein Wirken sorgte für manche bedeutende Fortschritte in der Psychologie. Der erste ist Freuds allgemeine Lehre von den Träumen, wie sie 1900 unter dem Titel ›*Traumdeutung*‹ veröffentlicht wurde; der zweite, zusammenhängend mit dem ersten, ist eine Theorie des Vergessens in dem 1904 erschienenen Werk ›*Zur Psychopathologie des Alltagslebens*‹.

Was das Träumen vom Wachsein und Bewußtsein unterscheidet, ist, daß ersteres eine Art von Freiheit und ausschweifender Phantasie erlaubt, die in unserem Wachsein den Kampf gegen die harten Tatsachen, die uns entgegengestellt sind, nicht bestehen würden. Aber diese Freiheit des Träumenden ist nach allem mehr scheinbar als wirklich. Das muß das Ergebnis jeder allgemeinen Traumtheorie sein. Nach Freuds allgemeiner Hypothese erreicht man im Traum die Erfüllung von Wünschen und Begierden, die im gewöhnlichen Leben aus den verschiedensten Gründen verdrängt werden. Der Mechanismus dieser Verdrängung und die detaillierte Struktur des individualpsychologischen Apparats kann hier nicht behandelt werden. Es genügt, darauf hinzuweisen, daß der Träumende die verschiedenen Elemente unmittelbarer Erlebnisse und verdrängter Wünsche oft aus frühester Kindheit aufscheucht und miteinander verknüpft. Die Aufgabe der Deutung ist das Enträtseln des wirklichen Gehalts des Traumes. Das bringt die Erkenntnis gewisser Symbole mit sich, die im Prozeß der Verdrängung vorkommen, um unangenehme Wahrheiten zu verbergen oder die Dinge nicht beim richtigen Namen zu nennen, sobald das Anstoß erregen könnte. Im Laufe dieser Deutungen stellte Freud eine ganze Liste der Symbole auf, doch muß ehrlich gesagt werden, daß er bei ihrem Gebrauch viel vorsichtiger war als seine Anhänger. Zu therapeutischen Zwecken – Freud war ja Arzt – wurde die Enthüllung oder Psychoanalyse dieser Vorgänge als notwendig für den Ausgleich der durch die Verdrängung verursachten neurotischen Störungen betrachtet. Analyse allein reicht nicht aus, um eine Heilung zu erreichen, aber ohne sie ist kein Versuch möglich. Natürlich ist die therapeutische Konzeption der Erkenntnis nicht neu. Wie wir sahen, kam das schon bei Sokrates vor. Auch die heutigen linguistischen Analytiker vertreten sehr ähnliche Ansichten über philosophische Rätsel, die sie linguistischen Neurosen angleichen, um diese dann durch Analyse zu heilen.

Die freudsche Theorie hat auf jeden Fall das Verdienst eines ernsten Versuchs zur umfassenden wissenschaftlichen Erklärung der Träume. In ein paar Einzelheiten ist sie zweifellos nicht allzu überzeugend. Das freudsche Wörterbuch der Symbole z.B. erscheint nicht voll und ganz annehmbar. Die Psychoanalyse hat vor allem der aufrichtigen Erkenntnis des sexuellen Verhaltens und seiner Verdrängung größere Beachtung geschenkt. Aber das machte sie auch zur Zielscheibe vieler gehässiger Verleumdungen.

Seit der Jahrhundertwende ist die herrschende Richtung in der amerikanischen Philosophie eine modifizierte Art des Pragmatismus. Der Hauptvertreter dieser Auffassung war John Dewey (1859 – 1952). Aus New England stammend, war er von altem liberalem Geist durchdrungen. Er hatte immer vielseitige Neigungen, auch außerhalb der akademischen Philosophie. Den größten Einfluß übte er aber vielleicht auf dem Gebiet der Erziehung aus, insbesondere seit 1894, als er Professor der Philosophie an der Universität Chicago wurde. Wenn in unserer Zeit die scharfe Unterscheidung zwischen Erziehung im herkömmlichen Sinn und Berufserziehung, wie sie von einer technisierten Gesellschaft immer stärker verlangt wurde, ziemlich ausgeglichen ist, so ist das zum großen Teil dem Wirken John Deweys zuzuschreiben.

In Deweys Philosophie gibt es drei zentrale Vorstellungen, die an gewisse frühere Auffassungen anknüpfen. Das pragmatistische Moment wurde schon erwähnt. Dewey teilt mit Peirce die Ansicht, daß Forschung über alles wichtig ist. Als nächstes wird die Tat betont – eher bergsonisch als pragmatistisch! Es ist zwar wahr, wie wir sahen, daß auch die Pragmatisten von der Bedeutung des Tuns überzeugt waren. Nur muß hier daran erinnert werden, daß James seinen Peirce mißverstand und daß Peirces Aktivität viel mehr der ›verum factum‹-Gleichung Vicos ähnlich war. Drittens findet sich in Deweys Theorie ein starkes Maß hegelianischen Denkens. Das kommt besonders in seinem Bestehen auf organischen oder vereinten Ganzheiten als Endziel der Forschung zum Ausdruck. Die logischen Momente also, die bei ihm vorkommen, gelten als Werkzeug auf dem Weg zum Ganzen. Diese instrumentale Konzeption der Logik hat vieles mit der hegelianischen Dialektik gemeinsam, wenn wir auch sie als ein zum vollständigen System führendes Instrument ansehen. Der pragmatistischen Schule folgend, wünscht Dewey nicht durch die traditionellen Auffassungen von Wahrheit und Irrtum, wie sie uns seit der mathematischen Philosophie von Pythagoras und Platon überliefert wurden, gehemmt zu werden. Statt dessen spricht Dewey nur von einer verbürgten Behauptung – wieder eine Vorstellung, die auf Peirce zurückweist, doch muß hier die Bemerkung beigefügt werden, daß der spätere Peirce die Möglichkeit einer einzigen Antwort auf jede Frage zugab, wie weit ab sie auch läge. Was das Abtun der Wahrheit im absoluten Sinn angeht, so kann auf die Kritik verwiesen werden, die schon in Verbindung mit Protagoras erwähnt wurde. Nehmen wir an, jemand behauptet, ich sei ein Taugenichts. Wenn ich ihn dann in Pragmatistenart fragte, ob er eine Berechtigung, eine Bürgschaft für seine Behauptung habe, was soll der Kerl erwidern? Falls es ihm öffentlich von Nutzen wäre, jene Ansicht von mir zu haben, so käme er in Versuchung, meine Frage affirmativ zu beantworten. Doch ob er ja sagt oder nein – in bei den Fällen geht er über seinen pragmatistischen Standpunkt hinaus. Denn das ist keine Sache der Bürgschaft mehr. Hier wird gar nicht mehr an Nützlichkeit oder Verbürgtheit gedacht und das führt in Wirklichkeit zu einem logischen Fehler, dem sog. Kreis. Durch die Antwort Ja oder Nein erkennt er nämlich stillschweigend einen absoluten Sinn der Wahrheit an. Das ändert sich auch durch etwaige Fehler bezüglich der in Frage kommenden Tatsachen nicht. Und wenn sich seine in gutem Glauben gegebene Antwort auch als falsch erweist, so muß er doch einen absoluten Standpunkt zugegeben haben, weil er ja eine Antwort gab. Diese Art der Kritik läßt sich übrigens nicht nur auf die pragmatistischen Theorien der Wahrheit anwenden, sondern auf jede andere Lehre auch, die versucht, die Wahrheit in Begriffen anderer Kriterien zu bestimmen.

Es ist nicht zu schwer, zu sehen, woher der Versuch der Unterordnung der Logik unter das Tun stammt. Im Grunde ist es die bergsonsche Beanstandung, daß auf dem Boden der traditionellen objektiven Ansichten der Logik nichts ursprünglich Neues in der Welt entstehen kann. Es ist die Forderung nach Neuheit und gesellschaftlicher Expansion, die diese Denkungsart inspiriert. Hierin liegt aber letzten Endes eine Verwechslung zwischen der Vielfalt menschlichen Tuns und dem ziemlich fest stehenden sprachlich-logischen Ausdruck, den es findet. Ein Fehler in der Beurteilung dieser Gegebenheiten kann die Menschen zum Überschreiten jeden Maßes und zum Vergessen der Grenzen ihrer Macht verleiten.

Der andere bedeutende Denker, der hier erwähnt werden muß, ist mein früherer Kollege A. N. Whitehead (1861 – 1947). Wir sind ihm schon als mathematischem Logiker begegnet. Nach den *Principia Mathematica* ging sein Interesse mehr und mehr in die Richtung philosophischer Probleme, die aus der gegenwärtigen Wissenschaft entsprangen. Schließlich wandte er sich der Metaphysik zu. Im Jahre 1924 begann er eine neue Laufbahn, als er zum Professor der Philosophie an der Harvard-Universität ernannt wurde. Seine Schriften aus diesen späteren Jahren sind oft sehr dunkel und schwer zu lesen. Die Feststellung, daß sein Buch schwer verständlich ist, bedeutet an sich noch keine Kritik, doch ich muß gestehen, daß mir die metaphysischen Spekulationen Whiteheads ziemlich fremd sind. Ich werde trotzdem versuchen, sie kurz darzustellen.

Whitehead ist der Meinung, daß wir zum Verständnis der Welt nicht den Fußstapfen Galileis und Descartes' folgen dürfen, die das Reale in erstrangige und zweitrangige Qualitäten teilen. Auf diesem Weg könnten wir bloß ein durch rationalistische Kategorien entstelltes Bild erreichen. Die Welt besteht jedoch weit eher aus einer reichen Sammlung vollblütiger Ereignisse, deren jedes leicht an eine Leibnizsche Monade erinnert. Im Gegensatz zu den Monaden sind aber die Ereignisse nur vorübergehend und sterben ab, um neue entstehen zu lassen. Diese Reihe der Geschehnisse mögen als das heraklitsche Fließen und die Objekte als die parmenidesschen Kugeln gedacht werden. Beide einzeln sind sie natürlich nur Abstraktionen; in den wirklichen Prozessen sind sie untrennbar miteinander verbunden. Was den ursprünglichen Kontakt mit dem Realen betrifft, scheint dies eine Erkenntnis aus sich selbst zu verlangen: ein Verschmelzen des Wissenden und seines Objekts in ein einziges Seiendes. Das erinnert an Spinoza; und Whitehead bekräftigt tatsächlich, daß jede These letzten Endes in ihrer Beziehung zu dem universalen System betrachtet werden soll. Das ist offensichtlich eine Form des systematischen Idealismus, obzwar nicht ganz im Sinne der idealistischen Neigungen der Philosophie Deweys. Während dessen Konzeption der ›Ganzen‹ auf Hegel zurückgeht, hat der Idealismus Whiteheads mehr gemein mit den organischen Vorstellungen des späteren Schelling.

Man kann wohl sagen, daß sich die Welt im 19. Jahrhundert mehr als irgendwann bis dahin geändert hat. In den letzten fünfzig Jahren aber ist diese Umwandlung noch stärker geworden. Der erste Weltkrieg kennzeichnet das Ende einer Ära.

Die führende Idee, welche die Menschen mehrere Generationen lang befeuerte, war der Fortschrittsgedanke. Die Welt schien sich mit Westeuropa als wohlwollendem Herrn nach besseren und kultivierteren Verhältnissen hin zu entwickeln, der Rest der Welt, wohlverstanden, politisch und technisch abhängig von ihm. In mancher Beziehung war diese Schau der Welt nicht unberechtigt. Der Westen war gewiß politisch wie auch wirtschaftlich durch seine Industrie führend. All das wurde von einem ungeheuren Selbstvertrauen und dem Gefühl, daß Gott auf seiten des Fortschritts stehe, getragen. Das Wachstum der industriellen Gesellschaft brachte einen steilen Bevölkerungsanstieg mit sich. In einem Jahrhundert vergrößerten sich die Zahlen in England auf das Fünffache. Die düsteren Prophezeiungen von Malthus hatten sich als nicht wahr erwiesen. Im Gegenteil, wie die industrielle Gesellschaft begann, Kinderkrankheiten zu überwinden, wurde die allgemeine Lebensweise der Bevölkerung allmählich erträglicher.

Als ein Ergebnis dieser Veränderungen kam ein Gefühl des Optimismus und des Vertrauens in die Zukunft auf, und diese rosenrote Stimmung wurde auch von den geistigen Hauptströmungen des Jahrhunderts geteilt. Utilitarismus, Pragmatismus, Materialismus – sie alle sind davon durchtränkt. Das auffallendste Beispiel aber ist wohl der Marxismus. Diesem ist es sogar gelungen, seinen Glauben an die Unvermeidlichkeit des Fortschrittes auch in die Gegenwart herüberzuretten – die einzige politische Theorie, die ihr schlichtes Zutrauen trotz der Verwirrungen, welche die Welt seither beunruhigten, beibehielt. In seinem unbeugsamen Dogmatismus und seiner utopischen Auffassung ist der Marxismus ein Überbleibsel des 19. Jahrhunderts.

In einer solchen Atmosphäre des Fortschrittes schien die Welt auf festem Fundament gegründet. Diese Hinneigung färbte nicht nur das Denken derer, deren wirtschaftliche Verhältnisse ihnen dort und damals eine optimistische Auffassung ermöglichten. Auch die Nichtprivilegierten fühlten, daß ihr Schicksal gebessert werden könnte und würde, eine Hoffnung, die gegebenenfalls auch nicht enttäuscht wurde. Mittlerweile zeigte das Bemühen um die allgemeine Bildung, wie die Lage der Menschen sich bessern könnte. Denn in dieser neuen Gesellschaft konnte der, welcher nicht den Vorteil des Standes hatte, durch Wissen und Geschicklichkeit höherkommen.

Dieses wetteifernde Moment ist etwas Neues in der Gesellschaft. Der Wettbewerb zwischen Kaufleuten ist natürlich so alt wie der Handel selbst. Aber die Möglichkeit, daß ein Mensch seine Verhältnisse durch eigene Anstrengung verbessern konnte, war neueren Ursprungs. Im Mittelalter ging die allgemeine Auffassung dahin, daß jedermann von Gott auf seinen Platz gestellt und es sündhaft sei, in die göttliche Ordnung hineinzupfuschen. Diese alte Auffassung war von den Denkern der Renaissance in Frage gestellt worden; das 19. Jahrhundert verwarf sie völlig.

Die hier beschriebenen Verhältnisse galten freilich nur für diejenigen Gebiete, wo der Industrialismus Fuß gefaßt hatte. Das schließt England und Teile Westeuropas ein. Es tut indes gut, sich daran zu erinnern, daß diese Länder nur einen geringen Bruchteil der bewohnten Erde ausmachen. Der Einfluß dieser Länder auf die Weltgeschichte stand infolge ihrer fortgeschrittenen Entwicklung in gar keinem Verhältnis zu ihrer Bevölkerungszahl. Aber auch das bedeutet nichts Neues in der Menschenwelt. Nur nach seiner Größe war das alte Persische Reich Griechenland ungeheuer überlegen; seine Wirkung und sein geistiges Gewicht indessen waren ganz unbedeutend.

Denen, die damals vom Fortschritt begeistert waren, schien es möglich, vertrauensvoll in die Zukunft zu planen. Diese Pläne waren auch in dieser Zeit vollkommen eigene Angelegenheit: ›Selbst ist der Mann!‹ Für die Nichtprivilegierten griff karitative Hilfe ein. Dann kam der Gedanke einer sozialen Wohlfahrt auf. Seltsamerweise gingen die ersten Schritte von Bismarck aus, der eine Krankenversicherung für die Arbeiter einführte, um seiner sozialistischen Opposition den Wind aus den Segeln zu nehmen.

Ein anderer bevorstehender Zug dieser Periode war eine weitgehend liberale Auffassung in der Politik. Die Regierung wurde als beiläufig betrachtet, ihr Amt als nur dem Ausgleich aufeinander prallender Interessen dienend. Kein Gedanke an etwaige Eingriffe in Industrie oder Handel! Daß heutzutage Regierungen selbst wirtschaftliche Unternehmungen besitzen, ist Ergebnis marxistischen Einflusses auf unsere Auffassung über soziale Probleme.

Politisch erfreute sich Westeuropa von 1870 an fast fünfzig Jahre lang des Friedens. Ein so glücklicher Zustand herrschte jedoch nicht in der ganzen Welt. In Afrika gab es koloniale Konflikte, und im Fernen Osten erlitt Rußland eine Niederlage durch Japan, welches rasche Fortschritte in der Aneignung der technischen Zivilisation des Westens gemacht hatte. Doch erschien die Welt, wenigstens in unseren Breiten, noch immer vernünftig friedvoll. Wenn man nach fünfzig Jahren einen Rückblick darauf wirft, glaubt man beinahe, die Menschen jener Zeit hätten wie in einer Welt des Traumes gelebt.

Dieses ganze Gefüge von tatsächlichen Werten und Vorurteilen wurde durch den Weltkrieg 1914–1918 zerstört. Trotz des größeren nationalen Bewußtseins, das sich im Laufe des 19. Jahrhunderts entwickelt hatte, konnten Spannungen bis dahin gezügelt werden. Jetzt aber stürzten sie die Welt in ein Blutbad, wie es ähnlich noch nicht erlebt war. Hand in Hand mit dieser Katastrophe schwand das Vertrauen auf den Fortschritt und entstand die Atmosphäre allgemeinen Mißtrauens, aus dem die Welt nie wieder ganz genesen ist.

Auf rein technischem Gebiet zeigte der Erste Weltkrieg, wie weit die taktische Planung der Kriegsführer von der Entwicklung der Waffen überholt wurde. Ergebnis war ein unmenschliches, nutzloses Niedermetzeln, das Westeuropa aufs äußerste schwächte. Die schwankenden und labilen Verhältnisse in Frankreich seit 1918 sind zum großen Teil Erbe dieses Blutverlustes. Gleichzeitig fingen die Vereinigten Staaten an, eine zunehmend zentrale Rolle in der Weltpolitik zu spielen. Andrerseits erlebte Rußland die bolschewistische Revolution und baute eine neue industrialisierte Gesellschaft auf, weitaus mächtiger, als das zaristische Reich je gewesen war. Das nationalistische Gefühl, das seit dem Wiener Kongreß unter der Oberfläche geschwelt hatte, brach nun durch in den neuen Nationalstaaten, deren jeder gegenüber seinen Nachbarn Mißtrauen hegte. Die Freizügigkeit z.B. wurde durch Beschränkungen eingeengt, die erst jetzt wieder verschwinden.

Nichtsdestoweniger war es nun klar, daß weiteres Blutvergießen zwischen den europäischen Nationen auch nur das bloße Überleben der westlichen Kultur bedrohe. Das war die Haupttriebkraft zur Gründung des Völkerbundes im Jahre 1919. Einer der Hauptbefürworter dieses Versuchs einer Grundlegung zur friedlichen Zusammenarbeit unter den Nationen war Wilson, der Präsident der Vereinigten Staaten. Die Tatsache aber, daß seine Vorschläge in seiner eigenen Heimat keinen Anklang fanden, schwächte den Völkerbund von Anfang an. Mittlerweile brachte die Niederlage der Zentralmächte als Reaktion darauf eine noch wildere und kompromißlosere nationalistische Wiederbelebung hervor. Die nationalsozialistische Diktatur Deutschlands führte zwei Jahrzehnte nach Gründung des Völkerbunds zum Zweiten Weltkrieg, der an Ausmaß und Vernichtung jeden andern Krieg der Geschichte übertraf. Die größeren technischen Ausrüstungen und die stärkeren ideologischen Motive machten die Kriegsführung, welche die Zivilbevölkerung ebensosehr wie das Heer betraf, total. Die Atomwaffe führte sich zum erstenmal aufsehenerregend in Japan ein. Diese letzte Leistung an Macht der Vernichtung hat jetzt der Menschheit die Möglichkeit der Selbstausrottung in die Hände gelegt. Ob die Menschen weise genug sein werden, der Versuchung zu widerstehen, bleibt abzuwarten. Es ist zu hoffen, daß es den Vereinten Nationen, die nach dem Zweiten Weltkrieg an die Stelle des Völkerbundes traten, gelingen wird, die Menschen vor ihrer gegenseitigen Selbstvernichtung zurückzuhalten.

Durch die ganze Geschichte haben zwei Triebkräfte der Entwicklung der Technik besonderen Anstoß gegeben: Handel und Krieg. Die neuesten Geschehnisse haben dies augen- und sinnfällig gezeigt. Das Wachstum der Funk- und Elektronentechnik hat etwas geschaffen, was manchmal als die zweite industrielle Revolution bezeichnet wird. Dies stellt unter unseren eigenen Augen die Umgestaltung der Welt in noch radikalerer Weise dar, als es die erste industrielle Revolution tat, die sich auf die Dampfkraft gründete.

Ganz ähnlich durchliefen die Transportmittel einen im 19. Jahrhundert nicht einmal erträumten Wandel. Die Verkehrsarten hatten sich seit den Zeiten der Römer bis zur Erfindung der Eisenbahn verhältnismäßig wenig geändert. Seitdem aber verwirklichte der Mensch den Traum des Ikarus. Noch vor etwa achtzig Jahren schien es phantastisch, daß jemand die Erde in achtzig Tagen umrunden könnte. Jetzt ist es schon fast innerhalb ebenso vieler Minuten möglich.

Diese weitreichenden Entwicklungen fanden fast durchweg schneller statt, als daß man fähig gewesen wäre, sich den neuen Umständen anzupassen. Die großen internationalen Konflikte haben zum Abbau des vorherigen Sicherheitsgefühls beigetragen. Keine Planung auf weite Sicht mehr! Gleichzeitig schränkten – aus den verschiedensten Gründen – die Staaten die Freiheit des einzelnen vielfach ein. Im Vergleich zum Mittelalter ist unsere Gesellschaft viel weniger stabil. Deswegen ist es notwendig, gewisse Kontrollmaßnahmen gegen Kräfte, die den Staatskörper umwälzen könnten, anzuwenden. Zweitens entstand die Forderung nach Ausgleich der unvermeidlichen Schwankungen. Das brachte das Eingreifen des Staates in das Wirtschaftsleben mit sich. Drittens wird der Verlust der Sicherheit jetzt bis zu einem gewissen Grade durch besondere Leistungen des Staates ersetzt. Diese Veränderungen haben mit dem politischen System eines Landes sehr wenig zu tun. Sie hängen in erster Linie von der Technik unserer Zivilisation ab. Es ist in der Tat bemerkenswert, wie sehr diese Dinge in den verschiedenen Ländern, die politisch ganz unterschiedlich sind, einander gleichen.

Das erdrückende Gewicht dieses überorganisierten Lebens hat in der Philosophie neue Strömungen eines irrationalen Denkens hervorgebracht. In gewisser Hinsicht stellen sie eine Reaktion auf die Machtphilosophien dar, die zu unserer Zeit unumschränkte Regime inspiriert haben. Zugleich ist das alles auch eine Revolte dagegen, was als eine Gefährdung der menschlichen Freiheit durch die Wissenschaft empfunden wird.

Die Kennzeichen des philosophischen Irrationalismus findet man vor allem in den wiederbelebten existentialistischen Lehren, die in letzter Zeit eine führende Rolle in den Philosophien Frankreichs und Deutschlands spielen. Dazu ein paar kurze Bemerkungen: Wichtig, sich einzuprägen, daß die Hauptrichtung eine Reihe gesonderter Doktrinen umfaßt, die oft auf Kriegsfuß miteinander stehen.

Neben den existentialistischen Lehren ist auf dem Kontinent eine Rückkehr zur traditionellen Metaphysik zu verzeichnen. In England bewegt sich die Philosophie in letzter Zeit vor allem in linguistischer Richtung. Noch niemals war die Kluft zwischen der kontinentalen und der englischen Philosophie so groß wie heute. Es wird sogar gegenseitig nicht mehr zugegeben, daß die andere Seite wirklich Philosophie betreibt. Das ist in großen Zügen die Szene heute. Beim Wagnis einer ungefähren Skizze läuft man nicht nur die Gefahr einer Entstellung, sondern auch eines Mangels an Perspektive.

Dagegen ist kein Kraut gewachsen. Nichtsdestoweniger können wir eine allgemeine Folgerung ziehen. Was bis jetzt der westlichen Kultur ermöglichte, die Welt zu beherrschen, war ihre Technik zusammen mit ihrer wissenschaftlichen und philosophischen Tradition. Im Augenblick scheinen diese Kräfte noch in Führung, doch gibt es nichts in der Natur der Dinge, daß es immer so bleiben müßte. Wenn sich nämlich einmal die im Westen entwickelten technischen Errungenschaften auch auf andere Teile der Welt ausbreiten, dann wird unsere vorteilhafte Lage zur Neige gehen.

Die existentialistische Philosophie des Kontinents ist in mancherlei Hinsicht eine komplizierte Angelegenheit. Zuweilen ist es wirklich schwer, darin eine Philosophie im gewohnten Sinne zu erkennen. Tatsache ist nur, daß die Existentialisten als eine Art Reaktion gegen den Rationalismus auf das existentielle Denken Kierkegaards zurückgreifen. Der Rationalismus reicht durch seine formalistische Behandlung der Probleme nicht aus, der Unmittelbarkeit des lebendigen Erlebnisses gerecht zu werden, es muß – so die Existentialisten – von innen her, d.h. existentiell begriffen werden.

Dieses anscheinende Trickspiel kann nun auf verschiedene Weise gespielt werden. – »Hat Leben Sinn?« – »Lebe es, so gut du kannst!« – »Weiterliegende Lebensziele scheinen Chimären!« Neben dieser Relativität der verschiedensten Stellungnahmen gibt es noch eine ernsthafte Schwäche in der Auffassung der existentiellen Denkungsart. Wenn man über die Existenz von irgend etwas reflektiert, so muß man doch an etwas Bestimmtes denken. Existenz an sich allein ist eine lästerliche Abstraktion. Nicht einmal bei Hegel blieb das unbemerkt.

Trotz der Ablehnung der idealistischen Metaphysik behält die Existenzphilosophie von Karl Jaspers (1883 – 1969) durch ihre Feststellung von drei Seinsarten etwas von der Dialektik im hegelianischen Sinne bei. Jaspers gelangte durch sein früheres Interesse für Psychologie und namentlich für Probleme der

Psychopathologie zur Philosophie. So steht der Mensch im Zentrum seiner philosophischen Auffassung. In diesem Sinne kann sein Existentialismus als humanistisch bezeichnet werden, ein Ausdruck, den Sartre für seine eigene Philosophie gebraucht. Im Gegensatz aber zum objektiven Humanismus der Renaissance stellt der Existentialismus bestenfalls einen subjektiven Humanismus dar. Es ist also für die existentialistischen Philosophen etwas irreführend, Sartres Wort zu verwenden.

In Jaspers' Seinstheorie begegnen wir drei verschiedenen Begriffen. Auf der niedrigsten Stufe gibt es die objektive Welt, die einfach da ist. Ihr Sein ist also ein Da-Sein, von außen her objektiv erfaßt: das Feld der Wissenschaft in allen Arten. Aber sie ist nicht ausreichend für die besondere Erkenntnis des Selbst über seine eigene Existenz. Das objektive Sein dieser wissenschaftlichen Welt ist in der Tat ein Hindernis für das Begreifen jener höheren Seinsart, die Jaspers ›Selbstsein‹ oder einfach ›Existenz‹ nennt. Diese Seinsart hat also mit den rationalen Kategorien, welche die Welt des objektiven Seins bestimmen, nichts mehr zu tun. Das Selbstsein oder die persönliche Existenz weist über sich hinaus. Es ist vielleicht Jaspers gegenüber nicht ungerecht, dies mit aristotelischem Ausdruck durch die Feststellung zu umschreiben, daß – für ihn – diese persönliche Existenz an sich einen unbegrenzten Grund von Möglichkeiten enthält. Durch das Bestreben über sich selbst hinaus bringt sich das Ich in Einklang mit einer dritten Seinsart, die transzendent, d.h. ein Sein-an-sich, das beide vorgenannten Formen in sich einschließt, genannt werden kann. Obzwar Jaspers nicht dasselbe Ziel wie die Idealisten verfolgt, ist es nichtsdestoweniger ganz offensichtlich, daß seine drei Seinsarten ein ausgesprochenes Beispiel des dialektischen Fortschreitens darstellen. Soweit müssen sie doch irgendwie im Bereich des Rationalen liegen. Das ist, wie wir schon früher sahen, eine wesentliche Schwierigkeit jeder Theorie, die versucht, die Vernunft im Prinzip einzuschränken. Man kann freilich auf einfache Gemeinplätze, wie die

Tatsache, daß die Menschen weit mehr von Leidenschaften als von der Vernunft bewegt werden, hinweisen. Das bedeutet aber bei weitem noch keine prinzipielle Einschränkung der Vernunft. Wenn es aber zu einer Theorie der Vernunft kommt, welche die Vernunft selbst zu entkräften versucht, dann ergibt sich ein mißlicher Widerspruch. Denn es ist unumgänglich, die Vernunft einzuspannen, wenn es gilt, über irgend etwas auszusagen. Der Leugnung der Zuständigkeit der Vernunft kann also kein theoretisches Deckmäntelchen umgehängt werden; sie bleibt unaussagbar und zwingt uns zum Schweigen. Bis zu einem gewissen Punkt wird dies von den Existentialisten auch erkannt, die manchmal für Schweigen sind, selbst wenn sie es persönlich nicht ausüben. Was Jaspers betrifft, nimmt er diese Schwierigkeit wahr und versucht, Abhilfe zu schaffen, indem er zugibt, daß die Vernunft am Ende doch wichtig sei.

Die Philosophie bezieht sich nach Jaspers auf die transzendente Seinsart oder auf das Selbstsein. Das heißt, ihm bedeutet Philosophie das Streben des Individuums zur Transzendenz. Moral ist im Bereich der Einzelexistenz wirksam. In dieser Sphäre verstehen die Menschen einander und erleben das Gefühl der Freiheit. Da die Freiheit außerhalb des rationalen Gebietes liegt, so können wir sie auch nicht rational erklären. Wir müssen uns begnügen, ihre Manifestationen je nach unserer Stimmung zu erkennen. Unser Gefühl des Freiseins geht, so meint Jaspers, einher mit Stimmungen der Furcht, oder wie er, Kierkegaard entlehnt, es auch nennt: der Angst. Ganz allgemein können wir sagen, daß die Welt des Da-Seins von der Vernunft, der Bereich des Selbst-Seins aber von Gefühlen und Stimmungen beherrscht wird.

Während die Jaspersche Existenzphilosophie – wie auch die Kierkegaards – der Religion einen Platz einräumt, herrscht in dem nur formell stark metaphysisch gefärbten Hauptwerk Heideggers* (1889 – 1976) ›*Sein und Zeit*‹ (1927) die Stim-

**Die nachfolgende kurze Darstellung der Philosophie Heideggers wie auch der Nicolai Hartmanns ist für die deutsche Bearbeitung vom Übersetzer hinzugefügt.*

mung eines ›schmerzhaften Atheismus‹ (›athéisme douloureux‹, De Waelhens) oder die eines Menschen, hinter dem man vielleicht einen ›abtrünnigen christlichen Theologen‹ (Stegmüller) vermuten könnte. Die Unbegreiflichkeit der Welt und – als Folge davon – die Ungeborgenheit und Einsamkeit des Menschen bilden das Grunderlebnis für Heidegger. So erhebt sich für ihn die Frage nach dem ›Sinn des Seins‹; aber nicht in der alten Weise der objektiv-indifferenten Weltauslegung. Die existentialistische oder kierkegaardsche Einstellung Heideggers wird bestimmt von der persönlich gehaltenen Phänomenanalyse innerer oder subjektiver Erlebnisse. Nicht als Ding soll der Mensch betrachtet werden, nicht als abstrakt-objektives Dasein, sondern als konkreterlebtes Seiendes, ›dem es im Sinn um sein eigenes Sein geht‹, ähnlich wie dem Gläubigen in der Religion um sein eigenes Heil. Dieses Sein wird von Heidegger die ›Existenz‹, und die diese erforschende Wissenschaft ›*Existential-*‹ oder ›*Fundamentalontologie*‹ genannt, weil diese philosophische Disziplin die Voraussetzung für jede spezielle Ontologie bilden soll. Die Methode dieser Fundamentalontologie ist eine modifizierte und vereinfachte Abart der Phänomenologie Husserls, der Heideggers Lehrer war. Mit dieser Methode versucht Heidegger die ›verborgenen‹ ›Seins-‹ oder ›Existenzphänomene‹ zu erschließen.

Um diese ›Existenzphänomene‹ richtig verstehen zu können, müssen wir die heideggersche Unterscheidung zwischen der ›uneigentlichen‹ und der ›eigentlichen‹ Existenz klar sehen. Das Subjekt des Existierens ist nämlich (im ›uneigentlichen Sinne‹) nach Heidegger nicht das ›Ich‹, sondern das ›Man‹, das ›*uneigentliche* Selbst‹, in dem ›alle Seinsmöglichkeiten nivelliert sind‹. Das ›*eigentliche* Sein‹ oder ›Selbst‹ hingegen bedeutet eine Befreiung des Menschen aus dem Verfallensein an das ›Man‹, das durch die ›Angst‹ (Kierkegaard), in der das menschliche Sein sich als ein ›Hineingehaltensein in das Nichts‹ manifestiert, zum Ausdruck kommt. Das ›Nichts‹, von dem das Sein abgegrenzt wird, ist die ›Stimmung der Angst‹ (vgl. die kleine Schrift ›*Was ist Metaphysik?*‹). Von der Angst unterscheidet Heidegger als eine Einheit der Existenzstrukturen die ›Sorge‹, unter der er das ungewollte Hineingestelltsein des menschlichen Daseins in die Situation geschichtlicher, charakterlicher usw. Beschaffenheiten versteht. Die ›Sorge‹ wird in enger Verbindung mit den Begriffen ›Schuld‹ und ›Gewissen‹ analysiert. ›Schuld‹ ist die im Tode richtig erfahrene Endlichkeit der menschlichen Existenz, welche dadurch ein ›Sein zum Tode‹ wird, da der Tod wie eine ›Grenze‹ das Dasein immerfort durchzieht. In diesem Zusammenhang erhält die ›Sorge‹ erst richtig den Seinssinn der ›Zeitlichkeit‹, wodurch das ›Sich-vorweg-Sein‹, d.h. die Vorwegnahme der Zukunft möglich wird. Die menschliche Existenz ist also auch ›zukünftig‹, und zwar ›in jedem Moment‹. Und das ›Gewissen‹ ruft den Menschen auf, ›eigentlich er selbst‹, d.h. eine verinnerlichte ›eigentliche Existenz‹ sein zu wollen. So wird die Einheit der in der ›Geworfenheit‹ steckenden ›Gewesenheit‹, der Zukunft und der Gegenwart, d.h. die der ›Zeitlichkeit‹ als das letzte Existenzphänomen und der tiefste Kern des Menschen erreicht.

Das ist – kurzgefaßt – die *Metaphysik* eines im Grunde *unmetaphysischen* Lebensgefühls. Dieser Selbstwiderspruch birgt schwerwiegende Folgen.

An dieser Stelle muß auch Nicolai Hartmann (1882 – 1950) erwähnt werden, da er, obwohl er kein Existentialist gewesen ist, zur irrationalistischen Tendenz durch seine Erkenntnislehre (Agnostizismus) viel beigetragen hat. Seine Methode ist nicht die a priorische Synthese, wie die der traditionellen Ontologie und Metaphysik, sondern die zergliedernde Analyse, welche sich auch auf die Ergebnisse der Naturwissenschaften stützt.

Der in manchen Beziehungen immer noch neukantianische Hartmann bemüht sich in seiner berühmt gewordenen Erkenntnismetaphysik, die beiden Aspekte der Philosophie von Kant, den ›Idealismus‹ und den ›Kritizismus‹, scharf zu unterscheiden. Während er den ersten ablehnt, nimmt er den zweiten teilweise an. Der ›Kritizismus‹ bedeutet für Hartmann nicht unbedingt die Leugnung, sondern vielmehr ›die Anerkennung des Metaphysischen dort, wo es wirklich vorhanden ist‹. Da Hartmann dieses ›Metaphysische‹ hinter den psychologischen und logischen Momenten der Erkenntnis ›nachweist‹, findet er es als berechtigt, von einer ›Metaphysik der Erkenntnis‹ zu sprechen. Das Wesen der philosophischen Kritik sieht er demgemäß in der Tendenz nach einem ›Minimum an Metaphysik‹.

Hartmanns Begriff der ›Erkenntnismetaphysik‹ ist aber etwas indifferenziert, insoweit er die ontologischen und die erkenntnistheoretischen Gesichtspunkte nicht entsprechend voneinander trennt; er folgert z.B. von der *ontologischen* Verschiedenartigkeit der realen Gegenstände auf ihre *erkenntnistheoretische* Verschiedenartigkeit, d.h. auf ihre ›Transzendenz‹. Außerdem mißt er den metaphysischen Momenten der Erkenntnis eine zu große Bedeutung bei.

Erst in seiner Ontologie zeigt es sich eindeutig, daß Hartmann die traditionell synthetische, d.h. spekulative Art der Ontologie getreu dem kantischen Kritizismus leugnet und nur eine streng analytische Möglichkeit der Behandlung dieser Probleme einräumt. Ferner behandelt er, auf vielseitige fachwissenschaftliche Kenntnisse gestützt, in seiner Naturphilosophie – von ihm ›*Spezielle Kategorienlehre*‹ genannt – die hinter den neuen naturwissenschaftlichen Theorien steckenden philosophischen Probleme, wenn auch nicht immer mit einem einwandfreien Verständnis für die fachmännisch-naturwissenschaftliche Auffassung.

In seiner großangelegten ›*Ethik*‹ fußt Hartmann zum Teil auf der neukantischen Werttheorie, indem er sowohl den metaphysischen ›Dogmatismus‹ als auch den positivistisch-materialistischen ›Relativismus‹ bekämpft. Im Sinne von Boyle, Voltaire und Kant trennt Hartmann in seinen fünf Antinomien Ethik und Religion, aus ethischen Gründen. Er hält die ethischen wie auch die ästhetischen Werte für absolut, was aber problematisch ist, wenn die Ethik nicht mehr von der Religion beeinflußt wird.

Als ein Meister der philosophischen Problemstellung und der scharfsinnigen Analyse erstrebt Hartmann – ähnlich wie nur die Größten, Leibniz und Kant – einen Ausgleich zwischen den gegensätzlichen doktrinären Richtungen (Rationalismus – Irrationalismus, Realismus – Idealismus, Kritizismus – Metaphysik).

In Frankreich hat der Existentialismus innigere Verbindungen mit der Literatur. Sein bekanntester Vertreter ist Jean-Paul Sartre (1905 – 1980), der nicht nur ein umfangreiches philosophisches Werk von über 700 Seiten unter dem Titel ›*Das Sein und das Nichts*‹, weitere philosophische Abhandlungen und Artikel, sondern auch Romane und Theaterstücke geschrieben hat. In den literarischen Werken kommt sein existentialistisches Denken durch die Charaktere zum Ausdruck, die sich dem für den Existentialismus so wichtigen Ruf nach der Tat gegenübergestellt finden.

Bei Sartre wird die existentialistische Sicht menschlicher Freiheit bis zum äußersten getrieben. Man wählt ständig sein eigenes Schicksal. Es gibt im Leben des einzelnen kein Band mit der Überlieferung, keins mit früherem Geschehen. Jede neue Entscheidung bringt totale Verpflichtung mit sich. Wer vor dieser häßlichen Wahrheit zurückschreckt, versucht Schutz vor der Durchrationalisierung der Welt zu finden. Darin ist sich der Mann der Wissenschaft einig mit dem Gläubigen. Beide wollen sie der Wirklichkeit entfliehen. Für Sartre sind beide in einem bedauerlichen Irrtum befangen. Die Welt ist nicht, wie die Wissenschaft sie sieht; und was Gott betrifft, scheint er seit Nietzsche tot. Der Mensch, der gewillt ist, der Welt so ins Auge zu sehen, wie sie ist, erinnert stark an den Helden Nietzsches. Aus dieser Quelle leitet Sartre auch seinen Atheismus ab.

Was Sartre von Grund auf bekämpft, ist die rationalistische Auffassung der Notwendigkeit, wie sie sich bei Leibniz und Spinoza findet und von den idealistischen Philosophen übernommen worden ist. Erinnern wir uns, daß für diese Denker alles, was ist, im Prinzip für notwendig betrachtet werden kann, vorausgesetzt, daß unser Gesichtskreis weit genug ist. Sodann ist es unvermeidlich, daß die Lehre von der Freiheit die Form annimmt, die sich bei Spinoza oder Hegel findet. Freiheit besteht in der Anpassung an das Wirken der Notwendigkeit. Wenn aber erst einmal eine solche Ansicht von der Freiheit wie im Falle Sartres abgelehnt wird, so folgt alles übrige fast von selbst. Die rationalistische Ansicht von der Notwendigkeit siegt, wie wir schon bemerkten, auf dem Gebiet der Naturwissenschaften. Das muß deshalb abgelehnt werden, sobald wir die existentialistische Doktrin von der Freiheit annehmen. Genauso muß die rationalistische Theologie aufgegeben werden, doch scheint Sartre zu weit zu gehen, wenn er versucht, das mit dem Atheismus zu verbinden. Denn wenn wir frei sind in dem Sinne, wie es Sartre glaubt, dann können wir wählen, was wir wollen. Hierbei haben die verschiedenen existentialistischen Denker, wie wir schon bemerkten, in der Tat unterschiedlich gewählt.

In seiner Kritik der rationalistischen Ansicht über die Notwendigkeit lenkt der Existentialismus die Aufmerksamkeit auf etwas Wesentliches. Für den Rationalisten heißt Freiheit: Einsicht in die Natur, für den Existentialisten: Hingabe an seine Stimmungen. Das geht in seiner Logik auf Schellings Kritik an Hegel zurück. Die Existenz kann nicht aus allgemein logischen Prinzipien abgeleitet werden. Das ist eine Kritik, die jeder orthodoxe Empiriker mit Vergnügen gutheißt. Zu dieser Aussage braucht man aber nichts mehr hinzuzufügen. In Wirklichkeit wird diese treffliche Kritik durch den Versuch, auf ihr eine existentialistische Psychologie zu gründen, umgeworfen. Das ist genau das, worauf Sartres Theorie hinausläuft. Es stecken viele fesselnde und wertvolle Beobachtungen in seinen zahlreichen psychologischen Bildern. Daß sich aber die Menschen so benehmen, fühlen, ist keine logische Folge der Tatsache, daß die Existenz logisch nicht notwendig ist. Den anderen Weg zu gehen, bedeutet aber, Schellings Kritik in einem Atem annehmen und ablehnen. Während man nun die psychologischen Beobachtungen als zutreffend anerkennen kann, darf man nicht gleich alles in eine Ontologie verwandeln wollen. Sie aber gerade ist Gegenstand von Sartres *›Das Sein* *und das Nichts*‹. An poetischem Schweben und ausschweifender Sprachextravaganz folgt das Buch durchaus der deutschen Überlieferung. (Sartre bezeichnet sich ja voll Stolz als ehemaligen Schüler des oft äußerst unklaren Husserl in Freiburg i. B. und beruft sich nicht selten auf den ebenso undeutlichen Heidegger.) Sartres Versuch, eine besondere Lebensauffassung in ein ontologisches System umzuwandeln, kommt jedem herkömmlichen Philosophen, dem rationalistischen wie dem empiristischen, als reichlich überspannt vor. Es ist, als wollte man Dostojewskijs Romane in philosophische Lehrbücher umschreiben.

Es sei bemerkt, daß die Existentialisten unsere Kritik vielleicht als unzutreffend ablehnen. Denn sie könnten sagen, wir verwendeten rationalistische Kriterien. Statt daß wir uns existentiellen Gesichtspunkten zuwendeten, blieben wir auf dem Gebiet rationalistischer Logik. Dem mag in der Tat so sein. Nur kann der Einwand sich gegen sich selbst richten. Anders ausgedrückt, kann nämlich jedes Kriterium nur im Bereich der Vernunft wirken. Dasselbe gilt auch für die Sprache. Deswegen ist es gefährlich, zur Verteidigung existentialistischer Lehren Gebrauch von ihr zu machen. Andrerseits muß natürlich unverwehrt sein, sich an poetischem Überschwang zu begnügen, aus dem jeder Nutzen ziehen mag, soviel er kann.

Die existentialistische Philosophie eines Gabriel Marcel (1889 – 1973) ist im Gegensatz zu der Sartres religiös bedingt. Darin ähnelt sie der jasperschen Lehre. Wie den existentialistischen Denkern insgesamt, ist es auch Marcel besonders am Individuum und dessen konkretem Erlebnis bestimmter menschlicher Situationen gelegen. Was die Philosophie als solche betrifft, so ist sie, und das wird von Marcel nachdrücklich betont, das Bedürfnis, hinter die gewöhnlichen (nur zerstückelnden und analysierenden) Reflexionen zu gehen. Um im vollsten Sinn die Realität zu sehen, müssen wir die mikroskopischen Schritte unserer rationalistischen Zergliederung wieder zusammenflicken. Dieses synthetische Verfahren wird durch das verwirklicht, was Marcel die ›Reflexion zur zweiten

Potenz‹ nennt. Das bedeutet die Vorstellung einer intensiveren und höheren Form der Reflexion. Während sich die Reflexion erster Potenz nach außen richtet, blickt diese höhere Reflexion zweiter Potenz in sich hinein.

Eines der Probleme, mit denen Marcel sich beschäftigt, ist das Körper-Seele-Verhältnis. Seine Kritik am kartesianischen Dualismus erinnert an Berkeleys Kritik gegen diejenigen, die Sehen mit geometrischer Optik verwechseln. Man könnte sagen, daß die Scheidung von Seele und Körper eine Metapher voraussetzt, welche die Seele für ein irgendwie über der Person Schwebendes hält, von wo sie sich und den Leib als zwei getrennte Dinge erblickt. Das scheint im großen und ganzen Marcels Ansicht zu sein, und sie ist ganz vernünftig. Allerdings verbindet er die Lösung des Problems mit der Praxis der synthetischen Reflexion, während unsereins zu der Meinung neigt, daß ein wenig linguistische Analyse zeigen würde, was fehlgegangen ist.

Der Positivismus der Jahrhundertwende war durch Männer wie Mach, dessen Arbeit wir schon erwähnten, vertreten. Während der folgenden zwanzig Jahre entwickelte sich allmählich ein breiteres Interesse für die symbolische Logik. Diese zwei Strömungen vereinten sich zur Bildung einer neuen Richtung, die sich um Schlick gruppierte. Wie Mach war er Professor an der Universität von Wien. Die Gruppe um ihn bezeichnet sich als den Wiener Kreis, und ihre Philosophie wurde als ›logischer Positivismus‹ bekannt.

Wie der Name besagt, war diese Lehre in erster Linie positivistisch. Nach ihrer Auffassung stammen all unsere Erkenntnisse aus den exakten Wissenschaften, und die Metaphysik alten Stils ist nichts als leerer Wortschwall. Es gibt nichts jenseits der Erfahrung, was wir wissen könnten. Hierin zeigt sie Ähnlichkeit mit Kant, abgesehen von den Noumena. Zusammen mit ihrem Nachdruck auf empirischer Beobachtung steht ein Kriterium der Bedeutung, das in etwa an den üblichen Pragmatismus des Laboratoriumsforschers anknüpft. Es ist dies das berühmte Prinzip der Verifizierbarkeit: die Bedeutung eines Satzes besteht in der Methode seiner Überprüfbarkeit. Es stammt von Mach, der das Verfahren bei der Definition von Begriffen der Mechanik anwandte.

Der logische Positivismus, der in Wien entstanden war, konnte dort nicht weiterleben. Schlick wurde 1936 von einem seiner Studenten ermordet, und die übrigen Mitglieder des Kreises mußten sich wegen der drohenden Verfolgungen durch das Naziregime anderswo niederlassen. Schließlich gelangten die Überlebenden nach Amerika oder England. Carnap ist noch in Chicago und Weissmann in Oxford. In Übereinstimmung mit dem allgemeinen Wunsch nach einer Einheitssprache der Wissenschaft begann der Kreis gerade vor dem Krieg mit der Veröffentlichung der ersten Monographien, die zu der *Internationalen Enzyklopädie der vereinten Wissenschaft führen* sollten. Die Reihe wird bei der Chicago University Press veröffentlicht; ihr erster Herausgeber, O. Neurath, starb 1945 in England. Der logische Positivismus wurde also aus seinem heimatlichen Boden in die englischsprechenden Länder verpflanzt, wo er sich wieder mit dem alten englischen Empirismus verband, dem er bis zu einem gewissen Grad verpflichtet ist. In England wurde die Lehre des logischen Positivismus erst durch A. J. Ayer's ›*Sprache, Wahrheit und Logik*‹ (1936) in weiteren Kreisen bekannt.

Innerhalb der positivistischen Bewegung herrschte allgemeine Verachtung für die Metaphysik und Hochachtung vor der exakten Wissenschaft. Sonst waren beträchtliche Differenzen über die Probleme der Logik und der wissenschaftlichen Methode vorhanden. Insbesondere das Prinzip der Verifizierbarkeit führte zu den verschiedensten Interpretationen.

Eine einleitende Kritik gegen die Verifizierbarkeit der Bedeutung ist die, daß sie unter derselben Schwierigkeit leidet wie die pragmatistische Theorie der Wahrheit. Nehmen wir an, wir hätten eine Methode der Verifizierbarkeit eines Satzes gefunden. Wenn wir eine Beschreibung des Verfahrens geben, darf gefragt werden: was ist nun die Bedeutung dieser Beschreibung? Das führt mit einem Schlag zu einem unendlichen

Rückwärtskreis der zu verifizierenden Bedeutungen, es sei denn, daß wir irgendwann einmal einräumen, die Bedeutung eines Satzes steche uns einfach und klar in die Augen. Würde das aber zugegeben, wäre dadurch das ursprüngliche Prinzip zerstört, und wir könnten ebensogut zugestehen, daß wir auch Bedeutungen unmittelbar und auf einmal erkennen können.

Eine weitere Schwierigkeit der positivistischen Stellungnahme ist die Verwerfung jeglicher philosophischen Spekulation als ein bloßes Kauderwelsch. Denn Verifizierungstheorie ist selbst eine philosophische Doktrin. Schlick versuchte dieser Schwierigkeit durch das Argument zu entgehen, daß das Prinzip der Verifizierbarkeit zutiefst in unserer Verhaltensweise verwurzelt sei. Wenn dem aber so wäre, dann wäre das Prinzip letzten Endes richtig und behauptete so philosophischen Rang. Denn es wird ja allerseits zugestimmt, es sei keine Feststellung empirischer Wissenschaft.

Schlick versucht, jenen ewigen Kreislauf aufeinanderfolgender Verifikationen zu vermeiden. Er glaubt, daß die Bedeutungen letzten Endes von selbstevidenten Erfahrungen herrühren, die ihrerseits den Sätzen Bedeutung verleihen. Ein ähnliches Ziel verfolgte Carnap, der versuchte, ein formallogisches System auszuarbeiten, worin das erkenntnistheoretische Problem auf ursprüngliche Vorstellungen zurückgeführt wird, die untereinander nur durch eine einzige grundlegende Beziehung verbunden sind: die Ähnlichkeit zu erkennen.

Diese Methode ist auf die stillschweigende Annahme einer gewissen Übereinstimmungslehre der Wahrheit gegründet. Die Schwäche einer solchen Theorie als Stellungnahme zum Erkenntnisproblem liegt darin, daß sie uns als außerhalb der Arena stehend verlangt, in der Erfahrungen und Aussagen zu vergleichen sind. Neurath sah diese Schwierigkeit und forderte deshalb, daß eine Aussage nur mit einer anderen Aussage verglichen werden kann. Was nach ihm eine Aussage stützt, sind die sog. ›Protokollsätze‹, die er auf gleicher Ebene wie die gewöhnlichen empirischen Aussagen sieht; d.h., daß sie unnötig sind und ihre Geltung auf Konvention beruht. Carnap vertrat eine ähnliche Ansicht, nur hielt er die Protokollsätze für unbezweifelbare Ausgangspunkte, was leicht nach Kartesianismus schmeckt. In beiden Fällen bootet uns dieser Lösungsversuch des Problems mit einer Übereinstimmungslehre der Wahrheit im traditionell rationalistischen Sinne aus.

Carnap wandte schließlich seine Aufmerksamkeit einem ganz andersartigen Zugang zum zentralen Problem des logischen Positivismus zu. Wenn man eine formalisierte Sprache erfinden könnte, die so aufgebaut wäre, daß unverifizierbare Sätze gar nicht in ihr formuliert werden können, so würde die Anwendung einer solchen Sprache alle positivistischen Forderungen erfüllen. In diesem Fall wäre das Prinzip der Verifizierbarkeit eingebaut in die Syntax des Systems. Leider ist auch diese Behandlungsweise des Problems unangemessen, denn Bedeutungsfragen können nicht auf syntaktische Konstruktionen zurückgeführt werden, die sich auf Wortzusammenfügungen beziehen. Außerdem setzt die Konstruktion eines solchen Systems stillschweigend voraus, daß alle Entdeckungen nunmehr gemacht worden sind. In mancher Beziehung gleicht es dem hegelschen Schema, das auf die ähnliche Ansicht aufgebaut war, daß die Welt in ihr Endstadium träte.

Ein bedeutender Vertreter des logischen Positivismus, wenn auch kein Mitglied des Wiener Kreises, war Wittgenstein (1889 – 1951). Seine frühen logischen Lehren übten einen beträchtlichen Einfluß auf das Denken der logischen Positivisten aus. Es war jedoch erst die spätere, linguistische Entwicklung Wittgensteins, die dem logischen Positivismus (nach seinem Fußfassen in England) eine neue Wendung verlieh.

Die positivistische Richtung gab Anlaß zu verschiedenen Zweigen. Einer der wichtigsten ist die linguistische Analyse, welche die englische Philosophie der letzten Jahrzehnte beherrscht hat. Sie teilt mit dem orthodoxen logischen Positivismus die Auffassung, daß alle philosophischen Verworrenheiten Ergebnis eines schlampigen Gebrauchs der Sprache sind. Jede richtig gesetzte Frage könne, so sagen sie, auch klar und genau beantwortet werden. Es ist Aufgabe der Analyse nachzuweisen, daß ›philosophische‹ Fragen aus leichtfertigem Mißbrauch der Sprache entstehen. Sind erst einmal die Zweideutigkeiten solcher ›Fragen‹ ans Licht gebracht, so erweisen sich die ›Probleme‹ als sinnlos und verflüchtigen sich. Philosophie, wenn richtig gehandhabt, erweist sich so als eine Art linguistischer Therapie.

Die Philosophie der logischen Analyse in England wurde stark von Wittgenstein beeinflußt, der Verbindung mit dem Wiener Kreis gehabt hatte. Wie die Mitglieder dieses Kreises, verließ auch er vor dem zunehmenden Hitlerismus seine Heimat und ging nach Cambridge, wo er 1939 zum Professor ernannt wurde. Das einzige Werk, das zu seinen Lebenszeiten erschien, ist der ›*Tractatus Logico-Philosophicus*‹, 1921 veröffentlicht. Er vertrat darin die Ansicht, daß alle Wahrheiten der Logik tautologisch seien, d.h. dasselbe besagen. Die Tautologie ist in seinem Sinn ein Satz, dessen Widerspruch einen Selbstwiderspruch bedeutet. Das Wort ›tautologisch‹ entspricht sonach annähernd dem üblicheren Ausdruck ›analytisch‹.

Später wandte sich Wittgenstein von der Logik mehr der linguistischen Analyse zu. Seine Ansichten aus dieser Zeit finden sich lediglich in seinen Vorlesungsnotizen und in den nachgelassenen Schriften, von denen nur zwei Bände gedruckt vorliegen. Wegen seines eigenen und fast esoterischen Stils ist es nicht leicht, eine kurze Darstellung seines Denkens zu geben. Eine Grundlehre seiner späteren philosophischen Theorie mag vielleicht dahin festgestellt werden, daß die Bedeutung eines Wortes durch seinen Gebrauch zum Ausdruck kommt.

In der Darstellung seiner Auffassung wendete Wittgenstein das Gleichnis der ›Sprachenspiele‹ an. Danach ist der wirkliche Gebrauch mancher Sprachgebiete einem Spiel, wie z.B. dem Schachspiel, ähnlich. Auch hier gibt es gewisse Regeln und Einschränkungen wie bei jedem Spiel. Wittgenstein verwirft nun völlig den früheren logischen Standpunkt seines ›*Tractatus*‹. Damals schien es ihm möglich, jede beliebige Aussage auf ihre letzten Bestandteile zurückzuführen, die sich weiterer Analyse widersetzen. Diese Theorie wird manchmal mit Recht als logischer Atomismus bezeichnet und hat viel mit den früheren rationalistischen Lehren von den schlechthin letzten Dingen gemeinsam. Sie bildet die Basis für alle Versuche zur Ausarbeitung einer vollkommenen Sprache, die alles mit letzter Genauigkeit feststellen will. Der spätere Wittgenstein leugnet aber die Möglichkeit der Konstruierung einer solchen Sprache und ist der Meinung. daß wir Verwirrung niemals völlig ausschließen können.

Durch das Erlernen einer Reihe von Sprachenspielen erwerben wir, indem wir sie gebrauchen, die richtige Bedeutung der Wörter. Das wird auch so ausgedrückt: wir müssen die ›Grammatik‹ oder ›Logik‹ jedes Wortes lernen; der Ausdruck ist in der linguistischen Analyse üblich geworden. Das Aufkommen metaphysischer Probleme wäre danach das Resultat mangelhaften Erfassens der ›Grammatik‹ der Wörter. Denn wenn einmal die Regeln richtig verstanden sind, so kann keine Versuchung solcher Fragestellungen mehr bestehen. Die linguistische Therapie hat uns von dem Verlangen danach geheilt.

Der Einfluß Wittgensteins auf die linguistische Philosophie ist beträchtlich. Nichtsdestoweniger ist die linguistische Analyse eigene und verschiedene Wege gegangen. Eine Art neuer Scholastik ist entstanden und zwängt sich, wie ihr mittelalterlicher Vorläufer, in recht enge Bahnen. Immerhin, die meisten linguistischen Richtungen teilen den Glauben, daß die gewöhnliche Sprache die Sache trifft und daß Rätsel und Probleme nur aus philosophischen Sprachschnitzern entstehen. Diese Ansicht verkennt aber völlig die Tatsache, daß die gewöhnliche Sprache von allmählich verblassenden Fetzen vergangener philosophischer Lehren durchsetzt ist.

SCHLUSSWORT

Wir sind zum Ende unserer Geschichte gekommen. Der Leser, der so weit gefolgt ist, wird sich vielleicht fragen, welchen Nutzen er davon habe. Ein Wort der Warnung an ihn! Noch nie hat die Durcharbeitung eines einzigen Werkes, wäre sein Bereich auch noch so weit, den Leser zu einem ›Experten‹ verwandelt. Und in der Tat, auch kein Berg von Büchern, kein bloßes Lesen kann das Verständnis für irgendein Gebiet erweitern, wenn nicht ein gewisses Maß gründlichen Nachdenkens über das Erworbene hinzukommt. Hierin liegt auch eine Entschuldigung für philosophiegeschichtliche Bücher, wo doch über jede einzelne der behandelten Fragen so eingehende Werke der Spezialisten vorliegen. Für den Laien, auch für den Gelehrten sogar, ist es von großem Wert, sich ab und zu schön hinzusetzen, um eine Synopsis, eine Zusammenschau seines Wissens vorzunehmen. Dazu braucht er aber einen Überblick, der weder allzu umfangreich ist, noch sich in Einzelheiten verliert, vor allem aber von einem einzigen Gehirn durchdacht wurde. Unsere Darstellung ist nicht enzyklopädisch im buchstäblichen Sinn. Es tat not, eine Auswahl zu treffen von Denkern sowohl wie von Gedanken. Nur so kann man einen Umriß der allgemeinen Entwicklung sich versprechen. Ebenso ist der historische Hintergrund streng schematisch und verknappt. Dieses Buch will dem Leser nicht Geschichte beibringen; es versucht nur, ihn von Zeit zu Zeit an den geschichtlichen Rahmen, in dem die philosophischen Gedanken sich vollziehen, zu erinnern. Sodann unterstreicht es den Zusammenhang der geistigen Überlieferung des Westens vom Griechenland der Antike bis zu unseren Tagen.

Es könnte gefragt werden, warum wir in unserem Buch nicht auch den Denkern des Ostens einen Platz einräumten. Darauf kann man verschiedene Antworten geben. Erstens haben sich diese zwei Welten getrennt voneinander entwickelt, so daß eine Sonderdarstellung der Geschichte der abendländischen

Philosophie angebracht ist. Es gibt aber einen anderen noch zwingenderen Grund für diese Trennung. Denn in wesentlichen Beziehungen unterscheiden sich die philosophischen Traditionen des Abendlandes von den Spekulationen des orientalischen Geistes. Es gibt keine Kultur, außer der griechischen, in welcher die Philosophie mit wissenschaftlicher Tradition Hand in Hand geht. Das ist es, was der griechischen Philosophie ihren besonderen Zug verleiht; und diese zweifache Tradition hat die Kultur des Abendlandes gestaltet.

Es ist wichtig, sich über dieses besondere Verhältnis im klaren zu sein. Wissenschaftliche Forschung ist auf bestimmten Gebieten nicht gleich Philosophie. Aber eine der Quellen des philosophischen Denkens ist die Wissenschaft. Wenn wir uns überlegen, was es im allgemeinen bedeutet, wissenschaftlich zu verfahren, so beschäftigt uns schon eine philosophische Frage. Die Problematik der Kriterien wissenschaftlicher Methoden ist ein philosophisches Thema. Eines der ewigen Probleme, welche die Philosophen beschäftigen, ist der Versuch, zu begreifen, wie die Welt im großen und ganzen beschaffen ist. Aber hier müssen wir einen Unterschied machen. Es ist nicht das eigentliche Ziel des philosophischen Erkennens, eine Beschreibung von Tatsachen in Art der Wissenschaft zu liefern. Das Außerachtlassen dieser Abgrenzung war die Ursache, daß die systematischen Idealisten manchmal in die Irre gingen. Was die Philosophie leisten kann, ist, die Ergebnisse der empirischen Forschung kritisch zu betrachten und die wissenschaftlichen Entdeckungen in eine umfassende Ordnung zu bringen. Gleichzeitig dürfen wir darauf hinweisen, daß man durch wissenschaftliche Tätigkeit schon in eine Art philosophischer Weltbetrachtung verwickelt ist. Denn was als gesunder Menschenverstand bezeichnet wird, ist in Wirklichkeit ein Gewebe stillschweigender Annahmen über die Natur der Dinge. Daß die Aufmerksamkeit auf diesen Umstand gelenkt wurde, ist vielleicht das Hauptverdienst der kritischen Philosophie. Es ist auf alle Fälle nicht überflüssig, uns daran zu erinnern, daß die wissenschaftlichen Theorien Wahres über die Welt festzustellen bezwecken und zu welchen nützlichen

Handlungen sie uns zu bewegen vermögen. Das gerät oft bei denen in Vergessenheit, die in Theorien nichts anderes als abstrakt-formale Systeme erblicken, gerade so wie sie vergessen, daß Zahlen zum Rechnen dienen.

Die Welt, die den Gegenstand unserer Forschung darstellt, ist nicht von uns geschaffen. Aber unsere Fehler und Illusionen ersinnen wir selbst, und es ist oft schwer zu erkennen, daß wir irren. Soviel Lust und Behagen ein Glaube uns verschaffen mag – nicht sie verbürgen ihn als wahr. Was die Forschung herausfindet, ist zwar manchmal auch Irrtum, aber das macht sie noch nicht subjektiv befangen. Es kann mit einem gewissen Recht vermerkt werden, daß jeder Irrtum einen Menschen zum Urheber hat. Die Natur selbst kann sich nicht irren, weil sie keine Feststellungen trifft. Nur der Mensch kann beim Aufstellen von Behauptungen Irrtümer begehen. Vielleicht stammt eines der Motive der pragmatistischen Theorien aus dieser Tatsache. Denn wenn der Irrtum in dem Sinne subjektiv ist, daß er an jemand, der ihn begeht, gebunden ist, und daß es ferner keine Gewähr gegen den Irrtum gibt, kann die Ansicht entstehen, daß wir stets in den Schranken unserer eigenen subjektiven Meinung eingeschlossen sind. Aber das ist völlig falsch. Es ist ein Ding zu sagen, daß sich immer Irrtümer einschleichen können, ein ganz anderes aber, zu verfechten, daß wir nie recht haben. Es ist wichtig, den objektiven Charakter freier Forschung und die unabhängige Beschaffenheit der Wahrheiten, die sie verfolgt, zu betonen. Wer darauf besteht, daß die Wahrheit etwas Geschmeidiges und Subjektives sei, dem entgeht die Erkenntnis, daß auf Grund seiner Ansicht alle Forschung unmöglich ist. Außerdem irren sie sich in der Auffassung, daß ein Forscher seiner Wißbegier nicht ganz unabhängig vom Gewinn oder vom Nutzen einer Entdeckung freien Lauf lassen könne. Kein Mensch leugnet, daß viele oder die meisten Forschungen nicht von dieser Art sind, aber es gibt leider auch solche. Die Geschichte der exakten Wissenschaften kann eben nicht in den Begriffen pragmatistischen Denkens umrissen werden.

Das führt uns zur anderen Haupttriebfeder philosophischer Überlegungen. Bis jetzt haben wir nur die exakten Wissenschaften und die allgemeinen Grundsätze ihres Wirkens als Objekt philosophischen Denkens erwähnt. Aber der Mensch als Glied einer Gesellschaft ist nicht nur daran interessiert, die Welt zu erkennen – eine seiner Aufgaben ist, auch darin zu handeln. Die Wissenschaft bezieht sich auf die Mittel – wir hier auf Ziel und Zweck. Hauptsächlich wegen seiner gesellschaftlichen Bedingtheit sieht sich der Mensch auch ethischen Problemen gegenübergestellt. Die Wissenschaft kann ihm sagen, wie gewisse Ziele am besten zu erreichen sind. Was sie ihm aber nicht sagen kann, ist, daß er ein Ziel eher als ein anderes verfolgen sollte.

Was die ethischen Probleme betrifft, haben wir eine Anzahl verschiedener Bemühungen darum gesehen. Bei Platon laufen das Ethische und das Wissenschaftliche letzten Endes zusammen. Das Gute wird mit dem Wissen identifiziert. Es wäre tröstlich, wenn dem so wäre. Aber leider ist Platons Auffassung viel zu optimistisch. Menschen, die vieles wissen, können manchmal ihr Wissen zum Schlechten verwenden. Jedenfalls, wieviel man auch immer weiß, dies Wissen kann die Frage, was zu tun sei, nicht entscheiden.

Damit stehen wir mitten im Problem der Vernunft und des Willens. Wenn man verneint, daß beide – auch bei genügend großem Wirkungskreise – zusammentreffen, so muß man doch zugeben, wie auch schon Ockham, daß sie voneinander unabhängig sind. Das bedeutet aber nicht, daß sie in gar keiner Beziehung zueinander stünden. Die Vernunft kann sich betätigen – und tut es auch – als Kontrolle und Richtschnur für den Willen und die Leidenschaften. Aber ganz streng genommen, wählt der Wille die Ziele.

Eine der Konsequenzen dieser Tatsache ist, daß wir weder für die Ziele, die wir verfolgen möchten, noch für die ethischen Prinzipien, die wir uns setzen, wissenschaftliche Rechtfertigung zu geben vermögen. Wir können erst dann zu argumentieren beginnen, wenn wir von vornherein eine gewisse ethische Prämisse anerkennen. So kann es als selbstverständlich gelten, daß unser Handeln so sein sollte, daß die Gesellschaft, in der wir leben, erhalten bleibt; vielleicht könnte auch die Ansicht vertreten werden, man sollte so handeln, daß Veränderungen im sozialen Gefüge gefördert würden. Was aber auch immer die ethische Voraussetzung sein mag, nur sie ermöglicht eine Beweisführung darüber, warum diese oder jene Handlung erfolgen sollte.

Nun ist es klar, daß die ethischen Forderungen von einem Menschen zum anderen wechseln können; es ist ein Gemeinplatz, daß sich die Menschen in solchen Dingen einander widersprechen. Und so erhebt sich die Frage, ob es möglich ist, ein ethisches Prinzip zu finden, das ein gewisses Maß weltweiter Gültigkeit besäße. Das verlangt auf jeden Fall, daß eine solche Forderung bezüglich Annehmbarkeit oder Nichtannehmbarkeit nicht von dem Menschen, der sie stellt, abhängen sollte. Daraus folgt, daß, wenn es ethische Prinzipien von allgemeiner Geltung gibt, sie die menschliche Gesellschaft im allgemeinen ansprechen müssen. Das bedeutet nicht dasselbe wie die Behauptung, daß alle Menschen in allen Beziehungen gleich seien. Sie sind es nicht. Sie unterscheiden sich in all ihren Möglichkeiten und Fähigkeiten und auch sonst auf vielfache Weise. Sofern aber ethische Normen aufgestellt werden, wäre es ungut, sie auf eine besondere Menschengruppe zu beschränken. In einem solchen Sinne gibt dann das ethische Problem Anlaß zur Auffassung von der Bruderschaft der Menschen. Der Gedanke fand zum erstenmal Ausdruck in der ethischen Lehre der Stoa und ging später in das Christentum ein.

Viele der Grundsätze, die zum Kulturleben beitragen, haben diesen ethischen Charakter. Nur kann kein wissenschaftlicher Grund dafür beigebracht werden, warum es schlecht sei, dem Nächsten wilde Grausamkeit zuzufügen. Mir scheint es schlecht zu sein, und ich glaube, daß diese Ansicht weithin geteilt wird. Warum aber Grausamkeit schlecht ist, dafür kann ich nicht mit Sicherheit befriedigende Gründe liefern. Das sind schwierige Fragen, deren Regelung Zeit beansprucht. Vielleicht kann einmal eine Lösung gefunden werden.

Ich betonte schon, daß, wenn auch das wahre ethische Prinzip vor keiner Person Halt macht, das nicht bedeutet, daß alle Menschen gleich sind. Insbesondere gibt es offenkundige Unterschiede im Wissen – ich meine im erkannten Wissen. Wir sahen, daß in der sokratischen Auffassung das Streben besteht, das Wissen mit dem Guten gleichzusetzen, und wir haben diese Theorie als zu rationalistisch kritisiert. Jedoch gibt es hier einen wichtigen Punkt, der nicht zu übersehen ist. Es wird von Sokrates ganz offen anerkannt, daß das Ganze, was ein Mensch weiß, verschwindend klein ist. Was letzten Endes weit wichtiger scheint, ist, daß man der Erkenntnis nachgehen soll. Es ist unparteiische Forschung, was das Gute ausmacht – ein ethisches Prinzip, das von Pythagoras stammt. Streben nach Wahrheit, ganz unabhängig von dem Suchenden selbst, ist seit der Zeit von Thales die ethische Triebkraft hinter aller wissenschaftlichen Tätigkeit gewesen.

Der Forscher steht immer einer zweifachen Aufgabe gegenüber. Einerseits ist es seine Aufgabe, die objektiven Tatbestände seines Arbeitsgebiets nach besten Kräften zu durchforschen – ungeachtet dessen, ob seine Resultate zur Beruhigung oder zu Umwälzungen führen. Wie die ethischen Prinzipien ohne Ansehung der Person gelten, so sind auch die Ergebnisse der Forschung an keine Rücksicht auf unsere Gefühle gebunden.

Bleibt noch die Frage offen, wie wir den ethischen Grundsatz, daß das Streben nach Wahrheit etwas Gutes ist, aufnehmen sollen. Denn offenbar sind wir nicht alle mit der Fähigkeit zu wissenschaftlicher Forschung begabt, noch auch können wir unser Urteil bei jedem Anlaß in der Schwebe lassen. Der Mensch muß sowohl handeln als auch denken. Etwas kann aber jeder tun, und zwar dem anderen die Freiheit zum In-der-Schwebe-lassen des Urteils über Dinge einzuräumen, die er selbst nicht in Frage zu stellen wünscht. Das zeigt beiläufig, wie unparteiische Forschung eng mit der Freiheit, diesem anderen großen Wert, verknüpft ist. Toleranz ist die erste Voraussetzung für eine Gesellschaft, in der die Forschung gedeihen soll. Die Rede- und die Meinungsfreiheit sind die großen Förderer in einer freien Gesellschaft, in der es für den Forscher möglich ist, sich von der Wahrheit dorthin führen zu lassen, wohin sie steuert. Bis zu diesem Grade kann jeder zu dem im Spiele stehenden Guten beitragen. Das bedeutet nicht, daß wir alle derselben Meinung sein sollten, bedeutet aber die Zusicherung, daß kein Weg der Wahrheitsfindung versperrt wird von künstlichen Fesseln und Fußangeln! Ein undurchdachtes Leben ist für den Menschen in der Tat nicht lebenswert.

PERSONEN- UND SACHWORTVERZEICHNIS